Klaus Mühlhahn
Die Volksrepublik China

Oldenbourg
Grundriss der Geschichte

Herausgegeben von Lothar Gall,
Karl-Joachim Hölkeskamp und Steffen Patzold

Band 44

Klaus Mühlhahn

Die Volksrepublik China

DE GRUYTER
OLDENBOURG

ISBN 978-3-11-035530-7
e-ISBN (PDF) 978-3-11-035532-1
e-ISBN (EPUB) 978-3-11-039656-0

Library of Congress Cataloging-in-Publication Data
A CIP catalog record for this book has been applied for at the Library of Congress.

Bibliografische Information der Deutschen Nationalbibliothek
Die Deutsche Nationalbibliothek verzeichnet diese Publikation in der Deutschen Nationalbibliografie; detaillierte bibliografische Daten sind im Internet über http://dnb.dnb.de abrufbar.

© 2017 Walter de Gruyter GmbH, Berlin/Boston
Satz: fidus Publikations-Service GmbH, Nördlingen
Druck und Bindung: CPI books GmbH, Leck
♾ Gedruckt auf säurefreiem Papier
Printed in Germany

www.degruyter.com

Meinen Eltern Helga und Adolf Mühlhahn

Vorwort der Herausgeber

Die Reihe verfolgt mehrere Ziele, unter ihnen auch solche, die von vergleichbaren Unternehmungen in Deutschland bislang nicht angestrebt wurden. Einmal will sie – und dies teilt sie mit anderen Reihen – eine gut lesbare Darstellung des historischen Geschehens liefern, die, von qualifizierten Fachgelehrten geschrieben, gleichzeitig eine Summe des heutigen Forschungsstandes bietet. Die Reihe umfasst die alte, mittlere und neuere Geschichte und behandelt durchgängig nicht nur die deutsche Geschichte, obwohl sie sinngemäß in manchem Band im Vordergrund steht, schließt vielmehr den europäischen und, in den späteren Bänden, den weltpolitischen Vergleich immer ein. In einer Reihe von Zusatzbänden wird die Geschichte einiger außereuropäischer Länder behandelt. Weitere Zusatzbände erweitern die Geschichte Europas und des Nahen Ostens um Byzanz und die Islamische Welt und die ältere Geschichte, die in der Grundreihe nur die griechisch-römische Zeit umfasst, um den Alten Orient und die Europäische Bronzezeit. Unsere Reihe hebt sich von anderen jedoch vor allem dadurch ab, dass sie in gesonderten Abschnitten, die in der Regel ein Drittel des Gesamtumfangs ausmachen, den Forschungsstand ausführlich bespricht. Die Herausgeber gingen davon aus, dass dem nacharbeitenden Historiker, insbesondere dem Studenten und Lehrer, ein Hilfsmittel fehlt, das ihn unmittelbar an die Forschungsprobleme heranführt. Diesem Mangel kann in einem zusammenfassenden Werk, das sich an einen breiten Leserkreis wendet, weder durch erläuternde Anmerkungen noch durch eine kommentierende Bibliographie abgeholfen werden, sondern nur durch eine Darstellung und Erörterung der Forschungslage. Es versteht sich, dass dabei – schon um der wünschenswerten Vertiefung willen – jeweils nur die wichtigsten Probleme vorgestellt werden können, weniger bedeutsame Fragen hintangestellt werden müssen. Schließlich erschien es den Herausgebern sinnvoll und erforderlich, dem Leser ein nicht zu knapp bemessenes Literaturverzeichnis an die Hand zu geben, durch das er, von dem Forschungsteil geleitet, tiefer in die Materie eindringen kann.

Mit ihrem Ziel, sowohl Wissen zu vermitteln als auch zu selbständigen Studien und zu eigenen Arbeiten anzuleiten, wendet sich die Reihe in erster Linie an Studenten und Lehrer der Geschichte. Die Autoren der Bände haben sich darüber hinaus bemüht, ihre

Darstellung so zu gestalten, dass auch der Nichtfachmann, etwa der Germanist, Jurist oder Wirtschaftswissenschaftler, sie mit Gewinn benutzen kann.

Die Herausgeber beabsichtigen, die Reihe stets auf dem laufenden Forschungsstand zu halten und so die Brauchbarkeit als Arbeitsinstrument über eine längere Zeit zu sichern. Deshalb sollen die einzelnen Bände von ihrem Autor oder einem anderen Fachgelehrten in gewissen Abständen überarbeitet werden. Der Zeitpunkt der Überarbeitung hängt davon ab, in welchem Ausmaß sich die allgemeine Situation der Forschung gewandelt hat.

Lothar Gall   Karl-Joachim Hölkeskamp   Steffen Patzold

Vorwort

Die VR China ist seit ihrer Gründung vor beinahe siebzig Jahren langsam und nicht ohne Rückschläge, aber doch scheinbar unaufhaltsam zu einer Weltmacht aufgestiegen. Dabei stand das Land stets im Zentrum globaler Entwicklungen und Auseinandersetzungen: China war weder jemals Peripherie noch von der Welt abgeschlossen. Entscheidungen in China hatten daher immer auch Auswirkungen auf andere Ländern, darunter natürlich auch Deutschland, wie auch umgekehrt Entwicklungen fern ab von den Grenzen unmittelbar in China wirksam wurden. Heute lässt sich keine einzige globale Herausforderung mehr ohne Kooperation mit China lösen. Aber auch umgekehrt kann China kein einziges seiner zentralen Probleme ohne internationale Zusammenarbeit angehen. Eine Vertrautheit mit den Grundzügen der Entwicklung der VR China seit 1949 ist daher unabdingbar für das Verständnis der heutigen Welt, und zwar weit über den Kreis der Chinawissenschaftler hinaus. Zugleich haben sich aufgrund der vielfältigen Kontakte und Verbindungen zwischen China und der internationalen Gemeinschaft die Informationen, die über China in der Gegenwart in verschiedenen Medien verfügbar sind, vervielfacht. Das Ergebnis ist von einer beinahe unübersehbaren Komplexität. Oft dominieren auch vorschnelle Bewertungen unser Chinabild. Es ist daher die Hoffnung des Verfassers des vorliegenden Bandes, dass historisches Orientierungswissen dazu beitragen kann, Entwicklungen in China besser zu verstehen und einzuschätzen. In der längeren historischen Gesamtschau zeichnen sich die Linien klarer ab.

Der vorliegende Band ist das erste geschichtswissenschaftliche Lehrwerk in deutscher Sprache zur Geschichte der VR China von der Gründung 1949 bis zur Gegenwart. Es verfolgt einen breiten historischen Ansatz, in dem neben Politik auch die anderen Bereiche und Themen der gesellschaftlichen Entwicklung angemessene Beachtung finden. Das Buch wendet sich an einen Leserkreis ohne spezifische oder sinologische Vorkenntnisse und beabsichtigt eine differenzierte Darstellung der historischen Grundlinien. Dadurch soll der Leser in die Lage versetzt werden, aktuelle Phänomene vor dem Hintergrund der historischen Genese besser zu verstehen und zu einem kritischen Hinterfragen angeregt werden. Anders als in vielen historischen Arbeiten steht in dem vorliegenden Band nicht mehr länger die maoistische Phase von 1949 bis zur Kulturrevolution im Mittelpunkt. Die Periode der Reform und Öffnung, die 1978 begann und bis heute andauert, ist nicht nur zeitlich länger, sondern hat China mittlerweile auch wesentlich tiefgreifender verändert.

Der Abschnitt zu den Tendenzen der Forschung versucht den neuen aktuellen Forschungsstand zu reflektieren und zu diskutieren, aber angesichts des enormen Umfangs der Publikationen insbesondere zum gegenwärtigen China, war das ein schwieriges Unterfangen. Die Auswahl der besprochenen Werke ist notwendigerweise selektiv. Es konnten bei weitem nicht alle wichtigen Arbeiten zur Sprache kommen.

Bei der Fertigstellung des Bandes konnte ich auf die Unterstützung vieler Personen zählen. Der Lektor der Reihe OGG, Florian Hoppe, hat das Vorhaben mit Geduld und großem Einsatz begleitet. Mein Dank geht auch an He Siyuan, die das Projekt von Anfang an tatkräftig unterstützt hat. In der Endphase haben auch Jessica Bathe-Peters, Susanne Ebermann sowie Lena Wesemann wichtige Unterstützung geleistet. Meinen Kolleginnen Genia Kostka und Elena Meyer-Clement danke ich für Hinweise auf Literaturtitel. Mein besonderer Dank gilt meiner Partnerin Julia Haes, die das gesamte Manuskript einer sehr sorgfältigen, kritischen und anregenden Durchsicht unterzogen hat. Meine Mutter, Helga Mühlhahn, hat dankenswerterweise die Durchsicht der Druckfahnen übernommen. Das Buch ist meinen Eltern in Dankbarkeit gewidmet.

Berlin, im Mai 2017

Inhaltsverzeichnis

Vorwort der Herausgeber —— VII

Vorwort —— IX

1	**Darstellung** —— **1**	
1.1	„Neues China": Der Aufbau einer sozialistischen Gesellschaftsordnung (1949–1956) —— **1**	
1.2	Krisenzeichen und Auseinandersetzungen um den richtigen Kurs (1957–1976) —— **45**	
1.3	Reform und Öffnung (1977–1989) —— **82**	
1.4	Wachstum und Wandel in der Gegenwart (1990–2015) —— **113**	
2	**Grundprobleme und Tendenzen der Forschung** —— **163**	
2.1	Grundmuster der Interpretation —— **163**	
2.2	Die Gründung der VR China —— **173**	
2.3	China in den 1950er Jahren —— **181**	
2.4	Der „Große Sprung nach vorn" —— **193**	
2.5	Die Kulturrevolution —— **197**	
2.6	Reform und Öffnung —— **203**	
2.7	China in der Gegenwart —— **217**	
2.8	China und die Welt —— **239**	
3	**Quellen und Literatur** —— **257**	
3.1	Allgemeines —— **257**	
3.2	„Neues China": Der Aufbau einer sozialistischen Gesellschaftsordnung (1949–1956) —— **259**	
3.3	Krisenzeichen und Auseinandersetzungen um den richtigen Kurs (1957–1976) —— **266**	
3.4	Reform und Öffnung (1977–1989) —— **271**	
3.5	Wachstum und Wandel in der Gegenwart (1990–2015) —— **275**	

Anhang —— **289**

4.1	Abkürzungen —— **289**	
4.2	Zeittafel —— **290**	

Autorenregister — 293

Ortsregister — 299

Personenregister — 301

Sachregister — 303

1 Darstellung

Seit ihrer Gründung im Jahre 1949 durchlief die Volksrepublik China weitreichende und oft dramatische Veränderungen. Auf Phasen des Aufbaus folgten Perioden der Zerstörung. Heftige Führungskämpfe, regelmäßige Wechsel der Politikrichtung sowie Systemkrisen führten zu einem wiederholten Neustart auf der Grundlage divergierender Modernisierungsmodelle. Doch ungeachtet dessen hat sich mit präzedenzloser Geschwindigkeit eine zunehmend moderne und globalisierte Gesellschaft herausgebildet.

Die Geschichte der VR China lässt sich in vier große Phasen unterteilen: In der ersten Phase von 1949 bis 1956 erfolgte der Aufbau der grundlegenden Institutionen der sozialistischen Gesellschaft. Die zweite Phase von 1957 bis 1976 war geprägt von sich vertiefenden politischen und gesellschaftlichen Spannungen und Auseinandersetzungen in der sozialistischen Gesellschaft um den richtigen Kurs. Die Abkehr von der Planwirtschaft, die marktwirtschaftlichen Reformen und die Öffnung des Landes zum Westen standen im Mittelpunkt der dritten Phase von 1977 bis 1990. Die Zeit seit 1990 steht vor allem im Zeichen des rasanten wirtschaftlichen Wachstums, des Aufstiegs Chinas in den Rang einer Supermacht und der tiefgreifenden Auswirkungen dieser Prozesse auf die chinesische Gesellschaft.

Vier Phasen

Der folgenden Darstellung der Geschichte der Volksrepublik China liegt ein breiter sozialhistorischer Ansatz zugrunde. Im Mittelpunkt stehen weniger die politische Führung oder einzelne Parteiführer, sondern vor allem die Grundlagen, Ursachen und Muster der gesellschaftlichen Entwicklung in China. Zugleich wird die Geschichte der VR China systematisch im globalen Kontext verortet und es werden die vielfältigen Bezüge und konkreten Verbindungen Chinas mit anderen Regionen in der Welt thematisiert.

1.1 „Neues China": Der Aufbau einer sozialistischen Gesellschaftsordnung (1949–1956)

Als der Führer der Kommunistischen Partei Chinas (KPCh) Mao Zedong am 1. Oktober 1949 auf dem Platz des Himmlischen Friedens (Tiananmen) die Gründung der Volksrepublik China verkünden konnte, glaubten viele Zeitgenossen an den Anbruch einer neuen

Anbruch einer neuen Ära?

und verheißungsvollen Ära. Auf den Trümmern des Bürgerkrieges und den Ruinen einer jahrtausendalten Zivilisation sollte ein vollkommen „Neues China" (*xin zhongguo*) entstehen: Durch die Beseitigung der Übel der Vergangenheit wie Ausbeutung, Ungleichheit und Krieg sowie durch die Bildung einer Gesellschaft ohne Klassen und einer neuen Kultur geprägt von Wissenschaft, Fortschritt und Solidarität würde China von Grund auf neu erschaffen werden. Eine neue Zeitrechnung sollte eingeführt und neue internationale Bündnisse geschmiedet werden. Ambitionierte Staatsinitiativen strebten danach, Eigentum, Landbesitz, die Ehe, die Organisation von Arbeit und täglichem Leben, das eigene Selbstverständnis und die eigene Vergangenheit grundlegend umzugestalten. Drei Jahrzehnte später, am Ende der 1970er Jahre, waren diese Hoffnungen auf Erneuerung jedoch gründlich zerstört. Die Kämpfe der Kulturrevolution enthüllten, dass diese Bemühungen auf dramatische Weise zu Chaos, interner Zwietracht, Verwirrung, Isolation und Zerstörung geführt hatten. Die Entwicklung der ersten drei Jahrzehnte der VR China ist eine Geschichte von großen Ambitionen und bitteren Enttäuschungen, von neuen Anfängen und harten Landungen, von Experimenten und deren Scheitern.

1.1.1 Der Machtwechsel 1949

Die 1921 gegründete KPCh errang die Macht in China als Ergebnis von mehr als drei Jahrzehnten des revolutionären Kampfes gegen diverse Gegner, darunter vor allem die nationalistische Partei Guomindang (GMD). Der Sieg wurde auch erreicht, weil einige der ursprünglichen radikalen Ziele und Schlüsselwerte der Revolution angepasst und modifiziert worden waren. In den 1940er Jahren mäßigte die Parteiführung unter Mao Zedong alle politischen Maßnahmen, die auf einen zu abrupten Wandel abzielten. Anstelle von politischer Diktatur, Abschaffung von Privateigentum, Kollektivierung und strikter zentraler Planung versprach die KPCh eine „Neue Demokratie", in der man die Zusammenarbeit mit anderen politischen Kräften suchen würde. Die Partei hatte sich auch dem Nationalismus geöffnet und die Bildung einer nationalen Einheitsfront gebilligt, um China gemeinsam mit der GMD gegen den japanischen Angriff im Zweiten Weltkrieg zu verteidigen. Das Ziel des radikalen gesellschaftlichen Wandels rückte damit in den Hinter-

Marginalie: Neue Demokratie

grund und wurde durch die Notwendigkeit der nationalen Vereinigung und des Widerstands gegen Japan ersetzt. Die Partei, die 1949 an die Macht kam, war also pragmatisch und hatte seit den späten 1930er Jahren eher Zurückhaltung in Bezug auf radikale transformative politische Maßnahmen gezeigt.

Es ist daher nicht überraschend, dass die Führung der eng verbündeten Sowjetunion gelegentlich das Engagement der KPCh für den Kommunismus bezweifelte. Im Dezember 1949 nannte Stalin den chinesischen Kommunismus „nationalistisch" und beschuldigte Mao, „dem Nationalismus zugeneigt" zu sein. Erst nachdem die Gründung der VR China offiziell ausgerufen worden war, erkannte Stalin zögerlich die neue chinesische Regierung an.

Der militärische Sieg der KPCh wurde durch zwei Faktoren ermöglicht: den unerwarteten Zerfall der Armee der nationalistischen Regierung sowie die widerwillige, aber wichtige Unterstützung der Sowjetunion. Auch wenn die KPCh unter bestimmten Gruppen in der Bevölkerung, wie z. B. städtischen Arbeitern, Studenten und liberalen Intellektuellen, durchaus Sympathie genoss, hatte die Partei am Vorabend der Revolution wohl kaum die Unterstützung oder auch nur die Akzeptanz einer Mehrheit der Bevölkerung. Die meisten Berichte aus dieser Zeit deuten darauf hin, dass der Großteil der Bevölkerung die KPCh mit wenig mehr als Neugierde betrachtete. Die fehlende allgemeine Akzeptanz war auch einer der Gründe dafür, dass Stalin und die Sowjetberater die KPCh konstant dazu drängten, eine „Koalitionsregierung" mit den sogenannten „demokratischen Parteien" in China einzugehen und innerhalb der vorhandenen politischen Strukturen und Institutionen zu agieren.

Der militärische Sieg der KPCh

Das grundlegende Fehlen von Legitimität kennzeichnete die Herrschaft der KPCh von Anfang an. Zusammenbruch und Flucht der nationalistischen Regierung nach Taiwan machten China nicht über Nacht kommunistisch. China war ein riesiges, überaus fragmentiertes und vielförmiges Land, das großen sozialen Problemen gegenüberstand und die denkbar ungünstigsten Voraussetzungen für einen nahtlosen Übergang zum Sozialismus bot. Es gab geschätzt zwei Millionen demobilisierte Soldaten. Große Teile der Bevölkerung waren vor den Kriegshandlungen ins Landesinnere geflohen. Die ländliche Wirtschaft war durch den Krieg und die Zerstörung der Infrastruktur ruiniert. Die städtische Wirtschaft litt unter drastischer Inflation und unzureichender Versorgung

Legitimität

mit Lebensmitteln und Baumaterial. Die Regierungsstrukturen waren weitgehend lahmgelegt. Als die VR China gegründet wurde, hatte die Partei ca. 4,5 Millionen Mitglieder als Kern eines neuen Regimes, das eine Nation von 541 Millionen Chinesen regieren wollte. Der Sieg machte daher nur der viel größeren Herausforderung Platz, wie China regiert werden solle.

Regierungsansatz — Um mit diesen Herausforderungen fertig zu werden, entwickelte die KPCh einen spezifischen Ansatz des Regierens. Basierend auf den pragmatischen Erfahrungen während der Revolution veränderte die Partei auch nach 1949 die wirtschaftlichen und gesellschaftlichen Strukturen nur schrittweise, zu günstigen Zeitpunkten und aus konkreten Gründen. Ländliche kommunistische Parteikomitees arbeiteten mit den Dorfgemeinschaften und anfangs sogar mit den religiösen Institutionen wie Tempeln zusammen. In den wirtschaftlich entwickelten Städten kooperierten kommunistische Organisatoren mit Vertriebs- und Transportverbänden. Sie förderten zunächst den Absatz von Produkten und versuchten dann die Aufmerksamkeit der Kaufleute auf eine Verbesserung der Beziehungen zwischen Produzenten und Konsumenten zu lenken. Selbst das Programm der Bodenreform wurde auf dieser Grundlage schrittweise und pragmatisch ausgeführt. Die Partei vertraute auf *Experimente und Versuchsreihen* und testete politische Maßnahmen wie die Landreform zunächst in wenigen ausgewählten Landkreisen, bevor sie landesweit eingeführt wurden.

In der Anfangsphase führte die KPCh Änderungen stufenweise und in verschiedenen Geschwindigkeiten in unterschiedlichen Teilen Chinas ein. Ihre Strategie war es, mit den existierenden Strukturen und Institutionen zu kooperieren und die „Massen" zur aktiven Beteiligung aufzurufen. Die Partei entwickelte das Regieren als einen Prozess des ständigen Wandels, des pragmatischen Konfliktmanagements und von ad-hoc Kompromissen. Sie ermutigte *lokale Initiativen* innerhalb des Rahmens einer sich allmählich herausbildenden zentralisierten bürokratischen Macht.

1.1.2 Konsolidierung und Wiederherstellung der Ordnung

Nach der Machübernahme bemühten sich die neuen Machthaber zunächst um die Wiederherstellung stabiler Verhältnisse, besonders in den Städten. Die Partei bewältigte diese Aufgabe mit einem

1.1 Aufbau einer sozialistischen Gesellschaftsordnung (1949–1956) — 5

relativ hohen Maß an Planung, intensiver Vorbereitung und systematischer Durchführung.

In den ersten beiden Jahren stand das chinesische Festland faktisch unter Kriegsrecht. Militärische Kontrollkomitees (junguan hui) regierten China. Militäroffiziere und militärische Politkommissare waren für die Befriedung der meisten Provinzen verantwortlich. Mit Ausnahme der Inneren Mongolei und Tibets wurde China in sechs große Regionen eingeteilt, die separat verwaltet wurden. Vier von diesen Regionen – Zentral-Süd, Ost-China, der Nordwesten und der Südwesten – wurden von militärisch-administrativen Komitees geleitet, während Nord-China und der Nordosten, die als erste „befreit" worden waren, Volksregierungen bekamen, um die erfolgreiche Beendigung der militärischen Aufgaben in diesen Regionen zu signalisieren.

Kriegsrecht

Auf Grund der wirtschaftlichen und politischen Bedeutung hatte die Konsolidierung der Städte zunächst Priorität. Mao Zedong schlug dazu eine Doppelstrategie vor. Erstens: Organe der politischen Macht der GMD – Regierungsstellen und -ämter, Polizei, Militär, Finanzämter und dergleichen – sollten ihrer Macht enthoben und durch entsprechende KPCh-geführte Organe ersetzt werden. Zweitens: Wirtschaftseinheiten wie Fabriken, Geschäfte, Elektrizitätswerke, Transportfirmen etc. sollten in ihrer existierenden Form konsolidiert werden, damit die Produktion so schnell als möglich wieder aufgenommen werden konnte.

Konsolidierung der Städte

Die ersten Maßnahmen zielten darauf ab, die offensichtlichsten Anzeichen des Chaos, das der sogenannten „Befreiung" vorangegangen war, zu beseitigen. Dieses Chaos war nicht nur durch die unmittelbaren Folgen des Bürgerkriegs, sondern auch durch die Hoffnungen der armen und benachteiligten sozialen Gruppen auf schnelle revolutionäre Gerechtigkeit und soziale Kompensation entstanden. Die Armen unter der städtischen Bevölkerung folgten dem Ruf der KPCh zur Volkserhebung (*fanshen*) bereitwillig und verstanden die Bedeutung dieses Slogans als Berechtigung dafür, Essen und Geld von den wohlhabenderen Stadtbewohnern zu verlangen.

Volkserhebung (fanshen)

Nach 1949 unterband die Partei alle spontanen revolutionären Aktionen und bemühte sich um die Durchsetzung von Ordnung. Die hohe Zahl von mittellosen Flüchtlingen und Bettlern stellte dabei das größte Problem dar. Da einige Kader zögerten, die mittellosen Teile der Bevölkerung, die lange Zeit als natürliche und

Durchsetzung von Ordnung

zuverlässige Verbündete der Partei angesehen worden waren, zu inhaftieren, wurde zunächst eine interne „ideologische Mobilisierung" (*sixiang dongyuan*) für alle Kader in Form von Studiensitzungen und politischen Veranstaltungen durchgeführt. Die öffentlichen Sicherheitskräfte wurden dann aufgerufen, das Verbot des Bettelns konsequent durchzusetzen, indem sie jeden Bettler und Flüchtling, den sie fanden, festnahmen. Diese wurden zunächst in vorübergehende „Bettler-Gefangenenlager" gebracht. Dort wurden sie registriert, „erzogen", untersucht und es wurde entschieden, wie mit ihnen verfahren werden sollte. Die meisten wurden entweder Gewahrsamszentren oder Arbeitsbrigaden zugewiesen.

Städtische Kriminalität

Um die städtische Kriminalität zu bekämpfen, wurden ähnliche Maßnahmen angewandt. Nach der Befreiung hatte die Polizei uneingeschränkte Macht, um Kriminelle festzunehmen und zu verurteilen. Es wurden Razzien gegen Gelegenheitsdiebe, Prostituierte, Zuhälter, Drogenhändler und Vagabunden durchgeführt. Sie wurden festgenommen und „entkriminalisierenden" Reformmaßnahmen unterzogen. Ein anderes Problem, das die Regierung lösen wollte, waren die Spekulationen und Manipulationen des Marktes. Währungsbetrug, insbesondere in Form von Geldfälschung, wurde energisch unterdrückt.

Soziale Reformen

Als nächster Schritt wurden in den Städten soziale Reformen durchgeführt. Im Mittelpunkt stand die Beseitigung traditioneller Laster wie Prostitution, Glücksspiel und Drogenkonsum, indem die Betroffenen zwangsweise zu produktiven Mitgliedern der Gesellschaft erzogen werden sollten. Das Hauptanliegen der KPCh galt dem Kampf gegen das Opium, das als sozial zerstörerische Krankheit und jahrhundertelanges Symbol der chinesischen kolonialen Diskriminierung galt. Die Partei unterschied zwischen Opium-Großhändlern, Dealern auf den Straßen, Besitzern von Opiumhöhlen und den Abhängigen. Große Opiumhändler wurden oft hingerichtet, kleinere Dealer wurden festgenommen und umerzogen. Gewöhnliche Opiumnutzer sowie Prostituierte wurden als sogenannte „schmarotzerhafte Bevölkerung" oder später „schlechte Elemente" (*huai fenzi*) angesehen, die durch Arbeit umerzogen werden sollten. Sie wurden in Gewahrsamszentren gebracht, um ihre medizinischen Probleme zu behandeln und sie zu produktiven Mitgliedern der Gesellschaft umzuerziehen. Innerhalb von zwei Jahren verschwand der Opiumkonsum. Auch die Prostitution wurde gezügelt.

Nachdem die KPCh die grundlegende Ordnung wiederhergestellt hatte, begann sie, vorhandene Organisationen und soziale Gruppen in den Städten zu klassifizieren. Nützliche Vereinigungen und Institutionen wie Schulen, Waisenhäuser oder Heime für die Alten und Behinderten wurden zunächst beibehalten. Die Regierung wollte solche Organisationen übernehmen und sie schrittweise in die eigene Kontrolle überführen. Im Gegensatz dazu wurden *huidaomen* (religiöse Sekten und Geheimgesellschaften), die beschuldigt wurden, „feudale und abergläubische Ideen zu verbreiten" und „beharrlich konterrevolutionäre Aktivitäten auszuführen", ohne Ausnahme aufgelöst. Die KPCh war entschlossen, die städtischen Geheimgesellschaften zu unterdrücken. Diese Geheimgesellschaften organisierten bis zu 40 % der städtischen erwachsenen Bevölkerung.

Religiöse Sekten und Geheimgesellschaften

Die meisten ausländischen Organisationen mussten gleichermaßen ihre Arbeit beenden und das Land verlassen. Die KPCh-Regierung erhob hohe Bußgelder für Organisationen und Geschäfte, die zum Teil im ausländischen Besitz waren, solange bis der ausländische Besitz aufgelöst wurde. In einigen Fällen wurden Wohltätigkeitsorganisationen oder Unternehmen, die in ausländischem Besitz waren, einfach konfisziert. Die große Mehrheit der Ausländer verließ China freiwillig, der Rest wurde von 1950 bis 1951 schnell deportiert.

Ausländische Organisationen

Auf dem sensiblen Gebiet des Verlagswesens wurde ein ähnlicher Ansatz verfolgt. Die Maßnahmen unterschieden zwischen GMD-kontrollierten und nicht GMD-kontrollierten Zeitschriften und Unternehmen. Boulevard- und Tageszeitungen, die früher der GMD nahe gestanden hatten oder von ihr kontrolliert worden waren, wurden entweder von Parteiorganen übernommen oder eingestellt. Unabhängige Zeitschriften wurden auf Einzelfallbasis untersucht und konnten bei positiver Einschätzung weiter betrieben werden. Innerhalb kurzer Zeit verschwanden viele Zeitschriften, aber einige unabhängige Periodika konnten weiterhin publizieren. Gleichzeitig wurden neue, von der KPCh kontrollierte Zeitungen wie die *Jiefang Ribao*, *Guangming Ribao* oder auch die Volkszeitung (*Renmin Ribao*) gegründet. Die Motivation hinter der Genehmigung für den Weiterbetrieb einiger Zeitungen war, die städtische Leserschaft dieser Zeitungen mit KPCh-konformen Informationen und neuen Inhalten zu versorgen, die ansonsten schwer zu erreichen waren.

Verlagswesen

Gewerkschaften

Arbeiter wurden in offiziellen Verkündigungen als „Herren des Landes" (*guojia de zhuren*) angekündigt, als die „Führungsklasse" (*lingdao jieji*) der neuen Gesellschaft. In städtischen Fabriken wurden sofort nach ihrer Übernahme durch KPCh-Behörden KPCh-geführte Gewerkschaftsorganisationen gegründet. Unter den Vorschriften der „Neuen Demokratie" genossen die Gewerkschaften (vorübergehend) als offizielle Vertreter der Arbeiterklasse eine Stellung von beachtlichem Prestige und Einfluss. Es war ihnen sogar erlaubt, ihre eigenen bewaffneten Patrouillen aufzustellen, die die Sicherheit der Fabriken gewährleisten sollten. Im Juni 1950 fasste der All-Chinesische Gewerkschaftsbund alle unabhängigen Gewerkschaften zusammen. Dies brachte auch die Frage auf, wie man mit älteren Geschäftszweigen und Berufen umgehen sollte, die sich oft den klaren sozialen Kategorien der marxistischen Theorie entzogen. Wenige Berufe im städtischen China konnten klar als proletarisch kategorisiert werden. Z. B. wurden Fahrer von dreirädrigen Fahrrädern, dem wichtigsten Transportmittel in den Städten, in der Folge als Arbeiter kategorisiert und dementsprechend organisiert. Ähnliche Methoden wurden auch bei den zahlreichen städtischen beruflichen und professionellen Vereinigungen angewandt.

Geringer Widerstand

In den ersten Jahren an der Macht vermieden die neuen Machthaber drastische und plötzliche Interventionen. Sie kategorisierten vorhandene Institutionen, Organisationen und Vereinigungen im städtischen China und arbeiteten entsprechend dieser Kategorisierung mit einigen von ihnen zusammen, um die Bevölkerung weiterhin mit essentiellen Dienstleistungen zu versorgen, während andere, die als feindlich eingestuft worden waren, geschlossen wurden. Hauptsächlich stützte die Partei ihre politischen Maßnahmen auf die Mobilisierung des Volkes, aber auch auf Partizipation und freiwilliges Engagement. Ein intensiver Einsatz von Erziehung und Propaganda begleitete den Machtwechsel. Diese politischen Maßnahmen waren insgesamt effektiv und erfolgreich. In den meisten Städten war die Ordnung schnell wiederhergestellt und offener Widerstand gegen das neue Regime war minimal oder kurzlebig. Dieses ließ jedoch viele der früheren Strukturen und Organisationen intakt, die bald als potenzielle Herausforderungen für die neue Regierung wahrgenommen wurden.

1.1.3 China und der Kalte Krieg

Bereits seit dem europäischen Imperialismus im 19. Jahrhundert nahm China eine wichtige strategische Rolle in der Welt ein. Die Weltmächte hatten versucht, China zu öffnen und zu kontrollieren, aber blieben letztendlich erfolglos. Selbst in Zeiten von Krieg und Bürgerkrieg gelang es China, seine Unabhängigkeit zu bewahren, Allerdings war das Land zugleich immer auf internationale Partner und Unterstützer angewiesen, da ausländische Hilfe entscheidend für die Aufrechterhaltung der nationalen Sicherheit und die wirtschaftliche Entwicklung war. Während des Kalten Krieges wurde diese Aufgabe der Wahrung nationaler Unabhängigkeit bei gleichzeitiger Kooperation mit wichtigen ausländischen Partnern enorm erschwert. Entwicklungen weit außerhalb der chinesischen Grenzen entfalteten oft direkten Einfluss auf die chinesische Politik. Die Rivalität zwischen den Großmächten der Welt, besonders die sowjet-amerikanische Konfrontation, hatte tiefgreifende Auswirkungen auf die Politik Chinas. Tatsächlich ist es fast unmöglich, zwischen inneren und äußeren Ereignissen in der Geschichte der VR China während des Kalten Krieges zu unterscheiden. Inner- und außenpolitische Entscheidungen waren untrennbar miteinander verflochten.

Zusammenhang von Innen- und Außenpolitik

Im Juni 1949 kündigte Mao Zedong an, dass „China sich entweder auf die Seite des Imperialismus oder die Seite des Sozialismus stellen müsse. Zwischen den Stühlen sitzen geht nicht und es gibt auch keinen dritten Weg" [1.2: Mao Zedong, Bd. 4, S. 441]. Ein offensichtlicher und unmittelbarer Grund für diese Politik war der Widerstand gegen die amerikanische Strategie der „Eindämmung und Isolation", die sich bereits vor Ende des chinesischen Bürgerkrieges herauszukristallisieren begann. Da die USA eine immer feindlichere Einstellung gegen die KPCh einnahmen und sich immer stärker für die Unterstützung der GMD einsetzten, bewegte sich die KPCh immer mehr in Richtung eines vollständigen Bruchs mit den westlichen Alliierten und einer offiziellen Allianz mit der Sowjetunion.

Allianz mit der Sowjetunion

Am 14. Februar 1950 unterschrieben China und die Sowjetunion schließlich einen Bündnispakt, in dem die Sowjetunion zusagte, China gegen Angriffe „von Japan und seinen Verbündeten" (womit die USA gemeint waren) zu verteidigen und militärische und zivile Unterstützung zur Verfügung zu stellen. Sie einigten sich auch darauf, die russische Konzession in der Mandschurei, die die Sowjetunion 1945 erhalten hatte, an China zurückzugeben. Im Gegenzug akzeptierte China die Unabhängigkeit der äußeren Mongolei und versprach, alle anderen Länder außer der Sowjetunion davon abzuhalten, in der Mandschurei und Xinjiang zu agieren. Beide Seiten entschieden sich außerdem, eine Reihe von Aktiengesellschaften in Bereichen von der Nahrungsmittelkonservierung bis hin zur Luftfahrt zu gründen. Während Maos Besuch in Moskau zu den Vertragsverhandlungen genehmigte Stalin auch Chinas Antrag auf einen fünfjährigen Kredit über 300 Millionen Dollar.

300 Millionen Dollar-Kredit

Dieser Kredit wurde für fünfzig Schlüsselindustrie- und Infrastrukturprojekte verwendet, die sich der Entwicklung der chinesischen Schwerindustrie, Verteidigungsindustrie und Energieerzeugung widmeten.

Die Folgen dieser Positionierung reichten weit und können kaum überschätzt werden. China wurde Teil eines größeren Netzwerks von Kooperationsbeziehungen mit allen „Brüderländern" des sozialistischen Blocks. Angefangen von der Stadtplanung bis hin zur Bodenreform, von den Universitäten bis hin zu Arbeitslagern, von der Verstaatlichung bis hin zu Wirtschaftsmodellen, von der Propaganda bis hin zur Geheimdienstarbeit orientierte sich der neue Staat an Osteuropa und besonders an sowjetischen Modellen.

Sowjetisches Modell

Die Sowjetunion und die Welt des Staatssozialismus waren nicht nur bereit, China zu unterstützen, sie stellten sich für China auch als attraktive alternative Form der Modernität dar. Daher war es für China ein offensichtliches Modell, das effektive und moderne Lösungen für den Umgang mit einem breiten Spektrum an innenpolitischen, wirtschaftlichen und sozialen Herausforderungen bot.

Natürlich war das sowjetische Modell nicht völlig eindeutig: Die Sowjetunion und andere sozialistische Staaten boten tatsächlich nicht nur ein, sondern mehrere Modelle an, die von Lenins pragmatischer und moderater Neuen Ökonomischen Politik (1921–1927) über den revolutionären Stalinismus mit umfassenden Kampagnen zur Kollektivierung der Landwirtschaft und zu einer beschleunigten Industrialisierung und Urbanisierung (1929–1934) bis hin zum bürokratischen Stalinismus mit der Betonung auf zentraler Planung und zentraler Verwaltung von Wirtschaft und Staat reichten. Die Attraktivität und Verfügbarkeit des sowjetischen Modells während der ersten Hälfte der 1950er Jahre bedeutete jedoch nicht, dass die chinesische Spitze ihm blind folgte.

Tatsächlich traf China seine eigenen Entscheidungen darüber, welche Modelle in die Praxis umgesetzt werden sollten oder ob sie angepasst werden sollten. Die chinesischen Führer waren sich stets bewusst, dass die Bedingungen in ihrem Land sich in entscheidenden Bereichen von der Sowjetunion unterschieden. Dennoch steht es ohne Frage fest, dass die Verbindungen zu den Ostblockländern und der Sowjetunion zum umfangreichsten und systematischsten Transfer von Wissen und Technologie in der modernen Geschichte Chinas führten.

Transfer von Wissen und Technologie

Nach der Vertragsunterzeichnung kamen innerhalb von zehn Jahren ungefähr zehntausend sowjetische Berater nach China, hauptsächlich in den Jahren von 1953 bis 1957. Sie waren in allen chinesischen Ministerien, Regional- und Provinzregierungen und großen Industrieunternehmen tätig. China lernte von der Sowjetunion in vielen zentralen Bereichen: Wie man einen zentralen Parteiapparat aufbaut, wie man Regierungsministerien verwaltet, wie man ein System von Gerichten, Anwälten, Polizei und Gefängnissen anlegt; wie man politische Sicherheitsfunktionen in Fabriken, Universitäten, Büros und anderen Arbeitseinheiten einbettet und wie man Massenorganisationen im sowjetischen Stil aufbaut. Die Organisation der neuen Volksbefreiungsarmee war bewusst und direkt nach der sowjetischen Armee geformt. Sowjetische Pädagogen entwickelten auch das chinesische System der höheren Bildung. Abgesehen von Bodenreform und Bildung betraf die wichtigste Maßnahme des neuen Regimes das Feld der Stadtplanung. Indem es chinesische Städte nach sowjetischem Vorbild erneuerte, baute das neue China städtische Zentren, die modernen Strukturen folgten. Diese neuen Städte sollten funktional und produktiv sein.

Sowjetische Berater

Auch in der Außenpolitik suchte China eine enge Ausrichtung an der Politik des Ostblocks. Die KPCh war davon überzeugt, dass sie gezwungen war, einen unerbittlichen Kampf gegen Imperialismus und Kapitalismus zu führen, und dass ihre Sicherheit von einem engen politischen und militärischen Bündnis mit dem von der Sowjetunion angeführten kommunistischen Lager abhing. Selbst wenn die Parteichefs eine direkte Einflussnahme durch die Sowjetunion ablehnten, waren sie bemüht, mit ihren sozialistischen Waffenbrüdern zusammenzurücken. Ein gutes Beispiel ist Chinas Engagement auf der koreanischen Halbinsel, das zu einer unmittelbaren militärischen Konfrontation zwischen China und

Außenpolitik

den USA führte und zu einer anschließenden Feindseligkeit, die zwanzig Jahre lang anhielt.

Nordkoreanischer Einmarsch in Südkorea

Am 25. Juni 1950 überquerten Truppen des kommunistischen Nordkorea mit Stalins Einverständnis den achtunddreißigsten Breitengrad, der als Grenze zwischen Nord- und Südkorea festgesetzt worden war, und marschierten in Südkorea ein, das von den USA unterstützt wurde. Die VR China war in keiner guten Position, um in eine Konfrontation zwischen den Supermächten der Welt hineingezogen zu werden. Auf Grund der geographischen Nähe sah die Führung aber auch kaum Möglichkeiten, sich aus dem Konflikt völlig herauszuhalten. Als Mao Zedong sich mit Stalin im Januar 1950 in Moskau getroffen hat, hatten beide bereits ihre Entschlossenheit betont, das nordkoreanische kommunistische Regime zu unterstützen. Bei einem Treffen Mitte Mai 1950 in Beijing informierte der nordkoreanische Führer Kim Il Sung Mao Zedong und die KPCh-Führung, dass Stalin einem nordkoreanischen Plan zu Vereinigung Koreas durch einen militärischen Vorstoß nach Süden zugestimmt habe. Obwohl Mao zur Vorsicht riet und eine Verwicklung der USA vermeiden wollte, versprach er dennoch ungeteilte Unterstützung für Nordkorea und erklärte, dass China Nordkorea mit Truppen versorgen würde, sollten die USA unmittelbar eingreifen.

Im Juni 1950 griffen nordkoreanische Streitkräfte schließlich an und bewegten sich in einem schnellen Vorstoß nach Süden, der die südkoreanischen und amerikanischen Streitkräfte in das südöstliche Gebiet um Pusan zurückdrängte. Zwei Tage später, am 27. Juni, erklärten sich die Vereinten Nationen bereit, die zurückweichenden südkoreanischen Streitkräfte zu unterstützen, und baten die USA um Entsendung der Siebten Flotte der USA in die Taiwan-Straße. Mehrere aufeinanderfolgende militärische Siege im Sommer 1950 erlaubten den UN-Truppen schließlich, bis zum achtunddreißigsten Breitengrad vorzurücken. Im Anschluss wurde dann die Entscheidung von amerikanischen Militärführern getroffen, die Demarkationslinie zu überschreiten und in Richtung der chinesischen Grenze vorzurücken. Dieser Schritt war der Auslöser für den Eintritt Chinas in den Koreakrieg. Die Regierung begann mit der Einberufung der Truppen. Aber Mao und die anderen chinesischen Führer zögerten noch, die Truppen tatsächlich nach Korea zu senden. Am 2. Oktober informierte Mao Stalin, dass China nicht in der Lage sei, genügend Truppen nach Korea zu schicken. In seiner Antwort warnte Stalin vor den ernsthaften Konsequen-

Eintritt Chinas in den Koreakrieg

zen der chinesischen Tatenlosigkeit. In der Zukunft, ermahnte er, müsse China mit zwei amerikanischen Stützpunkten entlang seiner Grenzen in Korea und Taiwan fertig werden und würde sich selbst unter ständiger Bedrohung finden. In einem erneuten Wechsel seiner Position rang sich das chinesische Politbüro am 5. Oktober dazu durch, Divisionen von Freiwilligen nach Nordkoreas zu entsenden. Aber bis Mitte Oktober hielt die Führungsriege den Befehl zum Einmarsch zurück. Nach Wochen des Vor und Zurück in dieser Angelegenheit begann die Volksfreiwilligenarmee (VFA), unter dem Kommando des bemerkenswerten militärischen Strategen Peng Dehuai am 25. Oktober ihre erste Kampfhandlung in Korea und attackierte zur Überraschung der militärischen Führung der USA südkoreanische Truppen im Unsan-Gebiet. Die UN-Streitkräfte begannen Mitte Januar eine Gegenoffensive. Mao befahl Peng, einen Gegenangriff zu starten, der zu der ersten großen Niederlage der VFA auf der Halbinsel führte. Beide Armeen verharrten danach in einem Stellungskrieg. Stalins Tod im Jahr 1953 führte zu einer fast sofortigen Änderung in der sowjetischen Politik. Die neue sowjetische Führung war weniger unnachgiebig als Stalin. Sie drängte China, den Koreakrieg offiziell zu beenden. Ein Waffenstillstand wurde im Sommer 1953 unterzeichnet, der die zwei Koreas an derselben Grenze wie zuvor trennte.

Der Ausgang des Koreakrieges wurden dem chinesischen Volk naturgemäß als Sieg verkauft, aber er forderte einen hohen Preis: Die knappen Ressourcen, die China für den Wiederaufbau des eigenen Landes dringend benötigte, wurden auf die Kriegsanstrengungen umgeleitet. 1951 machten die militärischen Ausgaben 55 Prozent der gesamten Staatsausgaben aus. Aufgrund der steigenden Ausgaben für den Koreakrieg ab Ende 1950 gingen die zur Verfügung stehenden Gelder für Investitionen in den noch notleidenden chinesischen Städten und für Sozialhilfe erheblich zurück. Getreide, Fleisch und Baumwolle wurden an die VFA in Korea geliefert. Die Zahl der Opfer war auf allen Seiten hoch: 2,5 Millionen Nord- und eine Million Südkoreaner waren zwischen Ende Juni 1950 und Ende Juli 1953 ums Leben gekommen, Soldaten und Zivilisten. Die VR China hatte fast eine Million Soldaten ihrer Interventionsarmee verloren. Die USA zählten rund 50.000 tote GIs und ca. 100.000 Verwundete. Insgesamt 4,5 Millionen Nordkoreaner verließen im Zusammenhang mit dem Krieg ihre Heimat; 1953 zählte Nordkorea gerade noch einmal halb so viele Bewohner wie

Der Preis des Koreakrieges

1950. Dieser Konflikt war nach den zwei Weltkriegen der Krieg mit den dritthöchsten Verlusten des zwanzigsten Jahrhunderts.

Folgen des Koreakrieges

Das chinesische Eingreifen hatte wichtige und teilweise unvorhergesehene Folgen: China etablierte sich selbst als eine aufsteigende internationale Macht, die in der Lage war, es mit den weit überlegenen amerikanischen Streitkräften aufzunehmen. China zeigte Entschlossenheit, indem es das Ziel erreichte, seine territoriale Sicherheit sowie angrenzende verbündete kommunistische Länder zu schützen. Aus diesem Grund begann China auch die Viet Minh in ihrem Krieg gegen die französischen Kolonialherren zu unterstützen und half später den nordkoreanischen und nordvietnamesischen kommunistischen Regierungen. Schließlich nutzte die KPCh den Krieg auch, um ihre Herrschaft über China zu festigen und zur gleichen Zeit die chinesische Bevölkerung für einen vollständigen Wandel der chinesischen Gesellschaft zu mobilisieren.

Radikalisierung

Mit dem Eintritt Chinas in den Koreakrieg begann eine gesellschaftsweite Radikalisierung, die bis 1952 andauerte. Zwei Tage, nachdem Mao entschieden hatte, chinesische Freiwillige in den Koreakrieg zu schicken, gab das Zentralkomitee der KPCh die „Direktive zur Unterdrückung von konterrevolutionären Aktivitäten" heraus. Dies kennzeichnete den Beginn der blutigen Kampagne gegen Konterrevolutionäre, die darauf abzielte, die „Feinde des Volkes", die immer noch pro-amerikanische oder pro-nationalistische Ansichten vertraten, umzuerziehen. Es war kein Zufall, dass die Entscheidung zum Kampf gegen die USA und die Erklärung zum internen Klassenkampf fast gleichzeitig erfolgten. Der Krieg machte auch die Beschleunigung der Landreform notwendig, um mehr Ressourcen aus der ländlichen Wirtschaft zu ziehen. Chinas Eintritt in den Koreakrieg führte daher auch zu Neuerungen in der Landwirtschaftspolitik und zum Beginn der Landreform Ende 1950. Der sozialistische Umbau von Gesellschaft und Wirtschaft in China, der Kampf gegen die inneren Feinde und die internationalen Konflikte während des globalen Kalten Krieges waren eng miteinander verflochten.

1.1.4 Partei und Staat

Politische Zentralisierung und die Wahrung nationaler Unabhängigkeit waren allgemeine Erwartungen an die neue Regierung

1.1 Aufbau einer sozialistischen Gesellschaftsordnung (1949–1956)

in einem Land, in dem die traditionellen imperialen Formen der Herrschaft bereits Mitte des 19. Jahrhunderts zerfallen waren und das seither keine stabile Regierung mehr gehabt hatte. Auf den Entwicklungen der Republikzeit aufbauend wurde der neue Staat als moderner Nationalstaat entworfen, der aber sehr viel mehr Autorität beanspruchte als sein traditioneller Gegenpart im imperialistischen China oder sein unmittelbarer Vorgänger in der Republikzeit. Der neue Staat beabsichtigte, die Gesellschaft großflächiger und tiefer zu durchdringen: Sein bürokratischer Apparat sollte auch abgelegene Regionen erreichen.

Die Grundsätze, nach denen China in den ersten Jahren der Machtergreifung bis 1953 regiert wurde, wurden bereits Jahre vor dem Sieg 1940 in einer Rede von Mao Zedong mit dem Titel „Die Politik und Kultur der Neuen Demokratie" (*Xin minzhu zhuyi de zhengzhi yu Xin minzhu zhuyi de wenhua*) formuliert. Mao argumentierte, dass die chinesische Revolution historisch in zwei Abschnitte zerfiel – Demokratie und Sozialismus. Bei dem ersten Abschnitt handelte es sich um eine besondere chinesische Art der Demokratie, die als Neue Demokratie bezeichnet wurde. In dieser Zeit sollte sich die neue Regierung auf eine Koalition der vier fortschrittlichen (oder „demokratischen") Kräfte – Proletariat, Bauernstand, Kleinbürgertum und nationale Bourgeoisie – unter „der Führung der kommunistischen Partei" stützen. Die Strategie hinter dieser Politik war, dass eine Allianz der KPCh mit den lokalen oder „nationalistischen" Kapitalisten (Konterrevolutionäre und Verräter ausgeschlossen) einen wirtschaftlichen Zusammenbruch vermeiden und es der KPCh erlauben würde, städtische Unterstützung zu erzielen.

<small>Neue Demokratie</small>

Entsprechend dieser Vorgabe von 1940 praktizierte die KPCh nach der Machtübernahme die „demokratische Diktatur des Volkes". Damit bezeichnete Mao Zedong eine besondere Form der revolutionären Diktatur: demnach sollte das Volk, d. h. Arbeiter, Bauern, das Kleinbürgertum und die nationale Bourgeoisie, unter der Führung der Partei die Herrschaft ausüben, während die sogenannten Feinde des Sozialismus, insbesondere die Klasse der Grundbesitzer, der bürokratischen Bourgeoisie, der GMD und ausländische Imperialisten, der Diktatur unterstellt werden sollten. Das Volk konnte demokratische Rechte ausüben, während den Feinden des Volkes diese Rechte verwehrt wurden.

<small>Demokratische Diktatur des Volkes</small>

Im September 1949, am Vorabend der Gründung der VR China, nahm die Politische Konsultativkonferenz des Chinesischen Volkes drei Dokumente an: das Gemeinsame Programm der Politischen Konsultativkonferenz des Volkes, das Organisationsgesetz der zentralen Volksregierung und das Organisationsgesetz der Politischen Konsultativkonferenz. In der Zeit von 1949 bis 1953 stellte das Gemeinsame Programm den grundlegenden Rahmen für staatliche Entwicklungen in der VR China dar, während die Organisationsgesetze die offizielle Struktur der zukünftigen chinesischen Regierung beschrieben. Die Konferenz ernannte Mao zum neuen Staatsoberhaupt und wählte die Mitglieder des Regierungsrats, der bis zum Eintreten der Verfassung als zentrale Autorität fungierte. Mao Zedong dominierte alle drei wesentlichen Institutionen des neuen Staates – Partei, Armee und Regierung. Er erfreute sich außerdem großer Popularität, die durch den wachsenden Kult um seine Person gefördert wurde.

Das Gemeinsame Programm

Die Partei widmete ihre Aufmerksamkeit zuerst dem Aufbau eines funktionierenden Staatsapparats und der Ausbildung von Kadern und Mitarbeitern zur Durchführung wichtiger politischer Maßnahmen. Die VR China errichtete eine Regierungsstruktur im sowjetischen Stil, die für eine übergreifende Kontrolle durch die KPCh sorgte. Die Parteiorganisation war der Kern des neuen Staats. Es war die Partei, die den zivilen Verwaltungsapparat durchdrang und kontrollierte, ähnlich wie sie die Armee schon vor 1949 kontrolliert hatte. Auf jeder Ebene der Regierung war die Entscheidungsgewalt in den Händen der KPCh. An oberster Stelle standen das Politbüro mit gewöhnlich zwanzig bis zweiundzwanzig Mitgliedern und dessen Ständiger Ausschuss mit fünf bis neun Mitgliedern. Das Politbüro war Teil des größeren Zentralkomitees (ZK), das etwa 300–400 volle und stellvertretende Mitglieder hatte. Sie wurden alle fünf Jahre neu gewählt. Das ZK traf sich einmal und gelegentlich auch zweimal im Jahr, um wichtige politische Dokumente zu billigen. Es hatte wenig direkten Einfluss auf die alltägliche Entscheidungsfindung.

Regierungsstruktur

Es gab auch Parteikomitees auf Provinzebene, die der nationalen Organisation in Beijing unterstellt waren. Parteisekretäre, die obersten Beamten in jeder Provinz, leiteten die Provinzkomitees und trafen sich regelmäßig mit kleineren ständigen Ausschüssen. Diese Struktur wurde auf jeder Regierungsebene bis zur Basisebene aufgebaut. Es gab Stadt- und Präfekturparteikomitees und darunter

Parteikomitees

1.1 Aufbau einer sozialistischen Gesellschaftsordnung (1949–1956) — 17

Kreis- und Bezirksparteikomitees. Es gab Parteikomitees in allen ländlichen Kommunen, jeder Universität, in Fabriken und Wohngegenden. Dieses landesweite Netzwerk übte die Kontrolle über Verwaltungsprozesse auf jeder Ebene aus.

Als 1954 klar wurde, dass ihre Macht unanfechtbar war, verabschiedete die Partei eine Verfassung, die die politische Vorrangstellung der KPCh bestätigte und die VR China als einen sozialistischen Staat unter der Demokratischen Diktatur des Volkes beschrieb. Die Verfassung war nach der sowjetischen Verfassung von 1936 gestaltet. Als oberstes Organ der Staatsmacht und Gesetzgebungsorgan fungierte laut Verfassung der Nationale Volkskongress (NVK), der unter anderem zuständig ist für Verfassungsänderungen, Ausarbeitung und Änderung von grundlegenden Gesetzen, Wahl/Abberufung der wichtigsten Mitglieder der Staatsorgane sowie Prüfung und Bestätigung des Staatshaushaltes. Die ca. 3000 Abgeordneten des NVK werden alle fünf Jahre von den Volkskongressen auf Provinzebene bestimmt.

Verfassung

Die Struktur des Staates war offiziell getrennt zwischen KPCh, ihrem Sekretariat, dem Politbüro, dem Nationalen Volkskongress (dem Parlament) und dem Staatsrat. Der Staatsrat ist de facto die chinesische Zentralregierung. Er wird in der Verfassung als „Exekutivorgan" des NVK und als „oberstes Organ der Staatsverwaltung" beschrieben. Dem Staatsrat gehören der Premierminister, dessen Stellvertreter sowie die Staatsratskommissare und Minister an. Der Premierminister verfügt als Leiter des Staatsrates über eine sehr große Machtfülle. Das Staatsoberhaupt der VR China ist der Staatspräsident mit überwiegend formalrepräsentativen Funktionen. Er setzt mit seiner Unterschrift Gesetze in Kraft, ernennt und entlässt führende Mitglieder von Staatsorganen nach Entscheidung des NVK und empfängt internationale Staatsgäste. Mao Zedong wurde Vorsitzender der KPCh und Präsident der VR China, Liu Shaoqi hatte ab 1954 das Amt des Vorsitzenden des nationalen Volkskongresses inne. Zhou Enlai war Premierminister des Staatsrats.

Staatsrat

In der Praxis war die Unterscheidung zwischen Staat und Partei jedoch relativ bedeutungslos auf Grund der Tatsache, dass alle Regierungschefs fast immer gleichzeitig Posten in Partei und Staat innehatten. Da die Parteiinstitutionen und Regierungsstrukturen eng miteinander verflochten sind, werden kommunistische Systeme auch als Parteistaaten bezeichnet. Offiziell jedoch war und ist die kommunistische Doktrin mehrdeutig. Auf der einen

Fehlende Trennung von Staat und Partei

Seite wurde der Partei als „Diktatur des Volks" ein Machtmonopol zugesprochen und später, als sie etwas bescheidener beschrieben wurde, spielte sie eine „führende Rolle" innerhalb des Systems. Auf der anderen Seite war sie auch, laut der offiziellen Theorie, eher eine gesellschaftliche Organisation als ein Organ der Staatsmacht.

Auf lokaler Ebene hatte die KPCh wenig andere Möglichkeiten als die Mitarbeiter der Vorgängerregierung zu behalten. Die KPCh war während der ersten Jahre nicht in der Lage, das neue politische System mit einer neuen Elite zu formen und zu stabilisieren. Die Partei konnte nicht genug neues Personal aufbringen, um das vorhandene Personal der GMD komplett zu ersetzen. Daher musste sich die neue Regierung lange Zeit auf vorhandene Eliten und Institutionen stützen, obwohl sie ihnen misstraute. Die ursprünglichen GMD-Funktionäre mussten deshalb eine politische Umerziehung durchlaufen – ein Prozess, der auch Gedankenreform (sixiang gaizao) genannt wurde.

Gedankenreform

Während im Allgemeinen sowjetischen Modellen gefolgt wurde, konkurrierten diese formellen bürokratischen Prozesse mit den informellen Methoden des Regierens, die die Partei selbst in Laufe der Revolution entwickelt hatte. Während die Führung sich wichtige Entscheidungen über politische Strategien und die allgemeine Richtung von Staat und Wirtschaft vorbehielt, ermutigte sie die lokale Beteiligung auf der unteren Ebene. Lokale oder wenigstens dezentrale Gremien wurden aufgefordert, Vorschläge zu machen und Maßnahmen zu testen. Dabei wurden sie von der Zentrale beobachtet und waren zentraler Kontrolle unterstellt. Im Anschluss daran wurden einige der Ideen und Maßnahmen landesweit umgesetzt, während andere eingestellt und verboten wurden.

Lokale Initiativen

1.1.5 Massenkampagnen und Massenorganisationen

Anfang der 1950er Jahr verschärfte die Partei allmählich den Kurs. Weitreichendere und ehrgeizigere soziale Ziele wurden jetzt in Angriff genommen. In der Stadt sowie auf dem Land wollte die KPCh eine „neue Gesellschaft" schaffen. Das alte Shanghai z. B. galt als „Brückenkopf des Imperialismus" und als Symbol der „verkommenen Lebensweise der Bourgeoisie", erkennbar an der Existenz von Bordellen, Spielhöllen und Vergnügungsbetrieben. Nun sollte es in das „Große Shanghai des Volks" (*renmin de da Shanghai*) ver-

Schaffung einer „neuen Gesellschaft"

wandelt werden. Um dieses Ziel zu erreichen, begann die KPCh, in Shanghai und anderen Städten „die Gesellschaft zu säubern", um „die schmarotzerhafte Bevölkerung der Stadt zu reduzieren" und so „Städte des Konsums" (*xiaofei chengshi*) in „Städte der Produktion" (*shengchan chengshi*) zu verwandeln. Die Teile der Bevölkerung, die als unzuverlässig oder den neuen Machthabern gegenüber als feindlich eingeschätzt wurden, sollten identifiziert, überwacht und entfernt werden.

Um diese sogenannten „Zielgruppen" (*zhongdian renkou*), d. h. ausgewählte Segmente der Bevölkerung in jeder Gemeinde, die auf Grund ihres politischen, sozialen oder wirtschaftlichen Hintergrunds besonders kontrolliert werden sollten – zu verwalten, übernahmen die neuen Machthaber das System der Haushaltsregistrierung von der nationalistischen Regierung, machten es jedoch systematischer, umfangreicher und effektiver. Auf der Grundlage der Akten der Volkszählung der Republik China von 1928 führten die kommunistischen Machthaber die Haushaltsregister (*hukou*) wieder ein, die ursprünglich aus einer Seite für jedes Mitglied eines Haushaltes bestanden (diese konnten erweitert werden, um Gemeinschaftsunterkünfte wie Firmenwohnheime, Wohnblöcke, Boote oder Tempel einzuschließen). Die Seite beinhaltete Einträge für Namen, Geburtsdatum, Beruf, Arbeitsplatz, Familienhintergrund, Bildungsgrad, Familienstand, Religion und Herkunftsort der Vorfahren. Bei jeder Veränderung sollte der Haushaltsvorstand die neuen Informationen in den Akten notieren und beim lokalen öffentlichen Sicherheitsbüro melden. Normalerweise wurde das Haushaltsregister in der „Haushaltsregistrierungsabteilung" (*hujike*) der entsprechenden lokalen Polizeistation hinterlegt.

System der Haushaltsregistrierung

Der *hukou* war auch die Hauptgrundlage für Ressourcenzuteilung und Subventionierung ausgewählter Gruppen der Gesellschaft. Essenrationskarten wurden ebenfalls dem Haushaltsvorstand übergeben, der diese unter den Haushaltsmitgliedern verteilte. Das *hukou*-System erlaubte der Regierung vor allem, die Binnenmigration zu regulieren. Die Migrationskontrolle diente dazu, die Bevölkerungswanderungen vom Land in die Stadt und von Kleinstädten in die Großstädte einzuschränken. Schon seit Ausbruch des Bürgerkriegs 1946 war eine immer größere Zahl an Flüchtlingen und Migranten aufgrund der besseren Lebensbedingungen in die Städte geströmt. Dort nahmen die sozialen Probleme zu. Daher beabsichtigte die Regierung, einen weiteren Zustrom

Migrationskontrolle

einzuschränken und die vorhandenen Flüchtlingspopulationen umzusiedeln. Bis Mitte der 1950er Jahre führte die Regierung Kampagnen durch, um jene Elemente aus der städtischen Gesellschaft zu entfernen, die sie als „schmarotzerisch" bezeichnete. Darunter fielen vor allem Flüchtlinge oder Migranten, die vor Armut oder Naturkatastrophen in die Städte geflüchtet waren.

Der *hukou* begann, wie oben dargestellt, als Werkzeug zum Schutz der Revolution, indem er verdächtigte Feinde der Regierung identifizierte und verwaltete, und endete damit, jedem in der chinesischen Gesellschaft eine fixierte städtische oder ländliche Identität zuzuordnen. Flüchtlinge und Migranten aus den Städten herauszuhalten war eine notwendige Aufgabe, um die nationale Priorität der schnellen Industrialisierung zu erreichen. Die begrenzten städtischen Nahrungsmittelzuschüsse sollten für städtische Arbeiter reserviert und nicht an unproduktive Flüchtlinge verschwendet werden. Diese sollten stattdessen aufs Land zurückkehren, um mehr Nahrungsmittel zu produzieren. Das *hukou*-System wurde also zunehmend als Mechanismus genutzt, um die Flüchtlinge aus den Städten zu entfernen. Eine intensive Propaganda begleitete die Politik. Es wurde betont, dass die Rückführung „sowohl im besten Interesse der Nation als auch der einzelnen Migranten" war. Mit der späteren Verkündung der Regelung zur *hukou*-Registrierung der Volksrepublik China am 9. Januar 1958 wurde dieser allgegenwärtigen und mächtigen Institution schließlich eine legale Grundlage gegeben.

Nach der Machtergreifung befürchtete die Partei weiterhin konterrevolutionäre Aktivitäten und ausländische Interventionen. Diese Angst war nicht völlig unberechtigt. Es gab zahlreiche zersplitterte Truppen und Agenten, zurückgelassen von der nationalistischen Regierung, die sich in ganz China versteckten. Ganze Regionen waren nur lose in den neuen Staat integriert. Tatsächlich dauerte es bis Ende der 1950er Jahre, bis die KPCh die vollständige und sichere Kontrolle über das Festland erreicht hatte. Die neuen Machthaber waren besorgt, dass sich zurückgebliebene Nationalisten mit Kriminellen zusammentun würden, um die neue Ordnung zu untergraben. Dieses ungewisse Klima der Angst und des Misstrauens verbunden mit dem konkreten Vorhaben, die Gesellschaft von „unzuverlässigen" und „feindlichen Elementen" zu säubern, steckte hinter der ersten großen landesweiten Kampagne gegen Konterrevolutionäre (*zhenya fangeming* oder *zhenfan*) von 1950 bis

Kampagne gegen Konterrevolutionäre

1953. Sie richtete sich konkret gegen mutmaßliche Feinde, Bandenführer, Drogenschmuggler, religiöse Anführer und mutmaßliche nationalistische Spione. Die Entscheidung, im Oktober 1950 in die koreanische Halbinsel einzumarschieren, spielte ebenfalls eine wichtige Rolle für den Beginn der Kampagne im selben Monat.

Die gesetzlichen Grundlagen wurde in den einundzwanzig Artikeln der „Statuten zur Bestrafung von konterrevolutionären Aktivitäten" vom 21. Februar 1951 festgelegt. Das Ziel war „die Unterdrückung von konterrevolutionären Aktivitäten und die Stärkung der demokratischen Diktatur des Volkes" (Artikel 1). Der Begriff „Konterrevolution" war nur ungenau definiert als „jegliche Aktivität, die darauf abzielt, die demokratische Diktatur des Volkes und das sozialistische System zu stürzen oder zu untergraben und damit die VR China in Gefahr zu bringen". Tatbestand Konterrevolution

Die „Kampagne gegen Konterrevolutionäre" stützte sich vor allem auf Volkstribunale (*renmin fating*) oder bisweilen auch Militärgerichte, die mit einer umfassenden Vollmacht ausgestattet waren, gegen mutmaßliche Feinde vorzugehen. Unter Umgehung des formellen Gerichtssystems initiierten die Volkstribunale – oft in Zusammenarbeit mit den öffentlichen Sicherheits- und den Parteiorganisationen – große Säuberungen. Sie existierten neben den Volksgerichten, hatten jedoch einen ad hoc-Charakter und währten nur für die Dauer der jeweiligen Kampagne. In den frühen Jahren der VR China stellten sie einen der wichtigsten Hebel dar, mit dem die neue Regierung Macht ausübte. Die Tribunale wurden 1950 im Zusammenhang mit der Landreform eingeführt. Sie agierten unter den Richtlinien, die am 20. Juli 1950 als die „Organischen Richtlinien der Volkstribunale" veröffentlicht worden waren. Die Volkstribunale wurden von der Regierung auf Provinzebene gebildet und nach der Vollendung ihrer Aufgabe wieder aufgelöst. Es war ihnen erlaubt, Verhaftungen durchzuführen, Verdächtige einzusperren und Urteile von Haftstrafen bis hin zur Todesstrafe auszusprechen. Außerdem führten sie öffentliche Massenveranstaltungen durch, deren Ziele die Mobilisierung der Bevölkerung, die Erziehung durch negative Beispiele sowie die Abschreckung durch öffentliche Bestrafung waren. Die Mitglieder der Tribunale kamen meist aus örtlichen Parteiorganisationen. Volkstribunale

Während der Bewegung zur Unterdrückung der Konterrevolutionäre in den frühen 1950er Jahren wurden laut offizieller (und vermutlich unvollständiger) Statistiken schätzungsweise vier Mil- Bilanz der Tribunale lionen Festnahmen von der Polizei, der Armee oder Parteiorganen ohne eine echte Beteiligung der ordentlichen Gerichte durchgeführt. Hunderttausende „Klassenfeinde" oder „Feinde des Volkes", vermutlich ein Viertel aller verhafteten Personen, wurden zum Tode verurteilt und hingerichtet. In Massenprozessen wurde die Todesstrafe entweder sofort oder am nächsten Tag vollstreckt; die meisten Hinrichtungen waren öffentlich. Diese öffentliche Darstellung von Gewalt hatte einen tiefgreifenden Einfluss auf die Gesellschaft. Sie zeigte eindeutig, was „Klassenkampf" letztendlich beinhaltete. In ihrer Kampagne gegen reale oder mutmaßliche Gegner bewies die KPCh, dass sie bereit war, Gewalt und Terror gegen ihre eigenen Staatsbürger einzusetzen.

Hinrichtungsquoten

Die Nutzung von kalkulierter Gewalt diente dem Zweck, jede Form von Opposition und potenziellem Widerstand auszulöschen. Mao selbst bestimmte eine Quote für die Hinrichtungen, die im Laufe der Kampagne durchgeführt werden sollten. 0,1 bis 0,2 Prozent der Bevölkerung sollten als Konterrevolutionäre hingerichtet werden. Trotzdem schienen das Ausmaß der Verhaftungen und die Bereitschaft der lokalen Kader, sich an der Bewegung zu beteiligen, die Führungsriege zu überraschen. Willkürliche Verhaftungen und Hinrichtungen, oft unabhängig von Beweisen für Fehlverhalten, waren üblich. Je länger die Kampagne gegen Konterrevolutionäre dauerte und je mehr Blut vergossen wurde, desto dringender wurden die Bitten der zentralen Partei an die lokalen Einheiten, Zurückhaltung zu üben. Die Kampagnen wurden anscheinend von vielen lokalen Einzelpersonen und Gruppen (Clans, Milizen) dazu genutzt, um alte Rechnungen mit Nachbarn zu begleichen und dauerhafte lokale Konflikte zu ihrem Vorteil zu entscheiden.

Drei-Anti- und Fünf-Anti-Kampagnen

Zwischen 1950 und 1953 wurden abgesehen von den Konterrevolutionären auch andere soziale Gruppen herausgegriffen, kritisiert und verurteilt. Die *sanfan* Kampagne 1951 (Drei-Anti-Kampagne gegen Korruption, Verschwendung, und Bürokratismus) beabsichtigte, unzuverlässige oder korrupte Regierungsbeamte zu identifizieren und zu säubern. Die *wufan* Kampagne 1952 (Fünf-Anti-Kampagne gegen Bestechung, Steuerhinterziehung, Betrug, Diebstahl von Staatseigentum, Diebstahl staatlicher Wirtschaftsinformationen) zielte auf Kapitalisten und Privatunternehmer. Mit diesen beiden Kampagnen sollte die staatliche Verwaltung diszipliniert und eine zentrale Kontrolle über den städtischen Wirtschaftssektor errichtet werden. Die *sanfan* Kampagne soll 1,2 Millionen Fälle von Regierungskorruption ans Licht gebracht haben. Nur 200.000 dieser Fälle betrafen Parteimitglieder, was zeigt, dass die Kampagnen sehr viel mehr Überbleibsel der GMD als KPCh-Mitglieder ins Visier nahmen.

Auch in der zweiten Hälfte der 1950er Jahre gab es weitere Kampagnen: Die *Sufan*-Kampagne („Säuberung von Konterrevolutionären") begann 1955, gefolgt von der Rechtsabweichler-Kampagne von 1957–1958, mit der sie sich teilweise überschnitt, und dem „Kleinen Sprung" von 1960. Diese Kampagnen waren kleiner und wurden vor allem in Fabriken, Wohneinheiten und Regierungsbehörden durchgeführt. Andere Kampagnen richteten sich nicht gegen Menschen, sondern gegen die Natur. Die „Vier-Plagen-Kampagne" von 1958 z. B. forderte die Menschen dazu auf, die vier häufigsten Plagen – Fliegen, Mücken, Spatzen und Ratten – zu bekämpfen. Die Bevölkerung nahm diese Kampagne enthusiastisch an, aber die Konsequenzen waren kontraproduktiv. Während der Spatzenbestand als Ergebnis der unnachgiebigen Verfolgung sich verringerte, verloren damit viele Insekten ihren natürlichen Feind, vermehrten sich und bedrohten die Ernte. Während sich die Kampagnen in Umfang und Intensität unterschieden, nutzten alle den Einsatz von Tribunalen als Hauptwerkzeug, um bestimmte Zielgruppen zu bekämpfen.

_{Sufan- und Vier-Plagen-Kampagne}

Mit den Massenkampagnen in den Städten wurde aber noch ein weiterer Zweck verfolgt: die Bildung von Einwohnerkomitees (*jumin weiyuanhui*), umgangssprachlich auch Nachbarschafts- oder Straßenkomitees (*lilong weiyuanhui*) genannt, zur Organisation der lokalen Gesellschaft. Im Dezember 1949 etablierte die Stadt Hangzhou das erste Einwohnerkomitee als „neuen Modus demokratischer Organisation". Solche Komitees wurden daraufhin bis Anfang 1953 landesweit in allen Nachbarschaften durch eine „Nachbarschaftsdemokratisierungs-Bewegung" (*qujie minzhu jianzheng yundong*) errichtet. Die Mitglieder der Einwohnerkomitees wurden von den Einwohnern gewählt und arbeiteten unter der Leitung der lokalen Regierungsorgane. In ihrer jeweiligen Nachbarschaft leiteten die Einwohnerkomitees ihre eigenen Angelegenheiten und boten wichtige Dienstleistungen für ihre Mitglieder an. Als eine Selbstverwaltungsorganisation der Massen kümmerten sie sich um das Wohlergehen der Menschen, indem sie Kriminalität überwachten, den Bürgern bei der Konfliktbewältigung halfen oder durch Gesundheitsfürsorge. Sie veröffentlichten auch Richt-

Einwohnerkomitees

linien der Partei und Gesetze der Regierung, mobilisierten die Einwohner, um Regierungsinitiativen zu unterstützen, und teilten die Meinungen der Einwohner der Regierung auf unterer Ebene mit. Nachbarschaftskomitees organisierten Zeitungslesegruppen, erklärten Außenpolitik und erweiterten das Wissen und das politische Bewusstsein der Einwohner.

Kampagne gegen Amerika und für Korea

Die Einwohnerkomitees hatten auch die Aufgabe, die politischen Kampagnen lokal zu unterstützen. In der „Kampagne zum Widerstand gegen Amerika und zur Hilfe für Korea" (*kang Mei yuan Chao*) während des Koreakrieges wurden Einwohner gebeten, Geld für Flugzeuge und Artillerie zu spenden. In der Kampagne gegen Konterrevolutionäre, der Drei-Anti- und Fünf-Anti-Kampagnen wurden Mitglieder der Einwohnerkomitees herangezogen, um Nachbarn, Freunde und Verwandte anzuzeigen, die der Verschwendung, Veruntreuung und Korruption verdächtig waren.

Neuordnung der Gesellschaft

Mitte der 1950er Jahre war die Neuordnung des politischen und sozialen Lebens durch effektive Basisarbeit und durch den von den Einwohnerkomitees organisierten Nachbarschaftsaktivismus weitgehend abgeschlossen. Die Straßenkomitees hatten zwei sich scheinbar widersprechende Aufgaben: Basisdemokratie zu fördern und als Werkzeug zur „Stabilitätserhaltung" und Massenmobilisierung zu dienen. Einwohnerkomitees machten es möglich, die Überwachung auf die Ebene des einzelnen Haushalts zu bringen, eine Aufgabe, die die Polizei allein nicht erfüllen konnte. Durch die enge Zusammenarbeit mit den öffentlichen Sicherheitsbüros, den Straßenbüros und den örtlichen Parteiorganisationen waren die Nachbarschaftsaktivisten der Einwohnerkomitees in der Lage, Regierungsrichtlinien in überzeugenden und machtvollen öffentlichen Druck zu übersetzen. Mit den Kampagnen vollendete die KPCh einen wichtigen Schritt weg von der bloßen militärischer Machtausübung hin zur weitreichenden Neuordnung der Gesellschaft.

Arbeitseinheiten (danwei)

Parallel zu Einwohnerkomitees wurden während der Kampagnen Arbeitseinheiten (*danwei*) geschaffen. Regierungs- und Parteiorganisationen, staatliche Unternehmen, Finanzinstitutionen und Ausbildungsstätten wurden alle als *danwei* bezeichnet. Sie sollten den arbeitenden Teil der Bevölkerung organisieren und funktionierten auf eine ähnliche Weise wie das Einwohnerkomitee-System. Mitglieder einer *danwei* nahmen normalerweise nicht an den Aktivitäten der Einwohnerkomitees teil. Es wurde erwartet, dass durch die Industrialisierung, wirtschaftliches Wachstum und die Vollendung des sozialistischen Wandels das System der Arbeitseinheiten irgendwann jeden Einzelnen in den Städten integrieren würde und daher Einwohnerkomitees nicht länger benötigt würden. Stadtbewohner wurden daher in ein zweistufiges organisatorisches Netzwerk eingebunden: Sie waren entweder Mitglieder einer Arbeitseinheit oder eines Einwohnerkomitees. Damit war sichergestellt, dass tatsächlich alle städtischen Bewohner erfasst wurden.

Normalerweise kontrollierte die *danwei* fast alle Aspekte im Leben seiner Mitglieder. Unterbringung, Gesundheitswesen, Freizeitaktivitäten, zugeteilte Waren und Renten wurden von den *danwei* organisiert. Das auf den *danwei* basierende Wohlfahrtssystem wurde im Februar 1951 durch die nationalen „Regelungen für die Arbeitsversicherung" kodifiziert. Die Regelungen setzten sowohl den Umfang des Wohlfahrtssystems als auch Methoden zu seiner Finanzierung fest. Die Regelungen garantierten auch das Recht der Arbeiter, gemeinsame, von den *danwei* geleitete Wohlfahrtseinrichtungen wie Sanatorien, Kindergärten, Altenheime, Kinderheime, Einrichtungen für Menschen mit Behinderungen und Ferieneinrichtungen zu nutzen. Die *danwei*-Angestellten waren praktisch zur lebenslangen Anstellung berechtigt, aber es war ihnen auf der anderen Seite nicht erlaubt, eine *danwei* auf eigene Initiative hin zu wechseln. Jede *danwei* hatte mehrere Verwaltungsbereiche oder Abteilungen wie die Finanzabteilung, die Sicherheitsabteilung, das Parteikomitee oder die Parteikommission, usw.

Danwei-Wohlfahrtssystem

Auch die Personalakten (*renshi dang'an*), die dem Einzelnen von der Grundschule durch das ganze Leben folgten, wurden auf *danwei*-Ebene verwahrt. Die Akten enthielten Schulzeugnisse, Parteimitgliedschaft, Beförderungen und Leistungsbewertungen, Familiengeschichte sowie nachteilige Informationen wie Bewertungen von Vorgesetzten, schriftliche Kritik und Abmahnungen. Die Sicherheitsabteilung bewahrte separate Akten auf, die zur Aufzeichnung krimineller Vergehen und Disziplinarverfahren genutzt wurden. Akten beinhalteten je nach Fall Kriminaldossiers, Arbeitsumerziehungsdossiers (*laojiao dang'an or laogai dang'an*) und öffentliche Sicherheitsdossiers (*gongan dang'an*).

Personalakten

Die *danwei* nahmen auch an einer Reihe politischer Aktivitäten unter der Parteiführung und -aufsicht teil. Am wichtigsten war, dass die *danwei* die von den zentralen Autoritäten entwickelten politischen Kampagnen umsetzen mussten, indem sie Treffen organisierten, politische Maßnahmen diskutierten und Mitglieder

Politische Aktivitäten der danwei

mobilisierten. Durch die *danwei* war die KPCh in der Lage, die unteren Ebenen in Unternehmen und Behörden zur Durchsetzung ihrer politischen Maßnahmen zu erreichen, etwas, was ihren Vorgängern nicht gelungen war.

<small>Massenorganisationen</small>

Die KPCh schuf zahlreiche Massenorganisationen, die dabei halfen, zentrale politische Maßnahmen durchzuführen. Die Unterstützung des staatlich gesponserten Frauenverbands für die Durchsetzung der Kampagne gegen Prostitution war ein Hauptfaktor für den Erfolg der Kampagne. In ähnlicher Weise wurden Jugendorganisationen geschaffen. Massenorganisationen waren wichtige Werkzeuge, um die wirtschaftliche Produktivität anzukurbeln und soziale Probleme – sei es durch Flüchtlinge, vom Krieg zerrissene Familien, den Verkauf von Kindern auf Grund von Armut, Prostitution oder Drogenkonsum – zu reduzieren.

<small>Basismobilisierung</small>

Mithilfe der politischen Massenkampagnen gelang es der KPCh, Widerstand gegen den neuen Staat zu unterbinden. Bewaffnete Aufstände, Angriffe oder Sabotageakte von Gegnern des neuen Chinas konnten fast vollständig verhindert werden. In diesem Sinne erreichten die Kampagnen der KPCh voll und ganz ihre angestrebten Ziele. Die Kampagnen verwirklichten auch das Ziel der Basismobilisierung. Die Herrschaft der KPCh wurde als Ergebnis der Massenkampagnen erheblich gefestigt. Gleichzeitig wurden neue transformative Schlüsselinstitutionen gegründet, die über Massenorganisationen tief in die Gesellschaft hinein wirken konnten. Diese Institutionen dienten dazu, die Gesellschaft aufzuteilen, indem Bürger in getrennte, vom Staat geschaffene Kategorien und Kompartimente eingeteilt wurden.

1.1.6 Die Durchsetzung der Neuen Sozialistischen Kultur

Die Bemühungen der KPCh, nach 1949 eine neue Gesellschaft zu schaffen, gingen jedoch über wirtschaftliche und soziale Restrukturierung hinaus und schlossen einen umfassenden Wandel von Chinas kultureller Landschaft mit ein. Die Partei betrachtete das kulturelle und intellektuelle Leben, das vor 1949 in China existierte, als Teil einer absterbenden, überlebten und korrupten Welt. Laut dieser Vorstellung waren die Arbeit, Überzeugungen, Gewohnheiten und der Lebensstil von Intellektuellen, Schriftstellern, Künstlern und Professoren zutiefst durch deren privilegiertes Aufwachsen, ihre höhere Bildung und ihren verschwenderischen Lebensstil geprägt. Ihre Auffassungen waren deshalb nach dieser Ansicht von bourgeoisen politischen Ideen wie Liberalismus, einem Hass auf Arbeiter und Bauern, tiefgreifenden pro-amerikanischen Werten und Feindseligkeit gegenüber der Sowjetunion durchdrungen.

Die neuen Autoritäten strebten dagegen die Schaffung einer neuen sozialistischen Kultur an, deren Aufgabe es war, die Kulturschaffenden für die politischen Ziele der KPCh zu mobilisieren und eine umfassende Unterstützung der Regierung zu erreichen. Nach 1949 wurde es immer schwerer für Intellektuelle, Künstler und Institutionen, sich nicht an der Politik der Partei zu beteiligen.

Schaffung einer neuen sozialistischen Kultur

Nach 1949 gründeten die Militärkontrollkomitees sogenannte Kultur- und Bildungsmanagementkomitees (*wenhua jiaoyu guanli weiyuanhui*), die verschiedene Abteilungen mit genauen Aufgaben wie z. B. Presse- und Verlagsbüro (*xinwen chuban chu*) hatten. Ihre Hauptaufgabe war die Übernahme des Kultur- und Bildungsbetriebs, insbesondere der Theater, Filmgesellschaften, Rundfunkbranche, Medien, Printverlage sowie Universitäten. Zunächst übernahm das Presse- und Verlagsbüro schnell das gesamte im Staatsbesitz befindliche Verlags- und Vertriebswesen von der GMD.

Kultur- und Bildungsmanagementkomitees

Die Übernahme von privaten Unternehmen in dem Bereich gestaltete sich jedoch schwieriger. Allgemein mussten sich alle Privatunternehmen beim Presse- und Verlagsbüro in den Militärkommissionen registrieren, um ihren Betrieb weiterführen zu können. Sie mussten Informationen über ihre Geschichte, Finanzen und Betriebsverwaltung, über Besitzer und Chefredakteure herausgeben. Das Hauptkriterium für Genehmigung und Registrierung war der politische Hintergrund – KPCh-nahe Organisationen wurden z. B. fast immer genehmigt, während solche mit „neutralem" oder unklarem politischem Hintergrund zeitweilig schließen mussten. Die Institutionen, die man als reaktionär einstufte, wurden verboten, und es war ihnen nicht erlaubt, sich zu registrieren.

Übernahme von privaten Unternehmen

Das private Verlagswesen konnte weiter in Betrieb bleiben und wuchs sogar von 1950 bis 1952. Das allgemeine Prinzip der Neuen Demokratie ermöglichte die Koexistenz von unterschiedlichen Organisationsformen. Diese schlossen Firmen im Staatsbesitz, Genossenschaften, einzelne Zeitungsläden und Fachgeschäfte, private Verlags-, Druck- und Vertriebsunternehmen und gemischte staatlich-private Unternehmen ein. Aber von 1953 an sah sich das private Verlagswesen verschärften Restriktionen gegenüber.

Privates Verlagswesen

Die Allgemeine Verwaltung von Presse und Verlagswesen der VR China (*Zhonghua renmin gongheguo xinwen chuban zongshu*) und das Kultur- und Bildungskomitee des Staatsrates der VR China in der Zentralregierung übernahmen die Kontrolle des Presse- und Verlagswesens und schrieben vor, dass Zeitungen, Zeitschriften und Verlagshäuser ab dem 27. Januar 1953 eine Lizenz beantragen mussten, um in Betrieb zu bleiben. Privaten Eigentümern wurden Lizenzen immer öfter verwehrt. Während einige wenige private Verleger noch nach 1953 weiter arbeiteten, gab es keine Zeitungen oder Zeitschriften in Privatbesitz mehr. Parallel zur Verdrängung privater Unternehmer wurde die Verstaatlichung des gesamten Verlags- und Druckwesens schrittweise umgesetzt. Gemischte staatlich-private Verlagshäuser wurden allmählich unter rein staatliche Kontrolle gebracht. 1956 war die Verstaatlichung und Reglementierung der privaten Verleger in der VR China landesweit abgeschlossen. Shanghai, das zur Zeit der Republik das Zentrum von Chinas privater Verlags- und Vertriebsindustrie war, besaß nun nur noch wenige private Verleger, die jetzt alle unter Kontrolle des Staates standen.

Nach der Verstaatlichung begann der Staat, Zeitschriften und literarische Periodika zu steuern und zu reglementieren. Nationale Veröffentlichungen sollten umfassend sein, Stücke von hoher Qualität publizieren und die Richtung für die lokale Massenkultur vorgeben. Nationale Literatur- und Kunstzeitschriften sollten als zentrale Vehikel der landesweiten Veröffentlichung und Kritik von Literatur und Kunst fungieren, Schriftsteller organisieren und überwachen und die Massen ansprechen. Lokale, z. B. provinzielle und städtische Zeitschriften sollten sich auf Massenliteratur und die Künste konzentrieren und Literatur publizieren, die die Massen für ihre kulturellen Aktivitäten nutzen konnten. Das Kulturministerium (*wenhuabu*) begann eine wichtige Rolle in der Gestaltung der Kulturpolitik zu spielen, aber die absolute Entscheidungsgewalt lag normalerweise bei der Zentralen Propaganda-Behörde der KPCh (*zhonggong zhongyang xuanchuanbu*), angeführt von Lu Dingyi. Zusammen überwachten und organisierten sie die Produktion und Verbreitung der neuen sozialistischen Kultur. Die neue Kultur sollte aktiv eine positive sozialistische Zukunft darstellen, die Massen motivieren, die Feinde der Partei dämonisieren und die neue sozialistische Regierung preisen. Mit der landesweiten Reglementierung der Presse- und Verlagsindustrie nach 1955 wurde Shanghai von Beijing als Zentrum verdrängt.

Druckerzeugnisse durften nur noch von einem staatlichen Monopolbetrieb namens „Neues China" (*Xinhua*) vertrieben werden. Nur von der Regierung genehmigte Bücher wurden in den Läden von Xinhua angeboten, das quasi als Clearinghaus des ganzen Landes fungierte. Von 1955 bis Mitte 1956 initiierte das Kulturministerium ein weitreichendes Programm zur Eliminierung von „reaktionären, pornografischen und lächerlichen alten Büchern" aus alten privaten Buchläden und privaten Leihbüchereien. Das Ministerium erstellte auch eine Buchliste zum Ersatz und Verbot von Büchern. Die neuen Ersatzbücher mussten über den regierungskontrollierten Xinhua-Buchvertrieb bezogen werden. Xinhua-Buchvertrieb

Mit diesen Änderungen wechselten nicht nur Presse, Verlagswesen und Medien von Privatbesitz in Regierungsbesitz, sondern es wurde eine dichte Staatskontrolle über den gesamten Bereich errichtet. Vielleicht noch wichtiger war, dass der Inhalt dessen, was publiziert und berichtet wurde, sich ebenfalls veränderte. Im Bereich Literatur und Kunst beispielsweise behandelte eine Vielzahl der neuen Publikationen die politische Situation und war der Förderung der kommunistischen Ideale verpflichtet. Selbst Gedichte entkamen der Parteipolitik nicht: Fast die Hälfte der Lyrik, die 1955 veröffentlicht wurde, verherrlichte Soldaten und Arbeiter. Entsprechend der Kulturpolitik der KPCh publizierte die literarische Beilage der Shanghaier Zeitung *Jiefang Ribao* vor allem kurze Texte von Arbeitern, Soldaten und Bauern. Diese Werke handelten meistens von politischen Bewegungen. Zeitungen veröffentlichten in ihren Literaturbeilagen nur noch Werke von bekannten KPCh-Führern oder von Schriftstellern und Künstlern, die der KPCh nahestanden. Förderung kommunistischer Ideale

Schriftsteller, die sich weigerten, der neuen Politik zu folgen, mussten mit Ablehnung ihrer Publikationen rechnen. Selbst wenn sie vor 1949 zu den bekannten Kritikern der GMD-Regierung gehört hatten, konnten sie nicht veröffentlicht werden, wenn sie in den Augen der neuen Regierung nicht vollkommen loyal und linientreu waren. Die Aufsätze des respektierten Schriftstellers Zhou Zuoren zum Beispiel wurden 1952 auf Grund von „Gedankenproblemen" zur Veröffentlichung abgelehnt. Schriftsteller und Journalisten wurden oft zensiert und öffentlich kritisiert, wenn sie von der Parteilinie abwichen, die Sichtweise der Arbeiterklasse nicht abbilde- Zensur ten oder die Werte der KPCh nicht vertraten. Als Ergebnis wurden viele Autoren vorsichtig oder hörten mit dem Schreiben auf.

Bildungswesen In den 1950er Jahren wurde auch das weiterführende Bildungswesen umgestaltet. Ein Teil der Universitäten wurde reorganisiert und mit anderen Hochschulen zusammengeschlossen. Auch hier gelang es der Zentralregierung als Ergebnis des Prozesses, ihre Kontrolle auf Kosten der lokalen Regierungen und privaten Institutionen auszuweiten. Die neue Regierung forderte auch die Loyalität der Studenten, Lehrer, Wissenschaftler und Schriftsteller. Im Allgemeinen glaubten KPCh-Kader, dass Professoren, Wissenschaftler und Ingenieure Theorien, Methoden und Ausrüstung unkritisch von der kapitalistischen Gesellschaft übernähmen und Wissen als jenseits von Klasse und Politik betrachteten. Die Partei betonte jedoch, dass sich die Intellektuellen ändern und durch Gedankenreform in neue Menschen verwandeln könnten.

Gedankenreform Der Beginn der landesweiten „Gedankenreform-Kampagne" kann auf den Sommer 1951 datiert werden, als die Beijing Universität Politikunterricht für den Lehrkörper und die Mitarbeiter neu organisierte und enthusiastische Unterstützung von Mao Zedong erhielt. Das Bildungsministerium schlug daraufhin ähnliche Aktivitäten für Universitäten und Hochschulen landesweit vor. Ab September wurden über 6000 Universitätslehrkräfte und Mitarbeiter in Beijing und Tianjin in einmonatige Lernprogramme aufgenommen. Im Oktober 1951 rief Mao Zedong zu „einer Kampagne der Selbsterziehung und Selbstreform" an „der Bildungs- und Kulturfront und unter unterschiedlichen Typen von Intellektuellen" auf. Die „Gedankenreform" der Intellektuellen (*zhishifenzi*) wäre eine der wichtigen Voraussetzungen für eine vollständige demokratische Reform und eine allmähliche Industrialisierung.

Ausweitung der Kampagne In Shanghai wie auch in Beijing oder Tianjin begann die Kampagne an Hochschulen und Universitäten. Innerhalb eines Jahres breitete sie sich auf Sekundarschulen und Forschungsinstitute aus und schloss Schriftsteller und Zeitungsmitarbeiter mit ein. Im Zuge der Kampagne wurden Intellektuelle dazu gezwungen, ihren sozialen Hintergrund offenzulegen, insbesondere ihre Ausbildung, vorherige Berufe, politische Zugehörigkeit, Klassenhintergrund und den Hintergrund von Familie, Freunden und Verwandten. Sie wurden dazu aufgerufen, ihre politischen Überzeugungen zu überprüfen und die Fehler oder falschen Elemente ihres eigenen Lebensstils, ihres Glaubens, ihrer politischen Aktivitäten und ihrer

1.1 Aufbau einer sozialistischen Gesellschaftsordnung (1949–1956)

beruflichen Leistungen, die nicht mit den von der Partei geförderten Standards und Modellen übereinstimmten, zu kritisieren. Ihre Ideen, Einstellungen und Verhalten wurden dann intensiver Kritik durch andere ausgesetzt und, wenn notwendig, offiziell untersucht. Das Studieren von Reden und Aufsätzen von Lenin, Mao und anderen kommunistischen Führern sowie neueren politischen Dokumenten war vorgeschrieben. Intellektuelle mit sogenannten ernsten politischen Problemen sollten ihre Reue zeigen, indem sie aufs Land gingen und in Arbeitsgruppen körperliche Arbeit leisteten oder bei der Landreform halfen.

Für die KPCh war die Umerziehung der Intellektuellen durch politisches Studium, Geständnisse und Kritik nicht das einzige Ziel der Gedankenreform. Die Partei war auch daran interessiert, Daten über den Hintergrund einzelner Personen zu sammeln und zu speichern, um Kontrolle über den Kulturbereich zu gewinnen. Durch das Überwachen der Geständnisse und ausgewählte Nachforschungen erstellten die lokalen Autoritäten eine riesige Datensammlung und gewannen wichtige Einsichten über das Leben von Intellektuellen, Künstlern und Spezialisten. Die Informationen halfen den Autoritäten auch, Intellektuelle in politischer und moralischer Hinsicht zu unterscheiden, zu vergleichen und zu beurteilen, um potenzielle Quellen der Unterstützung oder des Widerstands innerhalb von Universitäten, Verlagshäusern usw. zu identifizieren.

Sammlung von Personendaten

Eine Gruppe von mächtigen Propagandabehörden überwachte die Verbreitung der neuen Kultur in den 1950er Jahren. Eine neue, vom autoritären Staat entwickelte Kulturlandschaft entstand, unterstützt durch die aktive Beteiligung von idealistischen Künstlern und Schriftstellern. Diese neue Kultur sollte die Massen beeinflussen und sie für politische Zwecke mobilisieren. Sie war ein wichtiges Instrument, um öffentliche Unterstützung zu schaffen sowie zu erhalten und die fehlende Legitimität zu kompensieren. Daher war die neue Kultur entscheidend für die Konsolidierung der KPCh-Herrschaft. Sie verschob die öffentliche Meinung hin zu einer positiveren Sicht auf die neue Ordnung. Gleichzeitig verschwanden Fülle und Vielfalt des vorrevolutionären kulturellen Lebens.

Beeinflussung und Mobilisierung der Massen

1.1.7 Landreform und Landwirtschaft

Die Reform der Eigentumsverhältnisse auf dem Land und die gerechte Verteilung des Bodens an die Produzenten war eines der zentralen Anliegen der KPCh. Während der Revolution vor 1949 verfolgte die KPCh zunächst einen radikalen Ansatz zur Landreform. Im Mai 1946 gab Mao eine Direktive heraus, die nach einer Verstärkung des Klassenkampfes auf dem Land rief. Die Gebiete, die die KPCh in dieser Zeit kontrollierte, lagen vor allem in Nordchina. In diesen Regionen sollte Land von „Großgrundbesitzern", „böser Gentry" und „Tyrannen" konfisziert und an die armen Bauern und landlosen Landarbeiter verteilt werden. Arbeitsgruppen wurden in die Dörfer geschickt, um die lokale Bevölkerung in verschiedene Kategorien aufzuteilen. Sie wurden in „Grundbesitzer", „reiche Bauern", „arme Bauern" und „Arbeiter" unterteilt. Im nächsten Schritt wurden arme Bauern und Arbeiter mobilisiert. Nachdem die angeblich größten Grundbesitzer oder Grundherren in den Dörfern identifiziert worden waren, organisierten die Arbeitsgruppen Treffen der Dorfbewohner, um die „Bitterkeit" der Vergangenheit zu diskutieren (*suku*) und die Grundherren als ein Symbol der vergangenen Unterdrückung der Dorfbewohner anzuprangern. Danach wurde die eigentliche Bodenreform durchgeführt. Den jungen Bauernaktivisten wurde dabei freie Hand gelassen. Dieser Prozess führte zum Tod vieler Menschen, die angeklagt wurden, Grundherren oder reiche Bauern zu sein. Die unkontrollierte Gewaltausübung wurde jedoch schnell von der Partei als unverhältnismäßig angesehen, nicht zuletzt, weil sie die landwirtschaftliche Produktion störte. Viele junge Parteiaktivisten wurden des „wahllosen Tötens" beschuldigt und ihre Methoden als „linke Abweichungen" angeprangert. Die Landreform wurde weitgehend abgebrochen und gemäßigtere Richtlinien verfasst

Ein grundlegendes Problem kam im Zuge der Landreform zum Vorschein: Die Verhältnisse vor Ort in China stimmten nicht mit der marxistischen Theorie überein. Viele Dörfer in Nordchina wiesen keine nennenswerte Großgrundbesitzerklasse auf, daher war die Bezeichnung Großgrundbesitzer eine willkürliche und unklare Kategorie. Die ländliche chinesische Gesellschaft vor 1949 wurde von Netzwerken auf Dorfebene dominiert. Es war relativ schwer für eine einzelne Gruppe oder einen einzelnen Akteur, zentrale Macht auszuüben. Im Gegensatz zu den Leibeigenen in Europa befanden sich die chinesischen Bauern in keiner engen Abhängigkeit von Grundherren. Die meisten Bauern waren entweder Pächter oder Eigentümer der Felder, die sie bebauten. Vermutlich waren Mitte des 20. Jahrhundert rund 50 Prozent der landwirtschaftlich nutzbaren Fläche im Besitz kleiner und mittlerer Bauern. Bauern waren daher eher Teil örtlicher Marktnetzwerke, die relativ unabhängig waren von den wenigen Großgrundbesitzern.

Die zweite, gemäßigtere Phase der Bodenreform begann am Vorabend des Koreakriegs, im Juni 1950, mit der Verabschiedung des Gesetzes zur Landreform und endete um die Zeit, als der Waffenstillstand auf der koreanischen Halbinsel geschlossen wurde. In dieser zweiten Phase wurde die Bodenreform landesweit durchgeführt und auf die südlichen Regionen ausgedehnt, in denen es keine vorherigen Erfahrungen mit Sozialreformen auf dem Land gab und in denen die kommunistische Partei schwach war. Das Hauptziel der Landreform war immer noch, den Grundbesitz der Großgrundherren zu konfiszieren und unter den ärmeren Bauern zu verteilen, aber die neuen Anweisungen waren pragmatisch und verpflichteten die Arbeitsgruppen der Partei auf den Schutz der wirtschaftlich wichtigen Farmen der kleinen und mittleren Grundeigentümer. Insgesamt sollte eine Störung der Leistungsfähigkeit der ländlichen Wirtschaft unter allen Umständen vermieden werden. Des Weiteren genossen ländliche Betriebe Schutz, selbst wenn sie Grundherren gehörten.

Gesetz zur Landreform 1950

Laut Direktiven des Zentralkomitees waren schätzungsweise acht bis zehn Prozent der ländlichen Bevölkerung Grundherren und reiche Bauern. Es wurde angenommen, dass ungefähr vier Prozent der ländlichen Bevölkerung Großgrundbesitzer waren, die ca. 30 Prozent des Farmlands besaßen. Der Boden, die Häuser, die Gerätschaften und der Besitz der Großgrundbesitzer sowie von religiösen Einrichtungen, Schulen und Klans wurden beschlagnahmt und unter den armen Bauern und Pächtern verteilt. Auch Großgrundbesitzer waren jedoch im Prinzip in der Lage, gleiche Teile des Bodens wie die armen Bauern zu erhalten. Sie wurden also nicht vollständig enteignet. Das Gesetz der Bodenreform von 1950 schützte das meiste Land der reichen Bauern, die vier bis sechs Prozent der ländlichen Bevölkerung ausmachten und rund 20 Prozent des Farmlands kontrollierten. Reichen Bauern war es weiterhin erlaubt, Land an andere zu vermieten und Arbeiter anzuheuern.

Ländliche Besitzstrukturen

Probleme der Landreform

Obgleich wesentlich moderater als zur Zeit des Bürgerkriegs vor 1949, war das Wesen der Landreform an sich im Grunde ein Umsturz und unvermeidlich gewaltsam. Die Arbeitsteams entfachten Unmut und verwandelten lokale Konflikte in Klassenkampf, jedoch war es nicht leicht, die Bauern für das Erreichen der abstrakten revolutionären Ziele der Partei zu gewinnen. An vielen Orten weigerten sich die Bauern daher, sich an der Landreform zu beteiligen. Einige Grundherren und reiche Bauern wurden hingerichtet oder der Straftaten beschuldigt, aber die meisten wurden zusammen mit ihren Familien dazu eingeteilt, sich der „Reform durch Arbeit" in den ärmsten Bauernverbänden zu unterziehen. Über 30 Millionen von ihnen wurden der Dorfregierung unterstellt, um unter Massenüberwachung zu arbeiten. Im Allgemeinen fiel es der Partei also unerwartet schwer, in die lokale Gesellschaft auf dem Land einzudringen und sie zu mobilisieren. Kader, die die Bodenreform im Süden durchführten, kamen oft aus dem nördlichen China, das zuerst „befreit" worden war. Sie kannten sich nicht mit den ländlichen Bedingungen des südlichen Chinas aus, sie sprachen nicht die lokalen Dialekte und sie hatten keine sozialen Verbindungen zu den Dörfern. Als Bauern begannen, die Regierung zu kritisieren, oder sich weigerten, die Getreidequoten der Regierung zu liefern, waren die Kader hilflos und fanden es unvermeidbar, auf Gewalt oder Zwang in der Durchführung der Landreform zurückzugreifen. Probleme entstanden auch, weil die Regierung eine einheitlich strikte politische Linie verfolgte, die im ganzen Land unterschiedslos angewandt wurde. Die lokalen Bedingungen in China waren jedoch sehr unterschiedlich. Dörfer in Nordchina unterschieden sich in ihren wirtschaftlichen und gesellschaftlichen Strukturen stark von denen im Süden. Gebirgsgegenden und arme Regionen hatten überhaupt keine Grundbesitzerklasse und kaum reiche Bauern. Dörfer in der Nähe von Handelsstädten in Südchina waren auf Grund der ausgeprägten Handwerksindustrie relativ wohlhabend. Hier gab es mehr Großgrundbesitzer, die wiederum von der Zahl der reichen Bauern noch weit übertroffen wurden.

Im Allgemeinen war es schwierig, die von der KPCh zur Klassifizierung der ländlichen Gesellschaft eingeführten Kategorien in der Praxis anzuwenden. Der Großteil des Landes war in den Händen von kleinen Besitzern und danach kamen die Pächter, die das Land vertraglich gepachtet hatten. Aber Pächter waren nicht notwendigerweise viel ärmer als Landbesitzer und es gab kaum Feindseligkeiten zwischen ihnen. Das größte Problem auf dem Land war nicht einmal die Ungleichheit, sondern vor allem die geringe Größe der Farmen. Daher besserten die meisten ländlichen Haushalte ihr Einkommen durch Handwerk und andere nicht-landwirtschaftliche Unternehmen auf. Dieses Problem wurde aber durch die Landreform noch verstärkt.

Kleine Farmgrößen

Die Landreform wurde Anfang 1953 beendet. Anders als in der Sowjetunion führte sie zunächst nicht zu großen Störungen der riesigen Landwirtschaft. Tatsächlich erhöhte sich in den frühen 1950er Jahren die landwirtschaftliche Produktion beträchtlich, obwohl der Zuwachs vermutlich weniger mit der Landreform als mit der Wiederherstellung der politischen Ordnung und dem Wiederbeleben des Handels und Verkehrs nach Jahrzehnten ausländischer Invasion und Bürgerkrieg zu tun hatte. Zur selben Zeit wurde die Gründung von kleinen Kooperativen gefördert, die sowohl Zugtiere als auch große Geräte gemeinsam nutzten.

Das Ende der Landreform

Während durch die Landreform eine gleichmäßigere, aber auch kleinteiligere Verteilung des Grundbesitzes durchgesetzt wurde, kam es nicht zu einer gleichmäßigeren Verteilung der ländlichen Einkommen. Nach der Landreform waren die wenigen Großgrundbesitzer verschwunden. Arme und mittlere Bauern besaßen nun von Chinas Land einen größeren Anteil, aber die reichen Bauern hatten immer noch die größeren Felder, oft doppelt so große wie die der armen Bauern. Des Weiteren verfügten arme Bauern nicht über genügend Kapital und Arbeit, um das neu zugeteilte Land effektiv nutzen zu können. Land, das umverteilt worden war, produzierte oft weniger als vorher. Daher wurde es an die reichen Bauern vermietet. Viele Gebiete waren auch zu verarmt, um an der Landreform teilnehmen zu können, da es keine Großgrundherren gab und die vorhandenen Felder auf Grund fehlender Geräte und Dünger kaum Erträge produzierten. Während letztendlich die Landreform zu großen Veränderungen in der Struktur des Landbesitzes führte, scheiterte ihr ehrgeizigeres Ziel, eine egalitärere Gesellschaft auf dem Land zu verwirklichen. Ländliche Ungleichheiten blieben bestehen, die Bauern der mittleren und oberen Schichten gingen oft als die eigentlichen Gewinner hervor. Die Gruppe der armen Bauern einschließlich einer wachsenden Anzahl neuer ländlicher Kader war desillusioniert und enttäuscht. Sie beschweren sich, dass die Versprechen der Revolution nicht erfüllt würden. Dieses

Fortbestand ländlicher Ungleichheiten

Versagen war der Hauptgrund, warum die neue Regierung bald mit der Kollektivierung der Landwirtschaft beginnen wollte.

Konsequenzen der Landreform

Die Landreform verfolgte aber implizit auch noch andere politische Ziele. Das Wichtigste war, dass sie die Beziehung zwischen Staat und ländlicher Gesellschaft verändern sollte. Im Laufe der Landreform wurden viele Ländereien, die vorher den Steuereintreibern nicht gemeldet worden waren, jetzt ausgemessen, bewertet und besteuert. Es wurde bestimmt, wie viel jedes Feld in der Lage war zu produzieren. Dies diente als Grundlage für die Menge an Getreide, die dem Staat als Steuern abgeliefert werden musste. Die Bodenreform half daher der Regierung, die Fläche an besteuerbarem Land zu erhöhen und neue Einnahmen zu erschließen. Getreide und andere Nahrungsmittel, die vom Land requiriert wurden, waren wertvoll, weil sie zur Ernährung der Städte oder zum Handel mit der Sowjetunion im Austausch für industrielle Anlagen genutzt werden konnten. Insgesamt war der Staat aufgrund der Landreform nunmehr in der Lage, seine ländliche Steuererhebungsquote deutlich zu erhöhen. Die Landreform hatte auch erhebliche gesellschaftliche Konsequenzen. Einige Mitglieder der Arbeitsgruppen wurden später Kader in Dörfern und erhielten eine beachtliche Machtposition. Aktivisten in der Bewegung stiegen in Führungspositionen auf und bildeten die neue Elite der ländlichen Gesellschaft. Diese Kader stammten meist nicht aus der lokalen Gesellschaft. Oft kamen sie aus Regionen in Nordchina, die zuerst „befreit" worden waren. Damit beseitigte die Landreform auch die vorhandenen Netzwerke der örtlichen Kaufleute, Zwischenhändler und Gebildeten, die lange die ländliche Gesellschaft dominiert und als Vermittler zwischen dem Staat und den Bauern fungiert hatten. Daher war ein weiteres wichtiges Ergebnis der Landreform die endgültige Zerstörung der traditionellen ländlichen Sozialstruktur. Traditionelle Institutionen wie Ahnenhallen und Tempel, die von Ländereien abhängig waren, verschwanden ebenfalls. Der neue Staat hatte nun einen sehr viel direkteren Zugang zur ländlichen Gesellschaft und ein erhöhtes Druckmittel zur Gewinnung von Ressourcen.

Schlussfolgerungen der Partei

Aufgrund der gemischten Resultate der Landreform kamen Regierung und Partei zu dem Schluss, dass die Bauern nicht so revolutionär waren, wie sie gedacht hatten, und deshalb durch eine Gedankenreform und eine Bildungsbewegung umgezogen werden mussten. Damit wurde zunehmend auch die moderate

Phase der Landreform als gescheitert und zu wenig revolutionär kritisiert. Die Bemühungen zielten nun zunehmend auf Wandel in der alltäglichen Kultur ab. Die Bauern sollten zu „Staatsbauern" (*guojia de nonming*) werden. Die ländliche Gesellschaft sollte erneuert werden, indem die „feudalistische Ausbeutung" vernichtet und durch neue egalitäre Bauerngemeinden ersetzt wurde. Als Folge erhöhte die Regierung ständig den Druck und stärkte Bemühungen, die auf Umerziehung sowie auf schnelleren und eher radikalen Wandel abzielten.

1.1.8 Aufbau und Entwicklung der Planwirtschaft

Die chinesische Volkswirtschaft war nach 1949 in einer schwierigen Lage. In den ersten beiden Jahren der kommunistischen Herrschaft ging die Produktion in den Städten aufgrund der anhaltenden Folgen des Bürgerkriegs und des von den USA verhängten Handelsembargos kontinuierlich zurück. Die neu eingesetzten Stadtverwaltungen benötigten dringend Einnahmen, die sie durch eine Erhöhung der Steuern und andere Gebührenerhebungen von Unternehmen erzielen mussten. Viele Firmen wurden außerdem aufgefordert, höhere Löhne zu zahlen, was die Produktionskosten erhöhte. Inhaber von Unternehmen und Geschäftsinhaber wurden gezwungen, sogenannte „Sieg-Anleihen" zu kaufen, durch die sich Staatsunternehmen finanzierten. Alle diese Maßnahmen hatten einen Rückgang der Investitionen zur Folge. Als Ergebnis stieg die städtische Arbeitslosigkeit deutlich an.

Wirtschaftliche Probleme

Langfristig beabsichtigte die KPCh gemäß der marxistischen Theorie die Verstaatlichung aller Produktionsmittel, d. h. der Betriebe und Unternehmen. Aber auch hier verfolgte die KPCh zunächst einen eher moderaten Kurs. Insgesamt war die Wirtschaftspolitik während der ersten Jahre eher pragmatisch und flexibel und vor allem auf wirtschaftliches Wachstum gerichtet. Statt erzwungener Verstaatlichung kaufte die Regierung einige Unternehmen ihren Eigentümern ab und beließ die früheren Unternehmer als Manager in den Firmen. Leitende Angestellte in der Schwerindustrie und den Fertigungsanlagen, die von der GMD übernommen worden waren, schulte man politisch um. Nur wenige Schlüsselunternehmen wie zum Beispiel die 1905 gegründete Bank of China wurden verstaatlicht. Sie hatte als einzige Bank

Pragmatische Wirtschaftspolitik

die Berechtigung, Kredite für den Außenhandel zu vergeben. Sie blieb nominell unabhängig, war aber tatsächlich in die Chinesische Volksbank als deren Devisenhandelsarm integriert. Die Chinesische Volksbank war die neue Zentralbank, die 1948 durch Verschmelzung einiger Regionalbanken entstanden war. Die Regierung baute ihre Kontrolle über die Wirtschaft auch dadurch aus, dass sie die vorher unabhängige Handelskammer 1949 durch den Gesamtchinesischen Industrie- und Handelsverband ersetzte.

Gemischte Wirtschaft

Anfang der 1950er Jahre gelang es der Regierung allmählich, die Wirtschaft zu stabilisieren. Die Kontrolle des Haushalts, das Festlegen der Gehälter und die Einführung einer neuen Währung, des *Renminbi* („Volkswährung"), brachten die Inflation Ende 1952 unter Kontrolle. Industrie und Landwirtschaft erholten sich. Ende 1953 erreichte die Wirtschaft das Leistungsniveau, das vor 1949 bestanden hatte. Es bildete sich eine gemischte Wirtschaft heraus, in der die Hauptindustrien in Staatsbesitz waren, aber daneben eine beträchtliche Anzahl von privaten Fertigungs- und Handelsbetrieben sowie eine private Handwerksindustrie existierten. Dieser pragmatische Ansatz korrespondierte mit der Politik der Neuen Demokratie. Die KPCh-Führung war sich einig, dass im Laufe der Zeit Privatbesitz bei den Produktionsmitteln abgeschafft werden sollte. Die entscheidende Frage war aber, wie lange die Phase der Neuen Demokratie dauern sollte. Chinesische Führer schauten auf die sowjetische Neue Wirtschaftspolitik (NWP), die dem Konzept der Neuen Demokratie in China in den Kernpunkten ähnelte. Auf einer Versammlung der Politischen Konsultativkonferenz des Chinesischen Volkes (PKKCV) im Juni 1950 stellte Mao Zedong fest, dass die Neue Demokratie eine lange Zeit bestehen würde. Während dieser Phase würden die Bedingungen für einen sozialistischen Wandel langsam reifen. Er teilte besorgten Geschäftsleuten mit, dass zwanzig bis dreißig Jahre bis zur vollständigen Verstaatlichung des Wirtschaftslebens vergehen würden.

Innerparteiliche Diskussionen

Tatsächlich aber führten heftige innerparteiliche Diskussionen zu einer insgeheimen Revision dieser Einschätzung und einige Parteimitglieder waren der Auffassung, dass eine Verkürzung der Übergangszeit auf zwanzig, fünfzehn oder zehn Jahre möglich sei. Andere Führer wie Liu Shaoqi hielten jedoch weiter an den gemäßigten und langfristigen Zielen der NWP fest. Liu glaubte, dass in der Reihenfolge der Entwicklungsprioritäten ähnlich der NWP Landwirtschaft zuerst kommen sollte und Leicht- und Schwerindustrie an zweiter und dritter Stelle stünden. Liu glaubte auch, dass die Landwirtschaft nicht kollektiviert werden könnte, bevor nicht die Industrie in der Lage war, moderne landwirtschaftliche Maschinen zur Verfügung zu stellen. Stattdessen befürwortete Liu die Förderung von Versorgungs- und Vertriebskooperativen, was auf einer Linie mit der NWP von Lenin und Bucharin lag. Dieser Ansatz wurde auch von Zhang Wentian (Mitglied des Politbüros, Parteisekretär von Heilongjiang und Absolvent von der University of California) befürwortet, einem ehemaligen aus Moskau „zurückgekehrten Studenten". Liu wollte daher die Privatwirtschaft (inklusive der reichen Bauern) fördern, um die notwendigen Anreize für landwirtschaftliches Wachstum aufrechtzuerhalten, bis die Bedingungen für einen schnellen Wandel zum Sozialismus geschaffen waren.

Mao Zedong und andere Führer kamen jedoch zu dem Schluss, dass zur endgültigen Absicherung des Sozialismus in China die Phase der gemischtes Wirtschaft schnell beendet werden sollte. Dem sowjetischen Vorbild folgend erklärte die VR China 1953 den Eintritt in eine neue Phase des sozialistischen Aufbaus und der sozialistischen Umgestaltung. Damit wurde insbesondere die Einführung der Planwirtschaft bezeichnet, mit deren Hilfe die Schwerindustrie unter direkter zentraler Regierungskontrolle entwickelt werden sollte. Dieses Vorhaben basierte auf einer Entwicklungsstrategie, nach der mit den Überschüssen aus der Landwirtschaft der Aufbau der Schwerindustrie in den Städten finanziert werden sollte, um damit China zu modernisieren. Rapider Industrialisierung wurde höchste Priorität gegeben, indem man die ländliche Wirtschaft der städtischen Wirtschaft unterordnete und eine zentralisierte Planwirtschaft einführte, die die Ressourcen zuwies und verteilte. Das Ziel, alle Unternehmen und Industrien in Privatbesitz zu verstaatlichen, wurde jetzt mit Nachdruck verfolgt. Dieses Ziel wurde bis 1956 erreicht. Mitte 1955 wurde ein erster Fünf-Jahres-Plan für den Zeitraum von 1953–1957 genehmigt.

Einführung der Planwirtschaft

Bei der Entwicklung von zentralen Plänen und Programmen zur Industrialisierung konnten die chinesischen Kommunisten auf die Erfahrungen der nationalistischen Regierung während des Krieges zurückgreifen. Einige Vorstände der Nationalen Ressourcen-Kommission der GMD, einer Planungsbehörde, dienten später im Planungsapparat des kommunistischen Staatsrats. Aber insgesamt waren das sowjetische Modell der Industrialisierung und

Aufbau der Planwirtschaft

vor allem die sowjetische Unterstützung extrem wichtig für China. China war in hohen Maße von Technologietransfer und Wissensaustausch mit der Sowjetunion abhängig, insbesondere in Bezug auf zentralisierte Planwirtschaft, Verwaltung von großen Unternehmen sowie Technologie und Produktion. Die KPCh etablierte deshalb die planwirtschaftlichen Behörden und Industrieministerien nach sowjetischen Vorbild. Die Regierung musste ausführliche Pläne für jede Branche erstellen, die spezifizierten, wie viel Ertrag für jedes Produkt erwartet wurde und wie viel Investition benötigt wurde, um die geplanten Mengen zu produzieren. Diese Planziele wurden dann in Produktionsziele für jedes einzelne Unternehmen heruntergebrochen. Das Verfahren war sehr kompliziert, da es Tausende Produktions- und Handelsunternehmen gab. Der Aufbau der Planwirtschaft stellte China daher vor erhebliche logistische Herausforderungen.

Förderung der Schwerindustrie

Neue Branchen wurden von Grund auf aufgebaut. Insgesamt wurden 156 neue Unternehmen in staatlichem Besitz gegründet. Die meisten Investitionen flossen in den Nordosten, der auf Grund früherer japanischer Bemühungen mehr auf Schwerindustrie ausgerichtet war als Chinas andere Wirtschaftszentren wie Shanghai und Wuhan. Die Regierung eröffnete Fabriken zur Produktion von elektrischen Geräten, chemischen Düngern, Stahl, Schiffen und Motorfahrzeugen. Diese Projekte konzentrierten sich zumeist auf vorgelagerte Industriezweige (Branchen, die Grundrohstoffe in Zwischenprodukte verarbeiteten, welche wiederum von weiterverarbeitenden Branchen in fertige Produkte verarbeitet werden sollten). Diese Branchen wurden als strategisch angesehen, da sie die meisten Verbindungen zu anderen Branchen hatten. Erdölverarbeitende Betriebe, die Rohöl in intermediäre chemische Stoffe raffinierten, hatten beispielsweise wichtige Verbindungen zur weiterverarbeitenden Industrie, weil diese die chemischen Stoffe zur Herstellung von Plastik benötigte.

Wirtschaftswachstum

Die vehemente Förderung der Schwerindustrie führte zu einem beträchtlichen Wachstum. 1956 flossen fast 48 Prozent des öffentlichen Budgets in industrielle Projekte. Die daraus resultierende Steigerung der industriellen Produktion trug wesentlich zu der hohen Wachstumsrate des Bruttoinlandsprodukt (BIP) der 1950er Jahre bei: Das durchschnittliche Wachstum des BIP von 1952 bis 1957 betrug 9,2 Prozent. Die gesamte Industrieproduktion verdoppelte sich über einen Zeitraum von fünf Jahren beinahe von nur 17,6 auf

33,2 Prozent des BIP. In den späten 1950ern trug die Schwerindustrie 55 Prozent zur gesamten Industrieproduktion bei – ein Anstieg von 35,5 Prozent im Vergleich zu 1952. Daraus resultierend wuchs die immer noch kleine industrielle Arbeiterklasse von sechs auf zehn Millionen Menschen und mit ihr die städtische Bevölkerung.

Andererseits gab es sehr wenig Ausstrahlungseffekte auf die größeren Bereiche der Bevölkerung. Das resultierende Wachstum war ressourcen- und energieintensiv und benötigte substanzielle finanzielle Ressourcen. Chinas hohe Investitionen in die Schwerindustrie waren ein Hauptgrund für die Haushaltsdefizite in den 1950er Jahren. Aufgrund des Defizites und zur Finanzierung der hohen Investitionsquote musste China in erheblichem Umfang Getreide exportieren, das von den Bauern produziert werden musste. Im Grunde hatte die Landwirtschaft die Aufgabe, die wachsenden Beträge für die Investition in die Schwerindustrie zu erwirtschaften. Das trug zu einem großen und wachsenden Ungleichgewicht zwischen industriellen und landwirtschaftlichen Regionen hinsichtlich Gehalt, Lebensstandard und sozialer Fürsorge bei. Diese wachsende Ungleichheit auf dem Arbeitsmarkt konnte nur durch das Errichten von immer strikteren Kontrollen der Land-Stadt-Migration aufrechterhalten werden.

Ungleichgewicht zwischen Industrie und Landwirtschaft

1.1.9 Gesellschaft und Alltag im Neuen China

Zur Errichtung der neuen Gesellschaft führte die KPCh nach 1949 eine Reihe ehrgeiziger Sozialreformen durch, durch die neue Normen und Praktiken in der Gesellschaft etabliert werden sollten. Ein wichtiges Ziel der KPCh war zum Beispiel das Ende der traditionellen Ungleichheit zwischen Männern und Frauen als Resultat der patriarchalischen Ordnung und der Dominanz der Männer über das Leben der Frauen. Insbesondere wollten die Reformer die chinesische Gesellschaft von Kinderehe, Konkubinat und dem Verbot der Wiederheirat von Witwen befreien. Der offizielle Diskurs stellte die Ehereform als einen wesentlichen Teil eines größeren sozialistischen Projekts zum Aufbau einer produktiven und befreiten Nation dar.

Neue Gesellschaft

Das Ehegesetz von 1950 sollte diese Probleme lösen. Das bestimmende Ziel des Gesetzes wurde in Artikel 1 deutlich, der die Abschaffung der feudalen Ehepraktiken und die Einführung

Ehegesetz 1950

eines neuen demokratischen Systems basierend auf freier Partnerwahl, Monogamie und der Gleichstellung von Männern und Frauen erklärte. Das Gesetz enthielt auch das Recht der Frauen, sich von ihren Ehemännern scheiden zu lassen. Dieses Gesetz stieß zunächst auf Widerstand, insbesondere unter Ehemännern, Schwiegermüttern und Kadern auf dem Land. Viele Ehemänner und ihre Familien hatten der Familie der Braut zum Zeitpunkt der Hochzeit Geld gezahlt. Sie hatten eine beachtliche finanzielle Investition getätigt und waren auf die Arbeit der Frauen im Haushalt und auf dem Feld angewiesen. Die Möglichkeit der Scheidung im neuen Gesetz bedrohte solche Abkommen. Besitzlose Bauern empfanden sie deshalb als existenzgefährdend. Das Gesetz drohte auch die traditionelle Stellung der Schwiegermütter zu gefährden, die großen Einfluss über ihre Schwiegertöchter hatten. Die kommunistische Regierung unternahm daher erhebliche Anstrengungen, die Bevölkerung über das Gesetz zu informieren. Es ermutigte Frauen dazu, Vorteile aus ihren neuen Rechten als sozialistische Bürgerinnen zu ziehen. Als Frauen sich ihrer neuen Rechte bewusst wurden, gingen die Scheidungsraten in einigen Gegenden in die Höhe. Doch lokale Beamte weigerten sich oft, die Scheidung anzuerkennen, besonders wenn eine Familiennotlage bewiesen werden konnte. Beschwerden über die fehlende Umsetzung führten dazu, dass die Partei ihre Bemühungen zur Umsetzung des Gesetzes 1953 erneuerte. Trotzdem blieb es für Jahrzehnte schwer für Frauen, eine Scheidung durchzusetzen.

Religionspolitik Ein weiterer Bereich, in den der Staat eingriff, um „feudalistische" Praktiken abzuschaffen, war die Religion. Die Folgen der Bodenreform hatten bereits die gesellschaftlichen und wirtschaftlichen Grundlagen religiöser Praktiken zerstört. Die Felder, durch die lokale Tempel ihre Aktivitäten finanziert hatten, waren konfisziert und umverteilt worden. Kader hatten auch Grundherren und andere lokale Eliten angegriffen, die in Tempelvereinigungen aktiv gewesen waren. Nach 1950 gab es keinen Raum mehr für religiöse Gemeindefeste. Aber die Verehrung von Ahnen und lokalen Gottheiten wurde privat weiter gepflegt.

Wie schon die Vorgängerregierung der GMD machte auch die KPCh einen Unterschied zwischen „Religion" und „Aberglauben". Dem Beispiel der GMD folgend, erkannte die neue kommunistische Regierung fünf Religionen an: Daoismus, Buddhismus, Islam, Katholizismus und Protestantismus. Diese Politik gegenüber Religion basierte auf Stalins Richtlinien. Die staatlichen Behörden regulierten religiöse Angelegenheiten und begrenzten die erzieherischen und wohltätigen Aktivitäten von religiösen Organisationen, während der Klerus in „patriotischen Vereinigungen" organisiert wurde, wie zum Beispiel in die Chinesische Buddhistische Vereinigung, die 1953 gegründet wurde und mit der Regierung kooperierte. Die Vereinigungen nahmen an politischen Kampagnen teil und drängten ihre Mitglieder, das Verbrennen von Papiergeld, Opfer für Geister und die Teilnahme an öffentlichen Feiern zu unterlassen. Religiöse Führer, die sich weigerten zu kooperieren, kamen nicht auf Grund ihres religiösen Glaubens ins Gefängnis (eine Freiheit, die offiziell im Grundgesetz geschützt wurde), sondern für konterrevolutionäre Aktivitäten.

Die neue Religionspolitik zielte vor allem auf die Unterdrückung und Auslöschung von religiösen Sekten ab. Diese Gruppen, die im 19. Jahrhundert aufgekommen waren und in der ersten Hälfte der 20. Jahrhunderts schnell anwuchsen, waren hinsichtlich ihres Glaubens und ihrer Rituale sehr unterschiedlich. Sie teilten jedoch bestimmte allgemeine Eigenschaften: sie waren einem Ideal der universellen Erlösung unabhängig von Familie, Abstammung und Wohnort verpflichtet, sie basierten allgemein auf dogmatischen Schriften, sogenannten „wertvollen Bänden" (*baojuan*), und waren relativ offen für neue Mitglieder. Viele glaubten an eine Schöpfungsgottheit an die drei Kreise der Schöpfung und der Zerstörung (*kalpas*), die in dem dritten *kalpa* enden würde, in dem eine Erlöser-Figur auf der Erde erscheinen und die Gläubigen von den weltlichen Qualen befreien würde. Die KPCh betrachtete diese Gruppen ohne Ausnahme als eine ernste konterrevolutionäre Bedrohung für ihre Herrschaft. Anführer wurden erbarmungslos, oft mit der Todesstrafe bestraft und Mitglieder wurden gezwungen, sich loszusagen und alle Verbindungen mit der Gruppe zu beenden. Dies wurde von einer großangelegten Propagandakampagne begleitet, die die Massen über die von diesen Sekten ausgehende Bedrohung aufklären sollte. Es gab Ausstellungen, die die „Verbrechen" der Sekten offenlegten, sowie öffentliche Beichten der Anführer, die ihre Missetaten beschrieben. Aber trotz des unablässigen Drucks des Staates überdauerten und überlebten diese Gruppierungen. Viele Mitglieder gingen in den Untergrund. Die religiösen Praktiken waren widerstandsfähig, was sich in den zahlreichen noch über Jahrzehnte zirkulierenden Berichten über magische Wasser,

Religiöse Sekten

lebensverlängernde Atempraktiken, geheime Steine und mysteriöse, machtvolle Orte manifestierte.

Minderheiten

Eine der wichtigsten Reformen war die Anerkennung und Klassifizierung der sogenannten nationalen Minderheiten. Das Erbe des chinesischen Reichs war ein Vielvölkerstaat: Auf dem Territorium des chinesischen Nationalstaates gab es eine enorme Vielfalt an Sprachen, Kulturen und Ethnien. Seit den 1920er Jahren nahm das Konzept von *minzu* oder „Nationalitäten" eine zentrale Stellung im Umgang mit dieser Vielfalt ein. In der Republik-Zeit wurden insgesamt fünf Nationalitäten anerkannt: Mandschuren, Mongolen, Tibetaner, Muslime und Han-Chinesen. Allerdings deckte diese Einteilung in keiner Weise die de facto existierende Vielfalt ab. Das war der KPCh aus der Zeit der Revolution bewusst, als die Partei oft in von anderen Ethnien bewohnten Gebieten Zuflucht gesucht hatte. 1953 veröffentlichte die Regierung daher einen Aufruf an die Bevölkerung in Minderheitengebieten, sich selbst einer *minzu* zuzuordnen. Das Ergebnis dieses Aufrufs war eine verworrene und dadurch nicht zu beherrschende Klassifizierung.

Ethnische Klassifizierung

Als Folge beauftragte die Regierung eine Gruppe von Sozialwissenschaftlern mit der Durchführung eines ethnisches Klassifizierungsprojektes (*minzu shibie*). Es begann 1954 in der Yunnan Provinz, in der fast die Hälfte der Minderheiten lebte. Yunnan liegt im Südwesten Chinas und grenzt an Myanmar, Laos und Vietnam sowie Nord-Thailand an. Während des von der kommunistischen Regierung organisierten Zensus beantragten über 200 Gruppen in Yunnan den *minzu* Status, aber lediglich 25 von ihnen erhielten 1954 die staatliche Anerkennung durch das Klassifizierungsprojekt. Landesweit wurden aus den über 400 im Zensus 1953 festgestellten ethnischen Identitäten 54 Nationale Minderheiten ausgewählt, die bis heute offiziell anerkannt sind. Die Klassifizierungsarbeit endete jedoch nicht in den 1950er Jahren. Die Lhoba und die Jinuo in Yunnan wurden vom Staat jeweils 1965 und 1979 anerkannt. Die Regierung verkündeten erst 1987 das endgültige Ende des ethnischen Klassifizierungsprojekts und deuteten damit an, dass die Zahl der 56 *minzu* von diesem Zeitpunkt an definitiv und unveränderbar war. Laut der Verfassung wurde den Minderheiten auch Autonomie und Selbstbestimmung in sogenannten autonomen Gebieten gewährt, in denen sie ihre Sprache, Bräuche und Kulturen aufrechterhalten konnten.

Projekte der sozialen Klassifikation waren nicht auf ethnische Minderheiten beschränkt. Andere Bemühungen zielten auf die Identifikation und Definition von sozialen Klassen in der chinesischen Gesellschaft. Die Bevölkerung wurde in „rote Klassen" (Arbeiter, arme und untere Mittelklasse Bauern, revolutionäre Kader, revolutionäre Soldaten und Angehörige von revolutionären Märtyrern) oder „schwarze Klassen" (Landherren, reiche Bauern, Konterrevolutionäre, schlechte Elemente und Rechte und vorbehaltslos Intellektuelle) eingeteilt. Diese Kategorien bekamen im Laufe der Zeit eine immer größere Bedeutung, da sie die Grundlage für eine zunehmende Klassendiskriminierung bildeten. Eine Universitätsausbildung, eine gute Stelle in der Industrie oder das Risiko, von der Stadt aufs Land „geschickt" zu werden, um in der Landwirtschaft zu arbeiten, alles hing von der Kategorie ab, der man zugeteilt wurde. Die chinesische Führung schuf ein neues kommunistisches *ancien régime*, indem jeder einen relativ unveränderlichen Status zugewiesen bekam, mit dem ‚Proletariat' an der Spitze und den ‚schwarzen Elementen' am Ende.

Soziale Klassifikation

1.2 Krisenzeichen und Auseinandersetzungen um den richtigen Kurs (1957–1976)

Die KPCh war bis Mitte der 1950er Jahre relativ geeint. Aber als nun wichtige Entscheidungen für die zukünftige Entwicklung getroffen werden mussten, traten erste Risse zutage. Unstimmigkeiten gab es zwischen Mao Zedong und einigen jüngeren Mitgliedern der Führungsriege auf der einen Seite und Führern wie Liu Shaoqi und teilweise auch Zhou Enlai auf der anderen Seite. Diese Konflikte waren aber nicht auf die Führungsriege auf höchster Ebene beschränkt, sondern betrafen die gesamte Partei. Nach 1949 fühlten sich viele Veteranen der revolutionären Basisgebiete benachteiligt und glaubten, dass sie trotz ihres Einsatzes keine hohen Positionen im Staat erhalten hatten. Konflikte traten auf allen Ebenen auf: Parteikader lehnten die Beamten aus der Republik-Zeit ab, die in der neuen Regierung arbeiteten. Lokale Kader auf dem Land kritisierten Kader, die von anderen Landkreisen in ihre Dörfer geschickt worden waren. Städtische Parteizellen sahen sich in einem Interessengegensatz zu ländlichen Parteigliederungen. Kader mit langen Verbindungen zu ihren lokalen Gemeinden sowie städtische Beamte, die aus der

Differenzen in Partei und Gesellschaft

vorherigen Regierung übernommen worden waren, neigten dazu, radikale Veränderungen eher abzulehnen, und setzten auf langsamen Wandel. Jüngere Funktionäre und auch die Veteranen aus den revolutionären Gebieten drängten eher auf schnelle und radikale Maßnahmen. Die ersten Jahre des Sozialismus hatten somit in keiner Weise eine egalitäre Gesellschaft geschaffen, sondern bestehende Spannungen aufrechterhalten und neue Hierarchien hervorgebracht. Ab Mitte der 1950er Jahre wuchsen die Spaltungen der sozialistischen Gesellschaft und ein Gefühl der Krise breitete sich aus. Verstärkt wurde dieses Gefühl durch beunruhigende Nachrichten vom großen Nachbarn Sowjetunion.

1.2.1 Der sino-sowjetische Konflikt

Entstalinisierung in der Sowjetunion

Im Februar 1956 schockierte der sowjetische Führer Nikita Chruschtschow die sozialistische Welt mit beispiellosen und unerwarteten Enthüllungen. In einer Rede auf dem Zwanzigsten Kongress der Sowjetischen Kommunistischen Partei beschrieb er sehr ausführlich das Ausmaß von Stalins Brutalität, Terror, Personenkult sowie die Abweichungen von den marxistischen und leninistischen Prinzipien. Indem er einige der Verbrechen Stalins offenlegte, hauptsächlich die unberechtigten Verhaftungen von Parteimitgliedern auf Grund fabrizierter Beschuldigungen, hinterfragte Chruschtschow die Unfehlbarkeit, mit der sich das kommunistische System bisher umgeben hatte. Dass die Partei über Jahrzehnte vom rechten Weg abgekommen war und der große Führer, bewundert von Kommunisten auf der ganzen Welt, persönlich verantwortlich für den Tod von so vielen unschuldigen Menschen sein sollte, war ein tiefgreifender Schock für Kommunisten und ihre Sympathisanten weltweit. Im Grunde stellte diese Rede einen Angriff auf die Legitimität des Sozialismus dar. Es ist daher keine Überraschung, dass Stalins Tod ein „Tauwetter" nach sich zog, welches Spannungen innerhalb der sozialistischen Welt entblößte und den Zusammenhalt des Ostblocks bedrohte. Tatsächlich waren die folgenden fünfzehn Jahre einige der turbulentesten in der globalen Geschichte des Kommunismus und die gefährlichste Phase des Kalten Kriegs, als die Welt sich am Rande eines Atomkriegs bewegte.

Chinesische Reaktion

In Moskau anwesend war auch Deng Xiaoping, der der Chinesischen Delegation zum Zwanzigsten Sowjetischen Parteikongress vorstand. Wie die anderen ausländischen Parteiführer durfte Deng nicht an der geheimen Sitzung direkt teilnehmen, aber es war ihm möglich, den Text der Rede am nächsten Tag zu lesen. Deng erkannte die bedeutenden politischen Konsequenzen sofort. Er war sich bewusst, dass die massive Kritik an Stalin alle diejenigen betraf, die mit Stalin gearbeitet hatten, und in der Konsequenz nicht nur die Autorität der Kommunistischen Partei der Sowjetunion, sondern auch die von anderen kommunistischen Parteien schwächen würde. Er beauftragte zwei Übersetzer, die die ganze Nacht an der Übersetzung der Rede arbeiteten. Als Deng zurück nach Beijing kam und von der Rede berichtete, war Mao aufgebracht, denn Chruschtschows Enthüllungen beunruhigten ihn und die KPCh-Führung. Sie erkannten, dass sich die globalen Bedingungen verändert hatten und als Ergebnis China tiefgreifenden Herausforderungen gegenüberstehen würde.

Chruschtschow kritisierte nicht nur Stalins Herrschaft, sondern drängte auch auf Reformen, den sogenannten „Neuen Kurs", der in der Sowjetunion und Osteuropa umgesetzt wurde. Am wichtigsten war, dass die kollektive Landwirtschaft gelockert wurde, kleine private Unternehmen erlaubt wurden und in einigen kommunistischen Parteien die sogenannten „kleinen Stalins" wie Walter Ulbricht in der DDR, Boleslaw Bierut in Polen, oder Mátyás Rákosi in Ungarn durch neue kollektive Führungen ersetzt wurden. Chruschtschow strebte auch ein Ende des brutalen Klassenkampfs in den sozialistischen Ländern an. Im Bereich der internationalen Beziehungen arbeitete er auf eine friedliche Koexistenz mit dem Westen hin. Durch eine Beschränkung des Rüstungswettlaufs und den Verzicht auf Gewalt sollte die sozialistische Staatenwelt in die Lage versetzt werden, ihre innere Krise zu lösen, ihre Regimes und Grenzen zu festigen und vor allem die Wirtschaft zu entwickeln.

Der Neue Kurs in Osteuropa

Die unmittelbarsten und größten Auswirkungen der neuen sowjetischen politischen Maßnahmen traten zunächst in Osteuropa auf, der Region, in der der Rückhalt des Kommunismus schwächer als in der Sowjetunion war. Die allgemeine politische Entspannung ermutigte die Öffentlichkeit, Missstände und Unzufriedenheit anzusprechen. Bereits 1953, kurz nach dem Tod Stalins, protestierten Arbeiter in der Tschechoslowakei gegen zu geringe Löhne, mangelnde Freiheit und die sowjetische Herrschaft. Kurz darauf folgten größere Aufstände in Ostdeutschland. Diese Demonstrationen und Streiks wurden schnell und gewaltsam unterdrückt, aber es gelang

Aufstände in Osteuropa

den Arbeitern, höhere Löhne durchzusetzen. Die nächste große Krise brach in Polen im Juni 1956 aus. Wie in Ostberlin und Pilsen waren es zunächst Arbeiter, von denen die Proteste ausgingen. Die geringen Lebensstandards waren die Wurzeln öffentlicher Unzufriedenheit. Während ein sowjetisches Eingreifen in Polen knapp verhindert werden konnte, konnten ähnliche Proteste in Ungarn im Herbst 1956 nur noch mit Hilfe des sowjetischen Militärs bezwungen werden. Ursprünglich forderten die Protestierer keineswegs ein Ende des Sozialismus, vielmehr riefen sie nach Reformen. Aber schnell wurden Rufe nach einem Rückzug Ungarns aus dem Warschauer Pakt und nach einer Mehrparteien-Regierung laut. Am 4. November drangen Truppen des Warschauer Pakts in Ungarn ein und stießen auf heftigen Widerstand. Tausende wurden getötet und noch mehr verhaftet.

Durch die Anwendung von Gewalt gelang es den kommunistischen Regimes in Osteuropa, die sozialistische Ordnung wiederherzustellen. Damit war Osteuropa die erste Region, die in der unruhigen Zeit nach Stalins Tod ‚stabilisiert' wurde. Aber die kritisierten Regierungen konnten nicht einfach zu der früheren Politik zurückkehren. Im nächsten Jahrzehnt suchten sie nach einem neuen *modus vivendi* zwischen den kommunistischen Regimen und den osteuropäischen Gesellschaften. Die meisten osteuropäischen Regierungen etablierten ab den späten 1950er Jahren eine liberalere, pragmatischere Form des Kommunismus.

Reaktionen in der chinesischen Führung

Die Entwicklungen in Osteuropa wurden von der Führung in China mit großer Besorgnis verfolgt. Mao Zedong, der immer eine schwierige Beziehung zu Stalin hatte, begrüßte zwar jede kritische Diskussion über Stalins Fehler, besonders in Bezug auf dessen China-Politik. Einige Mitglieder der Führung der KPCh aber, die Maos Monopolisierung der Macht ablehnten, nutzten Chruschtschows Rede zum Hinweis auf die Notwendigkeit politischer Reformen und pochten auch für China auf das Prinzip der „kollektiven Führung". Diese Führer befürworteten auch die moderate Orientierung des Neuen Kurses ebenso wie die Tauwetterpolitik. Sie argumentierten, dass auch China seine eigene Politik der rapiden Kollektivierung überarbeiten oder verlangsamen müsse. Mao stimmte keinem dieser Vorschläge zu und beschwerte sich später, dass viele Parteiführer seinen Ansichten 1956 mit „Gleichgültigkeit" begegnet seien. Für Mao, der immer um die Macht der Partei besorgt war, bewiesen die öffentlichen Aufstände in Osteuropa vor allem die großen Risiken des Neuen Kurses.

Die Auswirkungen der neuen Atmosphäre und globalen Situation gingen an China nicht spurlos vorbei. Im Herbst und Winter 1956 nahmen auch hier die Unzufriedenheit und Kritik am Sozialismus in China zu. Ermutigt von den Beispielen in Osteuropa kam es zu kleineren öffentlichen Demonstrationen für bessere Bedingungen für Arbeiter, mehr Demokratie und Redefreiheit. Beschwerden über unzureichende Versorgung mit Essen auf dem Land waren weit verbreitet. Die Situation wurde durch Dürren in Hebei, Henan und Shandong verschlimmert. Aufgrund dieser Ereignisse und des Widerstands der Bauern entstanden dem Staat wachsende Probleme, um die Getreideversorgung zu gewährleisten. Trotz der Restriktionen des *hukou*-Systems strömten 1956–1957 viele Bauern in die Städte, um den Schwierigkeiten in den neuen Kooperativen zu entkommen und Arbeit in den schnell expandierenden Staatsfabriken zu suchen, in denen die Regierung höhere Löhne bot. In ganz China breiteten sich Spannungen aus. Die Partei steuerte auf ihre größte Krise seit der Machtübernahme 1949 zu, die durch die Veränderungen im Ostblock und die inneren Spannungen beschleunigt wurde.

<small>Wachsende Unzufriedenheit</small>

Mao Zedong war davon überzeugt, dass China im Angesicht der Krise die Initiative ergreifen musste. Die wichtigen Reden, die er zwischen 1956 und 1957 hielt, reflektierten deutlich seine intensive Suche nach einem Ausweg aus der Krise und einer Neupositionierung. In der Ansprache „Über die zehn Hauptbeziehungen" (25. April 1956) findet sich eine systematische und kritische Diskussion des sowjetischen Modells. Darin legte er dar, dass China nicht blind ausländischen Modellen folgen, sondern selbstbewusst seinen eigenen Weg entwickeln sollte. Mao sprach auch die Beziehung zwischen Revolution und Konterrevolution an. Er begann mit der Aussage, dass Revolution und Konterrevolution Antipoden seien, und sagte das Weiterbestehen der Dialektik von Revolution und Konterrevolution in der sozialistischen Gesellschaft voraus. Mao mahnte auch, dass es immer noch Konterrevolutionäre in China gäbe und dass weitere Kampagnen gegen sie notwendig seien. Der sozialistische Staat müsse wachsam sein und könne es sich nicht erlauben, die Anwendung von harten Strafen aufzugeben.

<small>Dialektik von Revolution und Konterrevolution</small>

Fast ein Jahr später, am 27. Februar 1957, hielt Mao eine Rede mit dem Titel „Über den richtigen Umgang mit Widersprüchen im Volk". Maos Hauptargument war wieder, dass im Sozialismus Widersprüche weiter existieren würden. Als Ausgangspunkt machte er einen Unterschied zwischen den „Widersprüchen zwischen dem Feind und uns" und „Widersprüchen innerhalb des Volkes". Laut Mao waren diese zwei Arten von Widersprüchen, die in China existierten, von völlig unterschiedlicher Art. In der aktuellen Phase des Sozialismus, sagte Mao, fielen die Klassen und sozialen Gruppen, die den Sozialismus befürworteten unter die Rubrik des Volkes, während alle sozialen Kräfte und sozialen Gruppen, die sich der sozialistischen Revolution widersetzten, Feinde des Volkes seien. Maos Kategorie der „Feinde des Volkes" war vage und flexibel, weil die Grenzen zwischen Feinden und Volk nicht absolut waren. Besonders von den späten 1950er Jahren an war der Klassenstatus aber prinzipiell erblich, so dass Kinder von Grundbesitzen auch zur Grundbesitzerklasse gezählt wurden.

Vertiefung der Revolution als Ausweg

Beide Reden zeigen klar allgemeine Merkmale von Maos Denken: die Tendenz, Klassenkampf mit politischem Denken zu verbinden, und den Glauben an die Notwendigkeit des Kampfes. Aber was sie von früheren Reden unterschied, war ein durchdringendes Gefühl der Unsicherheit: Mao warnte, dass die Frage, ob „Sozialismus oder Kapitalismus gewinnen werden, noch nicht endgültig geklärt ist." Dies führte ihn zu dem Schluss, dass der Klassenkampf noch eine lange Zeit nach dem Sieg der Revolution fortgeführt und dass die Revolution immer wieder neu belebt und gestärkt werden müsse. Er machte auch deutlich, dass er keine Entspannung befürwortete, sondern eine Vertiefung und Intensivierung der vergangenen politischen Maßnahmen. Dies traf auch auf die internationalen Beziehungen zu, wo er aggressivere politische Ziele befürwortete. Die Vertiefung der Revolution in der inneren und internationalen Politik waren wesentliche Elemente von Maos Strategie, die es dem Sozialismus in China erlauben sollten, die Krise zu überstehen.

Taiwan-Krise

Nachdem 1957 die Sowjets vor den USA einen Satelliten (Sputnik) in die Erdumlaufbahn gebracht hatten, verkündete Mao, dass „der Ostwind über den Westwind siegt". Er vertrat die Position, dass die sozialistische Welt dem westlichen Block nicht unterlegen sei und alle Kräfte mobilisieren sollte, um den Imperialismus der USA einzudämmen. China drängte die Sowjetunion, im Kampf mit dem Kapitalismus nicht nachzulassen. Als die Sowjetunion dies unter Chruschtschow ablehnte, provozierte China 1958 eigenmächtig begrenzte Kriegshandlungen in der Taiwanstraße. Mao erwartete nicht, dass der Angriff der Volksbefreiungsarmee (VBA) auf die Inseln Jinmen und Mazu zu einem internationalen Krieg führen würde, und war überzeugt, dass die Regierung der USA sich nicht einmischen würde. US-Präsident Eisenhower drohte China jedoch mit dem Einsatz der Atombombe für den Fall, dass die VBA ihren Angriff auf Jinmen nicht beenden würde. Unter amerikanischem und dann sowjetischem Druck war die chinesische Regierung schließlich gezwungen, ihre Offensive in der Taiwanstraße einzustellen. Dieser Vorfall belastete die sino-sowjetischen Beziehungen weiter.

Maos Initiativen, die Revolution im Inneren und international zu vertiefen und zu intensivieren, trieben einen immer tieferen Keil in die Beziehungen mit der Sowjetunion. Bittere Streitigkeiten und gegenseitige Anschuldigungen führten schließlich 1960 zum sino-sowjetischen Bruch. Chruschtschow zog die sowjetischen Berater aus China zurück, während die chinesischen Medien Denunzierungen über die sowjetischen „Revisionisten" publizierten, womit sie sich deutlich auf Chruschtschow bezogen. Von 1963 an begann Mao Moskau öffentlich zu beschuldigen, den Sozialismus zu verraten. Im Gegensatz dazu positionierte Mao sich selbst und China als sicheren Hafen und Verteidiger des Marxismus-Leninismus. China bezeichnete die Versuche der Sowjetunion, andere sozialistische Länder zu dominieren, als „Hegemonismus" und beschrieb Moskaus Bemühungen, in anderen Ländern an Einfluss zu gewinnen, als „sozialen Imperialismus". Maos fundamentale Kritik am sowjetischen Modell wurde die ideologische Grundlage des „Großen Sprungs nach vorn" und der Kulturrevolution, die die „kapitalistische Klasse innerhalb der Partei" angriff und eine „permanente Revolution" förderte. Die Spaltung machte China zum gleichzeitigen Gegner beider Supermächte in der Welt. China stand immer isolierter da und fand sich in einer schwierigen Situation wieder.

Bruch mit der Sowjetunion

1.2.2 Die Kollektivierung der Landwirtschaft

Mitte der 1950er Jahr zeigten sich Probleme im Bereich der Landwirtschaft. Das Ziel der Industrialisierung verlangte nach einer steten Zunahme der landwirtschaftlichen Produktivität, die aber nach den Steigerungen der ersten Jahre nach 1949 nicht mehr einfach weiter

Probleme in der Landwirtschaft

in die Höhe gefahren werden konnte. Nach fünf Jahren des Wachstums und erhöhter Produktion traten wirtschaftliche Probleme auf, als das Wachstum der landwirtschaftlichen Produktion eine Abschwächung verzeichnete. Obwohl es immer noch einen Anstieg in der Produktion gab, konnte die Landwirtschaft nicht mehr mit der Nachfrage mithalten, die durch die schnelle industrielle Expansion, aber auch durch das Bevölkerungswachstum entstand (1950 ca. 550 Millionen Chinesen, 1960 bereits ca. 670 Millionen). Der Rückgang war teilweise auch auf die verhältnismäßige Benachteiligung der ländlichen Gebiete (geringere Löhne, geringere Essensversorgung, fehlende Infrastruktur) im Vergleich zu den städtischen Gebieten sowie auf die Ergebnisse der Landreform zurückzuführen. China schlitterte langsam in eine Landwirtschaftskrise hinein und es fiel dem Land immer schwerer, die Bevölkerung mit genügend Getreide wie Reis und Weizen zu versorgen.

Kollektivierung   Angesichts der sich abzeichnenden Verlangsamung des Wachstums lehnte Mao Zedong zunehmend das gemäßigte NWP-Modell ab und wollte es zugunsten von Verstaatlichungen und ländlicher Kollektivierung aufgeben, in der Hoffnung, dass damit höhere Wachstumsraten und Lieferquoten erzielt werden könnten. Im Februar 1953 merkte er gegenüber Provinzbeamten an, dass die sowjetischen Methoden nicht unbedingt nachgeahmt werden sollten. Er kehrte deshalb Mitte der 1950er Jahre von dem schrittweise vollzogenen Wandel ab und strebte hin zu einem rigideren Modell der schnellen gesellschaftlichen und wirtschaftlichen Umgestaltung. Mao war auch der Auffassung, dass China noch lange Zeit benötigen würde, um seinen technologischen und wissenschaftlichen Rückstand aufzuholen. Das Bildungssystem der VR China wäre noch lange Zeit nicht in der Lage, in ausreichender Zahl Techniker, Ingenieure und Statistiker auszubilden. Der Plan, in kurzer Zeit das sowjetische System zu kopieren, war für ihn nicht mehr realistisch. Im Gegensatz dazu betonte er das Potenzial von ländlichen Kollektiven als Katalysator zur Entstehung einer voll sozialistischen Landwirtschaft. Er ging davon aus, dass eine organisatorische Veränderung in der Landwirtschaft zu einer Erhöhung der Produktion führen würde und dass China deshalb mit der Kollektivierung noch vor der Technisierung der Landwirtschaft beginnen könnte.

Gao Gang-Affäre   Das wurde vor allem in der Gao Gang-Affäre deutlich. 1954 eliminierte Mao zwei hochrangige Kollegen, Gao Gang und Rao

1.2 Auseinandersetzungen um den richtigen Kurs (1957–1976)

Shushi, indem er sie beschuldigte, sowjetische Agenten zu sein. Er kritisierte, sie wollten den sozialistischen Wandel verzögern und die Führung untergraben. Gao Gang hatte den Nordosten Chinas (Mandschurei) regiert und besaß auch Einfluss in Beijing. Rao Shushi war Leiter der Organisationsabteilung der KP und Verbündeter von Gao Gang. Beide propagierten die Gültigkeit des sowjetischen Modells. Innerhalb von wenigen Wochen nach der Nationalen Konferenz der Partei, die im März 1955 stattfand und auf der die Niederlage der sog. Gao-Clique erklärt wurde, verabschiedete die Regierung ein Programm zur landwirtschaftlichen Kollektivierung und der Sozialisierung von Industrie und Handel.

Mao ging davon aus, dass sich die ländliche Situation nach der Landreform ausreichend im Wandel befand, so dass es möglich schien „zuzuschlagen, während das Eisen noch heiß ist". Mao setzte dabei auf die Bildung von ländlichen Kooperativen mit dem Ziel einer Produktionserhöhung. Das stand im ausdrücklichen Gegensatz zu Entscheidungen des ZK. Das ZK hatte sich entschieden, mit der Kollektivierung zu warten, bis China in der Lage wäre, die Landwirtschaft zu modernisieren. Das ZK hatte im Einklang mit sowjetischem Rat auch argumentiert, dass die Wirtschaft der „reichen Bauern" am produktivsten sei und dass diese Wirtschaftsform gefestigt und erhalten werden müsse. Im Gegensatz dazu behauptete Mao, dass die mittleren und armen Bauern dazu ermutigt werden sollten, sich den reichen Bauern und ehemaligen Grundherren entgegenzustellen, die versuchten, ihre Dominanz über die ländliche Gesellschaft wiederherzustellen. Aus Maos Sicht konnte nur die Kollektivierung eine Wiederherstellung der alten Hierarchien verhindern und eine Egalisierung der Einkommen durchsetzen.

Bildung von ländlichen Kooperativen

Von diesem Zeitpunkt an drängte Mao energisch auf eine Umsetzung der Politik der „Gegenseitigen Hilfe und Kooperation". Gegenseitige Hilfe in vielen Formen war im ländlichen China seit Jahrhunderten bekannt, und Bauern schlossen sich zusammen, um gemeinsam ihr Getreide zu ernten und sich gegenseitig Werkzeuge, Pflüge oder Tiere zu leihen. Die erste Maßnahme des Staates war es, in den Dörfern bereits bestehende Vereinigungen zur gegenseitigen Hilfe formell zu registrieren bzw. dort ins Leben zu rufen, wo keine existierten. Die zweite Maßnahme war, die Hilfsvereinigungen in „landwirtschaftliche Produktionskooperative" umzuwandeln. Die bisher auf Leihbasis geteilten, aber in individuellem Besitz befind-

„Gegenseitige Hilfe und Kooperation"

lichen Werkzeuge wurden nun ständiger Besitz der Kooperative selbst. 1956 waren fast alle gegenseitigen Hilfsvereinigungen in landwirtschaftliche Kooperativen überführt worden. Zur selben Zeit wurden „fortgeschrittene Produktionskooperativen" gegründet, in denen die Bauern nicht nur ihre Werkzeuge teilten, sondern die gesamte Ernte gemeinsam einholten und sie unter allen Arbeitseinheiten aufteilten, die sich am Sähen, Unkraut jäten und Ernten beteiligt hatten. Die Größe der Kooperative korrespondierte mehr oder weniger mit der Größe eines Dorfes.

Einheitliches Ankaufs- und Verkaufs-System

Die immer offener zu Tage tretende landwirtschaftliche Krise wurde von einem Teil der Führung als Hauptargument für die schnelle Einführung der nächsten Stufe der Kollektivierung, das „einheitliche Ankaufs- und Verkaufs-System" (*tongou tongxiao*) von Getreide, angeführt. Damit sollten die Getreidepreise kontrolliert und die Versorgung der Bevölkerung verbessert werden. Bereits vor der Bildung der landwirtschaftlichen Kooperativen hatte die chinesische Regierung Ankaufsmengen von Getreide, die von den Bauern abzuliefern wären, vorgeschrieben. So schuf sie ein Staatsmonopol über landwirtschaftliche Schlüsselprodukte. Nach 1957 wurde dieses System auf fast alle landwirtschaftlichen Produkte ausgeweitet (und wurde erst Mitte der 1980er Jahre wieder abgeschafft). Bauern waren gezwungen, eine bestimmte Menge ihrer Produktion zu vom Staat festgelegten Preisen an staatliche Stellen abzuliefern. Den über die Ablieferungsquote hinausgehenden Rest durften die Bauern für ihren Eigenbedarf behalten. Diese vom Staat festgelegte Menge war jedoch oft höher als die Jahreserträge in der Vergangenheit und daher kaum erfüllbar. Das System war für den Staat profitabel. Einige Farmprodukte wie z. B. Baumwolle wurden später zu Konsumgütern wie Stoffen verarbeitet. Dabei konnte der Staat einen hohen Aufpreis auf die billigen Farmprodukte erzielen. Zugleich wurden die Löhne auf dem Land niedrig und stabil gehalten. Es kam zu einer systematischen Verzerrung in der Preisgestaltung, die die landwirtschaftliche Produktion immer unprofitabler machte.

Proteste der Bauern

Um die Bauern zum Verkauf ihres Getreideüberschusses (*yuliang*) zu bewegen, appellierte der Staat an den Patriotismus und argumentierte, dass das Getreide für den wirtschaftlichen Aufbau des Landes und für die Versorgung der fast nur aus Bauern bestehenden Armee gebraucht würde. Die Regierung wies auch auf den Vorteil der stabilen Preise hin und versprach, dass eine Ausbeutung durch Privathändler ausgeschlossen wäre. Zudem würde der Staat Hilfe im Fall von Hungersnot leisten. Viele Bauern beschwerten sich jedoch über die zu hohen Quoten und zu niedrigen Ankaufpreise und weigerten sich, ihr Getreide dem Staat auszuhändigen. Es gab unzählige Proteste gegen die Requisition der staatlich angeordneten Getreidemengen und manchmal offene Rebellionen auf dem Land.

1953 hatte die Regierung die Rationierung von Lebensmitteln für die städtische Bevölkerung eingeführt. Die legale städtische Bevölkerung erhielt damit Getreidekontingente vom Staat. Im August 1955 begannen auch die Rationierungen auf dem Land, wobei die Verteilung der Rationskarten über das *hukou* stattfand. Die Rationen für das Land waren im Allgemeinen sehr viel geringer als jene für die städtischen Gebiete. Während die städtischen Gebiete vom Staat subventioniert wurden, mussten sich die ländlichen Gebiete auf ihre eigene Arbeit und Ressourcen verlassen. Als Folge davon gab es einen ständigen Anreiz für Menschen, die ländlichen Gebiete zu verlassen. Da die Regierung jedoch nicht wollte, dass zu viele Bauern ihre Dörfer verließen, setzte sie die strengen Beschränkungen der Mobilität weiterhin strikt um.

<small>Lebensmittelrationierungen</small>

1.2.3 Die Hundert-Blumen-Bewegung

Auch innenpolitisch suchte Mao eine Zuspitzung der Lage. Auf seinen Vorschlag hin entschied sich die KPCh, eine Kampagne für mehr Offenheit zu starten, die sogenannte Hundert-Blumen-Bewegung. Diese begann 1956 und erreichte im Mai 1957 ihren Höhepunkt. Darauf folgte die Anti-Rechts-Kampagne, die im Juni begann und weit bis ins Jahr 1959 hinein dauerte.

Die Hundert-Blumen-Bewegung war Maos Antwort auf Chruschtschows Tauwetter-Politik. Mao hoffte jedoch, dass die Situation in China sich grundlegend von der Situation in Osteuropa unterschied. Die KPCh war aus eigener Kraft zum Sieg gelangt (und kein Satellitenstaat). Die Intellektuellen waren ‚umerzogen' worden und die Partei konnte ihnen trotz Kritik vertrauen. Die KPCh forderte die Intellektuellen auf, sich auf konstruktive Weise in der Öffentlichkeit zu äußern, um Fehler der bürokratischen Herrschaft zu korrigieren und die Partei auf eine neue und höhere Ebene des „revolutionären Erfolgs" zum „Nutzen der Menschen" zu heben.

Kritik von Intellektuellen

Nicht alle Parteiführer teilten diesen Optimismus. Manche befürchteten, dass Chinas Intellektuelle noch immer bourgeois waren und von ihnen keine konstruktive systemimmanente Kritik zu erwarten sei. Die Führung der Partei setzte sich jedoch über die Bedenken hinweg, und die Öffentlichkeit wurde aufgefordert, „Hundert Schulen blühen zu lassen". Das Ergebnis war ein spannender und überraschender Monat der öffentlichen Debatte im Mai 1957, der aber insgesamt eher die Ängste der Skeptiker in der Partei nährte: Viele Intellektuelle und Anführer der sog. Blockparteien, die ermutigt wurden, sich frei zu äußern, überraschten mit der Schärfe ihrer Kritik. Die Intellektuellen schlugen nicht, wie ursprünglich erhofft, schrittweise vollzogene Veränderungen in der Parteiherrschaft vor, sondern forderten, wie in Osteuropa weitreichendere politische Veränderungen und schreckten nicht einmal vor der Forderung nach Einrichtung eines Mehrparteien-Systems und demokratischen Wahlen zurück. Es gab auch unter den KPCh-Mitgliedern einzelne, die ebenfalls die Initiative ergriffen und unterschiedliche Verbesserungsvorschläge machten. Oft richtete sich ihre Kritik gegen den Personen-Kult um Mao und das Fehlen innerparteilicher Demokratie.

Kampagne gegen „Rechtsabweichler"

Die Partei antwortete, indem sie der Kritik ein Ende setzte. Mao wollte einen harten Gegenschlag gegen die „bourgeoisen Intellektuellen", die ihr Klassendenken offenbar nicht ablegen konnten, obwohl der Kapitalismus bereits beseitigt war. Er begann eine Kampagne gegen die „Rechtsabweichler" in den Reihen der Intellektuellen und Kader. All jene, die fundamentale Kritik geäußert hatten, unabhängig von ihren Motiven, sowie viele, die keinerlei Kritik geäußert hatten, wurden denunziert und bestraft. Hunderttausende wurden in Arbeitslager geschickt. Chinas Intellektuelle und Experten innerhalb und außerhalb der Partei wurden bedroht und eingeschüchtert. Mao schätzte, dass es in China ca. 10 Prozent Rechtsabweichler gab. Infolgedessen waren viele Arbeitseinheiten der Auffassung, sie müssten etwa 10 Prozent ihrer Mitglieder als Rechtsabweichler benennen.

Deng Xiaoping

Während der Kampagne, für die Mao Deng Xiaoping die Verantwortung übertrug, griff die Partei mehr als eine halbe Million Intellektuelle an, die als Rechte gebrandmarkt wurden. Deng, der während der Hundert-Blumen-Zeit den lokalen Parteibeamten versprochen hatte, auf öffentliche Kritik zu hören, war verärgert, dass einige Intellektuelle in scharfer Weise Funktionäre der Partei angriffen, die nur versuchten, mit ihren komplexen und schwierigen Aufgaben zurechtzukommen. Während der Anti-Rechts-Kampagne unterstützte Deng Xiaoping Mao mit Nachdruck bei der Verteidigung der Autorität der Partei und beim Angriff auf die „offenherzigen Intellektuellen".

1.2.4 Der „Große Sprung nach vorn"

1958 verkündete China die Politik der „Drei Roten Banner", die aus der Krise der späten 1950er Jahre führen sollte. Diese Politik bestand aus drei Elementen: der Generallinie des sozialistischen Aufbaus, dem „Großen Sprung nach vorn" und den ländlichen Volkskommunen. Die Generallinie diente als leitende Ideologie, während der „Große Sprung nach vorn" die spezifische Maßnahme zur Realisierung dieses Leitprinzips und die Volkskommunen das Hauptwerkzeug seiner Umsetzung waren. Die Generallinie des sozialistischen Aufbaus bezog sich auf die Direktive „aufs Ganze gehen, sich hohe Ziele setzen und den Sozialismus mit größeren, schnelleren, besseren und wirtschaftlicheren Ergebnissen errichten". Die offizielle Presse verbreitete daher die Botschaft, dass „Schnelligkeit die Seele der Generallinie ist".

Die Drei Roten Banner

Zweifelsohne stand eine komplexe Mischung aus politischen Auseinandersetzungen und Intentionen hinter dieser Entscheidung. Mao wurde immer ablehnender gegenüber der Sowjetunion und auch gegenüber den sozialen und politischen Auswirkungen des sowjetischen Entwicklungsmodells. Insgesamt erwies sich die Orientierung an sowjetischen Entwicklungsstrategien als äußerst schwierig. Mao kritisierte das sowjetische System der zentralen Kontrolle durch große Regierungsministerien, erhebliche gesellschaftliche Hierarchien und Langzeitplanung. Die sowjetische Entwicklung basierte auf impliziten Annahmen über die Leistungsfähigkeit des Energie- und Transportbereichs, die nicht mit der chinesischen Wirklichkeit der 1950er Jahre übereinstimmten. China musste mit großen Engpässen im Transport-, Energie- und Baubereich umgehen, die eine schnelle Industrialisierung behinderten. Der Planungsapparat im sowjetischen Stil schien nicht in der Lage, diese Probleme zu lösen. Daher argumentierten einige in der Partei, dass das System der Planung alleine zu beschränkt sei, um eine dynamische Entwicklung der Industrie und der Landwirtschaft in

Ursachen und Hintergründe

China zu erlauben. In China müsse sich die Entwicklung vielmehr auf die Mobilisierung der Bevölkerung stützen.

Ziele — Durch die Schaffung der „Drei Roten Banner" wollte Mao diese Schwierigkeiten auf einen Streich lösen, einen Sprung zum Kommunismus machen und innerhalb kurzer Zeit Industriestaaten wie Großbritannien übertreffen. Trotz des oft betonten Utopismus verfolgte der „Große Sprung nach vorn" (1958–1960) zwei konkrete Ziele, die in sich selbst kaum utopisch waren: eine Lösung für Chinas wachsendes Nahrungsmittelproblem zu finden und die Industrialisierung zu beschleunigen.

Volkskommunen — Das zentrale Mittel des „Großen Sprungs" war die Ausweitung der Volkskommunen. In den neu gegründeten Volkskommunen sollten Industrie, Landwirtschaft, Handel, Studium und Militär vereint werden, um Modernisierung in vernachlässigte und abgelegene Gebiete zu bringen. In ganz China gab es 24.000 Volkskommunen, die jeweils etwa 5000 bäuerliche Haushalte umfassten. Die Arbeitskräfte wurden zentral verwaltet und in Arbeitsbrigaden eingeteilt, die den in Kollektiveigentum befindlichen Grund und Boden bestellten. Die Kommunen boten auch wohlfahrtsstaatliche Einrichtungen wie Kindertagesstätten und Altenheime. Öffentliche Speisehallen übernahmen die Zubereitung des Essens, so dass mehr Arbeiter auf den großen Bauprojekten oder auf dem Feld arbeiten konnten. Zu Beginn des Großen Sprungs wurde an einigen Orten sogar freies oder stark bezuschusstes Essen ausgegeben. Trotz Widerstands drängte die Partei ohne Unterlass auf die Gründung großer Kommunen und gemeinsamer Speisesäle. Die Unterschiede zwischen Stadt und Land, körperlicher und geistiger Arbeit und Arbeitern und Bauern sollten durch die Kommunen überwunden werden.

Öffentliche Arbeitsprojekte — Die Methode der Mobilisierung betraf Unternehmen und lokale Kader. Sie sollten die Vorstellungskraft und Motivation der Arbeiter und Bauern nutzen, um die Produktion in nie dagewesene Höhen zu steigern. Riesige öffentliche Arbeitsprojekte waren ein wichtiger Teil des „Großen Sprungs". Dörfer und Kleinstädte bauten ihre eigenen kleinen „Hinterhof"-Hochöfen, die zu einem großen Sprung in der Eisen- und Stahlproduktion führen sollten. Größere Unternehmen wurden ermutigt, ihre Pläne zu verwerfen und sie durch sehr viel ehrgeizigere Pläne zu ersetzen. Das Ziel war es, Arbeit anstelle des fehlenden Kapitals zu nutzen, um eine moderne Produktionsinfrastruktur aufzubauen. Obwohl viele dieser Projekte schlecht durchdacht waren und vor allem der Umwelt riesige Schäden zufügten, wurden Millionen Arbeiter monatelang auf riesige Baustellen oder Stahlmühlen weit weg von zu Hause entsandt. In dem Bestreben, den Westen einzuholen, sollte die Stahlproduktion von 5,3 Millionen Tonnen auf 10,7 Millionen Tonnen innerhalb eines Jahres verdoppelt werden. Auf der Suche nach Baumaterial und Holz als Brennstoff wurden Häuser und Geschäfte niedergerissen.

Der Prozess, hohe Produktionsziele zu setzen, wurde nun unabhängig auf lokaler Ebene koordiniert. Eine Abstimmung mit den zentralen Planungsbehörden und dem Rest der Wirtschaft fand nicht mehr statt. Als der Mechanismus zur Koordination von wirtschaftlichen Entscheidungen auf verschiedenen Ebenen aufgegeben wurde, begannen sich Probleme entlang der gesamten Produktionskette aufzubauen. 1958–1960 nutzte China weder zentrale Planung noch Märkte, um seine Wirtschaft zu koordinieren. Das Ergebnis war ein Zusammenbruch der industriellen Produktion und eine riesige Zerstörung von Ressourcen. Nützliche Eisen- und Stahlprodukte wurden in den „Hinterhof-Hochöfen" geschmolzen, um große Mengen unbrauchbaren Eisens von geringer Qualität herzustellen. Kommunen, die man ermutigt hatte, „Hinterhof-Hochöfen" zu bauen, entwaldeten ihre eigenen Naturgebiete, um Brennholz zu finden, und erschöpften ihre eigenen Leute bei der Herstellung von minderwertigem Metall. Große neue Baustellen verbrauchten Zementvorräte und ließen wenig für besser geplante Projekte übrig. Der wirtschaftliche Zusammenbruch war selbstverursacht und zerstörte weitgehend die Errungenschaften der ersten Hälfte der 1950er Jahre.

Folgen mangelnder Koordination

Im landwirtschaftlichen Bereich führten die Bemühungen um Produktionssteigerung zu drei Missernten (1959–1961), die durch ungünstige Wetterbedingungen verschärft wurden. Der „Große Sprung" sollte die Familie als Produktionseinheit und als soziale Einheit überflüssig machen und sie durch größere, moderne und disziplinierte Arbeitseinheiten ersetzen. Nachdem die Bauern in Kommunen mit Speisesälen organisiert worden waren, hatten sie jedoch keine Anreize mehr zu Leistung. Die landwirtschaftliche Produktion ging in den meisten Kommunen stark zurück und den Speisesälen gingen bald die Nahrungsmittel aus. Die lokalen Parteisekretäre, die unter Druck gesetzt worden waren, unrealistische Vorgaben zur Getreideproduktion zu machen, begannen Getrei-

Missernten 1959–1961

despeicher zu leeren, um die zugesagte Getreidelieferungen an die Zentralregierung zu erfüllen, während die lokale Bevölkerung unter dem Nahrungsmangel litt.

Hungersnot — Zu Beginn des Jahres 1959 breitete sich eine verheerende Hungersnot aus, die große Gebiete in Nordchina betraf und im darauffolgenden Jahr zu einer landesweiten Katastrophe führte. Die Provinzen Henan, Gansu, Anhui, Guizhou, Qinghai und Sichuan waren die am schlimmsten betroffenen Regionen. Die meisten Opfer starben zwischen Januar und April 1960, als die gesamten Getreidevorräte verbraucht waren und die neue Ernte noch nicht zur Verfügung stand. Die ländliche Bevölkerung war verzweifelt und schöpfte alle Möglichkeiten aus: Die Bauern aßen das grüne Getreide auf den Feldern (chi qing genannt), so dass kaum genug übrig war, um die Erntequote zu erfüllen. Nachdem alles Getreide verzehrt worden war, schnitten sie die Rinde von den Bäumen, aßen Wurzeln, Nutzpflanzen sowie Insekten, Schlangen, und Kröten. Andere plünderten die wenigen verbliebenden öffentliche Getreidespeicher und Vorratslager, griffen Regierungsbehörden an und randalierten. Als das Land in den von der Hungersnot betroffenen Regionen von allem, das essbar war, beraubt war, versuchten viele Menschen in die Städte zu fliehen, wo die Essensversorgung besser war. In den meisten Fällen stoppte das Militär die Flüchtlinge auf der Straße und an Verkehrsknotenpunkten und schickte sie zurück.

Bilanz der Hungersnot — Während es viele Berichte über wachsende Versorgungsprobleme gab, war die Führungsriege wahrscheinlich nicht über das volle Ausmaß der Hungersnot informiert. Im Oktober 1960 wurde Mao schließlich ein offener Bericht über das „Massenverhungern" in Xinyang überreicht und innerhalb eines Monats wurden Untersuchungsteams in die Provinzen entsandt, um die Zahl der Todesopfer zu dokumentieren. Obwohl es unmöglich ist, die Zahl der Hungertoten in den drei schlimmsten Jahren, von 1959 bis 1961, exakt zu bestimmen, gehen die zuverlässigsten Schätzungen von 27 bis 30 Millionen Toten aus.

Ursachen der Hungersnot — Die Katastrophe hatte eine Vielzahl von Ursachen. Erstens führte die allumfassende Politisierung zu Missverständnissen, Fehlplanungen und Verzerrungen. Lokale Parteibeamte hielten Berichte über Todeszahlen, eingeschlossen Tod durch Schlägereien und Selbstmorde, zurück, weil sie Angst hatten, noch größere Panik auszulösen oder sich selbst der Kritik auszusetzen. Kader meldeten stark übertriebene Produktionsergebnisse im Herbst 1959, die dann

1.2 Auseinandersetzungen um den richtigen Kurs (1957–1976) — 61

als Grundlage für unrealistische Annahmen und Pläne dienten. Am 2. November 1959 ging das Ernährungsministerium in einem Bericht von einer „hervorragenden" Ernte für 1959 aus, obwohl die Erträge eigentlich um 15 Prozent im Vergleich zum Vorjahr gefallen waren. Als Mao diesen überschwänglichen Bericht las, verlangte er noch eine sehr viel größere Getreidelieferung vom Land, um die Industrialisierung zu beschleunigen, selbst wenn dies bedeutete, die Rationen auf dem Land zu reduzieren.

Zweitens verhinderte der innerparteiliche Machtkampf eine Korrektur oder Anpassung des Kurses. Als die Regierung das Aufkommen massiver Probleme sah, versuchte man, die radikalen Elemente des „Großen Sprungs" zu mäßigen. Mao Zedong leitete persönlich die Nachjustierungskampagne (*zhengdun*). Angesichts des Widerstands gegen die Kommunen und der ersten Anzeichen von Lebensmittelknappheit befürworteten viele Delegierte auf der Lushan-Konferenz im späten Juli und frühen August 1959 das Ausdehnen und eine Verlängerung der Nachjustierung, die bereits auf dem Weg gebracht war. Peng Dehuai wies auf schwerwiegende Probleme hin, aber Mao sah dies als einen direkten Angriff auf seine Führung und begann seinerseits einen Angriff gegen Peng und seine Verbündeten, indem er sie als „rechtsabweichende Opportunisten" und „Antipartei Clique" bezeichnete. Sobald Mao Peng als Parteiverräter beschuldigt hatte, wagte keiner mehr, die Probleme des „Großen Sprungs nach vorn" anzusprechen. Zu diesem Zeitpunkt waren alle innerparteilichen Diskussionen und der Pluralismus in der Partei zusammengebrochen. Parteimitglieder, die auf objektive Probleme hinwiesen, wurden beseitigt.

Lushan-Konferenz 1959

Drittens war der Glaube an die Möglichkeit einer erfolgreichen und schnellen Modernisierung Chinas weit verbreitet. Dieser Auffassung zufolge hing Modernisierung vor allem von der Entwicklung industrieller Anlagen ab. Basierend auf Schwerindustrie und massiven öffentlichen Bauvorhaben sollten eine hohe Produktivität und ein Überfluss an Ressourcen erreicht werden. Aber der massive Transfer von Arbeitskräften und Ressourcen aus der Landwirtschaft in die Industrie schuf ein unkontrollierbares Ungleichgewicht. Die Urbanisierung während des „Großen Sprungs" erhöhte die Anzahl der Menschen mit einem Anrecht auf städtische Rationen um Millionen und erzeugte einen hohen Druck auf das Versorgungssystem. Zwischen 1957 und 1960 sank die Zahl der landwirtschaftlichen Arbeitskräfte um ca. 33 Millionen, während die Zahl der nicht-land-

Glaube an Modernisierung

wirtschaftlichen Arbeitskräfte – die meisten von ihnen arbeiteten an massiven Erdbauprojekten – sich um über 50 Millionen erhöhte und die der städtischen Bevölkerung um fast 20 Millionen. Insgesamt mussten 70 Millionen neue nicht landwirtschaftliche Arbeiter ernährt werden.

Widerstand   Bis vor kurzem glaubten Wissenschaftler, dass es kaum öffentlichen Widerstand gegen das Regime gab, entweder auf Grund der Macht des Staates oder auf Grund der weitverbreiteten Unterstützung, die die kommunistische Partei angeblich genossen habe. Neu zugängliche Quellen deuten jedoch darauf hin, dass es trotz der noch vorhandenen Unterstützung für das Regime viele Aktionen des täglichen Widerstands wie Verzögerungstaktiken, Verstecken von geerntetem Getreide, Arbeiten auf dem Schwarzmarkt oder heimliche Migration gab. Die vom „Großen Sprung" verursachte Hungersnot führte auch zu einem Aufschwung der Volksreligionen, wie die Berichte über die vielfältigen Aktivitäten von Sekten und Geheimgesellschaften zeigen.

Legitimitätskrise   Die kommunistische Partei hatte bei der Einhaltung des sozialistischen Staatsversprechens, Armut abzuschaffen und Verhungern zu verhindern, mehr als versagt. Die bereits zweifelhafte Legitimität der Partei wurde im Angesicht des „Großen Sprungs", als der Staat hungrigen Bauern Getreide wegnahm, dramatisch geschwächt. Selbst nach dem Ende der Hungersnot war es der Partei unmöglich, die vom „Großen Sprung" geschaffene Legitimitätskrise zu bewältigen. Geplagte Ackerbauern lehnten die Kommunen und die Kollektivierung ab, weil sie sie für räuberisch und ungeeignet zu ihrem Schutz und zur Lösung der Hungersnot hielten. Sie wünschten sich eine Versicherung gegen zukünftige Hungersnöte, aber der Parteistaat war nicht willens oder nicht in der Lage, diese zu geben. Insgesamt waren die Probleme des sozialistischen Chinas nur größer geworden.

1.2.5 Re-Adjustierung

Anfang der 1960er Jahre war es unerlässlich, die politischen Maßnahmen des „Großen Sprungs" zurückzufahren. Das Neunte Plenum stimmte im Januar 1963 offiziell einer Politik der „Anpassung, Konsolidierung, Aufstockung und Verbesserung" in der nationalen Wirtschaft zu. Während Fehler zugegeben wurden, wurde der „Große Sprung nach vorn" als Ganzes aber nie offiziell in Frage gestellt. Liu Shaoqi (der 1959 die Staatspräsidentschaft an Maos Stelle übernahm) und Deng Xiaoping erhielten die Verantwortung für die Wirtschaft. Die neue Führung ordnete an, Chinas Wirtschaft Schritt für Schritt zu modernisieren. Die Diese Politik wurde 1964 auf Vorschlag des Premierministers Zhou Enlai „Die Vier Modernisierungen" genannt. Zhou Enlai wollte, dass sich China auf die Schaffung einer „modernen Landwirtschaft, Industrie, Landesverteidigung sowie Wissenschaft und Technologie" konzentriert. Die Politik der „Vier Modernisierungen" sollte die Antwort auf die Probleme sein, die durch den „Großen Sprung" entstanden waren. Ihnen lag ein technokratisches Modell zugrunde, das von einem fundamentalen Vertrauen in Wissenschaft und Technik sowie in Modernisierung geprägt war. Die riesigen, für den „Großen Sprung" charakteristischen Bauprojekte sollten zurückgefahren und die landwirtschaftliche Produktion wiederbelebt werden. Gleichzeitig sollte die Inflation unter Kontrolle gebracht werden. Ingenieure, Wissenschaftler und andere gebildete Chinesen, die unter der Anti-Rechts Kampagne angegriffen worden waren, wurden rehabilitiert und wieder in ihre früheren Funktionen in der Wirtschaft eingesetzt. Die „rein chinesische" Politik des Sprungs, die aus Chinas internationaler Isolation eine Tugend gemacht hatte, wurde rückgängig gemacht, als China internationale Hilfskooperation suchte. Die diplomatische Anerkennung Chinas durch Frankreich im Jahr 1964 war ein Ergebnis dieser Öffnung nach außen. Tatsächlich lagen die grundlegenden politischen Maßnahmen der Reform Chinas der 1980er Jahre bereits 1964 vor und waren in Planung, wurden aber bald durch den Beginn der Kulturrevolution ausgesetzt.

Vier Modernisierungen

Die Wirtschaftspolitik während der Neujustierung bestand aus den folgenden Schwerpunkten: Ausgleich des Staatshaushalts durch Kürzungen, Management auf Grundlage finanzieller Indikatoren, Vergabe von Aufbauhilfen, Beseitigung von außerbudgetären Mitteln, langsames und nachhaltiges Wachstum, Kontrolle von Inflation und Markt als Ergänzung zur Planung. Zentrale Planung wurde wiedereingesetzt, allerdings mit einem entscheidenden Unterschied: Ein Großteil der Planung und Steuerung der Wirtschaft wurde nun über die Finanzpolitik geregelt und dezentral auf Provinzebene oder darunter verlagert. Nach dem Desaster des „Großen Sprungs" lehnten die Provinz- und Lokalebenen Zentrali-

Finanzpolitische Steuerung

sierungsbemühungen ab und forderten größeren Einfluss auf die nationalen politischen Prozesse.

Rückzug von der Kollektivierung

In der Landwirtschaft errangen lokale Regierungen eine wesentlich freiere Hand bei Entscheidungen. Die Neujustierungspolitik führte allgemein zu einem Rückzug von der Kollektivierung. Im Zuge der Reorganisation verschwanden die großen Kommunen und kollektiven Speisesäle. Der größte Teil der landwirtschaftlichen Produktion wurde an die Untereinheit der Volkskommune übergeben, die aus einem Produktionsteam mit 20 bis 30 Familien bestand (im Gegensatz zu den ca. 5000 oder mehr Familien in der Kommune). Die ländliche Industrie blieb jedoch auf der Brigadeebene, vergleichbar den Genossenschaften von 1956 und 1957 oder auf Ebene der Kommune. In einigen Regionen wurde sogar mit einer Rückkehr zur traditionellen Landwirtschaft experimentiert. Im Rahmen des Haushaltsverantwortungssystems übernahmen wieder einzelne Haushalte im ländlichen China die Verantwortung für die landwirtschaftliche Produktion. Das System des kollektiven Landbesitzes und anderer wichtiger Mittel der Agrarproduktion blieb aber erhalten. Die Kommunen funktionierten weiter als administrative Strukturen, die die rudimentären Gesundheitsversorgungsprogramme und kleine ländliche Industrien beaufsichtigten. Letztendlich führte der Staat wieder eine gemischte Wirtschaft auf dem Land ein.

Kontrolle der Migration

Lokalregierungen behaupteten ihre Autorität auch, indem sie die sozialen Kontrollen durch Registrierung, Ablage- und Kennzeichnungssysteme an sich zogen. Durch die strenge Durchsetzung des *hukou*-Systems behielt die Regierung die Kontrolle über die innere Migration. Die Regierung schickte zwischen 20 und 25 Millionen Menschen in die ländlichen Gebiete zurück. Bis 1962 reduzierte sich die städtische Bevölkerung um 10 Millionen Menschen. Weitere 10 bis 15 Millionen Menschen wurden 1962/1963 aufs Land umgesiedelt, um die Last der Bauern zu mindern und die Zahl der Menschen, die Nahrungsmittel vom Versorgungssystem der Regierung in den Städten erhielten, zu reduzieren. Diese Maßnahmen und besseres Wetter führten zu Chinas wirtschaftlicher Erholung. Bereits 1965 war die gesamte industrielle Produktion fast doppelt so hoch wie 1957 und die landwirtschaftliche Produktion war wieder auf dem Stand von 1957.

Politische Isolation Maos

Mit dieser Entwicklung ging Mao Zedongs politische Isolation einher, da er fast ganz aus den wirtschaftlichen Entscheidungsfindungen ausgeschlossen wurde. Trotz der besseren wirtschaftlichen Situation wurde Maos Einschätzung der politischen Lage zunehmend pessimistisch. Seine Schlussfolgerung war, dass es mindestens 50 Jahre oder vielleicht sogar ein Jahrhundert dauern würde, bis China das wirtschaftliche Niveau der westlichen kapitalistischen Länder erreichen könne. Das Erreichen einer kommunistischen Gesellschaft schien ihm nun sogar ungewiss. Mao wurde oft von Ängsten geplagt, dass die chinesische Revolution scheitern und von einer „bourgeoisen Restauration" besiegt werden würde. Mao war auch zunehmend davon überzeugt, dass „die Einflüsse des ausländischen Imperialismus und die inländische Bourgeoisie die gesellschaftlichen Wurzeln für das revisionistische Denken" innerhalb der Partei seien. Mao war der Auffassung, dass es notwendig sei, die Kräfte von „rechts" auszumerzen und die Ungleichheiten zu beseitigen, die wieder entstanden waren. Zu diesem Zweck sollten die Funktionäre an der Spitze entfernt und die Einstellungen der gesamten Gesellschaft nachhaltig verändert werden.

Nachdem Mao die Wirtschaft entzogen worden war, konzentrierte er sich auf das Gebiet der Erziehung und Bildung. Nach dem Zehnten Plenum des Achten Zentralkomitees im September 1962 startete Mao eine landesweite sozialistische Erziehungsbewegung in den städtischen und ländlichen Gebieten, um den „Revisionismus zu bekämpfen" und eine „friedliche Evolution" zu verhindern. In den ländlichen Gebieten zielte die von ihm initiierte und geleitete Kampagne darauf ab, den Widerstand gegen die Kollektivierung zu überwinden. Aktivisten durchkämmten das Land und versuchten, korrupte, unfähige und politisch unzuverlässige Kader zu identifizieren. Diese Kader wurden dann öffentlicher Kritik und Umerziehung unterzogen. Nach zwei Jahren wurde die Kampagne auf Veranlassung der anderen Mitglieder der Parteiführung zurückgefahren, da sie die Politik der Neujustierung behinderte. Sehr zu Maos Enttäuschung klang die sozialistische Erziehungsbewegung in den Jahren 1964 und 1965 ab und erfüllte nie Maos Hoffnung, den Klassenkampf und die revolutionäre Reinheit wiederherzustellen. Im Sommer 1964 veröffentliche Mao einen Aufsatz mit dem Titel „Über Chruschtschows falschen Kommunismus und seine geschichtlichen Lektionen für die Welt", der die meisten von Maos Ideen über Widerspruch, Klassenkampf und politische Struktur und Verfahren zusammenfasste. Diese Zusammenfassung stellte die theoretische Grundlage für die Bewegung zur Umerziehung der

Sozialistische Erziehungsbewegung

chinesischen Jugend dar. Er arbeitete weiterhin vehement daran, Chinas Bildungssystem weniger elitär zu machen, indem er „Teilzeitarbeit und Teilzeitstudien" in den Schulen organisierte, die eine mehr berufsorientierte Ausbildung boten. Gerade als Mao über eine weitere Kampagne gegen die angebliche Ausbreitung des Revisionismus in China nachdachte, stieg auch der externe Druck wieder an.

1.2.6 Äußere Einkreisung und innere Eskalation

In den frühen 1960er Jahren ging China in der internationalen Arena in die Offensive und ließ mehrere Konflikte entlang seiner Grenzen eskalieren. Wieder hatte diese Entwicklung enorme Auswirkungen auf die Situation innerhalb Chinas, da sie zu einer Stärkung der Rolle der VBA führte, die Mao Zedong und Lin Biao in eine sozialistische Modellorganisation verwandeln wollten.

Aufstand in Tibet

In Tibet führte der „Große Sprung" 1959 zu einem großen Aufstand und zur Flucht des Dalai Lama, des tibetischen religiösen Oberhaupts. Für die chinesische Führung schien es offensichtlich, dass Indien hinter dem Aufstand steckte und Neu-Delhi davon zu profitieren suchte. Indien erlaubte dem Dalai Lama, eine Exilregierung in der Bergstadt Dharamsala zu errichten. Tausende andere Exiltibeter wurden in Indien willkommen geheißen. Ein anderer Aspekt des chinesisch-indischen Konflikts betraf drei dünn besiedelte, aber strategisch bedeutsame Landstriche entlang des Tibet-Plateaus. Das umstrittene Territorium wurde zum Teil von China und zum Teil von Indien verwaltet, aber von beiden Ländern (in seiner Gesamtheit) beansprucht. Die Gebiete waren strategisch wichtig für China, weil sie Straßen oder Gebirgspässe von Tibet nach Indien enthielten und weil sie eine beträchtliche Bevölkerung von ethnischen Tibetern hatten. Ab den frühen 1960er Jahren verschlechterten sich die Beziehungen zwischen beiden Ländern.

Chinesisch-indischer Krieg

1962 kam es zum Ausbruch des chinesisch-indischen Krieges um die Kontrolle dieser Gebiete. In dem Konflikt besiegten die chinesischen Truppen die indische Armee und drangen weit in indisches Territorium vor. China zog sich jedoch aus den meisten Teilen des eroberten Gebietes zurück, da es keine Gebietszugewinne anstrebte. Auf beiden Seiten der Grenzlinie wurden entmilitarisierte Zonen errichtet.

1.2 Auseinandersetzungen um den richtigen Kurs (1957–1976)

Die wichtigste Konsequenz der Kriegs aber betraf die Innenpolitik. Teile der politischen Führung nutzten den Sieg der Armee für einen Militärkult zur öffentlichen Mobilisierung. Mao Zedong und Lin Biao sahen in den Soldaten-Kommunisten geeignete Vorbilder für die zukünftige Generation. Die Einheitlichkeit und Disziplin der Armee sollte die Teilung der Klassen überwinden. Wie die Armee sollte die Bevölkerung dazu erzogen werden, rigiden politischen Standards zu folgen. Diese Bemühungen wurden nun mit dem Kult um Mao Zedong in der Propaganda verschmolzen. Der VBA unter Lin Biao kam die Aufgabe zu, diesen Kult neu zu beleben. Nachdem die Partei nach der Hungersnot des „Großen Sprungs" einer desillusionierten und politisch apathischen Bevölkerung gegenüberstand, wurde der Kult um Mao von der Armee systematisch verstärkt und weiter ausgebaut. Dazu entwickelte Lin Biao eine vereinfachte und dogmatisierte Version von Maos Gedanken, die letztendlich in der Form des „kleinen roten Buchs" (Zitate des Vorsitzenden Mao) publiziert wurde. Damit sollten Maos Gedanken unter den relativ ungebildeten Militärrekruten verbreitet werden. Die Armee sollte in „eine große Schule zum Studium der Gedanken von Mao Zedong" verwandelt werden. Als die militärischen Truppen unter Lin immer mehr zeigten, dass sie ideologische Reinheit mit technischer Leistungsfähigkeit verbinden konnten, versuchte Mao die organisatorische Autorität und politische Rolle der VBA auszubauen. Anfang 1963 rief Mao alle Chinesen dazu auf „von der VBA zu lernen". Lin Biao organisierte Massenkampagnen zum Studium von Maos Schriften. Ab 1964 war der Mao-Kult allgegenwärtig. Mao setzte durch, dass nach dem Vorbild der VBA geformte politische Abteilungen in allen wichtigen Organen der Regierung etabliert wurden. In vielen Fällen besetzten politische Mitglieder der VBA selbst diese neuen Institutionen und drangen damit in den zivilen Regierungsapparat ein.

Mao-Kult

Die Kuba-Krise (Oktober 1962) verstärkte die Differenzen zwischen der Sowjetunion und China. China kritisierte die Sowjetunion als unzuverlässig und bezeichnete sie als einen „Kollaborateur" der schlimmsten Sorte. Als die Sowjetunion im Juli 1963 ein Teilabkommen zum Verbot von nuklearen Tests mit den USA und Großbritannien schloss, beschuldigte die chinesische Presse die Sowjets einer anti-chinesischen Verschwörung. Außenpolitisch schlug China zunehmend militärische Töne an. Auf einer Reise durch Afrika 1963 / 1964 überraschte Zhou Enlai seine Gastgeber,

Internationale Isolation

indem er zu einer Revolution in den unabhängigen Staaten aufrief und die sowjetische Führung in der Dritten Welt explizit herausforderte. China fühlte sich im Laufe der 1960er Jahre zunehmend eingekreist: Im Osten verstärkte Moskau seine militärische Unterstützung für Nordkorea, um die Loyalität des Landes zu gewinnen. Im Süden vertiefte Moskau seine Beziehungen mit Nordvietnam und nutzte militärische Hilfsleistungen, um auch Hanoi auf seine Seite zu ziehen. Währenddessen hielten die USA an ihrer Politik fest, die Republik China als die rechtmäßige Regierung von China anzuerkennen und die VR China zu isolieren. Regierungsdokumente der US-Regierung, die 1988 freigegeben wurden, belegen auch die Unterstützung der Exiltibeter durch die CIA bis 1972. Der wachsende Einsatz der USA im Indochina-Konflikt stellte eine zusätzliche Bedrohung dar. China stand zunehmend alleine da und sah sich von allen Seiten unter Druck gesetzt.

Chinesischer Aufstieg zur Atommacht

In dieser neuen und bedrohlichen strategischen Situation strebte China nach Sicherung seiner „Eigenständigkeit". Maos Rufe nach Revolution bekamen einen nationalistischeren Ton und die VBA nahm einen immer größeren Platz im politischen und wirtschaftlichen Leben Chinas ein. China verstärkte auch seine Bemühungen, in den Besitz nuklearer Waffen zu gelangen. Obwohl die Sowjetunion Chinas nukleare Ziele eine Zeit lang unterstützt hatte, wurde die Entwicklung nuklearer Waffen nach dem Bruch mit der Sowjetunion von den Chinesen allein getragen. Ab 1964 erzwangen die steigenden Kosten des Programms eine wesentliche Reduzierung bei anderen Verteidigungsausgaben. Mit Chinas erster atomarer Explosion am 16. Oktober 1964 hatte das Land aber endlich sein Ziel erreicht und war in die Gruppe der Atommächte aufgestiegen.

Kriegsgefahr

Als die Luftangriffe der USA auf Nordvietnam die Gefahr einer militärischen Auseinandersetzung an der chinesischen Südgrenze erhöhten, entbrannte eine Debatte innerhalb der Führung, ob sich China schnell auf einen herkömmlichen Krieg gegen die USA vorbereiten sollte oder die chinesische Gesellschaft weiter die Vertiefung der Revolution mittels Erziehungsbewegung verfolgen sollte. Mao trat für die Vertiefung und Intensivierung der Revolution ein, da dies eine grundlegende und langfristige Bedeutung für die chinesische Sicherheit habe. Die Befürworter einer Verschiebung des inneren Klassenkampfes argumentierten, dass gerade zur Zeit des Konflikts die innere wirtschaftliche Entwicklung Vorrang haben müsse und die sowjetischen Appelle nach „gemeinsamem

Handeln" in Vietnam und einer Erneuerung der sino-sowjetischen Verbindung ernst zu nehmen seien. Parallel dazu versuchten einige Mitglieder in der Partei, Experimente mit dem System des freien Marktes und dem privaten Besitz von ländlichen Parzellen zuzulassen.

Diese Entwicklungen alarmierten Mao. Im Juni 1964 warnte er vor einem Ersticken des revolutionären Aufschwungs in China durch die neuen Richtlinien für die Organisation von Bauernverbänden. Später kritisierte Mao bürokratische Tendenzen, die die Revolution in den ländlichen Gebieten unterdrückten. Die Amtsenthebung von Nikita Chruschtschow im Oktober 1964 schien Maos Ängste vor einem möglichen Umsturz zu bestätigen. In einem bekannten Dokument über die sozialistische Erziehungsbewegung, bekannt als „Dreiundzwanzig Punkte", erklärte Mao im Januar 1965 zum ersten Mal, dass der Hauptfeind innerhalb der Partei zu finden sei, und verkündete erneut die Dringlichkeit des Klassenkampfs und der Politik der Massen. Auf einer geheimen Arbeitstagung der Zentralkomitees forderten schließlich die maoistischen Anhänger die Durchführung einer neuen, großen proletarischen Kulturrevolution.

Die 23 Punkte

1.2.7 Die Kulturrevolution (1966–1976)

Im Februar 1965 begann Mao, angeblich von seiner Frau Jiang Qing dazu ermutigt, öffentlich Parteimitglieder zu kritisieren, die nicht voll und ganz hinter seinen revolutionären Ansichten standen. Ein Jahr später, Mitte Mai 1966, billigte und ermutigte er den Angriff auf „die Autoritäten, die einen kapitalistischen Weg verfolgten". Im Zentrum von Maos Absichten stand jedoch nicht länger eine erfolgreiche wirtschaftliche Entwicklung und schnelle Industrialisierung wie während des „Großen Sprungs nach vorn". Mitte der 1960er Jahre waren Maos Absichten breiter, aber auch ehrgeiziger: Er wollte die gesamte chinesische Gesellschaft durch Wertewandel hin zu „vollkommener Öffentlichkeit und keiner Privatsphäre" (*dagong wusi*) revolutionieren. Mao hatte nicht dieselben Schlüsse aus der Tragödie des „Großen Sprungs" gezogen wie andere Parteiführer. Er sah Verräter, Saboteure und die Rückkehr der kapitalistischen Unterdrückung der arbeitenden Menschen als Grundursachen für die negativen Ergebnisse und befürwortete eine Rückkehr

Ziele der Kulturrevolution

zur aktiven, gewaltsamen Revolution. Mao verfolgte mit der Kulturrevolution eine kühne und breite Vision, aber auch ganz konkrete unmittelbare Ziele: seinen vorgesehenen Nachfolger Liu Shaoqi mit ihm gegenüber loyalen Anführern, vor allem mit Lin Biao, zu ersetzen; den politischen Kurs der KPCh zu korrigieren; der Jugend Chinas eine revolutionäre Erfahrung zu verschaffen und spezifische Änderungen in der Politik zu erreichen, die das Bildungs-, Gesundheits- und Kultursystem weniger elitär machen sollten.

Mobilisierung der Jugend

Mao verfolgte diese Ziele mit Hilfe einer Mobilisierung der städtischen Jugend. Sein Werkzeug: Rebellion oder *zaofan*. Auf die technokratischen Reformen der Neujustierung folgten nun Studentendemonstrationen, gegenseitiges Denunzieren, inszenierte Säuberungen und öffentliche Schauprozesse. Die Parteiführung, die die Neujustierung initiiert hatte, wurde gestürzt und auf das Land verschickt, um sich durch Arbeit und einfaches bäuerliches Leben zu reformieren. Während die Große Proletarische Kulturrevolution keine riesige Hungersnot auslöste so wie der „Große Sprung", waren ihre Auswirkungen auf die chinesische Politik und Gesellschaft in ihrer Gesamtheit tiefgreifend und langfristig.

Die Unterstützer Maos waren im Wesentlichen Lin Biao, Maos Ehefrau Jiang Qing, Maos langjähriger Redenschreiber und Berater Chen Boda, Sicherheitschef Kang Sheng, zwei führende Ideologen aus Shanghai sowie Zhou Enlai. Zunächst waren die Stadt Shanghai und die dort publizierten Zeitungen, besonders die *Jiefang Ribao*, die Plattform, von der aus Mao und Lin öffentliche Angriffe auf eine Gruppe von Schriftstellern im Umkreis der Beijinger Partei begannen.

Kritik an Wu Han

Das erste Ziel war der Historiker Wu Han, der zugleich auch das Amt des stellvertretenden Bürgermeisters von Beijing bekleidete. In einem Theaterstück hatte Wu angeblich die historische Figur eines unbarmherzigen Kaisers genutzt, um Mao zu kritisieren, und den früheren, von Mao abgesetzten Verteidigungsminister Peng Dehuai als einen loyalen, um das Wohl des Volkes besorgten Beamten gelobt. Die Kritik an Wu und seinem Theaterstück am 10. November 1965 stellte den Beginn der öffentlichen Angriffe auf bekannte kulturelle Personen und ihre Schriften dar.

Zentrale Gruppe Kulturrevolution

Im späten Frühling 1966 hatten sich Maos radikalste Unterstützer mit seiner offensichtlichen Billigung in der Form der „Zentralen Gruppe Kulturrevolution" (oft einfach bekannt als „die kleine Gruppe") selbst organisiert. Diese informelle Gruppe sollte im nächsten Jahrzehnt zum Zentrum der Macht in China werden. Mao und seine Unterstützer spielten zunehmend auf das Bestehen einer konterrevolutionären „Schwarzen Bande" in der Regierung und der Partei an, besonders in den Bereichen der Bildung, Kultur und Propaganda. Die Entfernung von verdienten und hoch geachteten Parteiführern wie Peng Zhen und Lu Dingyi und später Zhou Yang, einer führenden Figur in der Kunst- und Literaturszene, deutete darauf hin, dass eine Säuberung der Partei bevorstand, die bis in die höchsten Ebenen reichen würde. Die Kulturrevolution zielte immer eindeutiger auf die Ausschaltung der führenden Kader, die Mao im Verdacht hatte, ihm und seiner Politik zu widersprechen.

Am 16. Mai 1966 sandte Mao eine Reihe von „Mitteilungen" an das ständige Komitee des Politbüros. In diesen Mitteilungen kündigten er und seine Unterstützer konkret die Durchführung einer „Kulturrevolution" an. Mao und seine Unterstützer beschrieben das Ausmaß der Probleme, mit denen die Nation konfrontiert war. „Weit davon entfernt ein untergeordnetes Problem zu sein," so erklärten die Mitteilungen, „ist der Kampf gegen die revisionistische Linie eine Frage von höchster Bedeutung, da sie eine große Tragweite für das Schicksal und die Zukunft unserer Partei und unseres Staates, für den zukünftigen Charakter unserer Partei und unseres Staates und für die Weltrevolution, hat." Die „Mitteilungen von 16. Mai" zeigten, dass Mao entschlossen war, seinen Angriff auf die sogenannten revisionistischen Kräfte auszuweiten, die angeblich ihren Weg tief hinein in die Partei und ihre Führung und durch diese Institutionen in die gesamte Gesellschaft gefunden hatten. *Kampf gegen den Revisionismus*

Maos Anweisungen folgend erhielt das Bildungssystem Priorität. Große Wandzeitungen (*da zi bao*) breiteten sich von den Hochschulgeländen in Beijing ausgehend in ganz China aus. Die erste Wandzeitung vom 25. Mai 1966 griff die Vorsitzenden der Beijing Universität dafür an, ein „Haufen Chruschtschow-artiger revisionistischer Elemente" zu sein. Von Maos Unterstützern ermutigt, wurden die Studenten angehalten, Massenversammlungen abzuhalten. Die Bewegung verbreitete sich schnell: 65.000 Poster wurden im Juni allein in Beijing ausgehängt. Laut Aufzeichnungen in Shanghai traten in den ersten drei Juniwochen 2,7 Million Menschen der Protestbewegung in der Stadt bei; 88.000 Poster tauchten auf, die 1390 Menschen unterschiedlicher Vergehen anklagten. Mao erklärte daraufhin, dass dieser Zuwachs der Bewegung „bedeutender war als die Pariser Kommune". Am 13. Juni stellte die Regierung auf Maos Anweisung, den Unterricht in den Schulen *Wandzeitungen* ein und ließ die Aufnahmeprüfungen für die Universität ausfallen. Die Regierung verlangte eine Reform des Aufnahmeverfahrens und verzögerte den Semesteranfang an den Universitäten im Herbst. Das stellte etwa 13 Millionen Mittel- und Gymnasialschüler und etwas über eine halbe Millionen Studenten an Fachhochschulen und Universitäten für politische Aktionen frei. Als hochrangige Führer der Partei außerhalb der Zentralen Gruppe Kulturrevolution „Arbeitsgruppen" an die Universitäten und Schulen beorderten, um die Anschuldigungen gegen Schul- und Universitätsleitungen zu überprüfen, reagierte Mao mit Empörung. Er warf ihnen vor, die revolutionäre Bewegung zu unterdrücken, und tadelte sie für „revisionistisches" Verhalten. Als die Arbeitsgruppen Ende Juli von den Schulen und Arbeitsplätzen zurückgezogen wurden, nahm die Gewaltbereitschaft der Bewegung dramatisch zu.

<small>Organisation der Studenten und Schüler</small>

Am 8. August verschärfte Mao den Ton. In den „Sechzehn Punkten" wurde erklärt: „In der Großen Proletarischen Kulturrevolution ist die einzige Methode für die Massen, sich selbst zu befreien [...]. Habt keine Angst vor Unruhen [...]. Lasst die Massen in dieser großen revolutionären Bewegung sich selbst unterrichten und lernen, zwischen richtig und falsch zu unterscheiden." Das unmittelbare Ziel war es, den „bourgeoisen" Autoritäten die Macht zu entwinden. Der Ort des Kampfes würden die städtischen Verstecke der Revisionisten sein. Mao gab sein eigenes Wandplakat „Bombardiert das Hauptquartier" heraus, das zur Anprangerung und Absetzung von hohen Beamten in Staat und Partei aufrief. Aus Sorge davor, dass sich China entlang der Linien des Sowjetmodells entwickeln würde und dass sein eigener Platz in der Geschichte in Gefahr war, versetzte Mao die Städte Chinas in Aufruhr mit dem gewagten Versuch, den Kurs der Partei zu korrigieren.

<small>„Bombardiert das Hauptquartier"</small>

Als die Kulturrevolution in Schwung kam, wandte sich Mao direkt an die Studenten, jungen Soldaten und jungen Kader mit dem Aufruf: „Es ist richtig zu rebellieren!" Indem er ein neues Bildungssystem suchte, das die Unterschiede zwischen Stadt und Land, Arbeitern und Bauern, geistig und körperlich Arbeitenden abschaffen wollte, griff Mao die Sorgen von Chinas junger Generation auf, die aufgrund der gesamtwirtschaftlichen Situation eine unsichere Zukunft hatte. Sie boten ihm später die zuverlässigste Unterstützung. Die Studenten bildeten nun die „Roten Garden" der Kulturrevolution, die Truppen der Rebellion Maos gegen seine eigene Partei. Während der folgenden Monate forderte er die Roten

<small>Rote Garden</small>

Garden auf, die Straßen in Chinas Städten und Kleinstädten zur „Zerstörung der vier alten Relikte" (d. h. alter Gedanken, Gebräuche, Kultur und Gewohnheiten) einzunehmen, die Kapitalisten aufzuspüren und „gegen Revisionisten zu kämpfen". Die Bewegung eskalierte schnell. Öffentliche „Kritikversammlungen" erreichten ein neues Niveau der Gewalt: Menschen, die politischer Vergehen beschuldigt wurden, wurden oft vor großen Menschenmengen oder sogar in Sportstadien zusammengeschlagen und erniedrigt. Die Roten Garden zwangen Menschen, durch höhnische Mengen zu marschieren. Ihre Köpfe waren mit großen Papierhüten gekrönt und um ihre Hälse hingen Schilder, auf denen ihre „Verbrechen" aufgelistet wurden. Mit ihrem „kleinen roten Buch" in der Hand gingen die Roten Garden rücksichtslos vor. Sie zerstörten Karrieren und das Leben von Maos alten revolutionären Kollegen. Solche Praktiken verbreiteten sich noch weiter, als Mao und seine Verbündeten anfingen, über die Notwendigkeit eines „Roten Terrors" zu reden, der die „schwarzen Banden vor Angst zittern und vor Schrecken beben" lassen sollte.

Aber die Bewegung entglitt bald der Kontrolle Maos. Ende 1966 gründeten ältere Studenten konkurrierende Rote Garden und „Rebellentruppen", die oft stark bewaffnet mit den ursprünglichen Roten Garden über die richtige Interpretation der aktuellen politischen Linie in Konflikt gerieten. Anfang 1967 wurden Arbeiterorganisationen gegründet, auch entlang divergierender ideologischer Linien, die sich manchmal mit den studentischen Rebellen verbündeten und manchmal allein handelten. Gleichermaßen führten Versuche, die VBA zu zügeln und sie daran zu hindern, den größten Widerstand mit massiver Gewalt und Feuerkraft einzuschränken, zu einer ernst zu nehmenden militärischen Meuterei in Wuhan und der Verhaftung zweier Mitglieder der Zentralen Gruppe Kulturrevolution Mitte 1967 sowie zu zahllosen weiteren Konflikten in ganz China. In vielen Städten kam es zu bewaffneten Häuserkriegen und Straßenschlachten.

Fraktionskämpfe

1968 schritt auf Maos Geheiß die Armee ein: Die VBA wurde landesweit einberufen, um die dezimierten Parteikomitees in den Institutionen in ganz China aufzufüllen. Ein neues System der „Revolutionskomitees" wurde eingeführt, das zu drei ungefähr gleichen Teilen aus der VBA, den revolutionären Massen und revolutionären Kadern bestand. Alle diese Gruppen sollten zusammenarbeiten, um eine wahrhaftigere revolutionäre Gesellschaft zu schaffen.

Eingreifen der Armee

Chinas Schulen öffneten wieder, obwohl die Zahl der Studenten in den höheren Bildungseinrichtungen klein war. Im Juli genehmigten Maos „neueste Anweisungen" die Wiederaufnahme von natur- und ingenieurwissenschaftlicher Ausbildung und rief alle Absolventen zu einer „Rückkehr zur Produktion" auf. Im Oktober 1968 fand eine Plenarsitzung des Zentralkomitees statt, um zu einer Versammlung des Parteikongresses und einer Stärkung des KPCh-Apparats aufzurufen. Aber die Gewalt hielt zwischen 1968 und 1970 mit der Kampagne zur „Säuberung der Klassenränge" an, die von der Armee genutzt wurde, um die lokalen Machtstrukturen anzugreifen. Regierungs- und Parteibeamte wurden in die „Kaderschulen des 7. Mai", meist ländliche Kommunen, geschickt. In diesen Kaderschulen sollten die Parteikader mit den Bauern arbeiten und leben, um von den Bauern zu lernen. Die Kader lebten für Monate oder Jahre unter primitiven Bedingungen. Erst 1973 wurde der Zeitraum allgemein auf sechs Monate bis zu einem Jahr beschränkt. Während ihrer Zeit in den Kommunen mussten die städtischen Kader körperliche Arbeit ausüben und sich einem intensiven Studium der Parteiideologie unterziehen.

Lernen von der Landbevölkerung

Zur Wiederherstellung der Ordnung auf den Straßen wurden mehr als 12 Millionen „gebildete städtische Jugendliche", d. h. Studenten und Universitätsabsolventen, aufs Land geschickt, um „von den Bauern zu lernen". Ursprünglich waren es vor allem die Aktivisten der Roten Garden, aber bald wurde das Programm ausgeweitet und es wurde erwartet, dass die meisten Absolventen der Mittel- und Hochschulen in das Hinterland gehen würden, um mit den Bauern zu arbeiten und zu leben. Viele dieser Studierenden wurden in Landkreise nahe ihrer Heimatsstädte geschickt. Andere jedoch wurden in weit entfernte Gebiete entsandt. Große Gruppen aus Shanghai verbrachten Jahre in Xinjiang in Zentralasien. Die Mehrheit dieser jungen Menschen konnte erst in den späten 1970er Jahren, nach Maos Tod, in die Städte zurückkehren.

Die Kulturrevolution im Bildungswesen

1970 wurden Initiativen durchgeführt, um die sogenannten „drei größten Unterschiede" – Trennung von geistiger und körperlicher Arbeit, von Arbeitern und Bauern sowie von Städtischem und Ländlichem – zu reduzieren. Viele Schritte wurden dabei unternommen, um das gesellschaftliche System egalitärer zu gestalten. Die Anzahl der Schuljahre wurde verkürzt. Die Zulassung zu einer Universität sollte nicht mehr auf Prüfungen, sondern auf Empfehlungen der Arbeitseinheiten basieren. Studenten mussten mindestens mehrere Jahre körperlicher Arbeit leisten, bevor sie eine Universität besuchen konnten. In den Schulen machten traditionelle Studieninhalte einfacheren Inhalten von Politik und berufsorientierter Ausbildung Platz. Allgemeine Zugangsprüfungen traditioneller Art wurden abgeschafft, die Betonung wurde nun auf kollektives Lernen gelegt. Auch die Autorität und Rolle des in der Tradition Chinas so verehrten Lehrers wurde herausgefordert. Diese Entwicklung erreichte ihre extremste Form, als ein Student aus dem Nordosten zu einem Nationalhelden erklärt wurde, weil er einen leeren Prüfungsbogen abgab und den Lehrer dafür kritisierte, ihm überhaupt Prüfungsfragen gestellt zu haben.

Das medizinische Versorgungssystem wurde ebenfalls umgestaltet. Das städtische medizinische Personal sollte sich mehr bemühen, den Bedürfnissen der Arbeiter und Bauern gerecht zu werden. Dies beinhaltete eine Neuverteilung des medizinischen Personals auf ländliche Gebiete und, noch wichtiger, die Durchführung von kurzen Trainings für ländliches medizinisches Personal, die „Barfußdoktoren". Die letztere Initiative bot wenigstens ein minimales Niveau an Gesundheitsfürsorge für viele chinesische Dörfer. Es wurde auch mehr Wert auf die Anwendung von traditioneller chinesischer Medizin gelegt, die sich stärker auf lokal wachsende Kräuter und kostengünstige Methoden wie Akupunktur verließ. Die Kulturrevolution im Gesundheitswesen

Die Kulturrevolution war vor allem ein städtisches Phänomen. Einige Regionen, besonders in der Nähe von Großstädten, wurden in den Aufruhr und die Gewalt involviert, aber viele der eher abgeschiedenen Gegenden waren von den politischen Bewegungen und anderen Eingriffen weitgehend verschont. Trotzdem betrafen zwei Dimensionen der Kulturrevolution auch die ländlichen Gebiete. Erstens wurde im ländlichen China eine Politik betrieben, die die lokale Selbstversorgung mit Nahrungsmitteln ermutigte. Sie entstand weniger aus ideologischen als aus pragmatischen Überlegungen heraus, denn auch die zentralen Planungsbehörden waren zeitweilig nicht arbeitsfähig. Insgesamt war die Versorgung mit Nahrungsmitteln während der Kulturrevolution besser als zur Zeit des „Großen Sprungs". Zweitens wurde das Einkommen von der Arbeitsleistung des einzelnen Bauern getrennt. Ein größerer Teil des kollektiven Einkommens wurde somit auf der Grundlage von Wohlfahrt und politischen Kriterien und nicht auf der Basis der geleisteten Arbeit verteilt. Diese Politik wurde auch als eiserne

Reisschüssel (d. h. lebenslanger Arbeitsplatz bei garantierter, leistungsunabhängiger Bezahlung) bezeichnet.

1.2.8 Führungskämpfe am Ende der Kulturrevolution

Nachfolgekrise

Der von der Kulturrevolution verursachte Aufruhr in der chinesischen Gesellschaft führte zu einer ausgedehnten Nachfolgekrise an der Spitze, die intensive Führungskämpfe nach sich zog. Schon in der Kulturrevolution selbst war die Frage, wer die politische Macht nach Mao übernehmen sollte, mindestens ebenso wichtig wie die Erschaffung einer neuen Kultur.

Die Auseinandersetzungen in China wurden auch durch internationale Entwicklungen beeinflusst. Die Beendigung der ersten, von Demonstrationen geprägten Phase der Kulturrevolution im Laufe des Jahres 1968 stand mit der Angst vor einer bevorstehenden sowjetischen Invasion in Verbindung. Die chinesischen Sorgen wurden durch die Breschnew-Doktrin geschürt, die von der sowjetischen Führung nach dem Einmarsch in der Tschechoslowakei aufgestellt wurde. Diese Doktrin rechtfertigte eine militärische Intervention in einem kommunistisch regierten Land, wenn dort der „wissenschaftliche Sozialismus" bedroht war. Selbst Hanoi unterstützte diese Politik. Moskau hatte schon lange kritisiert, dass eine „militärische bürokratische Diktatur" in China die Macht an sich gerissen habe und China sich vom „wahren Kommunismus" entfernt habe. Die Sowjetunion hatte seit 1966 außerdem erhebliche Streitkräfte entlang der ehemals entmilitarisierten chinesisch-sowjetischen Grenze stationiert. Zwar reichten diese Streitkräfte nicht für einen Einmarsch aus, aber von ihnen ging eine ernsthafte Bedrohung aus, insbesondere da die Verteidigungsfähigkeit Chinas aufgrund des Chaos und der Führungskämpfe geschwächt war.

Breschnew-Doktrin

Kriegsängste

Das Jahr 1969 stand besonders im Zeichen der Ängste vor einem Krieg mit der Sowjetunion. Anfang und Mitte März kam es zu zwei blutigen militärischen Waffengängen entlang der Grenze, die in einem begrenzten, aber blutigen sowjetischen Vorstoß mehrere Meilen in die Provinz Xinjiang hinein gipfelten. Daraufhin unternahm der Parteikongress im April 1969 einen ungewöhnlichen Schritt: Er beschloss mit Billigung Maos die Aufnahme einer Klausel in die neue Parteiverfassung, die Verteidigungsminister Lin Biao zu Maos Nachfolger bestimmte. Das Militär festigte damit seinen Einfluss über die Partei und die gesamte Gesellschaft. Diese Entwicklungen wurden nicht von allen mitgetragen. Premier Zhou Enlai versuchte, die Macht des Militärs und Lin Biaos einzudämmen, unter anderem auch, indem er durch eine proaktive Diplomatie die Bedrohung von Chinas Sicherheit zu verringern suchte. So ersuchte China die USA um Wiederaufnahme von Gesprächen auf Botschafterebene in Warschau. Nachdem während der Anfangsphase der Kulturevolution die Anzahl der Botschaften im Ausland auf einen einzigen Botschafter in Ägypten reduziert worden war, war China nun darum bemüht, die diplomatischen Vertretungen wiederzubesetzen und die diplomatischen Beziehungen zum Westen wieder aufzunehmen. Zhou Enlai trat auch in direkte Verhandlungen mit den Sowjets über die Grenzstreitigkeiten ein. Er traf sich Anfang September 1969 kurz mit dem sowjetischen Premier Alexei Kossygin am Beijinger Flughafen und die beiden einigten sich darauf, offizielle Gespräche zu beginnen.

Ungeachtet dieser Entwicklungen erklärte Lin Biao 1969 das Kriegsrecht und nutzte es, um potenzielle Rivalen auszuschalten. Mehrere Parteiführer, die zwischen 1966 und 1968 bereits kritisiert oder abgesetzt worden waren, waren nun unter dem Regime des Kriegsrechts erneut Repressalien ausgesetzt. Manche verloren dabei ihr Leben, viele andere litten schwer. Lin stieß jedoch schnell auf Widerstand. Als die Panik vor einem Krieg mit der Sowjetunion nachließ, war auch Mao offensichtlich alarmiert über die Machtzunahme Lin Biaos und des Militärs. Mao wurde misstrauisch gegenüber seinem Nachfolger, der die Macht zu schnell übernehmen wollte, und er begann sich von Lin abzuwenden. Durch eine Reihe von Säuberungen und Neubesetzungen gelang es ihm, bestimmte Schlüsselgeneräle zu versetzen und Lin Biao schrittweise zu isolieren. Premier Zhou Enlai und möglicherweise auch Maos Frau Jiang Qing unterstützten diese Maßnahmen. Maos Assistent Chen Boda entschied sich jedoch, Lin weiter zu unterstützen. Während 1970–1971 viele Schritte unternommen wurden, um Ordnung und Normalität in die Gesellschaft zurückzubringen, wurden die Spannungen und Spaltungen innerhalb der Führungsspitze tiefer.

Der beinahe achtzigjährige und zunehmend kranke Mao musste zusehen, wie die verschiedenen gegnerischen Gruppen in der KPCh gegeneinander antraten und offen um seine Nachfolge kämpften. Im Sommer 1970 machten Chen Boda, Lin Biao und ihre Unterstützer eine Reihe von öffentlichen Bemerkungen zur Nach-

Kriegsrecht

Führungskämpfe

folge Maos, die Mao verärgerten. Er setzte daraufhin Chen Boda als eine Warnung für Lin ab. Am Ende des Jahres 1970 initiierte Mao auch eine Kritikkampagne gegen Lins Hauptunterstützer innerhalb der militärischen Streitkräfte. Er beschuldigte sie der Insubordination gegenüber den zivilen Autoritäten. Die Situation spitzte sich im Frühling 1971 zu: Es gab Gerüchte, denen zufolge Lin Biaos Sohn, Lin Liguo, Pläne für einen möglichen Coup gegen Mao entwickelte, sollte sich das als der einzige Weg herausstellen, die Position seines Vaters zu retten.

Kissinger und Nixon in Beijing

Währenddessen forcierte Zhou Enlai seine Bemühungen, den delikaten und geheimen diplomatischen Dialog mit den USA fortzusetzen. Seit den späten 1960er Jahren hatten mehrere US-Regierungen darüber nachgedacht, wie sie von dem chinesisch-sowjetischen Konflikt profitieren könnten. Aber die Rhetorik des Kalten Krieges und der sich entwickelnde Krieg gegen den Kommunismus in Vietnam hatten es unmöglich gemacht, eine Wiederannäherung an China zu rechtfertigen. In den 1970er Jahren kam es zu einer Änderung der amerikanischen Position unter Präsident Richard M. Nixon, da die USA einen Weg suchten aus Vietnam herauszukommen und die sowjetische militärische Bedrohung unter Breschnew als ernst eingeschätzt wurde. Zhou Enlai gewann Maos Zustimmung zu einem geheimen Besuch des nationalen Sicherheitsberaters Henry Kissinger in Beijing im Juli 1971, der gefolgt wurde vom Besuch des amerikanischen Präsidenten Nixon im Februar 1972. Im „Shanghai Communiqué (1972)" beschlossen die USA und die VR China eine Normalisierung ihrer Beziehungen. Dieser Besuch war eines der dramatischsten Ereignisse in der internationalen Nachkriegsarena. Zu einer Zeit, als die USA den Vietnamkrieg durch Offensiven abermals eskalierten, bewegten sich China und die USA aufeinander zu. Lin Biao war jedoch vehement gegen eine Annäherung an die USA – vermutlich zum Teil, weil dies die politische Position des Hauptarchitekten Zhou Enlai stärken würde. Der Besuch Kissingers lief daher auf eine entscheidende Niederlage für Lin hinaus.

Shanghai Communiqué

Die Flucht von Lin Biao

Die Öffnung zu den USA war möglicherweise auch der Auslöser für die ungewöhnlichen Ereignisse im September 1971. Lin Biao soll angeblich versucht haben, Mao zu ermorden. Als der Coup scheiterte, versuchte Lin Biao mit seinen engsten Familienmitgliedern in die Sowjetunion zu fliehen. In einem Flugzeugabsturz kamen alle Insassen ums Leben. Quasi der gesamte Führungsstab des Militärs wurde in den Wochen nach Lins Flucht und Tod gesäubert und aus seinen Ämtern entlassen. Die merkwürdigen und bis heute ungeklärten Umstände von Lin Biaos Ableben hatten einen tiefgreifenden desillusionierenden Einfluss auf viele Menschen in China, die Mao während der Kulturrevolution noch enthusiastisch unterstützt hatten. Lin war der öffentlichste und bedingungsloseste Unterstützer des Mao-Kults gewesen. Millionen von Aktivisten und Studenten hatten sich dafür eingesetzt, den designierten Nachfolger Maos an die Macht zu bringen und dessen „revisionistischen" Herausforderer zu kritisieren. In diesem Bestreben griffen sie respektierte Lehrer an, misshandelten ältere Bürger, demütigten alte Revolutionäre und kämpften in vielen Fällen in blutigen Konfrontationen gegen alte Freunde. Die ans Licht kommenden Einzelheiten von Lins angeblicher Hinrichtungsverschwörung und der späteren Flucht rückten all dies in das Licht eines traditionellen, prinzipienlosen Machtkampfs. Unzählige Millionen zogen daraus den Schluss, dass sie für persönliche politische Zwecke manipuliert worden waren.

Ursprünglich war Zhou Enlai der Hauptbegünstigte von Lin Biaos Tod. Von Ende 1971 bis Mitte 1973 versuchte er, das System zurück zur Stabilität zu führen. Er ermutigte eine Wiederbelebung des Bildungssystems und rehabilitierte viele Kader und Funktionäre. Handel und andere Verbindungen mit der Außenwelt wurden wieder zugelassen, während die Binnenwirtschaft das 1969 begonnene Wachstum fortführte. Mao stimmte diesen Schritten im Allgemeinen zu, blieb aber zurückhaltend und misstrauisch.

1973 erlitt Mao einen schweren Schlaganfall. Zur selben Zeit wurde bei Zhou Enlai eine unheilbare Krebserkrankung diagnostiziert. Die bereits seit langem andauernde Unsicherheit über die Nachfolge Maos wurde nun abermals verstärkt. Daher holten Zhou und Mao gemeinsam Deng Xiaoping zurück und begannen, die Hauptaufgaben, vor denen die Partei stand, zu überdenken. Deng Xiaoping war das zweitwichtigste Opfer der Säuberung der Linken während der Kulturrevolution gewesen. Sein Wiedererscheinen wurde von der radikalen Linken, allen voran Jiang Qing, abgelehnt. Ab Mitte 1973 gingen die Auseinandersetzungen zwischen Jiang Qing und ihren Anhängern – später die Viererbande genannt – und den Unterstützern von Zhou und Deng weiter. Die erste Gruppe befürwortete politische Mobilisierung, Klassenkampf, Anti-Intellektualismus, Egalitarismus und Isolation, während die letztere Gruppe wirtschaftliches Wachstum, Stabilität, technischen

Deng Xiaopings Wiedererstarken

Fortschritt und eine pragmatische Außenpolitik förderte. Mao versuchte, ein Gleichgewicht zwischen den verschiedenen Kräften zu wahren, während er weiter nach einem geeigneten Nachfolger suchte.

Die radikale Linke gewann von Mitte 1973 bis Mitte 1974 die Oberhand, insbesondere mit Hilfe der Anti-Lin Biao-, Anti-Konfuzius-Kampagne (1973–1976), die die Kritik an Lin und an Konfuzius sinnbildlich zum Angriff auf Zhou Enlai und seine Politik nutzte. Im Juli 1974 sorgten wirtschaftlicher Rückgang und ansteigende Unordnung dafür, dass Mao wieder Zhou und Deng unterstütze. Mit dem Aufenthalt von Zhou Enlai im Krankenhaus vom Sommer 1974 bis zum späten Herbst 1975 gewann Deng zunehmend an Einfluss. In dieser Zeit versuchte Deng (mit der vollen Unterstützung Zhous) die sogenannten „vier Modernisierungen" (Landwirtschaft, Industrie, Wissenschaft und Technik, Verteidigung) wieder an die erste Stelle der Tagesordnung des Landes zu setzen. Deng setzte sich auch dafür ein, die Opfer der Kulturrevolution zu rehabilitieren. Außerdem beauftragte er den Entwurf einer Reihe wichtiger Dokumente, ähnlich denen, die 1960–1962 entwickelt worden waren. Sie formulierten die Grundsatzprinzipien für die Arbeit in der Partei, in Industrie, Wissenschaft und Technologie. Diese Kernelemente waren der radikalen Linken ein Gräuel. Mithilfe ihres Einflusses in den Massenmedien und im Propagandaapparat griffen sie Deng an.

Die vier Modernisierungen

Die Gruppe um Jiang Qing überzeugte Mao schließlich, dass Dengs politische Maßnahmen letztendlich zur vollständigen Abkehr von der Kulturrevolution und sogar von Mao selbst führen würden. Mao billigte deshalb die Kritik an diesen Maßnahmen. Zhou Enlai verstarb im Januar 1976 an seiner Krebserkrankung. Deng wurde erlaubt, die Trauerrede zu halten. Aber kurz danach verschwand er wieder aus der Öffentlichkeit und wurde mit Maos Unterstützung offiziell im April gestürzt. Der unmittelbare Grund für Dengs Sturz war eine Reihe massiver Demonstrationen in Beijing und anderen Städten, die das traditionelle Totengedenkfest *qingming* zum Andenken an Zhou nutzten und dadurch die Radikalen herausforderten. Als direkte Folge von Dengs Sturz verloren viele seiner Anhänger ihre Ämter. Eine politische Kampagne wurde eingeleitet, um „Deng Xiaoping und seine rechtsabweichlerischen Versuche, richtige Urteilssprüche [gegen Menschen während der Kulturrevolution] rückgängig zu machen, zu kritisieren". Nur Maos

Ende der Kulturrevolution

Tod im September 1976 und die Verhaftung der Viererbande durch eine Koalition von pragmatischen politischen und militärischen Führern im Oktober 1976 brachten die Bemühungen, Deng zu entmachten, zu einem Ende. Obwohl sie offiziell erst auf den 11. Parteikongress im August 1977 beendet wurde, war die Kulturrevolution tatsächlich mit dem Tod Maos und dem Sturz der Viererbande abgeschlossen.

Die Kulturrevolution hatte insgesamt weitreichende Konsequenzen für die gesamte chinesische Gesellschaft. Auf kurze Sicht erzeugte sie offenkundig große politische Instabilität. Das Hin und Her in der Wirtschaftspolitik führte zu einem langsameren wirtschaftlichen Wachstum sowie einem erheblichen Rückgang in der Produktion. Kader auf allen Ebenen hatten darüber hinaus gelernt, dass aufgrund des dauernden Wechsels der Politik Eigeninitiative gefährlich war. Das Ergebnis war bürokratische Zurückhaltung. Des Weiteren warteten nach dem Tod Maos und dem Ende der Kulturrevolution etwa 3 Millionen KPCh-Mitglieder und andere Bürger auf ihre Rehabilitation, nachdem sie oft fälschlicherweise oder ohne Grund „gesäubert" worden waren. Die Kulturrevolution griff in das Leben einer großen Zahl von Chinesen ein. Jede Verbindung zu Ausländern wurde verfolgt. Lehrer, die normalerweise in der traditionellen chinesischen Gesellschaft großen Respekt genossen, wurden von ihren Schülern angegriffen, aus ihren Jobs verdrängt und aufs Land geschickt, um körperliche Arbeit zu verrichten. Die Studenten selbst wurden in großer Zahl in ländliche Gebiete versandt, oft für viele Jahre. Fabrikverwalter und Chefingenieure wurden für Monate oder Jahre in Räumen der Fabriken eingeschlossen. Auch ein Großteil der Führungsriege der chinesischen Regierung und der chinesischen kommunistischen Partei wurde verfolgt, seiner Ämter enthoben und aufs Land geschickt.

Unmittelbare Folgen der Kulturrevolution

Die langfristigen Wirkungen waren nicht weniger einschneidend: Erstens entstand eine Generationslücke, da aufgrund der Schließung der Schulen und Universitäten und der Landverschickungen einer ganzen Generation eine gute Ausbildung verweigert wurde. Zweitens breiteten sich Praktiken der Korruption innerhalb der KPCh und der Regierung aus, da der Terror und die Mangelwirtschaft während der Kulturrevolution die Gesellschaft dazu zwangen, auf Schwarzmärkte und persönliche Beziehungen zurückzugreifen. Drittens erlitten die KPCh-Führung und das System selbst einen erheblichen Verlust an Legitimität, da große

Langfristige Folgen der Kulturrevolution

Teile der Bevölkerung von den offensichtlichen Machtspielen, die aber angeblich im Namen von politischen Prinzipien Anfang bis Mitte der 1970er Jahre ausgetragen wurden, enttäuscht und desillusioniert worden waren. Viertens wucherten innere Streitigkeiten, als Mitglieder von rivalisierenden Fraktionen der Kulturrevolution, die dieselbe Arbeitseinheit teilten, immer noch nach Wegen suchten, um die Macht der anderen zu untergraben.

Vielleicht niemals zuvor in der Geschichte hatte ein politischer Anführer so massiv Kräfte gegen das System, das er selbst geschaffen hatte, entfesselt. Der entstandene Schaden war tiefgreifend und die Ziele, die Mao Zedong hatte erreichen wollen, blieben letztendlich unerreichbar. Während Mao die Normen und Regeln der KPCh-Herrschaft schrieb und ihren Erfolg repräsentierte, war er zugleich auch die Stimme der Rebellion und der Spiegel, der die Fehler und Niederlagen der Parteiherrschaft verdeutlichte. Die Auswirkungen der Kulturrevolution sind im Grunde bis heute sichtbar. Der bekannteste Slogan der turbulenten Kulturrevolution „es ist richtig, zu rebellieren" (*zaofan youli*), prägte eine Generation junger Chinesen. Als die ehemaligen Roten Garden vom Land nach zwei, drei und manchmal sogar zehn Jahren zurückkehrten, hatten sie aber nicht das gelernt, was Mao und die Partei ihnen hatten beibringen wollen. Sie erlebten die Desillusionierung der Bevölkerung über die Machtkämpfe und Korruption in der Partei. Zugleich hatten sie erfahren, dass die weitverbreitete Armut und Unterentwicklung auf dem Lande für den größten Teil der Bevölkerung das wichtigste und drängendste Problem war.

1.3 Reform und Öffnung (1977–1989)

Ende der 1970er Jahre begann in China eine neue Ära. Das Land öffnete sich der Außenwelt und führte als erstes sozialistisches Land weitreichende institutionelle Reformen durch, besonders in Hinblick auf die Wirtschaft. Die von Deng Xiaoping konsequent und kompromisslos verfolgte Politik von Reform und Öffnung legte die Grundlage für einen erfolgreichen Übergang einer am globalen Weltmarkt orientierten Wirtschaft mit beindruckend hohen Wachstumsraten des BIP in den darauffolgenden Jahrzehnten. Die offiziellen und bereinigten BIP-Statistiken zeigen zwischen 1980 und 2009 eine durchschnittliche jährliche Wachstumsrate von

9,7 Prozent. Der deutliche Anstieg des Durchschnittseinkommens holte Hunderte Millionen Chinesen aus der Armut. Die Politik von Reform und Öffnung führte auch zu einer fundamentalen Abkehr von den Normen in Maos China oder in den traditionellen kommunistischen Staaten sowjetischen Stils.

Aber Chinas Entwicklung führte in letzter Konsequenz entgegen westlicher Annahmen und Hoffnungen nicht zur Übernahme eines liberalen demokratischen Systems mit einer völlig freien Marktwirtschaft. Zwar wurden im Laufe der 1980er Jahre innerhalb und außerhalb von China immer wieder Hoffnungen auf politische Liberalisierung artikuliert, aber allen Bemühungen erteilte die KPCh eine klare Absage. Dissidenten wurden regelmäßig verhaftet und die breite Demokratiebewegung von 1989 wurde gewaltsam unterdrückt. In vielerlei Hinsicht stellte Chinas wirtschaftlicher Erfolg ein Rätsel (das sog. China Puzzle) dar: Die Wirtschaft boomte, aber ohne deutlichen Schutz der politischen Rechte und der Eigentumsrechte. Staat und Gesellschaft wurden trotz zunehmenden Pluralismus weiterhin autoritär nur von einer Partei, der KPCh, dominiert.

1.3.1 Globale Veränderungen gegen Ende der 1970er Jahre

Die Entwicklungen in China in den späten 1970er waren einmal mehr eng mit den Veränderungen im internationalen Umfeld verbunden. Die 1970er Jahre waren insgesamt eine Zeit der weltweiten Krise. Gesellschaften im Osten und Westen sahen sich gleichermaßen beispiellosen globalen Veränderungen und einer wachsenden Abhängigkeit – wirtschaftlich, politisch, aber auch kulturell – gegenüber. Es war dieser Umbruch der bestehenden globalen Ordnung, der China einzigartige Möglichkeiten bot, ohne die der spätere Erfolg der Reform- und Öffnungspolitik nicht möglich gewesen wäre.

In den 1970er Jahren vollzog die Welt eine entscheidende Wendung, die den Abschied von formaler Ungleichheit, Kolonialismus und der Existenz von Weltreichen beschleunigte. Der Prozess der Dekolonisierung, der gegen Ende des Ersten Weltkriegs begonnen hatte, erreichte in den 1970er Jahren auch die letzten Regionen Afrikas. Die Unabhängigkeit von Angola und Mozambique beendete das letzte große Überseeimperium, der Kolonialmacht Portugal. Die

Dekolonisierung

weiße Minderheitenherrschaft in Rhodesien, dem vorletzten rassistischen Staat, wurde gestürzt; aus Rhodesien wurde Zimbabwe. Selbst in der letzten Festung der legalen weißen Vorherrschaft, in Südafrika, begann im schwarzen Township Soweto ein Aufstand, der bald die weiße Minderheitenherrschaft untergraben sollte. Auch andere Regionen erlangten mehr Selbstständigkeit: Vietnam befreite sich von der amerikanischen Besatzung, Panama verhandelte die Rückgabe der Kontrolle über die Kanalzone, Nicaragua brachte die skrupellose pro-amerikanische Diktatur der Somoza-Familie zu Fall und im Iran zwangen islamische Fundamentalisten Schah Reza Pahlavi ins Exil. Am Ende der 1970er Jahre, als Truppen der Roten Armee über den Amu-Darya nach Afghanistan stürmten und auf hartnäckigen Widerstand der Mujaheddin stießen, verwickelte sich die Sowjetunion in einen blutigen und kostspieligen Krieg, der ihren Untergang herbeiführen würde. Parallel dazu gewannen die Widerstandsbewegungen in Russland und Osteuropa an Schwung: in Polen wurde 1980 die erste freie Arbeitergewerkschaft, genannt Solidarność, in einem kommunistischen Staat gegründet. Menschenrechtsorganisationen wie Amnesty International, die sich für Konzepte wie Gleichberechtigung und individuelle Freiheit einsetzten, wurden zu einer wichtigen globalen Kraft.

Das Ende der 1970er Jahre war eine Zeit des Experimentierens und des Suchens nach neuen Werten. In vielen Regionen entstanden Bemühungen, den Zwängen des Kalten Krieges zu entkommen, eingefahrene Orthodoxien zu überwinden und neue Wege aus dem wirtschaftlichen und sozialen Stillstand in Ost und West zu finden. In den 1970er Jahren wurden diese Bestrebungen von einer neuen Doktrin angeregt, die die Rechte und Freiheiten des Einzelnen betonten und jegliche Form der Regierungsintervention skeptisch betrachtete. Damit war auch die Hinwendung zu deregulierten, freien Märkten verbunden. Diese Bewegung in den 1970er Jahren war ein weltweites Phänomen. In Lateinamerika, in Westeuropa, besonders im Vereinigten Königreich mit der Wahl der konservativen Margaret Thatcher als Premierministerin 1979, und in Osteuropa mit der Gründung von frühen anti-kommunistischen Verbänden zeigten politische Gruppierungen in der ganzen Welt, dass sie den Glauben an sozialistische Ideen verloren hatten. Stattdessen setzten sie ihre Hoffnungen in das möglichst freie Spiel der Märkte, um nach der weltweiten Rezession in den früheren 1970er Jahren wirtschaftliches Wachstum zu fördern.

Deregulierung und Liberalisierung

Parallel dazu verlief der sichtbare strukturelle Niedergang der Sowjetunion. Das sowjetische Modell der zentralen Planung und der sozialen Ordnung wurde nicht mehr als erfolgversprechend angesehen. Zweifel waren sogar im Ostblock selbst weit verbreitet. Ab den späten 1970er Jahren wurde deutlich, dass der Kommunismus nicht mehr länger als eine vitale transformative Kraft wahrgenommen wurde. Obwohl Kommunisten in einigen Ländern Osteuropas immer noch überzeugt waren, dass ihr System dem Kapitalismus überlegen sei, rückte das Ziel der Schaffung einer radikal egalitären Gesellschaft oder einer dynamischen kollektiven Wirtschaft in weite Ferne. Soziale Gleichheit bei gleichzeitiger Beibehaltung der wirtschaftlichen Dynamik schien im System der Kommandowirtschaft nicht realisierbar.

Niedergang der Sowjetunion

China, das zunächst vor allem moderne Industrien aufbauen wollte, orientierte sich auf der Suche nach einem Modell für dynamische Entwicklung daher immer häufiger an seinen direkten Nachbarn Japan, Südkorea, Hong Kong und Taiwan, die eine Strategie der marktorientierten Entwicklung verfolgt hatten. Diese Strategie hatte alle diese Länder in Ostasien aus der Armut auf ein neues Niveau des Wohlstands gehoben. Zunehmend strebte China Reformen in eine Richtung an, die zwar keine exakte Kopie des japanischen, taiwanesischen oder südkoreanischen Modells waren, aber nichtsdestotrotz einen ähnlichen, an die chinesischen Bedingungen angepassten Ansatz darstellten.

Orientierung an den ostasiatischen Nachbarn

Änderungen bahnten sich auch in der internationalen Politik an, wobei China im Zentrum stand. Aufbauend auf der Normalisierung der Beziehungen zu den USA 1972 bemühte sich China im Laufe der 1970er Jahre mit Erfolg um Stärkung der Kooperation mit Amerika. Der Wandel Chinas von einer Roten Gefahr zu einem Quasi-Verbündeten in der amerikanischen öffentlichen Meinung machte es für Nixon politisch möglich, einen „gesichtswahrenden" Rückzug aus Vietnam zu verhandeln. Beijing half, indem es Hanoi unter Druck setzte, die Bedingungen des Pariser Friedensabkommens von 1973 zu akzeptieren, das die Kämpfe vorübergehend aussetzte. In Bezug auf Taiwan sicherte Nixon zu, dass die USA nicht die Unabhängigkeit der Insel fördern oder die Insel als militärische Basis nutzen würden. Der militärische Hauptverbündete der USA in Asien, Japan, nahm ebenfalls schnell diplomatische Beziehungen zu China auf. Die USA akzeptierten das chinesische Ansuchen nach Vertiefung der Kooperation, weil Chinas pragmatischere und

China als strategischer Partner der USA

weniger ideologische Haltung zum Sozialismus im Vergleich zur unflexiblen Haltung der Sowjetunion als überlegen und als weniger bedrohlich angesehen wurde. Für die USA wurde China zum strategischen Partner gegen die Sowjetunion und Pionier einer flexibleren Variante des Sozialismus, die sich mit der Zeit in eine liberale Gesellschaft entwickeln könnte. Deshalb waren die USA bereit, China Vorzüge im Handel wie Zollerleichterungen zu gewähren, die anderen Ländern vorenthalten wurden. Die USA wurden im Gegenzug von China ebenfalls nicht als Bedrohung wahrgenommen und es war naheliegend, die Beziehungen zu den USA als Absicherung gegen die sowjetische Bedrohung zu entwickeln.

„Strategisches Dreieck"

Damit entstand ein bemerkenswertes „strategisches Dreieck" zwischen der Sowjetunion, China und den USA. Dieses Dreieck erlaubte es einem Land wie China, das arm, isoliert und militärisch schwach war, zum drittwichtigsten strategischen Akteur in der Welt zu werden. Als solcher war China einflussreicher als die meisten europäischen Staaten, abgesehen von den beiden Supermächten. Nur China hatte den strategischen Standort und die diplomatische Flexibilität, um trotz seiner schwachen Position die Rolle eines entscheidenden globalen Akteurs zu übernehmen. Überdies erlangte China als das schwächste der Länder die meisten Vorteile aus der Situation: China war zum ersten Mal im 20. Jahrhundert relativ sicher und hatte keine Angriffe der USA und der Sowjetunion zu fürchten. Das „strategische Dreieck" war somit eine wichtige Voraussetzung für die Einleitung von Reformen in China am Ende der 1970er Jahre.

Weltwirtschaftliche Situation

Chinas Öffnung wurde außerdem durch die weltwirtschaftliche Situation begünstigt. Die Wirtschaft im Westen war in den 1970er Jahren in einer ernste Rezession. Das Wirtschaftswachstum in Japan sowie in den kleinen Tigerstaaten verlangsamte sich. Im Gegensatz dazu bot China einen unerschlossenen und unentwickelten, aber attraktiven Markt für internationale Investoren und Unternehmer. Kapital, fortschrittliche Technologien und multinationale Firmen aus dem Westen konnten leicht über das britische Hong Kong nach China vorstoßen. Diese internationalen Faktoren haben wesentlich zum Erfolg der Reform- und Öffnungspolitik beigetragen. Allerdings ging es China immer um eine vorsichtige, graduelle und begrenzte Öffnung: Zunächst öffnete das Land ein Fenster zu den ostasiatischen Wirtschaften als ein Experiment für erweiterte Wirtschaftsbeziehungen mit dem kapitalistischen Ausland.

1.3.2 China nach Maos Tod

Die Jahre zwischen dem Ende der Kulturrevolution und dem Beginn der Reform- und Öffnungspolitik (*gaige kaifang*) 1976–1978 waren durch eine wachsende Legitimitätskrise gekennzeichnet. Die Ursachen für die Krise waren einerseits Maos Tod und anderseits die Tatsache, dass sich der Lebensstandard seit zwei Jahrzehnten nicht mehr wesentlich verbessert hatte. Mit Maos Tod 1976 starb auch eine politische Ära, die von seiner Persönlichkeit, seinem ideologischen Glauben und politischen Einfluss geformt wurde. Er hinterließ ein riesiges Vakuum, aber auch die Möglichkeit zur Neuanpassung und Neuausrichtung. Hua Guofeng folgte Mao zunächst als Vorsitzender der Kommunistischen Partei. Er behauptete, Mao hätte ihm eine an seinem Totenbett geschriebene Notiz gegeben, die besagte: „Wenn du die Führung übernimmst, kann ich beruhigt sein." Hua handelte rasch und verhaftete die Mitglieder der sogenannten Viererbande, darunter Maos Witwe Jiang Qing. In einem live im Fernsehen übertragenen öffentlichen Prozess wurde der Viererbande am Ende des Jahrzehnts die Schuld für die Exzesse der Kulturrevolution gegeben.

Wachsende Legitimitätskrise

Nach Maos Tod begann Hua zur Festigung seiner Position eine politische Kampagne mit der Bezeichnung „Zwei Alles". „Zwei Alles" bezog sich auf einen Artikel, der im Februar 1977 in der Parteizeitschrift „Rote Fahne" über die politischen Maßnahmen von Hua Guofeng veröffentlicht wurde. Hier wurde erklärt: „Wir werden entschlossen alle politischen Entscheidungen, die vom Vorsitzenden Mao getroffen wurden, verteidigen, wir werden standhaft allen Direktiven, die vom Vorsitzenden Mao herausgegeben wurden, folgen." Diese Aussage war eine deutliche Absage an alle Bemühungen einer offenen und kritischen Auseinandersetzung mit der Mao-Zeit. Zugleich lehnte eine solche Stellungnahme alle Maßnahmen der politischen Mäßigung und der wirtschaftlichen Wiederbelebung ab. Diese Position widersprach den Absichten von Deng Xiaoping. Um seine Position zu festigen, musste Deng Xiaoping daher seinen Hauptrivalen Hua Guofeng und dessen Anhänger überwinden. Er tat dies mithilfe einer politischen Gegenkampagne. Deng

Hua Guofengs Absetzung

Xiaoping antwortete mit der Aufforderung „Befreit die Gedanken" und „Zerschlagt die geistigen Fesseln." Er bemühte sich darum, die offizielle Doktrin umzuformulieren und an die Stelle von radikalen und revolutionären Vorstellungen reformorientierte und pragmatische Auffassungen zu setzen. Zwei Jahre später wurde Hua de facto seiner Macht enthoben, obwohl seine Zeit als Vorsitzender offiziell erst 1981 endete. Die linken Unterstützer der Viererbande in den Parteigremien wurden ebenfalls abgesetzt, während die Partei- und Regierungsführer, die während der Kulturrevolution aufs Land geschickt worden waren, ihre Ämter und ihren Einfluss zurückerhielten.

Das Ausbleiben von Protesten machte deutlich, dass es in der Bevölkerung und der Führungsriege keine Unterstützung für politische Massenbewegungen wie den „Großen Sprung" und die Kulturrevolution mehr gab. Für viele in China bewies die Kulturrevolution die Grenzen der öffentlichen Mobilisierung als Maßnahme sozialer Reform und der wirtschaftlichen Entwicklung. Sie diskreditierte auch linken Dogmatismus als praktikable politische Richtung. Nach der Misshandlung von vielen Mitgliedern der Führungsriege des Landes und den meisten Intellektuellen wünschten sich viele einen Wandel und ein Zurücksetzen des sozialistischen Experiments und damit auch die Abkehr von politischem Chaos und internen Machtkämpfen. Die Zeit des Chaos und der Fraktionskämpfe schuf eine weitverbreitete Sehnsucht nach einer Politik, die Stabilität und Wohlstand bringen würde.

Wunsch nach Stabilität

Die maoistische Ära hatte eine große, wenn auch ineffiziente industrielle Basis geschaffen. Die Zahl der ausgebildeten Menschen war trotz der Schließung der Universitäten und des Aussetzens des Schulbetriebs in der Kulturrevolution gewachsen. China war in einer besseren Lage als die meisten Entwicklungsländer. Trotzdem war die wirtschaftliche Situation in den 1970er Jahren schwierig. Hohe städtische Arbeitslosigkeit, stagnierende Versorgung mit Lebensmitteln, sich verschlechternde städtische Wohnbedingungen, sinkende Löhne, weitverbreitete ländliche Armut und sehr langsames Produktionswachstum plagten China. Insofern wurden die Reformen und die schrittweise vollzogene Abschaffung der zentral geplanten Kommandowirtschaft durch die von der Kulturrevolution hervorgerufenen wirtschaftlichen Probleme befördert. Die Weichen für einen Wechsel der Wirtschaftspolitik waren somit gestellt. Aber wie sollte eine neue Wirtschafts- und Sozialpolitik

Wechsel der Wirtschaftspolitik

aussehen? Die Kulturrevolution hatte Maos Ansatz zur wirtschaftlichen und sozialen Entwicklung diskreditiert, aber keine klare Alternative hinterlassen. Prinzipiell gab es zwei mögliche Richtungen: Erstens hätte China zur Planwirtschaft sowjetischen Vorbilds zurückkehren können. Die Planwirtschaft hatte nie die Chance gehabt, für längere Zeit die wirtschaftliche Entwicklung in China zu koordinieren, mit Ausnahme einiger Jahre in den 1950er Jahren, in denen sie relativ gut funktioniert hatte. Zweitens konnte China auf ein ganz anderes Modell umsatteln und die Planwirtschaft zugunsten einer Marktwirtschaft aufgeben.

In der Tat bevorzugte die Führungsriege zunächst den ersten Ansatz. Deng Xiaoping, der Ende 1978 zurück an die Macht kam, war keinem bestimmten Wirtschaftssystem verpflichtet. Er begann die Reformperiode mit der Annahme, dass Planwirtschaft reformiert und effizienter gemacht werden solle, und wollte sie nicht ganz abschaffen. Chen Yun, der in der Parteiführung für Wirtschaftspolitik zuständig war, stimmte diesem Ansatz zu. Tatsächlich war es naheliegend für die neue Führungsriege, zunächst eine Wiederbelebung der Planwirtschaft zu versuchen, gerade auf Grund der Unterbrechung der zentralen Planung unter Mao.

Reform der Planwirtschaft

Da das System der Planwirtschaft jedoch von der Kulturrevolution weitgehend zerstört worden war, war es schwierig, einfach das alte System wiederzubeleben oder auch nur zu reformieren. Auf Grund der andauernden Wirtschaftskrise war die chinesische Führung unter Druck, schnelle Ergebnisse zu liefern. Ein Mittel war zunächst der Ankauf von Fabriken und Ausrüstung aus dem Ausland im großen Stil. Die Politik wurde auch der „Große Sprung nach Außen" genannt. Hua Guofeng hatte in seiner kurzen Amtszeit eine staatsgeleitete Entwicklungspolitik verfolgt. Darunter waren riesige Projekte wie der Baoshan-Stahlkomplex in Shanghai. Tatsächlich hatte die Führung geplant, so viele Gelder zu investieren wie in der gesamten Zeit von 1949 bis 1977. Die Schwerindustrie bekam immer noch den Großteil der Ressourcen. Nachdem Hua Guofeng seinen Einfluss verloren hatte, wurden jedoch Korrekturen am Kurs der Wirtschaftspolitik vorgenommen. Als Antwort auf die anhaltende Wirtschaftskrise entwickelten die neuen, um Chen Yun versammelten Wirtschaftsführer zunächst ein wirtschaftliches Stabilisierungsprogramm, das die Schwerindustrie ausließ. Ressourcen wurden stattdessen auf die Leichtindustrie konzentriert. Die wirtschaftlichen Reformen begannen zunächst ohne große

Der große Sprung nach Außen

Vision, sondern als ein pragmatisches Nebenprodukt der unumgänglichen wirtschaftlichen Neuanpassung.

Öffnung nach Außen

Ein anderer zentraler Ausgangspunkt war die Öffnung und Etablierung von guten Beziehungen zu allen wichtigen Ländern. Eines der Schlagworte der Öffnungspolitik war *jiegui*, wörtlich „Gleise verbinden" mit der Außenwelt. Deng Xiaoping war davon überzeugt, dass Mao einen großen Fehler begangen hatte, die internationale Isolation zu suchen und Konflikte mit Nachbarn zu entfachen. Es war deshalb notwendig, die Spannungen mit den führenden Ländern der Welt abzubauen, um Chinas wirtschaftliche Entwicklung zu fördern. Indem es sich der Welt anschloss und sich dem Zufluss von ausländischem Handel, Technologie und Wissen öffnete, würde Chinas Modernisierung erreicht werden können. Bereits 1975 wurde zwischen China und der Europäischen Kommission gegenseitige Anerkennung erreicht, obwohl einige europäische Staaten wie Frankreich oder die skandinavischen Staaten sogar schon früher diplomatische Beziehungen unterhielten.

Die Beziehungen zu den USA

Als die größte und fortschrittlichste Wirtschaft der Welt spielten die USA eine zentrale Rolle in Chinas internationaler Strategie. Deng Xiaoping drängte auf eine schnellstmögliche Normalisierung der Beziehungen mit den USA, aber dennoch verhandelte China hart, besonders in der Taiwan-Frage. Am 15. Dezember 1978 verkündete Präsident Carter die Aufnahme von diplomatischen Beziehungen zwischen den USA und der VR China ab dem 1. Januar 1979. Danach unternahm Deng Xiaoping einen triumphalen Besuch in Amerika. Während seines Besuchs setzte er sich demonstrativ einen Cowboyhut auf, um zu zeigen, dass die Chinesen offen für die amerikanische Kultur sein sollten. Deng war von den Fortschritten der Technologie, der Produktivität und dem allgemeinen Lebensstandard, den er in den USA vorfand, tief beeindruckt. Als er nach Hause zurückkehrte, berichtete er, dass er tagelang nicht schlafen konnte über der Frage, wie China ein solches Niveau erreichen könnte. Eine Einsicht war für Deng unumstößlich: Die Zusammenarbeit mit den USA bot riesige und unverzichtbare Möglichkeiten für China.

Beziehungen zu Japan und Russland

Aber unter Deng Xiaoping bemühte sich die chinesische Regierung auch darum, die Beziehungen mit anderen wichtigen Nationen zu glätten. Deng war der erste politische Führer in der chinesischen Geschichte, der Japan besuchte und den japanischen Kaiser traf. Er verhandelte und unterzeichnete 1978 ein Friedens-

und Freundschaftsabkommen mit Japan, förderte Austauschprogramme und erhöhte die Einfuhr von japanischen Filmen, Fernsehprogrammen und Romanen. Diese Politik erstreckte sich auch auf die Sowjetunion. 1989 schließlich hieß China Michail Gorbatschow in Beijing willkommen, um der Welt zu zeigen, dass die seit 1963 zerbrochenen sino-sowjetischen Beziehungen wieder auf dem Weg zur Normalität waren.

1.3.3 Der Beginn der Ära Deng Xiaoping

Deng Xiaoping gelang es im Laufe des Jahres 1978, eine klare Vormachtstellung über das Militär und die radikalen Maoisten zu erlangen. Dabei betonte er die Notwendigkeit einer grundlegenden Reform des Systems. Aber er machte auch klar, dass er die innerparteilichen Diskussions- und Entscheidungsprozesse wiederbeleben wollte. Die hochrangigen Mitglieder der KPCh, von denen viele unter der Kulturrevolution gelitten hatten, unterstützten Deng Xiaoping. Sie hatten ein gemeinsames Interesse daran, sicherzustellen, dass niemals wieder ein einzelner politischer Führer so viel Spielraum bekam wie Mao und die Viererbande. Deeskalation, politischer Pragmatismus und Betonung der innerparteilichen Demokratie waren allgemeiner und weitverbreiteter Konsens in der Partei.

Bereits 1977 ermutigte Hu Yaobang, damals Vizepräsident der Zentralen Parteischule und Unterstützer von Deng, die Parteifunktionäre, neues Denken zu fördern. Er initiierte eine interne Zeitschrift, „Theoretische Trends" genannt (*lilun dongtai*), mit Artikeln, die zur Überwindung ideologischer Barrieren aufforderten. Im Mai 1978 wurde darin ein Artikel mit dem Titel „Praxis ist das einzige Kriterium, um die Wahrheit zu überprüfen" veröffentlicht und in anderen wichtigen Zeitungen wie der Volkszeitung (*Renmin Ribao*), *Guangming Ribao* und anderen nachgedruckt. Die Idee, dass die Praxis und nicht politische Ideologie das einzige Kriterium sei, um die Wahrheit zu überprüfen, bekam überwältigende Zustimmung und verbreitete sich schnell von Beijing aus ins restliche Land und von der Partei zu den Intellektuellen. Die Kampagne ermöglichte es Deng, ein pragmatisches und kritisches Verständnis von Maos Gedanken zu fördern. Gleichzeitig nahm er Zhou Enlais frühere „Vier Modernisierungen" auf, ein Programm, das bereits 1964 ent-

Pragmatismus

worfen worden war. Es schlug eine fünfzehnjährige „Konstruktionsphase" vor, um Landwirtschaft, Industrie, Wissenschaft und Technologie und Landesverteidigung zu modernisieren. Indem er die „Vier Modernisierungen" wieder an die Spitze des Parteiprogramms setzte, begann Deng die Notwendigkeit von fazhan oder „Entwicklung" zu betonen – ein Begriff, der später das Mantra der Parteiführung werden sollte. Entwicklung sollte zu „Wohlstand und Macht" in China führen. Deng unterstützte mit Nachdruck alle Maßnahmen, die notwendig waren, um dieses Ziel zu erreichen. Er wählte Berater und Funktionäre aus, die bereit waren, mit einer Vielfalt neuer Ideen zu experimentieren. Wenn Veränderungen in bestimmten Regionen oder Orten funktionierten, wurden sie übernommen. Wenn sie versagten, sollten sie aufgegeben werden. Deng Xiaoping stellte Pragmatismus und Realismus offiziell über ideologische Korrektheit und revolutionären Eifer.

Primat der wirtschaftlichen Entwicklung   Nachdem die ideologischen Hindernisse für die Reform beseitigt waren, fingen Deng und seine Unterstützer an, nach konkreten Lösungen für Chinas Probleme zu suchen. Die dringlichste Aufgabe war es, eine neue Regierung zu bilden, die reformorientiert und handlungsfähig war. Zur Erreichung dieses Zieles wurde im November 1978 vor dem Dritten Plenum des Elften Zentralkomitees im Dezember eine 36 Tage dauernde zentrale Arbeitskonferenz der KPCh abgehalten. Deng hielt eine einflussreiche Rede mit dem Titel „Befreit Gedanken, sucht Wahrheit in den Tatsachen und vereinigt euch, um nach vorn zu schauen", die den Weg des Dritten Plenums leitete. Er erklärte auch, dass die Partei nun den Schwerpunkt auf die „Vier Modernisierungen" legte. Tatsächlich wurde von diesem Moment an wirtschaftliche Entwicklung das oberste Ziel der Partei und alle anderen Ziele wurden dieser Priorität untergeordnet. Die Partei stimmte auch einstimmig für einen großen Austausch des Personals. Reformer wie Chen Yun, Deng Yingchao, Wang Zhen und Hu Yaobang rückten ins Politbüro auf. Chen trat auch in den Ständigen Ausschuss ein und wurde der erste Sekretär der neugegründeten Zentralen Disziplin Kontrollkommission (ZDKK). Zhao Ziyang wurde 1980 Premierminister. Li Xiannian nahm ab 1983 das wiedereingeführte Amt des Staatspräsidenten wahr, das in der Kulturrevolution abgeschafft worden war.

Begrenzung von Amtszeiten   Von großer Bedeutung waren die neuen formalen Regeln und informellen Normen die Amtszeiten und den regulären Austausch der politischen Führung betreffend, die von Deng Xiaoping eingeführt wurden. Mit seltenen Ausnahmen konnten Funktionäre höchstens 15 Jahren in einem bestimmten Rang tätig sein. Für alle Spitzenpositionen wurde die Amtszeit auf maximal zwei mal fünf Jahre beschränkt. Sofern ihnen keine besondere Dispensation gewährt wurde, mussten Kader sich in Abhängigkeit von ihrem Rang im Alter zwischen 55 und 72 Jahren von allen Regierungs- und Parteiposten zurückziehen. Diese Maßnahmen machten es in der Folgezeit möglich, dass die politische Führung im Laufe von mehreren Jahrzehnten regelmäßig friedlich ausgetauscht und erneuert wurde.

Das Dritte Plenum war ein entscheidender Wendepunkt in Chinas politischer, wirtschaftlicher und sozialer Entwicklung. Auf dem Plenum kündigte die Führung offiziell die epochale Wandlung der Politik von Maos Klassenkampf zur wirtschaftlichen Entwicklung an. Sie ermutigte neues Denken und setzte einen Akzent auf Praxis und konkrete Verbesserung der Lebensstandards. Die Atmosphäre eines Neuanfangs erzeugte Optimismus in Bezug auf die Zukunft sowohl in China als auch im Ausland. Auch ohne offizielle Staatsämter innezuhaben, wurde Deng de facto der Kopf der Parteiführung und war nun in der Lage, seine Reform- und Öffnungspolitik zu beginnen, die zu Chinas rapider wirtschaftlicher Entwicklung in den folgenden drei Jahrzehnten führen sollte.

Atmosphäre des Neuanfangs

1978 gab es jedoch immer noch keinen klaren Plan, wie genau die Versprechungen von Wohlstand und Macht verwirklicht werden sollten. Selbst noch Mitte der 1980er Jahre war es schwer zu erkennen, ob Deng Xiaoping einem systematischen Entwicklungsplan folgte. „Im Sommer 1984 fing Deng an, den Terminus „Sozialismus mit chinesischen Eigenschaften" zu benutzen, ein beeindruckender, aber mehrdeutiger Ausdruck. Er schlug vor, das ideologische Programm zu erweitern, um marktorientierte wirtschaftliche Maßnahmen zur Verbesserung des Lebensstandards integrieren zu können. Deng nutzte den Begriff, um umfassende Reformen auf den Gebieten von Industrie, Handel, Wissenschaft und Bildung durchzuführen, andererseits aber Parteiherrschaft und Loyalität zu den sozialistischen Werten zu erhalten.

„Sozialismus mit chinesischen Eigenschaften"

Ein systematischerer Plan zeichnete sich letztendlich erst auf dem 13. Kommunistischen Parteikongress 1987 ab. Auf diesem Kongress stellte Zhao Ziyang die Theorie zur „Frühphase des Sozialismus" vor. Es war ein Versuch, eine neue theoretische Grundlage für die Politik der wirtschaftlichen Reform und Entwicklung zu

„Frühphase des Sozialismus"

formulieren. Zhao Ziyang erklärte, dass „Planen nicht mehr grundlegend sein sollte". Die Reformen dienten aber weiterhin der Aufrechterhaltung des Sozialismus und dem Ziel der Erreichung einer höheren Stufe des Sozialismus, obwohl es möglicherweise ein Jahrhundert dauern würde, um diese Stufe zu erreichen. Die neuen Ideen schufen eine theoretische Basis für die fortlaufende Hinwendung zur Marktwirtschaft. Der Kongress entschied sich auch für eine Politik des „einen Zentrums und der zwei grundlegenden Punkte". Das „Zentrum" war das wirtschaftliche Wachstum und die „zwei Punkte" waren „Reform und Öffnung" und die „vier grundlegenden Prinzipien". Diese waren (1) der sozialistische Weg, (2) die Diktatur des Volkes, (3) die Herrschaft der kommunistischen Partei und (4) der Marxismus-Leninismus und die Mao-Zedong-Gedanken. Von diesen vier Prinzipien war nur das dritte wirklich wichtig, da Dengs „Emanzipation des Denkens" die anderen im Laufe der 1980er Jahre obsolet machte. Das dritte grundlegende Prinzip (Herrschaft der Kommunistischen Partei) definierte dagegen klar die Grenzen von Reform und Öffnung.

1.3.4 Wirtschaftliche, soziale und institutionelle Reformen

Übergang zur Marktwirtschaft

Der Übergang von einer zentral geplanten Wirtschaft zu einer auf dem Markt basierenden Wirtschaft war eine große Herausforderung. Daher ergänzten die Reformer das System der Wirtschaftsplanung graduell um marktwirtschaftliche Elemente. Zugleich versuchten sie aber, einen abrupten Wandel zu einer reinen Marktwirtschaft mit Privatbesitz zu vermeiden. Die wirtschaftlichen Reformen in China waren daher eher eine „partielle Reformstrategie", die durch allmähliche institutionelle Innovationen und auch durch häufige regionale Experimente gekennzeichnet war. Deng Xiaoping und die Führungsriege ermutigten das Testen neuer Ideen in Gebieten, in denen regionale Parteiführer die Reform unterstützten und die Bedingungen günstig waren. Wenn ein neues Programm funktionierte, wurden andere Parteiführer an den Ort geholt, um die Erfolge zu sehen. Die eher vorsichtigen und partiellen Reformen 1979–1980 erinnerten an die „Neujustierungsmaßnahmen" von Liu Shaoqi in den frühen 1960er Jahren. Sie lösten aber trotz ihres inkrementellen Charakters bald eine Welle von tiefgreifenden sozialen und institutionellen Veränderungen aus, die die kollektiven

Institutionen und das soziale und wirtschaftliche Leben veränderten.

1980 lebten und arbeiteten mehr als 80 Prozent der insgesamt beinahe einen Milliarde Chinesen auf dem Land. Es war folglich in der Landwirtschaft, wo sich die Reform zuerst und vor allem beweisen musste. Das erste wichtige Ziel war es, die Bauern dazu zu motivieren, ihre Produktion substanziell zu erhöhen und dadurch genug Kapital aufzubringen, um eine moderne wirtschaftliche Entwicklung zu unterstützen. Ressourcengewinnung aus Chinas riesiger Landwirtschaft war ein Hauptziel aller chinesischen Regierungen des 20. Jahrhunderts gewesen. Aber anders als in den 1950er Jahren basierte die neue Politik nun nicht mehr nur auf Zwang und Extraktion, sondern auf der Nutzung von Marktkräften zur Entwicklung der ländlichen Wirtschaft.

Erprobung in der Landwirtschaft

Zwei politische Maßnahmen standen im Zentrum der ländlichen Reformen: die Einführung eines neuen ländlichen Verantwortungssystems und die rapide Entwicklung von ländlichen Unternehmen. 1978 empfahl das zentrale Parteikomitee die Einführung eines „Haushaltsverantwortungssystem" (HVS) auf dem Lande. Die Regierung begann damit, ein System ländlicher Verträge einzuführen, das die Beziehungen zwischen ländlichen Produzenten, dem Staat und den Planbehörden neu regelte. Produktionsteams und Brigaden wurde es erlaubt, Einzelnen die Verantwortung für die Leitung kleiner Firmen, für den Betrieb landwirtschaftlicher Maschinen und für die Erbringung technischer Dienstleistungen und Bewässerungsarbeiten der Volkskommunen, Brigaden oder des Teams zu übertragen. Einzelne bäuerliche Haushalte konnten ebenfalls vertragliche Vereinbarungen mit dem Produktionsteam für die Nutzung von Teilen des „kollektiven" Landes der Teams treffen. Im Gegenzug zahlte der Haushalt dem Team vertraglich festgelegte Teile seiner Erträge, um damit Steuerverpflichtungen und Ablieferungsquoten zu erfüllen. Dies ermöglichte eine Wiedereinführung der Familienbewirtschaftung sowie eine Anhebung der marktgestützten landwirtschaftlichen Produktion. Der Übergang zu einer ländlichen Marktwirtschaft löste die Fesseln der Kommandowirtschaft, die vorher die ländlichen Volkskommunen und ihre Mitglieder dem Diktat des Staatsplans unterworfen hatte. Einzelne Anbieter gewannen nun beträchtliche Flexibilität im Verkauf ihrer Dienstleistungen oder landwirtschaftlichen Produkte an andere Bauern oder Einheiten, die noch vom Kollektiv oder Staat verwal-

Haushaltsverantwortungssystem

Auflösung der Volkskommunen

tet wurden. Die Bauernhaushalte konnten das ihnen vertraglich zugeteilte Land bearbeiten, wie sie wollten, und sie konnten auch die erzielten Überschüsse frei verwenden. Als Folge lösten sich die meisten Volkskommunen in den frühen 1980er Jahren auf. Die kollektive landwirtschaftliche Produktion wurde zunehmend durch individuelle Familienbewirtschaftung ersetzt. Die Regierung förderte das System weiter, indem sie im April 1985 das in den 1950er Jahren eingeführte System des einheitlichen An- und Verkaufs (verbindliche Verkaufsmengen und Lieferquoten zu staatlich bestimmten Preisen für die dem Staat zustehenden Anteile) abschaffte.

Erfolg der Reformen auf dem Lande

Diese ländlichen Reformmaßnahmen waren ein riesiger Erfolg. Bereits 1978/1979 entschieden sich Bauern in großer Zahl für das HVS. Zwischen 1978 und 1984 wuchs der Bruttowert der Landwirtschaft um eine durchschnittliche Jahresrate von 9 Prozent. Aufgrund dieses Anstiegs konnten sich bäuerliche Haushalte zunehmend aussuchen, wo und wem sie ihre überschüssigen Produkte verkaufen wollten. Zwischen 1978 und 1982 erhöhte sich der Farm- und Nebenprodukteverkauf um 99 Prozent. Der Anteil der auf dem Markt verkauften landwirtschaftlichen Produkte an der landwirtschaftlichen Gesamtproduktion wuchs von 41 auf 59 Prozent an. In der gleichen Zeit stieg die Zahl der ländlichen Märkte um fast 25 Prozent und das Handelsvolumen in den ländlichen Märkten erhöhte sich auf 130 Prozent. Es gab eine beeindruckende Steigerung der Arbeitsproduktivität auf dem Land und auch das ländliche Pro-Kopf-Einkommen verdoppelte sich innerhalb von sechs Jahren. Es gab fast überall auf dem Land einen substanziellen Anstieg des Lebensstandards. Dieser wirtschaftliche Aufschwung auf dem Land kann teilweise den Reformen zugeschrieben werden. Der zweite Grund war eine Preiserhöhung für landwirtschaftliche Produkte im Jahr 1979. Dieser Anstieg war vom Staat beschlossen worden und sollte die wirtschaftliche Situation in den ländlichen Gebieten verbessern. Preisänderungen in der Planwirtschaft wurden zentral durchgeführt und waren nicht von den Marktkräften bestimmt. Obwohl sich langsam ein Markt mit flexiblen Preisen bildete, wurde die Liberalisierung der Marktpreise erst nach 1985 ernsthaft verfolgt.

Entwicklung der Gemeinde- und Dorfunternehmen

Die zweite politische Maßnahme, die Entwicklung von ländlichen Unternehmen, startete 1979, als die Zentralregierung begann, die Entstehung von Gemeinde- und Dorfunternehmen (Township and Village Enterprises/ TVEs) zu ermutigen. TVEs wurden ursprünglich während des „Großen Sprungs" zur Förderung von umfassenderen sozialen Zielen wie der Verringerung der Kluft zwischen Stadt und Land entwickelt. Ab Mitte der 1970er Jahre beschäftigten kleine und meist technisch primitive Fabriken, die von Gemeinden und Brigaden betrieben wurden, rund 28 Millionen Arbeiter. Aber erst in der Zeit der Marktreformen wurde die ländliche Industrie eine wirklich dynamische Kraft in der chinesischen Wirtschaft. Der Abbau der von der Regierung auferlegten Hindernisse zur Gründung der TVEs wurde von den ländlichen Lokalregierungen enthusiastisch aufgenommen, da sie Vorteile aus der hohen Wirtschaftlichkeit der Industrie ziehen wollten. Mit der Ermutigung der Zentralregierung und dem Zustrom an Kapital, z. B. von lokalen Regierungen, privaten Investoren, meistens von Überseechinesen und verschiedenen Kooperativen, entwickelten sich ländliche Industrieunternehmen schnell. Sie wuchsen in Anzahl, Zahl der Angestellten, Breite der Produkte und Ausmaß der technologischen Entwicklung. Während der 1980er und 1990er Jahre stieg die Produktion der TVEs in einem beeindruckenden Tempo um 30 bis 35 Prozent im Jahr. Bis 1995 waren 125 Millionen Arbeiter in der ländlichen Industrie angestellt, die der am schnellsten expandierende Bereich in der insgesamt dynamischen chinesischen Wirtschaft blieb.

Die TVEs galten offiziell als Teil des „kollektiven" Bereichs der chinesischen Wirtschaft. Aber die meisten industriellen Unternehmen auf dem Land waren in privatem Besitz oder wurden von privaten Unternehmern gemeinsam mit der lokalen Regierung betrieben. Wahrscheinlich von der Regierung nicht vorhergesehen, wurde die resultierende schnelle Ausdehnung des nicht-staatlichen Bereichs in der ländlichen Wirtschaft die stärkste Kraft in Chinas Übergang zur Marktwirtschaft. Der Eintritt von nicht-staatlichen Produzenten verbreiterte das Angebot der vorhandenen Produkte und Dienstleistungen erheblich und schuf eine Konkurrenz für die bestehenden Unternehmen im Staatsbesitz. Als sich der Konkurrenzdruck stetig erhöhte, begannen die Gewinnspannen für Firmen aller Besitzarten stetig zu sinken. Als Folge gerieten die Einnahmen der Zentralregierung auf Grund ihrer Abhängigkeit von der finanziellen Gesundheit der Staatsunternehmen unter großen Druck. Verstärkt durch Ausgaben für Infrastruktur und großangelegte Bauprojekte, Lohnerhöhungen und die Nutzung des Devisenmarktes, gab es in den 1980er Jahren einen Anstieg des Haushaltsdefizits sowie eine galoppierende Inflation.

Konkurrenz für die staatlichen Unternehmen

Reformen in den städtischen Gebieten

1984 erweiterte die Regierung die Reformen auf die städtischen Gebiete. Managern der Staatsunternehmen wurde mehr Autonomie gewährt. Die Unternehmen konnten nun einen Teil der Gewinne behalten. Die Regierung erlaubte auch eine Einführung von verschiedenen Arten des Vertragsverantwortungssystems, Experimente mit Teilhabern und die Entwicklung privater Firmen und Dienstleistungen in den städtischen Gebieten.

Sonderwirtschaftszonen

Die Öffnung des Landes für internationalen Handel und Investitionen begann 1979. Im Juli 1979 wurden die Küstenprovinzen Guangdong und Fujian als Schlüsselregionen ausgewählt, um Chinas neue Politik der offenen Tür zu beginnen. Ein Jahr später bestimmte die Zentralregierung die Städte Shenzhen, Zhuhai, Shantou und Xiamen als Sonderwirtschaftszonen (SWZ). Die Hauptintention der Regierung war es, ausländisches Kapital, innovative Technologien und ausländische Expertise für die exportorientierten Produktions- und Verarbeitungszweige anzuwerben. Im Gegenzug boten die SWZ ausländischen Investoren ein Ausmaß an rechtlichem Schutz, das chinesische Unternehmen nicht bekamen. Dies war offensichtlich genug, um einen signifikanten Betrag an Auslandsdirektinvestitionen (ADI) nach China trotz des ansonsten unzureichenden Rechtssystems anzuregen. Überseechinesische Geschäftsleute aus Hong Kong und anderen Ländern gründeten neue Unternehmen und setzten neue Standards für effiziente Verwaltung in den SWZ. Zwischen 1979 und 1984 wurden 942 Abkommen für die SWZ mit ausländischen Investoren mit einem ADI-Volumen von über 6 Milliarden US-Dollar getroffen.

Ausländische Direktinvestitionen

Als diese Innovationen und Experimente in einzelnen Regionen positive Wirkungen zeitigten, wurden sie landesweit ausgedehnt. Im Januar 1984 reiste Deng Xiaoping durch Guangdong und Fujian, wo er ankündigte, dass die Politik der Errichtung von SWZ sich als Erfolg erwiesen habe. Im April 1984 wurden vierzehn Küstenstädte von Dalian im Nordosten bis Beihai im Südwesten für ADI geöffnet. Diese Politik setzte sich durch die 1980er Jahre hindurch fort. 1988 wurde die Insel Hainan als eine SWZ für ausländische Investitionen geöffnet und zwei Jahre später wurde das Pudong-Gebiet in Shanghai ebenfalls als SWZ etabliert. Ende 1990 gab es 29.693 Vereinbarungen über die Investition ausländischen Kapitals in den SWZ, die insgesamt ein Volumen von 68,1 Milliarden US Dollar ausmachten. Während diese Summe für die heutigen Standards relativ gering ist, stellte es für China in dieser Zeit einen substanziellen Betrag von ausländischen Investitionen dar. Diese Investitionen waren auch unter einem anderen Aspekt bedeutend, denn sie stärkten die Wirtschaft außerhalb des Staatsplans und waren wichtige Triebkräfte für die Erosion der Planwirtschaft und das Wachsen der Marktwirtschaft.

Reformen wurden auch im industriellen Bereich durchgeführt. Sie folgten einem zweigleisigen Ansatz: Während der Phase der Planwirtschaft vor 1978 wurden Rohstoffe, Geräte, Maschinen und andere Produktionsmaterialien entsprechend den zentralen Planvorgaben verteilt und die Preise vom Staat festgelegt. Mit dem Beginn der Reform- und Öffnungspolitik wurde es Unternehmen im Staatsbesitz erlaubt, Produkte, die die festgelegten Quoten überstiegen, frei zu marktbestimmten Preisen zu verkaufen. So konnte der Staat seine Ziele mit hoher Priorität realisieren und gleichzeitig Anreize für marktorientierte Herstellung schaffen. Da die neuen, nicht-staatlichen Unternehmen ihre Produktionsmaterialien auf dem Markt kaufen mussten, entstand ein duales Preis-System. Es hatte sowohl positive als auch negative Auswirkungen auf die chinesische Wirtschaft. Einerseits eröffnete diese neue Initiative einen dynamischen Bereich, der nur auf dem Spiel des Markts basierte. Marktkräfte begannen in das wirtschaftliche Leben aller chinesischen Haushalte und Unternehmen einzudringen. Des Weiteren vermied dieser Wandel die wirtschaftlichen oder politischen Erschütterungen, die mit einer vollkommenen Privatisierung (die den Lebensunterhalt der Menschen gefährdete) oder der vollen Liberalisierung der Preise (was jahrelang bestehende Zuschüsse eliminiert und die Autorität der Planungsbehörden untergraben hätte) assoziiert wurden. Andererseits führte das duale Preis-System zur Verbreitung von Korruption, was einen fairen Wettbewerb unter den Firmen erschwerte. Die Korruption wurde dadurch befördert, dass diejenigen mit guten Verbindungen zu Staatsunternehmen Produkte oder Materialien, die für die Verteilung vom Staat vorgesehen waren, zu subventionierten Preisen erwerben und zu höheren Marktpreisen wiederverkaufen konnten. Solche Vorfälle führten letztendlich zu häufigen Protesten. In den mittleren und späten 1980er Jahren wurde immer wieder diskutiert, wie die Reform des dualen Preis-Systems weitergeführt werden sollte. Nach 1993 sank das Ausmaß der direkten Zuweisungen von Rohstoffen sowie Gütern und das duale Preis-System verschwand.

Reformen in der Industrie

Soziale Konsequenzen der Reformen   Die Reformen wurden in China weithin unterstützt, aber sie führten auch zu neuen Konflikten und Herausforderungen. Die wirtschaftlichen Reformen trugen erheblich zum gesellschaftlichen Wandel in China bei. Am wichtigsten war das Aufkommen einer Unternehmerschicht, die sowohl aus privaten Unternehmern als auch aus Managern von Staatsunternehmen bestand. Die KPCh reagierte aktiv auf diese sozialen Veränderungen, indem sie die neue Elite in ihre Machtstruktur integrierte. Dies passierte auf allen Ebenen der Regierung, wobei die lokale Ebene die größte Dynamik aufwies. In der Folge entwickelte sich China zu einem fragmentierten, staatskorporatistischen System, in dem Wirtschaft und Regierung vor allem auf lokaler Ebene eine enge Symbiose eingingen. Diese wirtschaftspolitische Struktur wurde zu einem großen Hindernis: Es machte eine klare Trennung zwischen regulatorischem Staat und Marktsystem schwer bis unmöglich. Besonders die ländlichen Parteikader nutzten die Vorteile der Marktwirtschaft für sich. In der Anfangszeit standen viele ländliche Kader einer Rückkehr zu den individuellen Familienbetrieben ablehnend gegenüber, zum Teil aus ideologischer Überzeugung und zum Teil, weil sie einen Verlust an Macht und Einkommen fürchteten. Viele von ihnen entdeckten jedoch bald, dass ihre politischen Positionen und Verbindungen wertvolle Vorteile in der Verfolgung von kommerziellen Interessen mit sich brachten. Da sie dem Prozess der Dekollektivierung vorstanden, konnten viele Parteikader das beste Land und den Löwenanteil der Farmwerkzeuge und Maschinen für sich selbst, ihre Verwandten und Freunde sichern.

Eigentumsrechte   Ein anderer Konflikt, der zuerst auf dem Land auftrat, betraf Fragen der Eigentumsrechte. Eine essentielle Voraussetzung für die Entwicklung der Marktwirtschaft im ländlichen Bereich war die Privatisierung der Landnutzung, selbst wenn die Frage des endgültigen Eigentumsrechts nicht berührt wurde. Land, das ursprünglich von den Familienbauern unter dem Haushaltsverantwortungssystem bestellt worden war, wurde von den Produktionsteams (eine Organisationsstruktur, die aus der Kollektivzeit übrig geblieben war) gepachtet und blieb legal ein kollektives Eigentum. Eine Regierungsanweisung von 1984 erlaubte es, Felder für Zeiträume von bis zu 15 Jahren zu verpachten. Dies wurde bald auf 50 Jahre ausgedehnt, wobei das Land über mehrere Generationen weitervererbt werden konnte. Damit wurde ein de facto freier Markt für Landtransaktionen geschaffen, wobei verpachtetes Land weitervermietet, gekauft, verkauft und mit Hypotheken belastet werden konnte, als ob es frei verkäuflicher Privatbesitz wäre. Aber die Familien hatten keinen wirklichen Anspruch auf das Land, was spätestens dann klar wurde, wenn der Staat Farmland für infrastrukturelle oder kommerzielle Projekte einzog und in Bauland umwandelte.

Die vorher weit verbreitete Armut verschwand durch die Politik der Reform und Öffnung in den meisten Regionen allmählich. Selbst in abgelegenen Gebieten auf dem Land breiteten sich moderne Errungenschaften wie Kühlschränke und Waschmaschinen aus. Der Lebensstandard stieg im gesamten Land an. Während Hochhäuser noch eine Seltenheit und Autos immer noch meistens in Regierungsbesitz waren, begannen unsichtbare Veränderungen das Gefüge der chinesischen Gesellschaft zu wandeln. Der Einfluss des Marktes war im täglichen Leben fast aller Chinesen spürbar. Staatssozialistische Strukturen machten teilweise einer Marktwirtschaft Platz in einem Prozess, der für die Bürger befreiend, aber auch beunruhigend war. Neue Möglichkeiten eröffneten sich, aber Ungleichheit und Unsicherheit nahmen zu. Neue subtile Unterscheidungen z. B. zwischen Unternehmern und Angestellten entstanden in der chinesischen Gesellschaft und bildeten die Grundlage für zukünftige Konflikte. Während die KPCh sicher an der Herrschaft festhielt, lösten sich Egalitarismus und Kollektivismus langsam auf und wurden zu Konzepten der Vergangenheit.

<small>Steigende Lebensstandards</small>

Am Ende der 1980er Jahre stand China allerdings vor zunehmenden wirtschaftlichen Problemen. 1988 führten die Reformen im Finanzsektor zu einem ernsten Verlust der zentralen gesamtwirtschaftlichen Kontrolle und lösten eine Inflationskrise aus, die die gesamte Gesellschaft betraf und nicht unter Kontrolle gebracht werden konnte. Als die Inflation im letzten Viertel des Jahres 1988 ihren Höhepunkt erreichte und widersprüchliche Maßnahmen, die die Inflation reduzieren sollten, eine Verschiebung und Minderung der realen Einkommen verursachten, breitete sich Unmut in den städtischen Gebieten aus.

<small>Inflation</small>

1.3.5 Öffentliche Debatten über die chinesische Kultur in den 1980er Jahren

Neues Wissen und Ideen

Ermutigt durch Deng Xiaopings Aufforderung zur Emanzipation des Denkens fielen auch viele Schranken im intellektuellen und kulturellen Leben. Restriktionen der Redefreiheit und der akademischen Selbstbestimmung wurden gelockert. Die Bereitschaft Chinas, sich ganz der Außenwelt zu öffnen, brachte nicht nur neuen Handel und Investitionen, sondern auch neues Wissen und Ideen. Der Kontakt mit der Außenwelt nahm stetig zu. Diese Entwicklungen führten zu leidenschaftlichen Debatten unter Intellektuellen darüber, wie sich die chinesische Kultur ändern und wie Chinas politisches System reformiert werden sollte. Deng Xiaoping und die anderen Führer wussten, dass die Öffnung zum westlichen Ausland Risiken mit sich brachte. Sie waren aber überzeugt davon, dass ohne Technologie- und Wissenstransfer aus dem Ausland keine erfolgreiche Modernisierung möglich sei.

Wiedereinführung des nationalen Eintrittsprüfungssystems

Zunächst musste China sein Bildungssystem wiederbeleben. An die Stelle von Ideologie und Doktrin sollte die Förderung von Wissen und Expertise gestellt werden. 1977 saß Deng einer mehrtägigen Versammlung von 33 Spitzenwissenschaftlern und Lehrkräften vor, die alle nicht der Bildungsbürokratie angehörten. Als Reaktion auf die Vorschläge der Wissenschaftler entschied Deng, sich persönlich für eine Wiedereinführung des nationalen Eintrittsprüfungssystems an den Universitäten einzusetzen, das mehr als ein Jahrzehnt vorher abgeschafft worden war. Das landesweit durchgeführte Examen, das über den Hochschulzugang entschied, stand allen Absolventen der Oberschulen offen. Die Wiedereinführung der nationalen Zugangsprüfung hatte enorme Konsequenzen. Talent und Leistung wurden damit zum ausschließlichen Kriterium des Zugangs zu höherer Bildung und damit auch zu Möglichkeiten des sozialen Aufstiegs. Dies eröffnete vielen Millionen von jungen Menschen die Chance erfolgreicher Karrieren und eines besseren Lebens basierend ausschließlich auf eigenem Einsatz und individueller Leistung. Dieser Beschluss muss daher als eine der wichtigsten Entscheidungen der Reform- und Öffnungspolitik bewertet werden.

Internationaler Studentenaustausch

Internationaler Studentenaustausch begann bereits in den 1970er Jahren noch unter Mao. In den 1980er Jahren setzte China dies fort und weitete das Programm aus. Funktionäre und Studenten wurden in wachsender Zahl ins Ausland geschickt, um ausländische Bücher und Artikel zu übersetzen und ausländische Berater und Geschäftsleute nach China zu holen.

Es gab jedoch auch Kritik von jenen, die befürchteten, dass China negativ vom Zustrom ausländischen Wissens beeinflusst werden würde. In den 1980er Jahren schwankte China zwischen Widerstand gegen „linke" Ideen auf der einen Seite und gegen bourgeoise Liberalisierung auf der anderen. Zugleich aber sollte die Öffnung zur Welt beibehalten und verteidigt werden. Deng folgte einem „mittleren Weg": Während die intellektuelle Öffnung an mehreren Punkten beschränkt wurde, insbesondere durch die Kampagnen zur Kritik an dem Schriftsteller Bai Hua 1981, gegen „geistige Verschmutzung" 1983 und gegen „bourgeoise Liberalisierung" 1987, bewegte sich das Gravitationszentrum der chinesischen Politik immer weiter hin zu einer größeren Entideologisierung der Gesellschaft, einer größeren Nutzung der Marktkräfte und einer größeren Anerkennung der gesellschaftlichen und intellektuellen Vielfalt. In vielerlei Hinsicht waren die 1980er Jahre Chinas liberalstes, kreativstes und mutigstes Jahrzehnt in seiner gesamten modernen Geschichte.

Zaghafte Liberalisierung

Die Künste und die Literatur waren die Schauplätze, auf denen ideologische Grenzen zuerst ausgetestet und an denen neue Ideen artikuliert wurden. Die Werke führender chinesischer Schriftsteller wie Zhou Zuoren, Shen Congwen, Shi Zhecun und Zhang Ailing waren während der Kulturrevolution aus den Bücherregalen entfernt worden. Ihre Arbeiten waren nur Parteikadern und einigen Wissenschaftlern zugänglich, die als ideologisch gefestigt betrachtet wurden und als unempfänglich für die „korrumpierenden" Einflüsse dieser Autoren galten. Denselben Lesern war es auch erlaubt, limitierte Auflagen von übersetzten Werken moderner westlicher Literatur, die als „braune Umschlag-Bücher" (*huang pi shu*) bekannt waren, zu lesen, wie etwa J. D. Salingers „Der Fänger im Roggen" und Samuel Becketts „Warten auf Godot". Noch während der Kulturrevolution kursierten Kopien dieser „braunen Umschlag-Bücher" unter den aufs Land geschickten Jugendlichen, unter ihnen viele Kinder von Parteikadern. Darunter waren auch angehende Schriftsteller, die mit dem sozialistischen Realismus der offiziell veröffentlichten Literatur unzufrieden waren.

Kunst und Literatur

Inspiriert von den ausländischen Werken schufen sie in den 1970er Jahren eine lebhafte Untergrundliteratur. Die besten ihrer

Untergrundliteratur

Werke gelangten in den späten 1970er Jahren in die Öffentlichkeit und fanden schließlich in den frühen 1980er Jahren ihren Weg in die offiziellen Literaturzeitschriften, in manchen Fällen mehr als ein Jahrzehnt, nachdem sie geschrieben worden waren. Am bekanntesten waren die sogenannten „obskuren" (*menglong*) Gedichte von jungen Autoren wie Bei Dao, Shu Ting, Mang Ke, Gu Cheng und Yang Lian, von denen die meisten seitdem internationale Bekanntheit erlangt haben. In den ersten Jahren nach der Kulturrevolution war „obskure Dichtung" ein Schock für das literarische System der KPCh, das seit den 1940er Jahren verlangt hatte, dass Literatur der Revolution diene und den Realismus nutze, um die Massen zu erreichen. Im Gegensatz dazu stellte „obskure Dichtung" relativ apolitische Inhalte dar und verwendete schwierige Symboliken. Diese neue Literatur traf jedoch den Nerv von Millionen von jungen Menschen, besonders von Intellektuellen, die während der Kulturrevolution gelitten hatten, und lieferte ein dringendes Plädoyer für politischen, gesellschaftlichen und kulturellen Wandel.

In der zweiten Hälfte der 1980er Jahre hatten sich die literarischen Vorgaben und Beschränkungen des Staates soweit gelockert, dass experimentelle Werke problemlos in offiziellen Literaturzeitschriften erscheinen konnten. Experimentelle Techniken wie komplexe und unterbrochene Narration, Symboliken, die Nutzung von verschiedenen Sprachregistern und Dialekten waren auch charakteristisch für eine andere Art von „Avantgarde"-Literatur, allgemein bekannt als „Suche nach den Wurzeln" (*xungen*). Damit wurde die Suche nach den kulturellen Wurzeln und verschütteten Traditionen bezeichnet. Diese Suche nach den Wurzeln wurde von den Erfahrungen der Autoren während der Kulturrevolution angestoßen, als sie mit anderen aufs Land geschickten Jugendlichen das Leben, die Sprachen und die Subkulturen der abgeschiedenen ländlichen Gesellschaft erlebten.

<small>„Suche nach den Wurzeln"</small>

Im Laufe der 1980er Jahre produzierten liberale Intellektuelle eine große Anzahl an Veröffentlichungen, die sich auf westliche Politik, Wirtschaft, Gesellschaft, und Kultur konzentrierten. Sie initiierten eine Bewegung, die sie die „Neue Aufklärung" (*xin qimeng*) nannten. Die Mission dieser Gruppe war es, einen „öffentlichen Raum" zu schaffen, der unabhängig vom Staat und frei von den Interventionen der Autoritäten war. Während der 1980er Jahre wurden zahlreiche westliche Klassiker wie Nietzsche, Kant, Weber und Kafka in die chinesische Sprache übersetzt und dem chine-

<small>Neue Aufklärung</small>

sischen Publikum vorgestellt. China geriet in einen fast 10-jährigen Leserausch. Bücher wurden in einer Zahl verkauft, die heute unvorstellbar ist. Die Buchreihe „Hin zur Zukunft" (*Zouxiang weilai congshu*), geschaffen von Jin Guantao und Bao Zunxin, veröffentlichte in nur fünf Jahren von 1984 bis 1988 74 Bände. Die „Akademie der chinesischen Kultur", herausgegeben von Tang Yijie, Li Zhonghua und Wang Shucang, und die Buchreihe „Kultur: China und die Welt (*Wenhua: Zhongguo yu shijie congshu*) von Gan Yang und Liu Xiaofeng sowie das Magazin „Lesen" (*Dushu*) spielten ebenfalls wichtige Rollen in dieser Aufklärungsbewegung. Der in Shanghai sitzende World Economy Herald (*Shijie jingji daobao*), der Chinas wirtschaftliche und politische Reformen mutig diskutierte, hatte zu seiner Blütezeit eine Auflage von 300.000 Exemplaren. Diese Veröffentlichungen ersetzten die alten kommunistischen Standardmedien und wurden mit Begeisterung gelesen.

Zusammen schürten diese Gruppen und Publikationen ein „kulturelles Fieber" (*wenhua re*), verkörpert in der 1988 produzierten Fernsehserie „Flusselegie" (*He Shang*). Der Inhalt der Serie war eine auffällige, weitreichende und dramatische Kritik an der Struktur der chinesischen Kultur. Sie beabsichtigte, ein fundamentales Defizit im Kern von Chinas Tradition zu diagnostizieren. In der Beantwortung der beständigen Frage, wie das einst mächtige chinesische Kaiserreich so weit hinter die westliche Welt zurückfallen konnte, verglich die Dokumentation das „gelb" des Gelben Flusses und der Lössebene Nordchinas mit dem „blau" des Meeres, des Himmels und des Planeten Erde, wie er vom Weltraum aus gesehen wurde. Das Drehbuch nutzte die beliebte chinesische Assoziation des blauen Meers mit allem Ausländischen (das Wort für *yang* „Ozean" wird auch für „ausländisch" und „westlich" benutzt) und verband diese Bilder mit dem Seehandel, Erforschungen, der kapitalistischen Expansion und kulturellen Vitalität. Im Gegensatz dazu wurde das „Gelbe" in der Dokumentation mit Feudalismus, Konservatismus und ländlicher Rückständigkeit assoziiert. Insbesondere der Gelbe Fluss – schlammig, turbulent und gewaltsam – diente als Symbol der Ignoranz und Rückständigkeit der traditionellen chinesischen Kultur. Die Sendung schlug vor, dass die Lösung der Probleme Chinas nur in einer Öffnung zur Welt und in der Übernahme westlicher Institutionen und Werte, eingeschlossen Märkte, Aufklärung und Demokratie, liegen könne. Die Autoren und Regisseure des Programms lehnten den Maoismus unverhohlen ab.

Fernsehserie „Flusselegie" (He Shang)

Die Dokumentation wurde zweimal im Fernsehen gezeigt. Sie erhielt große öffentliche Aufmerksamkeit und löste leidenschaftliche Diskussionen unter Studenten, Intellektuellen und in der Partei aus. Die Reihe wurde sowohl gelobt als auch kritisiert. Die bloße Tatsache, dass diese provokative Serie gedreht und im zentralen Chinesischen Fernsehen ausgestrahlt werden konnte, zeigt die Bereitschaft zur Toleranz liberaler Positionen in der Partei in den 1980er Jahren. Ein gemäßigter Liberalismus wurde zur weithin anerkannten und geteilten intellektuellen Einstellung der 1980er Jahre. Mit dem Ende der Kulturrevolution bestaunten die chinesischen politischen und intellektuellen Eliten die westlichen kulturellen, materiellen und technologischen Errungenschaften, die sie auf den liberalen Geist der Aufklärung zurückführten. Der vorherige Glaube an die Überlegenheit des Sozialismus war verschwunden und machte einer Bewunderung für die offenen Aspekte der westlichen Kultur und Gesellschaft Platz. Die reformistische Fraktion, angeführt von Hu Yaobang und Zhao Ziyang, ermutigte diese Diskussionen in der Öffentlichkeit, um sich skeptischen Konservativen entgegenzustellen und innerparteilichen Widerstand zu überwinden. Doch als Ende der 1980er Jahre die Macht der Partei bedroht war, wurde den Diskussionen ein schnelles Ende bereitet. Das sensible Thema der Demokratie zeigt das sehr deutlich.

Gemäßigter Liberalismus

1.3.6 Die Niederschlagung der Demokratiebewegung am 4. Juni 1989

Schon zu Beginn der Reform- und Öffnungspolitik Ende der 1970er Jahre hofften viele Studenten und Intellektuelle neben den wirtschaftlichen Reformen auch und vor allem auf politische Reformen. Ermutigt durch die Debatten und Reden auf dem Dritten Plenum 1978 forderten sie ein politisches Tauwetter. Als diese Forderungen an eine breitere Öffentlichkeit drangen, entstand 1978 die sogenannte „Mauer der Demokratie", die weltweite Aufmerksamkeit erlangte. Im Beijinger Bezirk Xidan wurden an einer Mauer völlig überraschend Wandzeitungen aufgehängt, die in nie dagewesener Offenheit über Misshandlungen und Leiden während der Kulturrevolution berichteten. Einige Poster riefen die KPCh direkt dazu auf, aus den Fehlern der Vergangenheit zu lernen. Ein Poster von Wei Jingsheng verlangte unmissverständlich die Einführung von

Ruf nach politischen Reformen

„Demokratie" als „fünfter Modernisierung" (zusätzlich zu den Vier Modernisierungen in der Wirtschaft). Im Winter 1978 wuchs die Zahl der Leser und Schaulustigen täglich. Vor den Postern wurden von Passanten und Studenten heftige Diskussionen geführt. Obwohl die zumeist relativ jungen Akteure der Bewegung über die meisten Fragen nie eine einheitliche Position entwickeln konnten, boten sie eine alternative Vision der Modernisierung. Die Aktivisten der Bewegung unterstützten die wirtschaftlichen Reformen, aber für sie war Demokratie als integraler und notwendiger Teil einer umfassenden Modernisierung der chinesischen Gesellschaft unverzichtbar. Zunächst reagierten die Behörden mit Mäßigung. Im Frühling 1979 wurde die Mauer der Demokratie auf Anordnung der Regierung in einen kleinen Park im Westen Beijings verlegt. Die Verfasser der Wandzeitungen sollten außerdem ihre Namen und Adressen bei den Behörden registrieren lassen.

Spätestens als Deng Xiaoping im März 1979 die sogenannten Vier Grundprinzipien bekräftigte, die die Parteiherrschaft und den sozialistischen Weg als unveränderbar proklamierten, griff die Regierung ein und ließ die Anführer der Bewegung (am bekanntesten Wei Jingsheng) verhaften und zu langen Gefängnisstrafen verurteilen. Die mutige öffentliche Debatte um die Rolle von Demokratie im Sozialismus wurde somit autoritär beendet. Die Reformer machten mit diesem Schritt klar, dass sie auf die Einhaltung enger politischer Grenzen beharrten und die Alleinherrschaft der Partei unter keinen Umständen in Frage gestellt werden dürfte. Im Programm der Reformen war explizit kein Platz für eine Anerkennung von Meinungs- und Redefreiheit oder die Beachtung politischer Grundrechte. Die Partei ließ keinen Zweifel an ihrer Bereitschaft, öffentliche Kritik oder Demonstrationen gewaltsam niederzuschlagen. In dieser Hinsicht brach das China der Reform und Öffnung nicht mit der Mao-Zeit. Der aus den Reformen stammende Ruf nach Demokratie und Pluralismus wurde zur ersten und fundamentalsten Herausforderung für die Herrschaft der Partei während der Deng-Ära. *Antwort der Partei*

Trotz des kompromisslosen Einschreitens der Regierung sahen die 1980er Jahre einen unaufhaltsamen und stetigen Anstieg des politischen Widerspruchs und Aktivismus. Die Intellektuellen waren zunehmend bereit, die von der Parteiführung eng gezogenen politischen Grenzen bezüglich der Meinungsfreiheit zu testen. Einige begannen sogar, die ideologische Grundlage der sozialisti- *Kritik der Intellektuellen* schen Gesellschaftsordnung überhaupt zu hinterfragen. Teile der intellektuellen Elite begannen, den Kommunismus an sich als das zentrale Problem Chinas zu sehen. Für sie war eine Lösung daher nur durch die vollständige Übernahme von Marktwirtschaft und westlicher Demokratie möglich. Der Schriftsteller und Publizist Liu Binyan (1925–2005) beispielsweise stand der Partei ursprünglich nahe, aber für ihn zeigten die Erfahrungen der Mao-Zeit, dass die Reform über die Wirtschaft hinausgehen musste. Er wurde für seine Reportageliteratur (baogao wenxue) bekannt, ein Genre, das investigative Berichterstattung mit literarischer Erzählung verband. Eines seiner Hauptthemen war lokale Korruption. Er argumentierte, dass es notwendig war, die Partei zu kritisieren, um die Funktionäre dazuzubringen, dem Volk besser zu dienen. Ohne Freiheit könne dieses Ziel nicht erreicht werden. Sein Eintreten für die unverzichtbare Rolle intellektueller und journalistischer Freiheit zur offenen Diskussion sozialer und politischer Probleme in der sozialistischen Gesellschaft brachte ihn bald in Konflikt mit den Autoritäten und Zensoren.

Liu Binyan

Der Wissenschaftler Fang Lizhi (1936–2012) nahm einen anderen Blickwinkel ein und bezweifelte in seinen Reden und Briefen, dass der Marxismus eine Wissenschaft war (als was er in China betrachtet wurde). Stattdessen stellte er Marxismus als eine überholte Ideologie des 19. Jahrhunderts dar. Auch er forderte Gedanken- und Redefreiheit als Voraussetzung für Wissenschaft und Modernisierung in China. Für Fang Lizhi hatte die Partei die Aufgabe, intellektuelle Freiheit sowohl vor den Einmischungen der Regierung als auch vor dem Druck des Großkapitals zu beschützen. Nur wenn Wissenschaft abgeschirmt von politischer Einmischung und wirtschaftlichen Interessen sei, könnte Forschung ohne ideologische Begrenzungen betrieben werden. Das war für Fang die Voraussetzung dafür, dass Wissenschaft sich in China entwickeln und einen wichtigen Beitrag zur Modernisierung Chinas leisten könne. Aber die KPCh unter Deng wollte solche Ideen nicht tolerieren und Fang wurde bald als Dissident bezeichnet. Am Ende der 1980er Jahre flohen sowohl Liu Binyan als auch Fang Lizhi in den Westen, wo sie den Rest ihres Lebens im Exil verbrachten.

Fang Lizhi

Solche Rufe nach Freiheit und Demokratie versetzten vor allem Universitäten und Studenten in China in einen Zustand der Unruhe. Aber das Hoffen auf Wandel, auf neue Freiheiten und neue Möglichkeiten, sich mit westlichen Gesellschaftstheorien und

Festhalten an der Ein-Parteien-Herrschaft

Wissen auseinanderzusetzen, prallte immer wieder auf die harte Wirklichkeit der Ein-Parteien-Herrschaft. Die Kampagnen gegen geistige Verschmutzung 1983 und gegen bourgeoise Liberalisierung 1986–1987 zielten auf kulturelle Produkte aus dem Westen und freiheitliche intellektuellen Ideen ab, die die orthodoxen Marxisten als bourgeois und gefährlich empfanden. Solche Kampagnen verärgerten und desillusionierten viele Intellektuelle. Für die Partei hatte innenpolitische Stabilität Vorrang.

Die Demokratiebewegung von 1989 war die größte spontane Massenbewegung seit der Gründung der VR China. Die Studenten verlangten Freiheit und Demokratie, aber ihre Proteste waren auch eine direkte Reaktion auf die aufkommenden sozialen Probleme und wirtschaftlichen Unsicherheiten Ende der 1980er Jahre. Die Inflationskrise führte zum Rückgang der Kaufkraft und zur Verschlechterung der wirtschaftlichen Lage von Akademikern. Berichte über Korruption erregten großes öffentliches Missfallen und trugen zum Ausbruch von Protesten der Studenten im Jahr 1989 bei. Unmittelbarer Auslöser war der plötzliche Tod Hu Yaobangs, der als Unterstützer politischer Liberalisierung galt. Studenten der Universitäten in Beijing versammelten sich am 15. April 1989 auf dem Tiananmen-Platz im Zentrum Beijings, um seiner zu gedenken. Dabei wurden auch Forderungen nach mehr Freiheit und Demokratie laut. Die Demonstranten beschlossen, sich weiterhin täglich zu versammeln. Zugleich zeigte sich, dass die städtische Bevölkerung die Demonstrationen mit Sympathie und Unterstützung begleitete. Nach einer Zeit des Zögerns veröffentlichte das Sprachorgan der Partei, die Volkszeitung (*Renmin Ribao*) einen Leitartikel, der die Bewegung als „Tumult", manipuliert von „einer kleinen Handvoll Menschen mit Hintergedanken", bezeichnete. Als Reaktion darauf gingen am 27. April rund 100.000 Studenten zusammen mit Zehntausenden Bürgern auf die Straße.

Dieser Vorgang war eine beispiellose Herausforderung für Deng und die anderen Führer der Partei. Die Bewegung wuchs schnell und die Studenten verlangten, dass der Leitartikel zurückgezogen würde. Sie baten auch um einen Dialog mit den Parteiführern. Der Wunsch nach politischer Einbindung und offizieller Anerkennung der Protestierenden am Tiananmen-Platz war für die entsetzte Partei ein Zeichen, dass die Situation außer Kontrolle zu geraten drohte. Während die Regierung von Stimmen aus der Öffentlichkeit gedrängt wurde, begrenzte Zugeständnisse zu machen, begannen

Demokratiebewegung

Hungerstreik

einige Studenten am 13. Mai einen öffentlichen Hungerstreik. Als sich die Situation der Hungerstreikenden verschlechterte, kamen Hunderttausende städtischer Sympathisanten. Einfache Bürger, oft von ihren *danwei* organisiert, gingen auf die Straße und demonstrierten zur Unterstützung der Studenten. Die Bewegung breitete sich plötzlich in insgesamt weiteren 83 Städten aus. Der Hungerstreik war ein beeindruckender Erfolg der Massenmobilisierung. Genau dieser Erfolg beunruhigte Chinas Staatsführer und veranlasste die Regierung dazu, den Ausnahmezustand auszurufen. Der Ausnahmezustand konnte jedoch nicht sofort durchgesetzt werden.

Gewaltsame Niederschlagung

Im allgemeinen Glauben, dass die Soldaten die Studenten auf dem Tiananmen-Platz angreifen würden, gingen die Bewohner Beijings in der Nacht vom 19. Mai zu Hunderttausenden auf die Straßen, um das Einrücken der Armee zu stoppen. Die Truppen mussten sich daraufhin zurückziehen und die Besetzung des Tiananmen-Platzes ging den ganzen Mai hindurch weiter. Das Politbüro entschied Anfang Juni jedoch, den Platz zu räumen. Am 3. Juni marschierte die Armee wieder in Beijing ein. Die Truppen trafen auf gewaltsamen Widerstand, kämpften am 4. Juni aber ihren Weg bis zum Tiananmen Platz durch. Bei der gewaltsamen Räumung des Platzes am 4. Juni kamen Hunderte ums Leben und Tausende wurden verwundet.

Durch den Einsatz des Militärs in Beijing und anderen Städten konnte die Bewegung unterdrückt werden. Während die Folgen dieser Ereignisse für die innerparteilichen Machtverhältnisse bis heute immer noch nicht ganz klar sind, sind die Auswirkungen der gewaltsamen Unterdrückung in vielen Bereichen der Gesellschaft weiterhin spürbar. Viele der chinesischen politischen Maßnahmen der Regierung seither stehen mit der Niederschlagung der Bewegung und den sich daraus ergebenden Konsequenzen in Zusammenhang.

Unmittelbare Konsequenzen der Niederschlagung

Mehrere direkte Konsequenzen sind benennbar. Erstens führte die Bewegung zu einer Kluft in der Partei. Premierminister und Parteigeneralsekretär Zhao Ziyang trat entschieden für Verhandlungen mit den Studenten ein, die er als „patriotisch" bezeichnete. Er versuchte, Deng Xiaoping von der Notwendigkeit eines moderaten Kurses zu überzeugen. Deng konnte diese Sicht aber nicht akzeptieren, und nachdem er entschieden hatte, die Armee zur Zerschlagung der Bewegung einzusetzen, verlangte er von Zhao

Ziyang Loyalität. Zhaos Weigerung, sich zu fügen, wurde von Deng als Versuch der Spaltung der Partei betrachtet. Als Zhao Ziyang am Abend der Niederschlagung der Bewegung unter Hausarrest gestellt wurde, wurden darüber hinaus die liberalen und prodemokratischen Gruppen in der Partei zum Schweigen gebracht. Außerdem verstärkte die Partei ihre Kontrolle über Universitäten, Studentenorganisationen, Presse und Verleger sowie Künste und Literatur. Deshalb durchlief China überraschenderweise nach der Krise von 1989 eine längere Zeit der politischen Stabilität und Konsolidierung. Zweitens kamen Chinas Reformen zu einem temporären Halt. Es wurden konkrete Maßnahmen beschlossen, die auf eine Einschränkung der privaten Wirtschaft inklusive der TVEs und auf eine Stärkung der Unternehmen im Staatsbesitz hinausliefen. Die konservative, gegen die Rolle des Marktes gerichtete Politik verursachte (neben den Sanktionen der westlichen Staaten) ein Abfallen der wirtschaftlichen Wachstumsrate. 1989 und 1990 lag das Wachstum des BIP bei nur 4,1 Prozent bzw. 3,8 Prozent. Auf der anderen Seite kühlte sich die überhitzte Wirtschaft ab und eine stabilere Wirtschaftssituation folgte. Um das Ausbrechen einer neuen wirtschaftlichen und politischen Krise zu verhindern, entschieden sich die chinesischen Führer, angeführt von Deng Xiaoping, zwar dafür, die wirtschaftlichen Reformen wiederaufzunehmen, die neuen Reformen waren jedoch systematischer und kontrollierter und basierten auf den Schlussfolgerungen, die aus den turbulenten 1980er Jahren gezogen wurden.

Insgesamt zeigte die Bewegung von 1989 die Widersprüche in den Wirtschaftsreformen sowie die gesellschaftlichen Probleme auf, die im Laufe der Markterweiterung entstanden waren. Um ähnliche Unruhen in der Zukunft zu vermeiden, wurden langfristig die städtischen Reformen zur Verbesserung des Lebensstandards beschleunigt. Nach 1989 begann das Gefälle zwischen Land und Stadt zu wachsen und ab 1991 stagnierte das Einkommen der Bauern. Der Einkommensunterschied zwischen städtischen und ländlichen Gebieten erreichte ein Niveau wie vor 1978. Der Anteil der Bauern, die aus den ländlichen Gebieten migrierten, wuchs schnell. Durch die Arbeitsmigranten stand den städtischen Industrien ein unerschöpflicher und günstiger Vorrat von Arbeitskräften zur Verfügung. Seit 1989 hatte die städtische Entwicklung somit Priorität. Oft wurde diese Entwicklung auf Kosten der ländlichen Gebiete vorangetrieben.

Langfristige Konsequenzen

Internationaler Kontext

Schließlich ist der internationale Kontext wichtig. 1989 war ein Jahr monumentaler Veränderungen in Osteuropa und der Welt. Ironischerweise fungierten die Ereignisse in China, die den Demonstrationen anderswo vorausgingen, als Inspiration für die Protestbewegung in Osteuropa. Doch die gewaltsame Reaktion der chinesischen Führer auf die Demonstrationen 1989 fiel dramatisch anders aus als jene der Amtskollegen im sowjetischen Block, die ähnlichen Protesten gegenüberstanden. 1989 entschieden sich die sozialistischen Staaten Osteuropas, vom Autoritarismus Abstand zu nehmen und demokratische Freiheiten anzunehmen. Im Gegensatz zu der Gewalt am 4. Juni waren die Regimewechsel im postkommunistischen Europa, den baltischen Staaten und Russland aufgrund der schnellen Kapitulation der herausgeforderten Regime weitgehend friedlich. Im Gegensatz dazu zeigte Chinas Verhalten, dass jegliche Form der politischen Liberalisierung außer Frage stand. Obwohl der Fall der kommunistischen Systeme in Osteuropa als wichtigstes Ergebnis der Protestwelle von 1989 gilt, zeigt das Beispiel China, dass global gesehen viele Regionen nach 1989 genau den entgegengesetzten Weg zu Europa gingen. Bestärkt durch die politischen und wirtschaftlichen Probleme im postkommunistischen Europa wurden in vielen Regionen neue Formen des Widerstandes gegen die westliche liberale Ordnung genährt. Der politische Islam richtete seinen Fokus von dem kommunistischen Feind auf den Westen. Lateinamerikanischer Populismus breitete sich aus. Erneuerte Formen der autoritären Herrschaft in China – später auch in Russland und anderswo – entstanden. Diese Erneuerung des Autoritarismus in China war zum Großteil eine bewusste Anstrengung nach der Krise 1989, um eine Entwicklung wie in Osteuropa abzuwenden. Die politische Kernstrategie nach 1989 in China wurde in dem Slogan „hart an zwei Fronten" (*liangshou yin*) zusammengefasst. Diese Strategie kann als Priorität wirtschaftlicher Reform und politischer Stabilität beschrieben werden. Die von der Studentenbewegung 1989 angesprochenen grundlegenden Fragen und Forderungen wie Demokratie, Freiheit und Chancengleichheit wurden zur Seite geschoben. Ein neues, autoritäres, aber zunehmend selbstbewusstes China entstand. Auf der Grundlage des Chaos des Tiananmen-Platzes und der Transformationen von 1989 wurde das autoritäre „China-Modell" geboren.

1.4 Wachstum und Wandel in der Gegenwart (1990–2015)

Nach drei Jahren der wirtschaftlichen Abkühlung und der internationalen Isolation wurde den Reformen 1992 neues Leben eingehaucht, als Deng Xiaoping seine „Südreise" nach Shenzhen unternahm und damit seine Unterstützung für die Fortführung der Reformpolitik zum Ausdruck brachte. Das politische System blieb im Wesentlichen unverändert, aber im Lauf der 1990er Jahre und in den frühen 2000er Jahren wurde China die am schnellsten wachsende Wirtschaft der Welt (und vermutlich sogar in der Geschichte überhaupt). Die aufkommende Marktwirtschaft wurde in den globalen Markt integriert und die Auswirkungen der Globalisierung wurden überall sichtbar. Ein tiefgreifender und beispielloser gesellschaftlicher Wandel fand statt.

Wiederbelebung der Reformen

Migration und Änderungen in der Arbeits- und Lebenswelt gestalteten die gesellschaftlichen Strukturen in Städten und Dörfern grundlegend um. Die offene Wirtschaft bot eine solide Grundlage für eine zunehmend mobile Gesellschaft und ermöglichte die Herausbildung einer wohlhabenden Mittelklasse und unterschiedlicher Arten zivilgesellschaftlicher Organisationen, die mehr politische Beteiligung verlangten. Das Aufkommen des Internets in China gestattete es den chinesischen Bürgern, sich an politischen Diskussionen zu beteiligen und effektive Proteste gegen empfundene Ungerechtigkeiten zu organisieren. Auch kulturelle Praktiken wurden von den Kräften des Marktes grundlegend verändert. Durch neue Technologien und die Ausbreitung der Marktwirtschaft wurde die ehemals einheitliche und relativ homogene öffentliche Kultur zu einer pluralistischen Kultur, die die Unterschiedlichkeit der einzelnen Erfahrungen in der Reformära widerspiegelt. Zugleich hatte Chinas Gesellschaft mit sozialen Problemen einer Vergrößerung der Einkommensungleichheiten, Korruption, ethnischen Konflikten und sozialer Fragmentierung zu kämpfen. Parallel zum Wachstum des Wohlstands stieg auch der Bedarf an Ressourcen und Rohstoffen. Dieser wurde zumeist auf Kosten der Umwelt gedeckt, was zu großen Umweltproblemen führte.

Gesellschaftlicher Wandel

Der Aufstieg Chinas wirkte sich auch jenseits der nationalen Grenzen auf die internationalen Verhältnisse aus. Das Land begann, auf der Suche nach Rohstoffen seinen wirtschaftlichen Einfluss mit dem Selbstbewusstsein und den Absichten einer künf-

Der Aufstieg Chinas

tigen globalen Supermacht geltend zu machen. Chinas wachsende wirtschaftliche Macht fiel mit einer zunehmend durchsetzungsfähigeren Außenpolitik zusammen. China baute Flugzeugträger, Atom-U-Boote und Tarnkappenflugzeuge. Im südchinesischen Meer transformierte China Riffe und Atolle in der Nähe der südlichen Philippinen zu künstlichen Inseln mit Flugzeuglandebahnen, auf denen größere Militärflugzeuge landen konnten.

<small>Unsicherheit über die Zukunft</small>

Alle diese Entwicklungen haben Wohlstand, Nationalstolz und unterschiedliche Formen der Vielfalt geschaffen, aber gegen Ende des ersten Jahrzehnts der 21. Jahrhunderts auch grundlegendes Unbehagen und Unruhe erzeugt. Es gab inmitten des umfassenden und schnellen Wandels lebhafte, besorgte und kritische Debatten, die die Richtung der Entwicklung Chinas hinterfragten. Innerhalb und außerhalb Chinas gab es Sorgen über die Nachhaltigkeit der chinesischen Entwicklung. Die weitreichenden und rapiden Änderungen für Gesellschaft, Politik und Kultur in China testeten die Grenzen der Belastbarkeit und Widerstandsfähigkeit des Landes. Nach Jahren des rastlosen Wandels stellte sich die Frage, wie lange diese Entwicklung ungehinderten Wachstums fortgesetzt werden kann und inwieweit die Hinwendung zu alternativen und nachhaltigeren Entwicklungsmodellen unabdingbar ist.

1.4.1 Partei und Regierung (1990–2015)

<small>Einigkeit und Durchsetzungsfähigkeit der Führung</small>

Die kritische Reaktion der internationalen Staatenwelt auf die gewaltsame Unterdrückung der Studentenbewegung 1989 ließ die Führungsriege zusammenrücken. Am Ende der 1990er Jahre waren außerdem alle wichtigen älteren Führer der ursprünglichen revolutionären Generation verstorben, darunter auch Deng Xiaoping (1997). Die neue Führung mit Jiang Zemin als Parteisekretär (1989–2002) und Präsident (1993–2002) und Zhu Rongji als erstem Vizepremier (1991–1998) und dann als Premierminister (1998–2003) entwickelte eine gute interne Arbeitsbeziehung, vor allem in der Wirtschaftspolitik. In der Folge waren Jiang und Zhu in der Lage, die Zerrissenheit innerhalb der Führungsriege zu beenden. Die Regierung errang ein neues Maß an Einigkeit und Durchsetzungswillen. Es kam zu einer Konsolidierung an der Spitze des Systems. Es gab ein Einvernehmen, dass wirtschaftliche Entwicklung eine klare Priorität hatte und dass ohne schnelles wirtschaftliches Wachstum politische Stabilität schwer zu erreichen wäre. Die Einigkeit erlaubte Entscheidungen auch für schwierige wirtschaftspolitische Maßnahmen. Bemerkenswert für ein autoritäres Einparteiensystem waren auch die konfliktfreien Regierungswechsel nach je zehnjähriger Amtszeit.

Die verstärkte „Priorität der Staatsinteressen" führte zu einer zunehmenden Kapazität für wirtschaftliches und gesellschaftliches Management. In diesem Klima war es einem lebhaften Privatsektor erlaubt zu bestehen und sogar zu wachsen, aber er tat dies nur innerhalb staatlich gesetzter Grenzen und neben einem im Vergleich zu vorher viel rigoroser unterstützten Staatssektor. Unter der dynamischen und weitsichtigen Führung von Zhu Rongji konzentrierten sich die Reformen der 1990er Jahre auf Zentralisierung, Wiederaufbau der Steuer- und Währungsgrundlagen für die gesamtwirtschaftliche Stabilität, Marktvereinheitlichung und Verbesserungen im Eigentumsrecht.

<small>Priorität der Staatsinteressen</small>

Die weitreichenden gesellschaftlichen und wirtschaftlichen Veränderungen veranlassten die Partei auch, eine neue programmatische Plattform vorzustellen: Die unter Jiang Zemins Initiative entwickelte Theorie der „Drei Vertretungen" (*san ge daibiao*) erkannte Unternehmer, technische Mitarbeiter und Manager von nicht-öffentlichen und ausländischen Firmen „als Errichter des Sozialismus mit chinesischen Eigenschaften" an. Sie wurden ermutigt, in die Partei einzutreten und sich für den sozialistischen Staat zu engagieren.

<small>Theorie der „Drei Vertretungen"</small>

In den Jahren 2002 / 2003 stand turnusmäßig wiederum ein Wechsel an der Spitze von Partei und Regierung an. Hu Jintao übernahm die Präsidentschaft, und Wen Jiabao wurde zum Premierminister ernannt. Die neue Regierung setzte die wachstumsorientierte Politik fort. Die chinesische Parteiführung war der Überzeugung, dass wirtschaftliche Stagnation zu Unmut und Instabilität in Osteuropa geführt hätte und damit ausschlaggebend für den Zusammenbruch des Sozialismus gewesen sei. Um hohe Wachstumsraten zu erreichen und zu sichern, arbeitete die chinesische Regierung nun mit allen Bereichen des Wirtschaftssystems zusammen und experimentierte mit vielen politischen und gesellschaftlichen Maßnahmen. Wenn die chinesischen Entscheidungsträger die Wahl zwischen verschiedenen Prioritäten hatten, entschieden sie sich immer für das schnelle Wachstum vor allen anderen Zielen. Auf diese Weise blieb die chinesische Regierung vor allem in der ersten

<small>Wachstumsorientierte Politik</small>

Regierungsperiode von Hu Jintao weiterhin ein konsequenter Förderer von wachstumsfreundlichen Maßnahmen.

Sozialer Ausgleich und Nachhaltigkeit

Auf dem Sechsten Plenum des Zentralkomitees der KPCh 2006 änderte die Partei allerdings offiziell ihren Kurs vom ungebremsten Wachstum zu einem Kurs der sozial ausgegliceneren und nachhaltigeren Entwicklung. In der zweiten Amtszeit der Hu Jintao / Wen Jiabao-Administration (2007–2012) wurde eine Vielzahl von Regierungsvorschriften und -initiativen mit dem Ziel erlassen, die „sozialen Krankheiten" und Probleme anzugehen, die aus den vorangegangenen dreißig Jahren des schnellen, aber im Grunde ungleichen Wachstums entstanden waren. Die neue Entwicklungsstrategie, die auch als „Hu–Wen Neue Politik" (*Hu–Wen xinzheng*) oder in offizieller Sprache auch als „wissenschaftlicher Ausblick auf Entwicklung" bezeichnet wurde, betonte nachhaltiges und gerechtes Wachstum. Diese Strategie führte zu einer Reihe neuer sozialorientierter Maßnahmen zur Unterstützung der Landwirtschaft, gezielten Steuererleichterungen, einer Anhebung des Mindestlohns und einem Anstieg an Ausgaben für die Armutsbekämpfung. Das Programm schloss auch Arbeitsgesetze, Krankenversicherung und Renten ein. Das häufige Vorkommen von Schlüsselworten in offiziellen Dokumenten wie „wissenschaftlicher Ausblick auf die Entwicklung", „harmonische Gesellschaft" (*hexie shehui*), „die Wohlfahrt des Volks" (*minsheng*), oder „eine integrierte und ausgeglichene Stadt-Land Entwicklung" (*tongchou chengxiang*) sowie in Hus und Wens Reden spiegelten die Richtung der neuen politischen Maßnahmen wider. Die Regierung strebte zwei Ziele an: mit wissenschaftlicher Entwicklung als Unterstützung das „Humane" (den Menschen an erste Stelle zu setzen) voranzubringen und eine „harmonische Gesellschaft" (die ein ausgeglichenes, soziales und nachhaltiges Wachstum sucht) zu schaffen.

Politische Reformen

Die Regierung bemühte sich ebenfalls um begrenzte politische Reformen, die sich im Wesentlichen auf einzelne Felder wie Verwaltung, Recht, kommunale Wahlen und Ideologie bezogen und primär als Reaktion auf Veränderungen im sozio-ökonomischen Bereich zu verstehen sind. Die chinesische Regierung führte bereits in den späten 1980er Jahren Kommunalwahlen ein, um die soziale Ordnung aufrechtzuerhalten und die Korruption unter den lokalen Führern zu bekämpfen. Bis 2008 hatten mehr als 900 Millionen chinesische Dorfbewohner das Wahlrecht ausgeübt. Sie wählten nicht mehr Kandidaten aus verschiedenen politischen Parteien, stattdessen nominierten sie Direktkandidaten und stimmten in geheimer Abstimmung für ein Komitee von Kandidaten, die drei Jahre im Amt waren. Die Wahlbeteiligung war in der Regel hoch. Zugleich wurden Forderungen vor allem von think tanks und Intellektuellen erhoben, die, ähnlich den Wirtschaftsreformen, ein umfassenderes Gesamtpaket vorschlugen, das an den Strukturen des Systems ansetzen und einen Demokratisierungsschub mit sich bringen sollte (wie Demokratisierung der innerparteilichen Strukturen, stärkere Trennung Partei/Staat, weitgehendere Freiheiten für die Medien, größere Unabhängigkeit des Rechts etc.). Den letzteren Forderungen hat sich die Regierung aber weitgehend verschlossen.

Ende 2012 kam mit Präsident Xi Jinping eine neue Regierung in China an die Macht, die vor allem den Umbau der Wirtschaft fortsetzen wollte. Zum Premierminister wurde 2013 Li Keqiang ernannt. Auf dem Dritten Plenum des achtzehnten Parteitages 2013 kündigte Xi einen Reformplan an, der als „Sechzig Punkte" bezeichnet wurde. Die konkreten wirtschaftlichen Ziele beinhalteten die Ausdehnung der Rolle des Marktes in den Bereichen Energie und natürliche Rohstoffe, Steigerung privater Investitionen und des privaten Konsums sowie Lockerung der staatlichen Kontrollen des Geldmarktes. Obwohl sich die meisten ausländischen Beobachter auf die Bestimmungen für Wirtschaftsreformen konzentriert haben, beschäftigen sich nur 22 der 60 Punkte mit der Wirtschaft. Die ersten vier Punkte des Dokuments geben eine ideologische Begründung für die Notwendigkeit weiterer Reformen, während der Rest die politische Struktur und die Rechtsreformen (11 Punkte), kulturelle Reform (4 Punkte), die Sozialpolitik und das „soziale Management"(9 Punkte) und Umweltfragen (4 Punkte), militärische Reformen (3 Punkte) und die Parteireform (3 Punkte) abdeckt.

Regierung Xi Jinping

Es ist vor allem die Korruption der Partei- und Verwaltungskader, die die Legitimation der Partei in der Gegenwart bedroht. Daher führte Xi Jinping eine breit angelegte Kampagne gegen Korruption durch. Die Kampagne reichte bis in die höchste Ebene der Partei. Einige der einflussreichsten Politiker des Landes wurden angeklagt und ihrer Ämter enthoben. Mehr als hunderttausend Staatsdiener wurden darüber hinaus wegen Korruption verurteilt. Xi Jinping unterstützte auch eine deutlich nationalistischere Agenda. Er gab das ideologische Programm „des chinesischen

Kampagne gegen Korruption

Traums" vor – ein emotionaler Aufruf zur nationalen Erneuerung und zu militärischer Größe. Auch im Militär wurde die Kampagne gegen Korruption durchgeführt, die bis in die höchsten Ränge reichte und es Xi Jinping erlaubte, neue Befehlshaber einzustellen. Gegen General Guo Boxiong, bis zu seiner Pension für ein Jahrzehnt der ranghöchste Dienstoffizier, wurde im Juli 2015 offiziell ermittelt. Untersuchungen wurden auch gegen andere einflussreiche chinesische Militärführer angestellt. 2015 wurde berichtet, dass gegen 14 Generäle Verfahren liefen und einige von ihnen wegen Bestechung verurteilt worden seien.

Dominanz Xi Jingpings

Insgesamt hat Xi zweifellos mehr Einfluss und Macht erlangt als die Führer unmittelbar vor ihm. Im Gegensatz zu Jiang Zemin oder Hu Jintao hatte Xi bereits gute Beziehungen zu dem Militär, bevor er die Führung antrat. Er begann seinen Aufstieg in der Partei 1979 als der mehrjährige Berater des Verteidigungsministers, als China den kurzen, aber katastrophalen Krieg mit Vietnam führte. Indem er die Kontrolle über die meisten der zentralen Führungsgruppen (*xiaozu*) an der Parteispitze wie die für auswärtige Angelegenheiten, innere Sicherheit, Finanzen und Wirtschaft und die Förderung der Reform selbst übernommen hat, hat er das Prinzip der kollektiven Führung zumindest unterlaufen. Er hat auch einen öffentlichen Personenkult um sich zugelassen und gefördert, indem er als „Kern" der Führung bezeichnet wird. Seine Antikorruptionskampagne hat die Netzwerke von Rivalen wie Bo Xilai, dem ehemaligen Parteisekretär von Chongqing, und Zhou Yongkang, dem ehemaligen Sicherheitschef, ausgeschaltet. China wird auch spürbar weniger weltoffen. Die staatliche Propaganda forciert eine Re-Ideologisierung. Kritisches Denken in den Medien wird zensiert. Insgesamt zeichnen sich in der Gegenwart wachsende Risiken ab: Das Ende des hohen Wachstums und die Notwendigkeit eines grundlegenden Umbaus fallen zusammen mit größerer Ungewissheit über die zukünftige politische Entwicklung.

1.4.2 Die Vertiefung der Wirtschaftsreformen nach 1994 und der WTO-Beitritt 2001

Die Niederschlagung der Demokratiebewegung am Tiananmen-Platz war nicht nur innenpolitisch ein entscheidender Wendepunkt, sondern auch in Bezug auf Chinas Außen- und Wirtschaftspolitik. Während die Welt Chinas Reformen vor 1989 mit Wohlwollen betrachtet hatte, änderte sich das danach grundlegend. Diese Veränderung der Sichtweisen auf China, besonders unter den liberalen und neokonservativen Eliten in den USA, beeinflusste von nun an die Politik des Westens gegenüber China. Als Antwort auf die Anwendung von Gewalt gegen das eigene Volk verhängten die USA und andere Länder wirtschaftliche Sanktionen gegen China.

Wirtschaftliche Sanktionen

Die Regierung bemühte sich, die internationale Isolation nach 1989 zu überwinden. China hatte seine Bemühungen zunächst auf Asien konzentriert und konnte durch die Anerkennung Indonesiens und Singapurs diplomatische Erfolge erzielen. China konnte auch Saudi Arabien und später Südafrika davon überzeugen, die Beziehungen auszuweiten. Solche Erfolge gingen auf Kosten Taiwans (das bisher von diesen Ländern anerkannt war), aber halfen wenig, um Chinas Beziehung mit dem Westen zu normalisieren. Nach 1989 suchte China daher nach einer proaktiven Antwort auf die amerikanische und westliche Kritik an seiner Menschenrechtsbilanz, indem es z. B. im Oktober 1991 ein Weißbuch zum Thema verfasste und Menschenrechtsdelegationen aus anderen Ländern empfing. Beijing betonte seine Auffassung, dass Subsistenz und wirtschaftliche Entwicklung im Zentrum seiner Menschenrechtspolitik stünden, während es die amerikanische Menschrechtsbilanz in Bezug auf Polizeibrutalität und Rassendiskriminierung verurteilte.

Präsident Jiang Zemin erkannte die Bedeutung der Beziehungen mit den USA für die Fortsetzung der wirtschaftlichen Reformen. Nach dem Ende des ersten Golfkriegs verstärkten die USA ihr Engagement im Nahen Osten. Gleichzeitig verlangte auch die mit dem Aufkommen des Nationalismus und ethnischer Konflikte sich verschlechternde außenpolitische Lage in Osteuropa und der Sowjetunion die Aufmerksamkeit des Westens. Daher schienen Entspannung und eine Rückkehr zur Normalität in den Beziehungen mit China notwendig, um sich auf die Brennpunkte in Osteuropa und im Nahen Osten konzentrieren zu können. Im Herbst 1991 war die US-Administration bereits bereit, die Sanktionen aufzuheben. Die Verbesserung dieser Beziehungen wurde in den späten 1990er Jahren schrittweise weitergeführt und gipfelte in Jiang Zemins USA-Besuch 1997 und Präsident Bill Clintons Besuch in China 1998.

Normalisierung der Beziehungen zu den USA

Damit waren die außenpolitischen Voraussetzungen für eine Fortsetzung der Reformen gegeben. Es gab jedoch einige substanzielle Unterschiede zwischen der Reformpolitik vor und nach 1989. Die Reformmaßnahmen zwischen 1993 und 1999 hatten eine klare Systematik, welche in einem direkten Kontrast zum experimentellen Charakter der 1980er Jahre stand. Diese Reformmaßnahmen können in die folgenden Kategorien gruppiert werden. Zuerst und am wesentlichsten war vielleicht die Stärkung des Wettbewerbs zwischen Kreisen und Provinzen. Seit 1949 hatte China bereits ein System entwickelt, in dem lokale Kader um die Aufmerksamkeit und Ressourcenverteilung der Zentralverwaltung wetteiferten. Dieser Wettbewerb verstärkte sich in den 1990er Jahren mit dem Wachstum des BIP, Exporten, und dem Zufluss von ausländischen Investitionen. Insgesamt wurden in der Konkurrenz der Landkreise untereinander zunehmend ideologische und politische Aspekte durch wirtschaftliche Indikatoren ersetzt. In der Folge waren Karrieremöglichkeiten für Provinzgouverneure und Kader in den Kommunen davon abhängig, wie sich die wirtschaftliche Situation in ihrem Gebiet entwickelte. Die kommunalen Verwaltungen hatten damit einen starken Anreiz für die Förderung von wirtschaftlichem Wachstum. Wachstum in den Gemeinden vor Ort ermöglichte den Aufstieg lokaler Politiker in nationale Ämter, wo Anerkennung, Beförderungen und Boni lockten. Wirtschaftliches Wachstum erhöhte auch die Staatseinnahmen und Gewinne der TVEs, in die die Kommunen oft investiert hatten. Chinas Lokal- und Provinzregierungen wurden damit zu engagierten Förderern des Wachstums und der wirtschaftlichen Entwicklung. Dieser Wettbewerb trieb den bestehenden „Investitionshunger" an, der in der chinesischen Wirtschaft seit den 1990er Jahren sichtbar war. Lokalverwaltungen widersetzten sich gelegentlich sogar zentralen Aufrufen, im Auf- und Ausbau von Anlagen und Infrastruktur Zurückhaltung walten zu lassen. Der Wettbewerb um wirtschaftliche Entwicklung ist ein wichtiges Merkmal der chinesischen öffentlichen Verwaltung, besonders im Vergleich zur Lage in vielen Entwicklungsländern, wo kommunale Verwaltungen eher an Ressourcen-Extraktion als an Wachstumsförderung interessiert sind.

Als zweite Maßnahme entwertete China den *Renminbi* zu Beginn des Jahres 1994 effektiv um 33 Prozent. Bis dahin hatte China zwei offizielle Währungssysteme (für Ausländer mit Devisen und für die chinesische Bevölkerung) mit verwirrend unterschiedlichen Umtauschraten – unvorteilhafte für Ausländer und bessere für ausgewählte chinesische Unternehmen. Es gab auch einen florierenden Schwarzmarkt und Korruption im großen Maßstab. Als Teil der Veränderungen vereinte China die beiden Währungssysteme und setzte die Rate für Ausländer etwa auf dasselbe Niveau, das intern von chinesischen Unternehmen auf den Swap-Märkten gezahlt wurde. Die Entwertung half dabei, chinesische Exporte zu erhöhen, und es machte ADI attraktiver. Da Chinas Anteil an der globalen Wirtschaft relativ klein war, widersprachen die USA und andere Länder dieser Maßnahme damals nicht.

Drittens wurden die Barrieren der Land-zu-Stadt Migration gesenkt. Mobilitätsbarrieren durch das *hukou*-System hatten nicht nur den Transfer von Arbeit, sondern auch von Kapital, Gütern und Ideen entlang administrativer Grenzen unter dem Plansystem beschränkt. Migranten aus den ländlichen Gebieten wurde es daher Mitte der 1990er Jahre erlaubt, sich temporär zum Arbeiten in den städtischen Gebieten aufzuhalten. Sie durften jedoch ihren Wohnsitz nicht dauerhaft verlegen. Die Lockerung des *hukou*-Systems führte zu einem beständigen Anstieg der Zahl der Arbeitsmigranten vom Land in die Stadt und stellte der wachsenden städtischen Industrie einen großen Pool an günstigen Arbeitskräften zu Verfügung. Lockerung des hukou-Systems

Viertens unternahm die Regierung Schritte zur Stärkung des Zentralstaats. 1994 wurden Steuerreformen durchgeführt, die Chinas Finanzen auf eine solide Grundlage stellten. Die Maßnahmen bewirkten eine Erhöhung der volkswirtschaftlichen Steuerquote von 10,8 Prozent des BIP auf 16 Prozent im Jahr 2001 und 20,5 Prozent im Jahr 2008, was eine bemerkenswerte Wendung und eine beeindruckende Leistung war. Durch die erweiterte Steuerbasis konnte die Regierung sich steigende Erlöse sichern und den zentralen Haushalt stärken. Als Antwort auf die von der Reform verursachte wachsende Arbeitslosigkeit wurde ein Sicherheitsnetz für die städtische Bevölkerung in Form von Arbeitslosenversicherung, Anti-Armut-Programmen, die eine minimale Existenzgrundlage garantierten, sowie eines neustrukturierten Rentensystems finanziert. Steuerreform

Eine andere Maßnahme, die die Haushaltssituation des Zentralstaats verbesserte, waren die massiven Kürzungen im Bereich der Staatsunternehmen (state-owned enterprise, SOE). Die SOEs wurden dem offenen Wettbewerb ausgesetzt und hatten auf der Finanzierungsseite strengere Haushaltsbeschränkungen. Tausende von unprofitablen Firmen im Staatsbesitz mussten geschlos- Reform der Staatsunternehmen sen werden. Viele kleine und mittlere Firmen im Staatsbesitz und noch mehr Gemeinde- und Dorfunternehmen wurden während dieser Zeit an inländische und ausländische Privatunternehmer veräußert. Der Staatssektor wurde auf diese Art effektiv reduziert. Die bereits 1992 herausgegeben Richtlinien über den Betrieb von Staatsunternehmen gaben den Managern der SOEs mehr Autonomie bei Einstellungen, Entlassungen, Festsetzung der Gehälter und Veräußerung oder Erwerb von Firmeneigentum. Innerhalb eines Jahrzehnts entließen die SOEs 45 Millionen Arbeiter, und insgesamt schrumpfte die Belegschaft der Staatsfirmen durch Pensionierungen und Wegfall offener Stellen um weitere 33 Millionen Arbeiter, was insgesamt einer ca. 40-prozentigen Reduktion der Belegschaft gleichkam. Nur die größten und profitabelsten Firmen, meistens mit Monopolstellung oder in strategischen Bereichen, blieben in Regierungshand. Mehr als tausend große Staatsunternehmen wurden an die Börse gebracht. Insgesamt war der Staat entschlossen, „nationale Champions" im Staatsbesitz zu behalten.

Zunahme ausländischer Investitionen

Mitte der 1990er Jahre lockerte China außerdem die Restriktionen für ausländische Direktinvestitionen und den Erwerb von Eigentum durch Ausländer. Dies führte zu einer starken Zunahme ausländischer Investitionstätigkeit. Als Folge schaffte das dramatische Wachstum von Anreizen, Mobilität und Märkten beispiellose Möglichkeiten für die Gründung von neuen Firmen und die Expansion bestehender in- und ausländischer Firmen in neue Märkte. Die Zahl der Markteintritte war beeindruckend. Die Zahl der produzierenden Unternehmen stieg von 377.300 im Jahr 1980 auf fast 8 Millionen im Jahr 1996.

Eintritt in die Welthandelsorganisation (WTO)

Ende 1999 wurde schließlich nach jahrelangen Verhandlungen das Abkommen über Chinas Eintritt in die Welthandelsorganisation (WTO) geschlossen. Die offizielle Mitgliedschaft begann 2001. Die WTO-Mitgliedschaft schrieb nicht nur eine viel größere Öffnung für Importe fest, sondern auch eine Reihe von Grundregeln, die es ausländischen Investoren und Unternehmen erlaubten, frei auf dem chinesischen Binnenmarkt zu verkehren und zu verkaufen. China verpflichtete sich zur Einhaltung der WTO-Regeln und -Richtlinien betreffend internationale Urheberrechtsgesetze, Marken, Visa, Geschäftslizenzen und den Schutz von inländischen Industrien.

Insgesamt war die Zeit der 1990er Jahre in wirtschaftlicher Hinsicht die bedeutendste und erfolgreichste Phase der Reformpolitik; weit mehr als die 1970er und 1980er Jahre. Anstatt sich auf bestehende Reformen und administrative Anpassungsmaßnahmen zurückzuziehen, verließ sich Premier Zhu Rongji vor allem auf eine strikte Geldpolitik und engere Haushaltsbeschränkungen, um eine schmerzhafte, aber notwendige Restrukturierung des öffentlichen Sektors voranzubringen, oft gegen die Eigeninteressen von Regierung und lokaler Ebene. Wettbewerb wurde in allen Bereichen zugelassen, dabei aber sollten die Interessen und Ressourcen des Zentralstaates bewahrt bleiben.

1.4.3 Wachstum um jeden Preis (2001–2015)

Der Beitritt zur WTO im Jahr 2001 markiert den Beginn einer zehnjährigen Phase hoher Wachstumsraten. Dieses Wachstum der „Produktivkräfte", das heißt des BIP, war das primäre Ziel der Regierung Jiang / Zhu. Die chinesische Zentralregierung bevorzugte im Allgemeinen die kapitalintensive Schwerindustrie, die von günstigen Krediten der staatlichen Banken, einem unterbewerteten Wechselkurs und billigen Faktoren wie Land und Energie profitierte. Des Weiteren gab es steuerliche Vergünstigungen und sogar relativ häufig Schuldenerlass.

Ziel hoher Wachstumsraten

Lokale Regierungen hingegen förderten neue Investitionsmöglichkeiten eher in der exportorientierten Leicht- und Konsumgüterindustrie, indem sie Land für Industrie- oder Gewerbegebiete zu günstigen Konditionen auf den Markt brachten. Das Ergebnis war eine nachhaltige Mobilisierung von Kapital für Investitionen. Chinas erstaunliche Entwicklung seit 2001 war nur möglich, weil die Weltmärkte das Land zum Standort der relativ arbeitsintensiven Endfertigung in der globalen Produktionskette machten. Der unerschöpfliche und relativ günstige Pool von Arbeitskräften gab China einen deutlichen Wettbewerbsvorteil. Chinas Investitionsquote, d. h. der Anteil von Anlageinvestition am BIP, ist die höchste, die ein großes Land je erreichen konnte. Zwischen 1992 und 2002 betrug Chinas Investitionsrate bereits zwischen 38 und 39 Prozent, was den Höchstraten entspricht, die Japan, Korea und Taiwan während ihrer hohen Investitions- und Wachstumsphasen in den 1960er und 1970er Jahren erreicht hatten. Von 2003 an stieg die Investitionsquote weiter an und überschritt 40 Prozent, ein noch nie verzeichneter Stand. China finanzierte rund 60 Prozent seiner Bruttoanlageinvestitionen aus inländischen Ersparnissen und die

Hohe Investitionsquote

bleibenden 40 Prozent wurden über ausländische Direktinvestitionen (ADI) finanziert.

Zustrom ausländischen Kapitals

Nach 2001 kam es zu einem massiven Zustrom von westlichem Kapital. China verzeichnete bemerkenswerte Erfolge bei der Akquise von ADI. Nachdem China die Reformära mit weniger als zwei Milliarden US-Dollar ADI jährlich begonnen hatte, überschritten die jährlichen ADI zwanzig Jahre später, am Ende der 1990er Jahre, einen Gesamtbetrag von 40 Milliarden US-Dollar. Diese Summe machte China unter den Entwicklungsländern unbestritten zum Spitzenempfänger von ausländischen Direktinvestitionen. Von 1979 bis 2000 nahm China insgesamt eine Summe von 346,2 Milliarden US-Dollar an ADI auf. 2002 überholte China schließlich sogar die USA als das beliebteste Ziel für ADI. Zeitweilig flossen mehr als 40 Prozent der gesamten ADI in der Welt nach China. Die Investition von großen westlichen und japanischen multinationalen Konzernen machte dabei nur einen kleinen Teil des gesamten Zustroms an ADI aus. Fast 60 Prozent kam aus „Greater China", vor allem aus Hong Kong, Macao und Taiwan. Die meisten Investoren waren kleine und mittlere Unternehmen (KMU), die sich auf einfache arbeitsintensive Produktions- und Fertigungsprozesse spezialisierten. Die ausländischen KMU bauten große Eigenkapitalpositionen in mehreren chinesischen Industrien auf und erlangten erhebliche Kontrolle über Chinas Exportwege in die Welt. Ca. 400 der 500 weltgrößten Firmen investierten in über 2000 Projekten in China. Dies schloss weltführende Computer-, Elektronik-, Telekommunikationsanlagen-, pharmazeutische und petrochemische Firmen ein.

Technologietransfer

Ein wichtiger Vorteil der ausländischen Investition waren der Transfer von moderner Technologie und die Geschäftsexpertise, die es China erlaubten, seine Exporte zu erhöhen. Transnationale Firmen wie etwa Microsoft, Motorola, GM, GE, Samsung, Intel, Nokia und Siemens eröffneten Forschungs- und Entwicklungszentren in China. Zunehmend wurden Hightech-Produkte exportiert. Im Jahr 2000 z. B. verschiffte China bereits Hochtechnologie-Produkte im Wert von 37 Milliarden US-Dollar, 81 Prozent davon wurden von ausländischen Tochtergesellschaften in China hergestellt. Aber die Folgen der hohen ADI reichten noch weiter. Die Investitionen trugen zum Entstehen eines wettbewerbsorientierten Umfelds bei, ermutigten die Entwicklung von neuen Institutionen sowohl auf der Firmenebene als auch durch das Rechtssystem. Sie beeinflussten auch die Debatte über Eigentum im Sozialismus grundlegend, indem sie Eigentumsrechte in einen globaleren und wettbewerbsorientierten Kontext brachten.

Das Wachstum im Exportbereich wurde vor allem von mittleren und kleinen Privatunternehmen getragen. Dem Staat wurde jedoch bewusst, dass der Sektor der Staatsbetriebe und öffentlichen Unternehmen dringend Reformen benötigte, um ihn auf den inländischen und globalen Märkten wettbewerbsfähig zu machen. 2003 kündigte China die Gründung einer Behörde an, die die Kontrolle der Zentralregierung über die Staatsunternehmen in einer neuen institutionellen Weise ausüben sollte. Die „Kommission zur Kontrolle und Verwaltung von Staatsvermögen" (State Asset Supervision and Administration Commission, SASAC) übernahm den Besitz von 196 der größten Unternehmen im Staatsbesitz. Sie wurde eine der wichtigsten und einflussreichsten Organisationen der Welt, obwohl nur wenige Außenstehende je von ihr gehört haben. Nach der ersten Reform und einer erheblichen Verkleinerung des Staatssektors Mitte der 1990er Jahre war die Aufgabe von SASAC nun die Erhaltung und Konsolidierung der großen SOEs in ausgewählten strategischen Bereichen der chinesischen Wirtschaft wie Rohstoffe, Energie, Kommunikation, Infrastruktur und Verteidigung. Unternehmen in diesen Bereichen wurden von der Privatisierung sowie von ausländischen Investitionen ausgenommen. SASAC erhielt die Gesellschafterrechte über ein breites Spektrum von Staatsunternehmen und übte so Kontrolle über ein riesiges Vermögen aus. Fünfundvierzig Konzerne auf der Fortune Global 500 Liste von 2012 sind im Besitz von SASAC und haben einen Gesamtwert von 4,5 Billiarden US-Dollar. SASAC führte grundlegende Reformen in der Unternehmensführung der großen SOEs durch. Effizienteres Management wurde durch die Einführung von unternehmerischen Elementen (*gongsihua*) gefördert. Der Unternehmensführung wurden klar definierte Zuständigkeiten gegeben (inklusive Umstrukturierungen, Ausgliederungen, Unternehmenszusammenschlüssen, Kapitalbeschaffung sowie Gehältern) und politische Einflussnahme auf das Tagesgeschäft wurde beschränkt. Insgesamt folgte SASAC einer Agenda der Professionalisierung, Spezialisierung und Förderung von internationaler Wettbewerbsfähigkeit.

Reform der Staatsbetriebe

Die chinesische Regierung bemühte sich aktiv darum, Monopole der Staatsunternehmen zu vermeiden. Im Allgemeinen kon-

Vermeidung von Monopolen

kurrieren mindestens zwei große Firmen in jedem Marktsegment. Zum Beispiel teilen sich die China National Petroleum Corporation (CNPC), China Petrochemical Corporation (PetroChina) und China National Offshore Oil Corporation (CNOOC) den Ölmarkt, während China Mobile, China Unicom und China Telecom den Telekommunikationsmarkt unter sich aufteilen Alle diese Firmen sind im zentralen Besitz von SASAC. In der Luftfahrtindustrie gibt es drei große zentrale Luftfahrtgesellschaften – Air China, China Eastern und China Southern – sowie mehrere kleinere öffentliche und private Luftfahrtgesellschaften. Diese Konstellationen sind das Ergebnis von aktiven Strukturierungs- und Umstrukturierungsinitiativen der chinesischen Regierung. Auf der einen Seite wurde das Bestehen von Marktmonopolen, die als ineffizient und leicht korrumpierbar galten, verhindert. Auf der anderen Seite behielt der Staat die Kontrolle über die strategischen und sensiblen Bereiche. Das Ergebnis ist das heutige System des strukturierten Wettbewerbs unter den Unternehmen im Staatsbesitz. Auf Grund dieser bedeutenden institutionellen Innovation stabilisierte und erholte sich der Staatssektor.

Staatskapitalismus

Auf diese Weise entstand ein hybrides, gemischtes Wirtschaftssystem, das auf einigen großen Unternehmen im Staatsbesitz auf zentraler Ebene und auf privaten Unternehmen mit engen Verbindungen zu Kommunen und lokalen Regierungsbehörden basiert. Die großen, weltweit agierenden Staatsfirmen bleiben weiterhin der Kern dessen, was Beijing offiziell als „Marktsozialismus mit chinesischen Eigenschaften" bezeichnet. Einige westliche Wissenschaftler nennen dieses System jedoch „Staatskapitalismus", weil der chinesische Staat die Kontrolle über erhebliche Produktionsmittel und auch das Kapital behält. Staatsfirmen und staatliche Interventionen werden auch nicht nur als Werkzeuge der Regierungspolitik betrachtet, sondern auch als Mittel der Regime-Identität und Legitimierung. Während der Zeit des rasanten Strukturwandels und des Höhepunkts des wirtschaftlichen Wachstums erzielte der chinesische Staatskapitalismus einen großen wirtschaftlichen Erfolg, von dem Staat und Partei profitierten.Trotz der Monopole und gelegentlicher lokaler Handelsbarrieren durchdringt intensiver Wettbewerb das wirtschaftliche Leben.

Schattenseiten des hohen Wachstums

Die Ära hoher Wachstumsraten führte auch zu problematischen Entwicklungen. Wachstumsfördernde Maßnahmen können zu wirtschaftlichen Verzerrungen führen. Die Bevorzugung von nationalen Champions in der Kapitalvergabe kann Investitionen in kleinere private Unternehmen mit höheren Renditen verdrängen. Die zunehmende Abhängigkeit der chinesischen Wirtschaft von Investitionen erwies sich daher als wirtschaftlich problematisch. Die Investitionsabhängigkeit führte z. B. zu einem relativ geringen Anstieg von höher qualifizierten Arbeitsplätzen, was den Haushaltskonsum belastete. In der langfristigen Analyse des Zeitraums von 1979 bis 2012 trug in China das Wachstum des Faktors Arbeit lediglich 0,9 Prozentpunkte zum durchschnittlichen jährlichen BIP-Wachstum von 9,8 Prozent bei. Chinas private Haushalte profitierten somit weniger von den Gewinnen als die Investoren und die Firmen. Aufgrund des im Vergleich zu Unternehmensgewinnen relativ langsamen Einkommenswachstums der privaten Haushalte ist es auch nicht überraschend, dass Chinas Haushaltskonsum nur 35,3 Prozent des BIP von 2008 ausmachte. Im Ergebnis entstand ein erhebliches gesamtwirtschaftliches Ungleichgewicht.

Das Ungleichgewicht zeigte sich auch in der wachsenden Kluft zwischen städtischer und ländlicher Wirtschaft. Ein Programm namens „das neue sozialistische Dorf" (*shehui zhuyi xin nongcun*) versprach, alle Dörfer durch Teerstraßen mit der Außenwelt zu verbinden, alle Bauern bis 2020 in die Krankenversicherung aufzunehmen, die Politik der Unterstützung des Existenzminimums von den Städten auf die ländlichen Gebiete auszuweiten und die Technisierung in der Landwirtschaft voranzubringen. 2006 wurden sämtliche landwirtschaftlichen Steuern und Abgaben abgeschafft, um die wirtschaftliche Situation auf dem Land zu verbessern. Es wurden auch Reformen in Chinas Haushaltsregistrierungssystems (*hukou*) in Aussicht gestellt, die es Bauern erleichtern würden, in die Stadt zu ziehen. Im Oktober 2007 wurde der „Ausgleich" städtischer und ländlicher Entwicklung in die Parteiverfassung aufgenommen. Wachsende Kluft zwischen Stadt und Land

Trotz dieser Maßnahmen wuchs insgesamt die Ungleichheit in der chinesischen Gesellschaft. Die Armut nahm zwar merklich ab, aber dennoch entstanden große soziale Unterschiede. Reichere Schichten der Gesellschaft hatten einen wesentlich größeren Anteil am erwirtschafteten Gewinn als ärmere Gruppen. Zwischen Land und Stadt bestehen weiterhin große Einkommensunterschiede. Die Bemühungen unter Hu Jintao haben somit trotz anders lautender Absichten nicht zu einer grundlegenden Änderung des Entwicklungsmodells geführt. China hat es zwar z. B. erreicht, seine natio- Soziale Ungleichheit nale Krankenversicherung auf 95 Prozent der Bürger auszuweiten, aber in der Praxis sind viele Arbeiter nur unzureichend abgesichert. Bei der Qualität und beim Zugang zur medizinischen Versorgung gibt es weiterhin große Unterschiede zwischen Stadt und Land. Das Gesundheitssystem in der Stadt operiert auf einem ähnlichen Niveau wie die Gesundheitsversorgung in Industrieländern. Die ländliche Ebene des chinesischen Gesundheitssystems ähnelt hingegen mehr dem Versorgungsstandard eines Entwicklungslandes.

Das ungelöste Problem der Eigentumsrechte

Ein zentrales Hindernis ist die weiterhin ungelöste Frage des Eigentums an Grund und Boden. In China ist Ackerland per Gesetz im kollektiven Besitz der Gemeinde. In der Praxis wurde Grundbesitz folglich vom Staat kontrolliert, was den Gemeinden Einfluss darüber gab, wann und zu welchen Bedingungen Land entwickelt wurde. Das Einkommen von lokalen Regierungen hing zunehmend davon ab, das im Kollektiveigentum befindliche Land der Bauern an Bauträger und Landentwickler zu verkaufen. Da die Zentralregierung nur einen kleinen Teil der nationalen Steuereinnahmen an die Lokalregierungen weiterleitete, verfügen die Gemeinden nicht über ausreichende finanzielle Mittel, um die vielfältigen und umfassenden Aufgaben der Landkreis- und Stadtregierungen zu finanzieren. Um Arbeitsplätze für ihre Gemeinde zu sichern und ihre Karriere voranzubringen, verschuldeten Lokalregierungen sich daher oft hoch. Das Land wurde dabei als Sicherheit für Kredite genutzt oder zur Gewinnung von Einkommen an Investoren verpachtet. Das führte zu häufigen Konflikten, da die Bauern nur geringe Entschädigungen erhielten und zwangsweise umgesiedelt werden mussten. 1998 wurde durchgesetzt, dass die Landpachtverträge in der Landwirtschaft mindestens für weitere dreißig Jahre bestehen bleiben würden. 2007 wurde diese Frist auf 70 Jahre für Gewerbe- und Wohnimmobilien verlängert. 2008 wurden allerdings Bestrebungen blockiert, das weitverbreitete Verfahren des Verkaufs von Nutzungsrechten von gepachtetem Land in einem neuen Bodengesetz legal festzuschreiben, das es Bauern erlauben würde, ihre Landnutzungsrechte frei zu handeln, zu vermieten und sie sogar mit einer Hypothek zu belasten. 2009 legte ein neues Gesetz Richtlinien zur Beilegung von Landstreitigkeiten fest, die die kollektiven Landrechte bestätigten. Den Knoten aus Land- und Finanzproblemen zu lösen ist eine der zentralen Herausforderungen.

Förderung des Bildungssektors

Ohne Innovation wird es kaum möglich sein, in Richtung einer ausgeglicheneren und nachhaltigeren Entwicklung umzusteuern.

1.4 Wachstum und Wandel in der Gegenwart (1990–2015) — 129

China versuchte daher auch in menschliches Kapital zu investieren, insbesondere durch Stärkung und Reform des Bildungsbereichs. In den 1990er Jahren begann China eine beeindruckende Expansion des höheren Bildungswesens. Chinas Universitäten wurden internationaler und steigerten die Qualität von Forschung und Lehre erheblich. Dies wurde durch eine Kampagne zur Verbesserung der Forschungsqualität erreicht. In Bezug auf die Zahl der ausgebildeten Studenten sind die Reformen in Chinas postsekundärem Bildungswesen umfassender als der große Ausbau der Universitäten in den USA nach dem Krieg oder die Masseneinschreibungen an Universitäten in Europa in den 1970er und 1980er Jahren. Nach einem Jahrzehnt, in dem die meisten Universitäten ihren Betrieb eingestellt hatten, öffneten chinesische Universitäten 1978 weniger als 1 Million Studenten ihre Türen. 1998 hatte die Zahl der Einschreibungen 3,4 Millionen erreicht. 2012 besuchten 23,9 Millionen Studenten Institutionen der höheren Bildung in China – etwa vier Millionen mehr als in den Universitäten und Hochschulen der USA eingeschrieben waren. Die chinesische Regierung und private Geldgeber investieren enorme Summen in die führenden Universitäten. Private Hochschulen und Universitäten machen nun mehr als ein Viertel der höheren Bildungsinstitutionen in China aus und wuchsen in einem schnelleren Tempo als die öffentlichen Institutionen. China bildet jedes Jahr mehr Doktoranden aus als irgendein anderes Land der Welt. In den Ingenieur- und Naturwissenschaften gelingt es den chinesischen Universitäten zunehmend, zu den Besten der Welt aufzuschließen. Innerhalb der nächsten zehn Jahre wird das Forschungsbudget der chinesischen Eliteuniversitäten dem der amerikanischen und europäischen Universitäten nicht mehr nachstehen.

Diese Vorhaben wurden erschwert durch die merkliche Verlangsamung des wirtschaftlichen Wachstums in China. 2015 zeichnete es sich ab, dass das Wirtschaftswachstum zurückging. Aus diesem Grund führte die Führung im August 2015 die größte Entwertung der chinesischen Währung seit mehr als zwei Jahrzehnten durch und verunsicherte damit die einheimischen und globalen Märkte. Die Aktienmärkte in China gaben deutlich nach. Insgesamt versuchte die Regierung, die heimische Nachfrage zu unterstützen, indem das Wirtschaftssystem mit billigen Krediten versorgt wurde. Außerdem setzte sie alles daran, den Aktienmarkt zu stützen. Große Anteilseigner durften keine Verkäufe tätigen, Staatsunter-

Verlangsamung des Wachstums

nehmen wurden dazu angehalten, Aktien zu kaufen, und vielen Firmen mit fallenden Aktienkursen wurde es erlaubt, den Handel auszusetzen. Die notwendige Neuanpassung der wirtschaftlichen Struktur, die um das schnelle Wachstum herum aufgebaut wurde, birgt große Herausforderungen. Die Struktur funktionierte, solange starkes wirtschaftliches Wachstums genug Investitionsmöglichkeiten bot. Aber nach 25 Jahren schienen Investitionen auf fallende Renditen zu stoßen. Steigende Arbeits- und Energiekosten in China verringerten die Wettbewerbsfähigkeit. Die Löhne verdreifachten sich von 4,35 US-Dollar pro Stunde im Jahr 2004 auf 12,47 US-Dollar pro Stunde im Jahr 2015. Nach Jahren der ansteigenden Löhne, höheren Energierechnungen und steigenden logistischen Kosten und aufgrund neuer Regierungsquoten auf die Einführung von Baumwolle wurde beispielsweise die Textilherstellung in China immer unprofitabler.

1.4.4 Streben nach nationaler Einheit und Größe

Hinwendung zum Nationalismus

Die Partei wandte sich seit Mitte der 1990er Jahre zunehmend dem Nationalismus zu. Mit der wachsenden Irrelevanz der zentralen Versprechen des Sozialismus wie Gleichheit, soziale Fürsorge und soziale Sicherheit wurde das nationalistische Denken wichtiger. Der Bezug auf den Marxismus als dogmatische Richtlinie für Politik und Entwicklung war nicht länger tragfähig. In Fragen der wirtschaftlichen Entwicklung hatte die Partei die Konzepte und Lösungen der marxistischen Theorie klar hinter sich gelassen. Da sie außer im Namen nicht länger kommunistisch war, war eine neue Vision nötig. In den offiziellen Erklärungen konzentrierte sich die Regierung nicht mehr länger auf das Erreichen des Kommunismus als ultimatives Ziel, sondern auf die Erhaltung von Ordnung und Stabilität und das Erreichen von höheren Wachstums- und Wohlstandsquoten, um eine „wohlhabende Gesellschaft" zu erschaffen und dadurch das „Wiederbeleben" der Nation zu unterstützen. Die Regierung war darauf angewiesen, Legitimität der Herrschaft aus der Förderung von wirtschaftlichem Wachstum und dem Erreichen nationaler Größe zu ziehen.

Die Anfänge dieses Prozesses reichen zurück in die Zeit nach der gewaltsamen Unterdrückung der Studentendemonstrationen auf dem Tiananmen-Platz. In Reaktion auf die innere Zerstrittenheit und die internationale Isolation begann die Regierung zunächst die patriotischen Gefühle der Bevölkerung zu fördern. Mit der Patriotischen Erziehungskampagne 1991 wurden die Studenten ermahnt, sich hinter der Führung zu vereinen, andernfalls würde China im Chaos versinken. Im September 1994 wurde die Patriotische Erziehungskampagne auf die gesamte Bevölkerung inklusive des Militärs ausgeweitet. Dem folgte die Veröffentlichung der „Ausgewählten Werke für die Einführung in die patriotische Erziehung" im November 1995, die Aufsätze und Reden von Mao, Deng und Jiang Zemin über Patriotismus enthielt. Mit der Kampagne forderte Jiang Zemin die Partei auf, sich selbst „unter dem Banner des Nationalismus" neu zu erfinden, und drängte die Massen, besonders die Studenten, sich mit den Werten des „Patriotismus" „tief vertraut" zu machen. Gleichzeitig versuchten die Behörden, allgemein die Auseinandersetzung mit den von der Partei verursachten „historischen Fehlern" wie z. B. dem „Großen Sprung" oder der Kulturrevolution zu verhindern. Insgesamt war die Kampagne zur Patriotischen Erziehung effektiv, da sie eine nationalistische und konservative Stimmung innerhalb der chinesischen Gesellschaft erzeugte. Der Anstieg des Nationalismus half der Regierung, etwas von dem im Juni 1989 verlorenen Vertrauen wiederherzustellen.

Patriotische Erziehungskampagne

Jenseits der Notwendigkeit, Kontrolle zu etablieren, stand die Partei zunehmend grundlegenderen und systematischeren Problemen gegenüber. Die KPCh musste sich von einer „revolutionären Partei" (*gemingdang*) in eine „herrschende Partei" (*zhizhengdang*) verwandeln, mit der Hauptaufgabe, Chinas nationales Wohlergehen und Stärke zu fördern. Die Führung der Partei betonte, dass es die Mission der KPCh als herrschende Partei sei, China wieder stark und erfolgreich zu machen. Die Reformära wurde daher oft als ein Zeitalter von „Chinas Renaissance" (*fuxing*) oder als „große Erneuerung der chinesischen Nation" beschrieben. Aussagen wie diese verdeutlichen, dass die Partei der Reformära nach 1989 ihre Hauptmission nicht länger im radikalen gesellschaftlichen Wandel und im Erreichen von utopischen Zielen sah, sondern darin, China reich und stark zu machen.

Chinas Renaissance

In einer deutlichen Abkehr von früheren maoistischen Positionen und politischen Maßnahmen begann die Partei unter Hu Jintao, ihre Beziehung zur konfuzianischen Tradition neu zu definieren. Sie zog die Analogie zu einem Baum und argumentierte, dass Chinas traditionelle Kultur als Wurzel, der Marxismus-Leni-

Anerkennung des kulturellen Erbes

nismus als Stamm und die unterschiedlichen lokalen Kulturen als Äste verstanden werden könnten. Die Baumanalogie porträtierte das gegenwärtige China als Erbe der Errungenschaften der klassischen chinesischen Kultur. Obwohl diese Argumentation vom linken Flügel der Partei kritisiert wurde, intensivierte die Regierung ihre Bemühungen, das traditionelle Erbe Chinas mit dem revolutionären Vermächtnis zu versöhnen, so dass das Letztere als eine Fortführung und nicht als eine Ablehnung des Ersten gesehen wurde. Der Nationalismus sollte als eine vereinigende Kraft funktionieren, durch die die Gesellschaft zusammengehalten werden konnte. Durch nationalistische Gefühle sollten die unerwünschten politischen Folgen der Wirtschaftsreformen wie „ideologische Gleichgültigkeit", „Abnahme des Patriotismus" und „die bedauernswerte und ansteigende Tendenz, Geld zu verehren", überwunden und bekämpft werden.

Die patriotischen Kampagnen entwarfen eine nationale Identität, die sich zum Teil auf nationale Traumata der Vergangenheit berief. Die nationalistischen Darstellungen wurden von einem Gefühl der historischen Erniedrigung und des verwundeten Nationalstolzes geprägt. Die Kampagnen hoben die Kriegsverbrechen der Japaner während des Zweiten Weltkriegs und allgemeiner die Demütigungen hervor, die durch ein Jahrhundert an ausländischen Invasionen entstanden waren. Die von der Regierung in Auftrag gegebenen Lehrbücher beschrieben ein Jahrhundert der nationalen Erniedrigung (*guochi*). Der Opium-Krieg 1840, als die britische Marine die Öffnung des chinesischen Kaiserreiches für den westlichen Kapitalismus erzwang, wurde als Beginn eines Jahrhunderts der nationalen Schande betrachtet. In dem Jahrhundert vor 1949 gerieten Teile des nationalen Territoriums unter ausländische Kontrolle, und das chinesische Volk litt unter ausländischer Aggression. Demzufolge musste sich China zur Überwindung des bitteren Erbes der Erniedrigung um Stärke und Wohlstand bemühen. Die Vision eines „verjüngten" Chinas verlangte somit auch nach einer robusten Militärmacht, die sowohl inneren als auch internationalen Rivalen die Stirn bieten kann, insbesondere Japan und den USA. Im Gegensatz zu den früheren, schwächeren chinesischen Regierungen werde die von der KPCh geführte, wiedererstarkende Nation auch energisch die territorialen Grenzen und die nationale Souveränität verteidigen. Diese vielfach wiederholten Narrative der „nationalen Erniedrigung" prägten die chinesische Wahrnehmung

Jahrhundert der nationalen Erniedrigung

tief und beeinflussten Chinas Handlungen in der internationalen Arena. Die vermeintliche Erniedrigung der Vergangenheit sollte sich in der Gegenwart auf keinen Fall wiederholen. Chinas suggerierte Schwäche erzeugte einen Drang nicht nur nach der Wiederherstellung von Stabilität und Sicherheit, sondern auch nach Großmachtstatus, durch den China in der Lage sein sollte, mit Herausforderungen in Asien und darüber hinaus umzugehen.

Die Bemühungen der Regierung interagierten allerdings auf eine komplexe Weise mit dem Aufkommen eines populären Nationalismus, der von unten und innerhalb der Gesellschaft entstand. Wie aus Bespielen in anderen Ländern bekannt, involviert Nationalismus immer sowohl die Regierung als auch die Bevölkerung und muss daher als eine einflussreiche Kraft gesehen werden, die nicht statisch, sondern verhandelbar und dynamisch ist. Weder der Staat noch die Gesellschaft haben je für sich die ausschließliche Definitionsmacht über den Nationalismus. Populäre Nationalisten können die Appelle des Staates unterstützen, aber sie können sie auch herausfordern und eigene konkurrierende nationalistische Visionen verbreiten.

Aufkommen eines populären Nationalismus

Seit den 1990er Jahren liebäugelten chinesische Intellektuelle sowie ihre Leser und Zuhörer mit nationalistischen Äußerungen und Einstellungen unabhängig von der Regierung. Dies wurde zum Großteil durch das Aufkommen einer städtischen kommerziellen Kultur erleichtert, die vor allem an den Stimmungen der Verbraucher orientiert war. Unter den populären Stoffen, die ein großes Publikum anzogen, waren nationalistische Themen wie die Diskriminierung, Erniedrigung oder die schlechte Behandlung Chinas oder der Chinesen durch Ausländer. Das aufsehenerregendste und umsatzstärkste Werk aus dieser Zeit war eine Sammlung von Aufsätzen, die unter dem Titel „China kann nein sagen" (*Zhongguo keyi shuo bu*) erschien. Darin wurde die Regierung aufgefordert, nationale Interessen konsequenter nach außen zu vertreten. Große öffentliche Aufmerksamkeit erlangte auch das Buch „Hinter der Dämonisierung Chinas", das von acht Absolventen von Eliteuniversitäten in den USA verfasst wurde. Das Buch wollte die Idealisierung der Vereinigten Staaten kritisieren, indem es beschrieb, wie seine Regierung, Medien und Wissenschaft zusammenarbeiteten, um ein negatives Bild von China zu entwerfen. Beide Werke hatten große Bedeutung für die Verbreitung des „populären Nationalismus" in den 1990er Jahren. Während diese Texte auf Grund

„China kann nein sagen"

der Feindseligkeit gegenüber der westlichen Welt und ihrer Werte außerhalb Chinas mit Besorgnis gesehen wurden, war ihre inländische Wirkung für die Regierung nicht weniger besorgniserregend. Die Texte argumentierten, dass China ebenso sehr von der Schwäche der eigenen Regierung wie von den Interessen der westlichen Mächte behindert wurde.

Territorialdispute

Des Weiteren wurde der populäre Nationalismus auch während mehrerer Demonstrationen und öffentlicher Proteste sichtbar. 1996 brach zwischen China und Japan ein Disput über den Besitz von acht kleinen Inseln im Ostchinesischen Meer aus (chin. Diaoyutai, jap. Senkaku). Sehr zur Überraschung der Regierung entstand innerhalb Chinas, aber auch in Hong Kong, Macao und Taiwan sowie in den Gemeinden der Überseechinesen in den USA und Kanada eine breite politische Bewegung. Selbst bekannte Dissidenten der VR China wie Wang Xizhe und Liu Xiaobo, schickten einen „offenen Brief" an die Autoritäten in Beijing und Taipei, in dem sie auf die Entsendung von Militäreinheiten drängten, um die Inseln zurückzuerobern. Das Potenzial des populären Nationalismus zur grenzüberschreitenden Massenmobilisierung beunruhigte die Regierung in China allerdings. Sie sah sich plötzlich mit immer radikaleren Forderungen von der Straße konfrontiert und entschied sich folglich, die Proteste zu beenden und die Demonstrationen zu stoppen – selbst auf das Risiko hin, die nationalistischen Kräfte und die Medien zu verstimmen.

Bombardement der chinesischen Botschaft in Belgrad

Drei Jahre später, im Juni 1999, löste das NATO-Bombardement auf die Botschaft der VR China in Belgrad, bei dem drei chinesische Botschaftsangestellte ums Leben kamen, wiederum große Proteste aus. Drei Tage lang belagerten Tausende von Chinesen die US-Botschaft in Beijing und Konsulate in zehn weiteren Städten. Die Menge bewarf die Gebäude mit Steinen und Flaschen. In der Stadt Chengdu steckten Randalierer das Konsulatsgebäude in Brand. Diese Proteste waren nicht von der Partei fabriziert. Populäre Nationalisten reagierten aufgebracht und die Parteieliten waren kaum in der Lage, den Zorn des Volkes zu kontrollieren. Auch dieses Mal war die Unterdrückung der Proteste riskant, besonders weil chinesische Leben zu beklagen waren und die Emotionen hochkochten. Ähnliche Vorfälle in den 2000er Jahren belegen die Ausbreitung eines populären Nationalismus, der zunehmend den Anspruch der KPCh auf nationalistische Legitimität in Frage stellte. Obwohl es viele gemeinsame Elemente zwischen populärem Nationalismus und staatlichem Nationalismus in China gab, untergrub das relativ unabhängige Bestehen des populären Nationalismus das Monopol der KPCh über den nationalistischen Diskurs.

Aber auch westliche Kritik trug ganz wesentlich zur Attraktivität der nationalistischen Bewegung in China bei. Auch wenn sich die chinesischen Intellektuellen der vielen fortbestehenden Probleme in ihrem eigenen Land bewusst waren, profitierten sie von der positiven wirtschaftlichen Entwicklung und blickten mit Stolz auf die Erfolge und Errungenschaften. Die chinesische Öffentlichkeit war daher enttäuscht von der oft negativen Berichterstattung der westlichen Medien über China und vermutete tief sitzende Vorurteile. Die westliche Kritik schien vielen Chinesen unfair und wurde als Zeichen von Rivalität im Westen erklärt, der Chinas Aufstieg mit Misstrauen und Feindseligkeit betrachtete.

Westliche China-Kritik

1.4.5 Globale Ambitionen in der Außenpolitik

Die Bewahrung eines positiven, den wirtschaftlichen Zielen zuträglichen internationalen Umfelds war die wichtigste Priorität der chinesischen Außenpolitik nach 1989. Insgesamt folgte China einer weitgehend pragmatischen außenpolitischen Strategie mit dem Ziel, territoriale Integrität, regionale Stabilität und vor allem ein hohes Niveau an ununterbrochenem wirtschaftlichem Wachstum zu erhalten. In Bezug auf konkrete politische und diplomatische Maßnahmen arbeitete China an gegenseitig vorteilhaften Ergebnissen, an der Pflege von freundschaftlichen Verbindungen mit praktisch allen Nationen und Institutionen und an der Ausweitung der Beziehungen, die seiner wirtschaftlichen Entwicklung am nützlichsten waren. Die chinesische Regierung schloss zahlreiche wirtschaftliche Abkommen. China bemühte sich auch konstant darum, eine Eskalation von internationalen Konflikten zu vermeiden und nicht in militärische Konflikte mit anderen Ländern hineingezogen zu werden. Die Regierung bevorzugte sichere Weltmärkte, lehnte Handelsblöcke ab und arbeitete auf einen freien Zugang zu ausländischen Märkten und ausländischen Energiequellen und Rohstoffen hin. Die Führung war bereit, aktiv mit internationalen Organisationen zusammenzuarbeiten und unterstützte internationale Organisationen bei der Regelung von Handel, Finanzen, der Nichtweitergabe von Atomwaffen, öffentlicher Gesundheit und

Primat wirtschaftlicher Interessen

Umweltpolitik. In all diesen Bereich und auch im UN-Sicherheitsrat wurden Chinas Handlungen vor allem von seinen eigenen wirtschaftlichen Interessen geleitet. Chinas Diplomaten nutzen sowohl Verhandlungen als auch soft power, d. h. informellen Einfluss, um die Zusammenarbeit mit gleichgesinnten Staaten zu fördern und die Entscheidungen von internationalen Gremien zu beeinflussen.

Territoriale Integrität

Das zweite Ziel der chinesischen Außenpolitik stand mit der Bewahrung der territorialen Integrität in Verbindung. Das wichtigste Interesse war auf die Wiedervereinigung mit Taiwan, Hong Kong und Macao und den Schutz der inneren politischen Stabilität gerichtet. Insbesondere blockierte China die Unterstützung von außen für separatistische Bewegungen in Tibet, Xinjiang und der Inneren Mongolei und versuchte, die Unterstützung für die Unabhängigkeit Taiwans zu erschweren und zu begrenzen. Es war auch bereit, Forderungen im Ostchinesischen und Südchinesischen Meer aufrechtzuerhalten. China war und ist also entschlossen, die Dominanz anderer Akteure im asiatischen Raum zu verhindern, während es gleichzeitig Unterstützung und Sympathien unter Nachbarn aufbaute.

Westliche Kritik an der chinesischen Außenpolitik

Die chinesische Politik hatte allerdings mit einem hohen Maß an westlicher Skepsis und Kritik zu kämpfen. Unter westlichen Beobachtern und Diplomaten waren Theorien der „chinesischen Bedrohung" beliebt. Diese betrachteten China als autoritär und konfliktfreudig und stützten ihre Theorien auf die Annahme eines unvermeidbaren kommenden Konflikts. Bereits 1993 hatte der Harvard-Politikwissenschaftler S. Huntington die Theorie des „Kampfs der Kulturen" aufgestellt, die China als allgemeine Herausforderung westlicher Werte sah. Andere warnten vor dem Entstehen eines „Greater China" als Folge des zunehmenden wirtschaftlichen Zusammenschlusses von Chinas Küstenregionen, Hong Kong, Taiwan und den chinesischen Überseegemeinden in Asien. Aus einer geopolitischen Perspektive schienen Chinas kompromisslose Politik gegenüber Taiwan, seine zunehmende regionale Rivalität mit Japan und Indien sowie seine Infragestellung der globalen Hegemonie Amerikas auf die Risiken hinzuweisen, die hinter dem Aufstieg Chinas lauerten.

Chinesischer Multilateralismus

Angesichts der Spannungen und Diskussionen mit dem Westen wandte sich Chinas Diplomatie dem Multilateralismus zu. China hatte Interesse daran, „konstruktive strategische Partnerschaften" weltweit zu bilden, und suchte Kooperationen mit multilateralen Sicherheits- und Wirtschaftsinstitutionen in Asien wie der Asiatisch-Pazifischen Wirtschaftsgemeinschaft und dem ASEAN (Association of Southeast Asian Nations) Regionalforum. China übernahm außerdem die Führung im Aufbau einer strategischen Partnerschaft mit Russland. Die Regierungen Chinas, Russlands, Kasachstans, Kirgisistans und Tadschikistans einigten sich auf die Grenzverläufe zwischen ihren Ländern sowie auf vertrauensbildende Maßnahmen in Zentralasien. Daraus entstand das *Shanghai Five*-Sicherheitsregime. In den späten 1990er Jahren gelang es Moskau und Beijing ferner, den langandauernden Grenzkonflikt entlang des Flusses Amur zu lösen. China bemühte sich auch um Verbesserung seiner Beziehungen zu Indien. Im Zuge der Normalisierung der Beziehungen entwickelten sich die Handelsbeziehungen zwischen beiden Ländern. Auch zu Ländern in Afrika und Lateinamerika bemühte sich China aktiv um gute Beziehungen.

China entschied sich zum Teil aus praktischen Gründen für den Multilateralismus: um seinen Einfluss in der Region und der Welt zu stärken, Spannungen abzubauen und wirtschaftliche Interessen zu verfolgen. Der Aufbau von freundschaftlichen Beziehungen erfolgte auf der Grundlage der „fünf Prinzipien der friedlichen Koexistenz", die auf die 1950er Jahre zurückgehen. Die fünf Prinzipien sind gegenseitige Achtung der territorialen Integrität und Souveränität, der gegenseitige Nichtangriff, die gegenseitige Nichteinmischung in die inneren Angelegenheiten, die Gleichberechtigung und der gegenseitige Nutzen sowie die friedliche Koexistenz. Schließlich war China vor allem an einer Fortführung der Wirtschaftsreform interessiert, für die internationale Zusammenarbeit dringend erforderlich war. Regierungsmaßnahmen forderten chinesische privatwirtschaftliche Unternehmen auf, „hinauszugehen" (im Ausland zu investieren) und allgemein „globaler zu werden". China war jedoch auch um sein internationales Ansehen besorgt, es wollte von der internationalen Gemeinde als eine „verantwortungsbewusste Großmacht" wahrgenommen werden. In der Absicht, sein internationales Image zu verbessern, begann China in den 2000er Jahren eine globale „Charmeoffensive".

Fünf Prinzipien der friedlichen Koexistenz

China verfolgte in der Außenpolitik unter Hu Jintao und Wen Jiabao zwei Grundideen: „friedliche Entwicklung" (*heping fazhan*) und die Schaffung einer „harmonischen Welt" (*hexie shijie*). Die erstere sollte die weitverbreitete westliche Annahme widerlegen, dass Chinas Aufstieg die globale Stabilität gefährde. China betonte

„Friedliche Entwicklung" und „harmonische Welt"

seine Entschlossenheit, nationale Interessen nur mit friedlichen Mitteln durchzusetzen. China lehnte auch jegliche Form von hegemonistischem und expansionistischem Verhalten ab. Die letztere Idee sollte sich durch Chinas anhaltende Unterstützung für internationale Institutionen, Foren und Initiativen, seine wachsenden Beiträge zu globalen Programmen für humanitäre Hilfe und Entwicklungshilfe, seinen Respekt für die weltweite Vielfalt politischer Kulturen, Traditionen und Werte sowie seine Verteidigung der Prinzipien der nationalen Souveränität äußern. Chinas globaler Einfluss wurde zunehmend auf jedem Kontinent, in den meisten internationalen Institutionen und bei vielen globalen Fragen wahrgenommen, da sein rasantes Wachstum im letzten Jahrzehnt die Weltwirtschaft mitgestaltet hat. In vielerlei Hinsicht wurde China nun die zweitgrößte Macht der Welt nach den USA.

Chinas Energie- und Rohstoffbedarf

Die wirtschaftliche Entwicklung erzeugte auch neue Bedürfnisse und Abhängigkeiten, allen voran auf dem Energie- und Rohstoffsektor. Ein wichtiger Teil der Aktivitäten im Ausland diente der Sicherung von Rohstoffen. China wurde der größte Käufer von Öl in der Welt, was ihm bedeutenden Einfluss in den ölproduzierenden Regionen verschaffte. Projekte und Anteile im Energiebereich machten im Zeitraum von 2005 bis 2015 rund 40 Prozent von Chinas Investitionen in Übersee in Höhe von 640 Milliarden US-Dollar aus. Mit der zunehmenden Abhängigkeit von ausländischem Öl folgte Chinas Führung dem Beispiel der USA und anderer großer Wirtschaften und erwarb Ölfelder. In den letzten Jahren haben die chinesischen Ölfirmen im Staatsbesitz große Anteile in der Ölförderung in Afrika, Zentralasien, dem Nahen Osten und Lateinamerika sowie den USA erworben. China wurde daher seit 2000 immer häufiger der größte Handelspartner für viele Länder. Für mehr als ein Jahrzehnt stiegen die Preise für Eisenerz, den Hauptbestandteil von Stahl, da immer neue Hochhäuser, Eisenbahnlinien und andere Infrastrukturprojekte in China gebaut wurden. Chinesische Firmen standen im Zentrum des weltweiten Baubooms, der vor allem von chinesischen Banken finanziert wurde, und bauten beispielsweise Kraftwerke in Serbien und Glas- und Zementfabriken in Äthiopien. Viele Investitionen gingen auch in das Transportwesen – Flughäfen, Autobahnen, Häfen und Eisenbahnen.

Afrika

In Afrika wurde China ein wichtigerer Handelspartner als die USA und sein Einfluss ist auf dem gesamten Kontinent sichtbar. China folgte einer flexiblen Vorgehensweise: Öl- und mineralienreichen Nationen wie Angola wurden Entwicklungsdarlehen (mit lokalen Ressourcen als Sicherheiten) angeboten. In anderen Ländern wie Nigeria, Äthiopien und Sambia wurden Sonderhandels- und Wirtschaftskooperationszonen mit chinesischer Hilfe errichtet. Diese Sonderhandelszonen unterstützten afrikanische Länder dabei, ihre schlechte Infrastruktur und ineffektiven Institutionen zu verbessern. Afrika wurde auch Chinas zweitgrößter Lieferant für Rohölimporte. Chinas größte Rohöllieferanten in Afrika waren Angola, Äquatorialguinea, Nigeria, die Republik Kongo und Sudan. China vergab auch häufig zinsgünstige Darlehen an Regierungen im Austausch gegen Ölförderungs- und Bergbaurechte.

China wurde seit 2000 auch eine wichtige Kraft in Lateinamerika. Wieder war es vor allem Chinas Bedarf an Rohstoffen, der dem Ausbau der wirtschaftlichen Beziehungen zugrunde lag. Der Handel mit China entwickelte sich vor allem in rohstoffreichen Ländern wie Brasilien. Lateinamerikas größte Wirtschaft ist nun der weltweit größte Exporteur von Lebensmitteln wie Zuckerrohr, Orangensaft und Sojabohnen; ein Großteil davon wird nach China geliefert. China erwarb auch Öl von lateinamerikanischen Ölproduzenten in Brasilien, Venezuela und Ecuador. *(Lateinamerika)*

Mit Russland wurde 2001 eine strategische Partnerschaft begründet. Auch hier stand der chinesische Bedarf an fossilen Energieträgern im Vordergrund. Moskau wiederum suchte Zugang zum profitablen chinesischen Markt. Die beiden Länder führten aber auch gemeinsame Flottenmanöver auf dem Mittelmeer und dem Japanischen Meer durch. Sie stimmten in den Vereinten Nationen oft gemeinsam ab, wenn es um Entscheidungen zu Konfliktregionen ging. Sowohl Moskau als auch Beijing wollten den politischen Einfluss der USA und der Staaten Europas in der Welt begrenzen. Sie lehnten die wirtschaftliche, politische und militärische Dominanz der USA in globalen Angelegenheiten ab. *(Russland)*

Auch für Deutschland und die EU wurde China zu einem wichtigen Partner. Deutschland ist mittlerweile Chinas wichtigster Partner in Europa. Die Hälfte aller EU-Exporte nach China stammt aus Deutschland. Das deutsche Handelsvolumen mit China ist dreimal so hoch wie das Großbritanniens. Gleichzeitig kooperieren Deutschland und China auch institutionell miteinander: Es finden seit 2011 jährlich gemeinsame Regierungskonsultationen statt. *(Deutschland und EU)*

In den letzten drei Jahrzehnten hat China eine erhebliche globale Präsenz aufgebaut. Wirtschaftliche Entwicklung und wach- *(Neue Risiken)* sender Handel haben die Beziehungen an den Grenzen verbessert und strategischen Zugang zum Rest der Welt eröffnet. Andererseits hat die starke Verstrickung in globale Prozesse auch neue Herausforderungen für Chinas Sicherheit geschaffen. Es entstanden neue Belastungen und Erkenntnisse von bisher unbekannten Schwächen. Einige Risiken wie die globalen Finanzkrisen, der Währungsschock oder die Schwankungen der globalen Rohstoffmärkte waren schwer oder unmöglich einzudämmen. Auf bestimmte geostrategische Herausforderungen wie den militärischen Schutz von Chinas globaler Präsenz und die Sicherung der weltweiten Infrastruktur wurde mit einem fortlaufenden Ausbau der Streitkräfte reagiert.

Modernisierung des Militärs

Seit Mitte der 1990er Jahre hat die Regierung die Investitionen in Luft- und Seestreitkräfte erhöht. Damit sollte deren umfassende Modernisierung erreicht werden. Im Mittelpunkt stand die Marine, insbesondere die Entwicklung von chinesischen Atom-U-Booten und der Bau des ersten Flugzeugträgers. Die Küstenwache wuchs rapide an und erwarb das weltgrößte Fahrzeug der Küstenwache, ein 10.000-Tonnen-Schiff, das in der Jiangnan-Werft gebaut wurde und dort von den Konstrukteuren den Spitznamen „das Monster" erhielt. Mit dem Aufbau moderner Seestreitkräfte wollte China, traditionell eine Landmacht, seine militärischen Fähigkeiten ausweiten, um seine Interessen entlang der wichtigen Seewege zu sichern, die vom Südchinesischen Meer durch die Straße von Malakka und über den Indischen Ozean nach Afrika, in den Nahen Osten und dann nach Europa führen. Diese Route wird vor allem von Chinas Handelsschiffen genutzt.

Steigende Militärausgaben

Die offiziellen Verteidigungsausgaben haben sich im Jahrzehnt seit 2002 fast verfünffacht und standen global an zweiter Stelle hinter denen des US-Militärs. Chinas Verteidigungsausgaben blieben zum Großteil ein konstanter Prozentsatz in seinem (rapide ansteigenden) Bruttoinlandsprodukt. Obwohl die chinesische Regierung keine regelmäßigen Statistiken über ihre Streitkräfte veröffentlicht, schätzten Experten, dass die Armee ungefähr 1,6 Millionen Soldaten umfasst, die Seestreitkräfte 240.000 und die Luftstreitkräfte 400.000. 2015 kündigte die Regierung Kürzungen an, die in den nächsten Jahren das militärische Personal auf zwei Millionen Soldaten reduzieren würden. Dies wäre die größte Reduktion seit 1997, als 500.000 Soldaten demobilisiert wurden. Das chinesische Militär würde damit das größte der Welt bleiben; die USA haben 1,4 Millionen Soldaten im aktiven Dienst. Viele der

Rekruten sind allerdings Jugendliche vom Land oder junge Schulabsolventen. Vielen von ihnen fehlen die Fähigkeiten, die für ein modernes, computergestütztes Militär notwendig sind.

Chinas militärischer Aufbau war eine logische Folge des wirtschaftlichen Wachstums und vermutlich angemessen für die Größe seiner Wirtschaft. Weitverbreitete Sorgen über Chinas wachsende militärische Kapazität wurden durch die geringe militärische Transparenz verschärft, was die allgemeine Unsicherheit und Ängste über Chinas Intentionen vertiefte. Daher wirkten diese Maßnahmen beunruhigend auf andere asiatische Nationen, von denen viele in den letzten Jahren diplomatische und territoriale Konflikte mit China hatten. In diesen Streitigkeiten mit Japan, Vietnam und anderen Nachbarn über rivalisierende maritime Ansprüche hat die chinesische Regierung durchaus signalisiert, dass sie ihre Forderungen mit militärischer Gewalt durchsetzen würde. Die USA als stärkste Militärmacht in Asien betonten, dass sie allgemein keine Partei in territorialen Streitigkeiten ergreifen, aber die Stabilität und die Schifffahrtsfreiheit in der Region erhalten würden. Abgesehen von möglichen Konflikten über territoriale Streitigkeiten im Ost- und Südchinesischen Meer konzentrierten sich viele militärische Planungen in China auf potenzielle Kriegsszenarien mit Taiwan, welches China als Teil seines Territoriums ansieht.

Beunruhigte Nachbarn

Die Präsenz, die China auf der internationale Bühne erlangt hat, scheint allerdings merkwürdig „einseitig" oder unvollständig. Allen Bemühungen zum Trotz erscheint China auf der internationalen Bühne oft als einsam. Es ist dem Land nicht wirklich gelungen, enge Verbündete zu finden. Selbst die engsten Beziehungen zu Russland oder Nordkorea waren durch Misstrauen und unterschwellige Rivalität belastet. Die chinesische Diplomatie erschien zögerlich und basierte auf Eigennutz. Konzepte wie „friedlicher Aufstieg" und „harmonische Welt" wirkten nicht sehr überzeugend. Die Führung war nicht in der Lage, die globalen Ambitionen glaubwürdig zu erklären oder zu vermitteln. Chinas Verhalten hat manchmal unbeabsichtigte Gegenreaktionen sowohl unter seinen Nachbarn als auch unter seinen Partnern in Afrika und Lateinamerika ausgelöst. Unabhängig von Chinas wirklichen Intentionen interpretieren andere Staaten die Realität von wachsender Militärmacht und Chinas unnachgiebiger Politik gegenüber umstrittenen Territorien und Rohstoffen an seinen Grenzen als provozierend und sogar aggressiv. Chinas wirtschaftliches Agieren in der Welt spie-

Unsicherheit über die chinesischen Intentionen

gelte ähnliche Ambivalenzen wider. Lange ein Motor des globalen Wachstums, nahm China auch Risiken auf sich, indem es sich von instabilen Regimes, unbeständigen Märkten der Schwellenländer und anderen wirtschaftlichen Kräften außerhalb seiner Kontrolle abhängig machte. Während die beträchtlichen Vermögenswerte der Regierung das Land vor ernsten wirtschaftlichen Rückschlägen verschonen konnten, ist die allgemeine Stärke der Wirtschaft unklar. Wenn sich Chinas Wachstum verlangsamt, spüren Firmen, Industrien und Wirtschaften, weltweit die Folgen. Daher erzeugte China auch Risiken, die in die Welt ausstrahlen.

Gemischte Bilanz

Letztendlich ist Chinas globale Bilanz somit gemischt. Es träumt weiterhin davon, seine historische Größe zu erneuern und ein reiches, einflussreiches und modernes Land zu werden. Große Fortschritte wurden gemacht, aber die Richtung der chinesischen Interessen in der Welt bleibt undurchsichtig. Trotz aller Errungenschaften hat China eher eine Reihe von effektiven kurzzeitigen strategischen Anpassungen vorgenommen als eine langfristige beständige Strategie vorgelegt.

1.4.6 Gesellschaftliche Konflikte und Probleme

Die Entwicklungen der letzten Jahrzehnte in ihrer Gesamtheit hatten erhebliche Auswirkungen auf die chinesische Gesellschaft. Die Gesellschaft erlangte ein größeres Maß an Autonomie. Die Bürger hatten viele Möglichkeiten, sich an einem breiten Spektrum von produktiven und profitablen Aktivitäten relativ frei zu beteiligen. Der Parteistaat war nicht länger der Hauptentscheidungsträger, der über den Einzelnen oder die Gesellschaft verfügen konnte und alleinige Kontrolle über die wirtschaftlichen Ressourcen besaß. Die organisatorische Abhängigkeit von Arbeitseinheiten und Parteikadern wurde deutlich abgeschwächt. Dieser Prozess der Dezentralisierung und Entpolitisierung bewirkte einen grundlegenden gesellschaftlichen Wandel. Zugleich führten neue Gefährdungen zu erhöhter Unsicherheit und materiellen und kulturellen Verlusten. Besonders betroffen waren davon die schwächeren Gruppen der Gesellschaft wie Ältere, Wanderarbeiter aus ländlichen Gegenden, die jüngere Generation, Frauen und Minderheiten. Insgesamt entwickelte sich eine Gesellschaft, die durch schnelle soziale Ausdifferenzierung und eine Vertiefung der gesellschaftlichen Gräben

Gesellschaftliche Differenzierung

und Unterschiede gekennzeichnet war, unabhängig davon, ob diese an Geschlecht, Generationen, sozialen Klassen, ethnischen Beziehungen oder der Stadt-Land Teilung gemessen wurden.

Eine der grundlegendsten, kontroversesten und folgenreichsten Veränderungen geht auf die 1970er Jahre zurück, als chinesische Wissenschaftler und Beamte begannen, die Probleme des Bevölkerungswachstums zu diskutieren. Das Bevölkerungswachstum wurde zunehmend als Haupthindernis für eine erfolgreiche Modernisierung gesehen. Das unmittelbare Ziel war daher eine deutliche Verlangsamung von Chinas Bevölkerungswachstum. Laut chinesischen Zensusdaten wuchs die Bevölkerung von 583 Millionen Menschen im Jahr 1953 bis auf etwas über eine Milliarde 1982 an. Basierend auf den Berechnungen chinesischer Demographen und Statistiker gab es Ängste, dass das Bevölkerungswachstum außer Kontrolle geraten könnte, die wirtschaftlichen Gewinne aufbrauchen und China davon abhalten würde, seiner Armut jemals zu entkommen. Für die Führungsriege der Partei schien eine effiziente Bevölkerungskontrolle die Voraussetzung für eine erfolgreiche wirtschaftliche Entwicklung.

Bevölkerungspolitik

Die Ein-Kind-Politik ist eine der umstrittensten Maßnahmen in der modernen Geschichte des Landes. Die Entscheidung der Partei 1980, die Geburtenrate für alle Paare auf ein Kind zu beschränken, löste große Konflikte und Kontroversen innerhalb und außerhalb des Landes aus. Von allen Ländern der Welt, die Angst vor einer Bevölkerungsexplosion in der zweiten Hälfte des 20. Jahrhunderts hatten, führte nur China solche radikalen Maßnahmen ein. Zunächst beschloss die Regierung in den 1970er Jahren, die Durchführung der *wan xi shao* („späte" Heirat, „lange" Abstände zwischen den Geburten und „weniger" Kinder). Sie führte zu einer deutlichen Abnahme von 4,2 Geburten je Frau 1974 auf 3,2 im Jahr 1976 und 2,2 im Jahr 1980. Doch dies war nicht genug. Die Regierung suchte nach einer noch schnelleren Reduktion. Infolge der Ein-Kind-Politik wurde eine Vielzahl von Maßnahmen eingeführt, um sicherzustellen, dass jedes Paar nur ein Kind hatte. Einige soziale Gruppen waren davon jedoch ausgenommen. Darunter fielen ethnische Minderheiten, Bevölkerung in den Grenzregionen, zurückgekehrte Überseechinesen und jene, deren erstes Kind behindert war und deshalb nicht in der Lage sein würde zu arbeiten. In den ländlichen Gebieten, in denen besonders die Söhne ihre Eltern im Alter versorgen sollten, stieß die Politik auf Widerstand.

Ein-Kind-Politik

Eine weitere wichtige Ausnahme, die in den ländlichen Gebieten nach 1986 eingeführt wurde, erlaubte daher Bauern, deren erstes Kind ein Mädchen war, ein zweites Kind zu haben. Später wurde noch eine andere Ausnahme hinzugefügt: Paare, bei denen beide Partner Einzelkinder waren, durften ebenfalls ein zweites Kind bekommen. 2002 erließ China das Bevölkerungs- und Familienplanungsgesetz, um die Kontrolle des Staats über die Familienplanung auf eine gesetzliche Basis zu stellen.

2013 lockerte China die Bestimmungen der Ein-Kind-Politik. Ehepaare, bei denen nur ein Ehepartner ein Einzelkind war, durften ein zweites Kind bekommen. Viele der Paare, vor allen in den Städten, denen es nun erlaubt war, ein zweites Kind zu bekommen, entschieden sich jedoch auf Grund der Kosten und der Belastung durch die Kinderziehung in einer hoch wettbewerbsorientierten Gesellschaft dagegen. Dies führte zu einer weiteren Änderung der Position der Regierung. Die Angst vor Überbevölkerung war der Angst gewichen, dass eine überalterte Bevölkerung den wirtschaftlichen Aufstieg gefährden könnte. Daher beendete die Führung im Oktober 2015 ihre Jahrzehnte andauernde Ein-Kind-Politik und kündigte an, dass alle verheirateten Paare von nun an zwei Kinder haben könnten.

Lockerung der Ein-Kind-Politik

Die Ein-Kind-Politik wurde durch die Nutzung von Anreizen und Abschreckungen verwirklicht. Besonders in den 1980er Jahren ergriff die chinesische Regierung zusätzlich zu den Propagandakampagnen auch Strafmaßnahmen, um die Ein-Kind-Politik in den städtischen Gebieten durchzusetzen. Paare, die ein zusätzliches Kind bekamen, mussten laut Gesetz für die zusätzliche Last, die sie der Gesellschaft auferlegten, Strafgelder bezahlen. Solche Paare hatten neben höheren Steuern noch mit weiteren Sanktionen zu rechnen, wie dem Verlust des Arbeitsplatzes, Gehaltskürzungen oder der Streichung von Sozialleistungen. In einigen Fällen wurde auch der Bonus der gesamten Arbeitseinheit, der ein Paar angehörte, gestrichen. In ländlichen Gebieten wurde ein Anreizsystem aufgebaut, das Familien, die sich an die Ein-Kind-Politik hielten, eine Prämie bot. Es kam auch zu Zwangsmaßnahmen, wie erzwungenen Abtreibungen in provisorischen Kliniken, dem Einsetzen von Hormonspiralen, Zwangsadoptionen, der Zwangssterilisation von 16,4 Millionen Frauen sowie von 4 Millionen Männern.

Umsetzung der Ein-Kind-Politik

2010 gab die Regierung auf Grund eines landesweiten Zensus bekannt, dass Chinas Bevölkerung 1,34 Milliarden Menschen

Auswirkungen der Ein-Kind-Politik

betrug. Das war ein Anstieg um 73,9 Millionen oder 5,8 Prozent gegenüber der letzten Zählung im Jahr 2000. Diese Zahlen lagen unter den 1,4 Milliarden, die die Demographen der Vereinten Nationen vorausgesagt hatten, und repräsentierten die langsamste Wachstumsrate in fast einem halben Jahrhundert. Auf der Grundlage dieser Angaben behauptete die chinesische Regierung, dass die Ein-Kind-Politik dazu beigetragen habe, 400 Millionen Geburten zu verhindern, und somit die schnelle wirtschaftliche Entwicklung der Nation nachhaltig unterstützt habe. Doch diese Schlussfolgerung ist nicht unumstritten. Es gibt Anhaltspunkte dafür, dass Chinas Geburtenrate auch ohne Zwangsmaßnahmen zurückgegangen wäre. China muss sich heute jedoch auch mit ungeplanten Konsequenzen sowie einer Reihe von sozialen Probleme auseinandersetzen, die durch die Ein-Kind-Politik verursacht wurden. Die schwerwiegendste Konsequenz waren die langfristigen demographischen Aussichten. Die Geburtenrate in China ist unter die Reproduktionsrate von 2,1 Kindern pro Paar gefallen. Im letzten Jahrzehnt war die Rate an vielen Orten nur 1,5. In Shanghai, wo viele junge Paare zwei Kinder haben könnten, weil Mann und Frau Einzelkinder sind, hat der Zensus eine Geburtenrate von 0,7 festgestellt. Einige Demographen befürchten, dass China in den nächsten Jahrzehnten Arbeitskräftemangel droht. In naher Zukunft wird die junge Generation eine überproportional alte Bevölkerung unterstützen müssen. Gegenwärtig kommen auf jeden Rentenempfänger fünf Steuerzahler. In 20 Jahren werden es nur noch zwei Steuerzahler sein. Die Folgen sind besonders auf dem Land zu spüren, wo die massive Migration in die Städte die älteren Dorfbewohner ohne erwachsene Kinder zurückgelassen hat. Mit der immer noch unzureichenden Unterstützung des Staates für die Alten hängt ihre Fürsorge vom Familiensystem und der Versorgung durch die Kinder ab. Dieses Dilemma wird zusätzlich dadurch verstärkt, dass der Wohlstand in China ungleichmäßig verteilt ist.

Die Familiengröße ist besonders in den Städten deutlich zurückgegangen. Unter den sozialen Konsequenzen ist eine Generation von Einzelkindern, die von zwei Eltern und vier Großeltern aufgezogen wurden, was zu einem Phänomen führte, das als „kleine Kaiser-Syndrom" bezeichnet wurde. Auf der einen Seite werden die Einzelkinder verwöhnt und stehen im Zentrum der Aufmerksamkeit; gleichzeitig stehen sie unter enormem Erfolgsdruck, weil die Erwartungen von Eltern und Großeltern allein auf ihnen lasten.

<small>Einzelkinder</small>

Verzerrtes Geschlechterverhältnis

Die Ein-Kind-Politik führte auch zu einem verzerrten Geschlechterverhältnis. Laut chinesischen Statistiken sind unter den registrierten Neugeborenen sowohl in ländlichen als auch in städtischen Gebieten immer mehr Jungen als Mädchen. Die Zahlen für Kinder unter einem Jahr zeigen, dass 1982 107,6 Jungen auf 100 Mädchen kamen. In Jahr 1990 stieg die Zahl auf 112 und 2010 auf 118. Historisch und kulturell gesehen sind Söhne in chinesischen Familien dafür verantwortlich, sich um die Alten zu kümmern, den Familiennamen fortzuführen und das Familieneigentum zu erben. Aus diesem Grund werden männliche Nachkommen in chinesischen Familien oft bevorzugt, besonders in den ländlichen Gebieten. Kindestötung von Mädchen, auch wenn sie schwer zu messen ist, ist sicher vorgekommen. Mädchen werden auch oft ausgesetzt oder zur Adoption im Ausland freigegeben. Viele Geburten von Mädchen werden nicht registriert, wodurch sie Bildungsmöglichkeiten und andere Arten von sozialer Fürsorge verlieren. Des Weiteren hat die Nutzung von fortgeschrittenen Technologien wie Ultraschall die Zahl der Abtreibungen weiblicher Föten erhöht und ebenfalls zu einer signifikant ungleichen Verteilung der Geschlechter in China beigetragen. Die Ein-Kind-Politik entstand aus einem blinden Glauben an technokratische soziale Eingriffe und verletzte eines der grundlegendsten Menschenrechte. Sie war vermutlich völlig unnötig, da vorhergehende und auf Freiwilligkeit beruhende Maßnahmen bereits zur Senkung der Geburtenrate geführt hatten. Die Ein-Kind-Politik gilt vielen als einer der schlimmsten Fehler der chinesischen Politik nach 1978.

Land-Stadt-Migration

Die Reformpolitik hatte weitere wichtige soziale Konsequenzen. Sie lockerte den Einfluss des Staates in vielen Bereichen und öffnete den Weg für mehrere hundert Millionen Menschen, ihren Arbeitsplatz und Wohnort zu wechseln und neue Arbeitsmöglichkeiten zu suchen. Es kam zu massiven Abwanderungen von Arbeitern vom Land auf der Suche nach Arbeitsplätzen in der Stadt. Die Grundursache für die Migration war das Fehlen von ausreichend bezahlter Arbeit in vielen agrarischen Provinzen im Landesinneren. Da die staatlichen und privaten Investitionen hauptsächlich an die schnell wachsenden Küstenstädte im Osten gingen, sind in den Küstenstädten in großem Umfang Arbeitsplätze geschaffen worden, während die ländlichen Gebiete nur in geringerem Maße an dem Exportboom beteiligt waren. Die meisten ländlichen Migranten beschlossen, ihr Glück in den Städten zu versuchen, sie gingen in Kleinstädte in der Nähe ihrer Dörfer, aber andere zogen in die Tausende von Kilometern entfernten großen Städte an der Küste. Der Begriff „Ländliche Wanderarbeiter" bezieht sich auf die arbeitende Bevölkerung vom Land, die in der Stadt arbeitet, ohne dort die lokale *hukou*-Registrierung zu besitzen. Die meiste Arbeit ist saisonal und korrespondiert mit den Zeiten der Farmarbeit (die Abwanderung ist im Winter größer, wenn auf den Bauerhöfen weniger Arbeit anfällt). Zwischen 1992 und 2006 hat sich die Zahl der ländlichen Wanderarbeiter von 53 auf 115 Millionen mehr als verdoppelt. Der Zensus von 2010 dokumentiert eine noch größere innere Migration. Der Bericht kommt zum Schluss, dass mehr als 261 Millionen Bürger – fast ein Fünftel der Bevölkerung – nicht dort lebte, wo ihre Haushaltsregistrierung war. Die meisten von ihnen sind genau jene Wanderarbeiter, die auf der Suche nach besser bezahlter Arbeit in die großen Städte zogen, um ihrer in den ländlichen Gebieten gebliebenen Familie Geld schicken zu können.

<small>Ländliche Wanderarbeiter</small>

Die Migranten sind an ihrem neuen Wohnsitz oft erheblichen offiziellen und inoffiziellen Benachteiligungen ausgesetzt. Ohne legale städtische Registrierung stehen ihnen viele Rechte und Sozialleistungen nicht zu, unter anderem Bildung für ihre Kinder, Renten, Gesundheits- und Wohlfahrtsleistungen und das Recht, Häuser zu kaufen oder zu mieten. Sie können auch aus den Städten ausgewiesen werden. Trotz des wichtigen Beitrags, den die Wanderarbeiter zu Chinas wirtschaftlichem Wachstum geleistet haben, sieht der Staat sie weiter als Bürger zweiter Klasse, bezeichnet sie als „fließende Bevölkerung" (*liudong renkou*) und sieht sie als einen potenziellen Auslöser von Unruhen an. Als ihre Zahl anstieg, begannen ständige Stadtbewohner die Migranten als Faktor für die Zunahme von Kriminalität und zunehmend auch als Bedrohung für ihren eigenen Arbeitsplatz zu betrachten.

<small>Benachteiligung der Wanderarbeiter</small>

Innere Arbeitsmigration von solch enormen Ausmaßen hatte regionale Ungleichheiten und rasante Urbanisierung entlang der Küsten zur Folge. In den letzten dreißig Jahren hat sich die städtische Bevölkerung des Landes daher mehr als verdoppelt. Die drei am schnellsten wachsenden Regionen sind die städtischen Ballungsgebiete Beijing, Shanghai und Tianjin. Sowohl Beijing als auch Shanghai haben innerhalb von zehn Jahren sechs Millionen Menschen hinzugewonnen, eine durchschnittliche jährliche Wachstumsrate von mehr als drei Prozent. In den nächsten dreißig Jahren wird eine weitere Verdoppelung erwartet, womit Chinas

<small>Städtische Bevölkerungsentwicklung</small>

Städte eine atemberaubende Einwohnerzahl von fast einer Milliarde Menschen erreichen würden und damit bevölkerungsreicher wären als der gesamte nord- und südamerikanische Kontinent zusammen. Die Hauptballungsgebiete des Landes werden vermutlich fünfzehn Megastädte mit einer Bevölkerung von jeweils über 25 Millionen Menschen sein.

Entlassungen und städtische Ungleichheit

Die Reformen änderten auch die Parameter von Einkommen und sozialem Status. Mehrere zehn Millionen Arbeiter in den Unternehmen im Staatsbesitz verloren die Garantie auf einen lebenslangen Arbeitsplatz. Als Unternehmen privatisiert wurden, verloren viele auch ihre Sozialleistungen wie Renten, für die sie ihr Leben lang gearbeitet hatten. Diejenigen, die ihre Arbeit behalten konnten, mussten mit ihren Arbeitgebern Verträge unterschreiben, zunächst für ein Maximum von fünf Jahren und dann jeweils für ein Jahr. Die „eiserne Reisschüssel" in den Staatsunternehmen wurde zum Nachteil der Arbeiter abgeschafft. Viele Arbeiter bekamen Kurzzeitverträge ohne Sicherheit oder Sozialleistungen und mussten zum ersten Mal seit den frühen 1950er Jahren mit Wanderarbeitern konkurrieren, die bereit waren, für einen Bruchteil ihres Lohnes zu arbeiten. Das gleiche Schicksal traf gering qualifizierte und ältere städtische Arbeitnehmer. Gleichzeitig ließ das schnelle städtische Wachstum die Gehälter für die hochqualifizierten jungen Arbeitnehmer und für jene mit besonderen Qualifikationen für die neue Wirtschaft ansteigen. Überall erhöhte sich die Ungleichheit im Einkommen. Als Folge wuchs das Gefälle zwischen Arm und Reich sowie die Kluft entlang der sozialen Klassen und ethnischen Linien.

Danwei in der Marktwirtschaft

Institutionen der sozialistischen Gesellschaft wie *danwei* und *hukou* haben ihre ursprünglichen Funktionen der Bereitstellung von Wohlfahrt und sozialer Sicherheit im Übergang zur Marktwirtschaft zwar weitgehend eingebüßt, aber dennoch haben sie nach wie vor ihre Bedeutung. Zum einen ermöglichen sie dem Staat, weiterhin effektive Kontrolle auszuüben, zum anderen tragen sie dazu bei, die Folgen der Marktwirtschaft abzufedern. Als Mechanismen außerhalb des Marktes helfen sie, bestimmte soziale Rechte innerhalb der ländlichen Wirtschaft und städtischen Arbeitseinheiten zu bewahren und so die schlimmste Ausbeutung oder grobe Benachteiligung zu verhindern. Das zu Recht viel kritisierte Haushaltsregistrierungssystem, das Wanderarbeiter zu Bürgern zweiter Klasse machte und sie Teil eines günstigen Vorrats an Arbeitern werden ließ, gibt den Bewohnern mit ländlicher Haushaltsregistrierung wichtige Landrechte. Gleichermaßen haben die *danwei* den staatlichen Mitarbeitern auch erlaubt, frühere Sozialwohnungen zu günstigen Preisen zu erwerben. Diese Institutionen haben immer noch eine Schutzfunktion und erzeugen somit auch eine Bindung an den Staat, die oft übersehen wird.

Andere wichtige soziale Unterschiede betrafen die ethnische Zugehörigkeit. Die Führung Chinas nach 1978 hatte die ethnischen Minderheiten dazu aufgerufen, sich mit dem nationalen Ziel der Modernisierung zu identifizieren. Die ethnischen Minderheiten machen heute etwa 8,5 Prozent der Bevölkerung des Landes oder 110 Millionen Menschen aus. Die von den Minderheiten bewohnten Gebiete machen mehr als die Hälfte von Chinas Landfläche aus und umfassen 90 Prozent der Grenzregionen. Ein Großteil der Waldgebiete, der Viehherden, Mineralien und Heilpflanzen befindet sich in diesen Regionen. Die Minderheitenpolitik beruht auf dem Grundsatz der regionalen Autonomie. Das Gesetz der VR China für regionale Autonomie ethnischer Minoritäten von 1984 (überarbeitet 2001) legte fest, dass „regionale Autonomie in Gegenden, in denen ethnische Nationalitäten in geschlossenen Gemeinden leben, praktiziert werden soll". Dies schloss fünf Regionen auf Provinzebene, 31 Präfekturen, 105 Landkreise und seit 1992 auch 1173 autonome ethnische Gemeinden ein. Die Regierung betonte immer wieder die Notwendigkeit der nationalen Einheit und wies Forderungen nach vollständiger Unabhängigkeit der Minderheitengebiete zurück. Unter Hu Jintao wurde vor allem die Wichtigkeit der wirtschaftlichen Entwicklung in den autonomen Gebieten hervorgehoben.

Minderheiten begrüßten die Reformen, besonders weil viele von ihnen während der Kulturrevolution gelitten hatten. Zunächst brachten die Reformen auch eine neue Wertschätzung der kulturellen Vielfalt der Minderheiten und förderten den Respekt vor ihren traditionellen Kulturen und Religionen. Aber als die Regierung ihre Pläne ankündigte, die reichhaltigen natürlichen Rohstoffe einiger autonomer Regionen auszubeuten, kam es zu Konflikten. Außerdem wurden die Han-Chinesen ermutigt, vor allem in die Grenzregionen zu ziehen. Als sich die Nachricht von verfügbarem Land und anderen Anreizen verbreitete, stieg die Anzahl der Chinesen, die in den Westen des Landes umsiedelten. Deshalb stellen heute Minderheiten, nach denen autonome Gebiete benannt wurden, nicht mehr unbedingt die Mehrheit der Einwohner in diesem Gebiet. Als

Lage der Minderheiten

Zuzug von Han-Chinesen

mehr Han-Chinesen aus dem Landesinneren an die Grenzregionen zogen, um wirtschaftliche Möglichkeiten zu nutzen, bildeten sie separate, profitable wirtschaftliche Netzwerke, die die Einheimischen ausschlossen.

Ethnische Konflikte — Ethnische Konflikte entstanden immer wieder zwischen den Han auf der einen Seite und den Tibetern und Uiguren auf der anderen. Die Heimat der Uiguren, einer muslimischen Gruppe von ungefähr 8 Millionen Menschen, ist die ölreiche Provinz Xinjiang. Die acht Millionen Tibeter leben in Tibet sowie in den Grenzregionen der benachbarten Provinzen Yunnan und Sichuan. In beiden unruhigen Regionen gibt es historische Unabhängigkeitsbestrebungen: Bereits 1933 und 1944 wurde Xinjiang von sezessionistischen Regierungen beherrscht, die jeweils versuchten, ein unabhängiges Ostturkestan zu gründen. Tibet war von 1913–1951 unabhängig. Manchmal gipfeln die schwelenden Konflikte in großen Unruhen, wie am 14. März 2008 in Tibet und am 5. Juli 2009 in Xinjiang. Seit der Niederschlagung des Aufstandes 2008 haben sich 116 Tibeter in den tibetischen Gebieten von China aus Protest selbst angezündet. Die Regierung hat diese Unruhen und Selbstentzündungen als Ergebnisse von separatistischen Bemühungen beschrieben, aber die Gründe sind komplexer.

Strategie der Regierung — Die Regierung verfolgte eine zweigleisige Strategie, um mit den nationalistischen und separatistischen Bewegungen umzugehen. Auf der einen Seite sollte der Separatismus rücksichtslos mit militärischer Gewalt unterdrückt werden. Auf der anderen Seite wurden wirtschaftliche Entwicklungen und Investitionen zur Verbesserung des Lebensstandards der Bevölkerung in Xinjiang und Tibet als langfristige Lösung für die Probleme gesehen. Die Regierung war der Auffassung, dass durch Verbesserung des Lebensstandards der Minderheiten soziale Stabilität entstehen würde. Bisher haben sich diese Annahmen aber nicht bewahrheitet und die Ergebnisse der Entwicklung in diesen Regionen sind gemischt.

Diskriminierung der Minderheiten — Die Unruhen standen auch mit den ethnischen Strukturen in der regionalen Wirtschaft in Verbindung. Die Proteste richteten sich gegen systematische Benachteiligungen, die ethnische Unterschiede weiter verstärken und die Gesellschaft in diesen Gebieten durchtrennen. Besonders Uiguren und Tibeter fühlten sich im Han-chinesischen Staat diskriminiert. Das nationale chinesische Bildungssystem versuchte auch, die Minderheiten zu „zivilisieren" oder zu erziehen, vor allem in den sog. „widerspenstigen" Provinzen Xinjiang und Tibet. Die Minderheiten zu „zivilisieren" bedeutete, sie in der chinesischen Sprache, Kultur und Geschichte zu unterrichten, oft auf Kosten ihrer eigenen Sprachen, Kulturen und Geschichten. Die chinesische Regierung reagierte nur selten auf Forderungen der Minderheiten wie den Schutz ihrer Kultur, Religion oder politischen Autonomie. Hinter dem Aufkommen ethnischer Konflikte und auch den Forderungen nach Unabhängigkeit stecken also grundlegendere Probleme, die mit dem Wunsch der Minderheiten nach der Bewahrung der nationalen Identität und mit den Ungleichheiten als einem Ergebnis der wirtschaftlichen Entwicklung in Verbindung stehen.

In der Mao-Zeit hatte die Gleichberechtigung von Männern und Frauen eine hohe symbolische Bedeutung. Auf Grund der massiven sozialen Veränderungen in der Reformzeit hat diese Bedeutung aber insgesamt nachgelassen. Auf der einen Seite standen jüngeren Frauen viele neue Möglichkeiten offen: Frauen konnten als Unternehmerinnen Unabhängigkeit und wirtschaftlichen Erfolg erzielen. 20 Prozent aller Unternehmen in China werden von Frauen geführt. Die Hälfte der 14 Frauen, die auf die Forbes-Liste der Selfmademilliardärinnen 2010 stehen, kommt aus China. Außerdem hat China eine sehr hohe Frauenerwerbsquote. Aber es gibt auch eine andere Seite: Frauen mittleren Alters und ältere Frauen hatten es schwer, sich in der Marktwirtschaft zu behaupten. Viele jüngere Frauen vom Land migrierten auf der Suche nach Arbeit in die Städte. Bekannt als *dagong mei* (arbeitende Schwestern), machten sie 30–40 Prozent der Wanderarbeiter aus. Einige Mädchen wurden von Arbeitgebern ausgebeutet, belästigt oder unterdrückt, denn in den Städten waren sie oft schutzlos. Ihre Kinder wurden oft von den Großeltern auf dem Land aufgezogen, häufig unter schwierigen wirtschaftlichen Umständen.

<small>Gleichberechtigung der Geschlechter</small>

Frauen in der Stadt wurden auch schneller als Männer entlassen, wenn Unternehmen im Staatsbesitz privatisiert wurden oder bankrott gingen. Besonders Frauen im mittleren Alter und ältere Frauen wurden zunehmend als unvermittelbar und sogar als überflüssig behandelt. Vor allem Textilarbeiterinnen, die den größten Teil der weiblichen Arbeitskräfte ausmachten und am schlechtesten bezahlt waren, waren als erste vom Arbeitsplatzabbau betroffen. Mit dem Verlust des Arbeitsplatzes ging auch ein Verlust an Ansprüchen auf Sozialleistungen und soziale Sicherheit einher. Auch gut ausgebildete Frauen wurden oft diskriminiert. Universi-

<small>Diskriminierung von Frauen</small>

tätsabsolventinnen mussten oft in Stellenanzeigen lesen: „Frauen brauchen sich nicht bewerben".

Umweltverschmutzung Die Phase des extrem hohen Wachstums belastete vor allem die Umwelt schwer. Das wirtschaftliche Wachstum wurde auf Kosten der Luftqualität sowie der Land- und Wasserressourcen des Landes ermöglicht. Weniger als 1 Prozent der Städte Chinas erfüllt die von der Weltgesundheitsorganisation gesetzten Standards der Luftqualität. Die hohe Luftverschmutzung in China wurde vor allem durch fossile Brennstoffe, besonders Kohle, verursacht, mit denen China 70 Prozent seines Energiebedarfs deckt. Zunehmender Besitz von Autos, hohe Verkehrsbelastung und Benzin von minderer Qualität machten den Autoverkehr zur Hauptursache der Luftverschmutzung in Chinas Großstädten.

Wasserversorgung Die Wasserversorgung stellt eine ähnlich dringende Herausforderung dar. China verfügt über nur ein Fünftel der Menge an Wasser pro Kopf wie die USA. Während Südchina relativ hohe Niederschläge aufweist, ist der Norden, in dem etwa die Hälfte der chinesischen Bevölkerung lebt, sehr trocken. Landverödung und Wüstenbildung bedrohen Nordchina. Zehn der nördlichen Provinzen liegen unter dem Wasserarmutsniveau der Weltbank. Industrie und Landwirtschaft verbrauchen fast alle Wasservorräte des Landes, aber der private Verbrauch der Haushalte steigt. Chinas Wasser ist außerdem stark verschmutzt: In vielen Teilen Chinas leiten Fabriken und Farmen Abwasser ins Grundwasser und es gibt kaum gesetzliche Vorgaben zum Gewässerschutz. Chinas Umweltbehörden haben festgestellt, dass ein Drittel des Flusswassers und weite Teile von Chinas Seen als „ökologisch zerstört" gelten müssen und somit unbrauchbar für industrielle und landwirtschaftliche Nutzung und natürlich auch für die menschliche Ernährung sind.

Bodenverschmutzung Gleichzeitig hat die Bodenverschmutzung durch industrielle Fertigung Teile von Chinas landwirtschaftlich nutzbarem Land schwer verunreinigt. Die chinesische Regierung veröffentlichte 2014 einen Bericht, der zum Ergebnis kam, dass ein Fünftel der landwirtschaftlich nutzbaren Flächen verschmutzt sei – ein Hinweis auf die schädlichen Folgen von Chinas schneller Industrialisierung und dem Fehlen eines effektiven Umweltschutzes. Die Bodenverschmutzung bedroht auch die Nahrungskette. Bürger und Behörden sind zunehmend beunruhigt über das Ausmaß der Bodenverschmutzung in den landwirtschaftlichen Zentren des

Landes und über die potenziellen Auswirkungen auf die Lebensmittelsicherheit.

Sprunghaft ansteigende Wasser- und Luftverschmutzung haben auch massive Auswirkungen auf die öffentliche Gesundheit. Die ansteigenden Schwefeldioxid-Emissionen von Kohle und Heizöl und der saure Regen führten zu einer wachsenden Zahl von Atemwegs- und Herz-Kreislauf-Erkrankungen. Entlang Chinas großer Flüsse lässt sich ein Anstieg von Krankheiten wie Krebs, Tumoren und anderen gesundheitlichen Problemen, die mit der Verschmutzung in Verbindung stehen, beobachten.

Öffentliche Gesundheit

Chinas erhebliche Umweltprobleme werden sich durch die globale Erwärmung noch verschlimmern. Ein Bericht der chinesischen Regierung von 2015 präsentierte eine katastrophale Einschätzung der Folgen der Erderwärmung für China. Chinas Gletscher sind zwischen den 1970er Jahren und den früher 2000er Jahren um 10 Prozent zurückgegangen und der Anteil des Permafrostbodens bis 2012 um ca. 26 Prozent. Der Bericht empfiehlt daher, die Ausgaben für die Vorbereitung von Maßnahmen zur Bekämpfung der immer häufigeren und schlimmeren Dürren, Fluten und Hitzewellen zu erhöhen. Insgesamt stellt der Bericht fest, dass die bereits knappen Wasserressourcen in Nordchina auf Grund des Klimawandels bis zur Mitte des Jahrhunderts um 5 Prozent sinken könnten. Der ansteigende Meeresspiegel ist laut dem Bericht eine der größten Bedrohungen. Durch das Schmelzen des Polareises und die Erhöhung der Meerestemperaturen steigt laut dem Bericht der Meeresspiegel weltweit an, an Chinas Küsten aber schneller als im weltweiten Durchschnitt. Bis zum Ende des Jahrhunderts könnten die Wasserstände an der Ostküste zwischen 40 und 60 Zentimetern ansteigen. Städte wie Shanghai und die umliegenden Gebiete wären von Flutwellen und schweren Schäden durch Stürme und Taifune bedroht. Der Bericht erwartet auch, dass im Inland starke Veränderungen der Regen- und Schneefälle anstehen, die die Voraussetzungen für die Landwirtschaft verändern werden. Obwohl die globale Erwärmung Assoziationen von voranschreitenden Wüsten und ansteigenden Temperaturen hervorruft, ist eine andere Konsequenz, dass die Luft mehr Feuchtigkeit absorbiert und dies höchstwahrscheinlich zu starken Regenfällen vor allem in Südchina führen würde.

Folgen des Klimawandels

Das Bewusstsein für die Tragweite der Umweltprobleme ist in der Öffentlichkeit und den Regierungskreisen deutlich gewachsen.

Umweltschutz

Die Regierung hat strenge Standards und ehrgeizige Ziele gesetzt wie z. B. eine Reduzierung des Verbrennens von Kohle zur Stromerzeugung, um die schlechte Luftqualität in Beijing, Shanghai und anderen großen Städten zu verbessern. 2015 berichtete China, seine Kohlenutzung im Vergleich zum Vorjahr um 8 Prozent reduziert zu haben. China verschärfte die Grenzwerte bei Fahrzeugemissionen und der Energieeffizienz. Drohnen wurden eingesetzt, um Fabriken zu finden, die die Emissionsgesetze verletzen. 2014 wurde das Gesetz zum Umweltschutz zum ersten Mal seit 1989 reformiert, es stärkte das System der Bußgelder für Umweltsünder und erlaubte einigen NGOs, Prozesse im öffentlichen Interesse gegen Umweltsünder zu führen. Es machte lokale Funktionäre auch für den Zustand der Umwelt in ihrer Region verantwortlich. Lokale chinesische Behörden taten sich jedoch schwer, Richtlinien zum Schutz der Umwelt durchzusetzen, weil sie oft mit den lokalen Firmen verbunden waren und von der uneingeschränkten wirtschaftlichen Entwicklung in ihrem Gebiet profitierten. Der dezentralisierte Charakter des chinesischen politischen Systems, der zum Vorteil der Wirtschaft Chinas arbeitet, hat auch ernsthafte Nachteile, unter anderem gelingt es der Zentralregierung oft nicht, die Kommunen zur Umsetzung ihrer Maßnahmen zu bewegen.

Umweltschutzbewegung — Die Untätigkeit und Trägheit der Regierung haben die Entstehung einer lebhaften Umweltschutzbewegung in China bewirkt. Als die Sorgen der Bürger nicht ausreichend berücksichtigt wurden, fingen Bürger an zu protestieren, um sich Gehör zu verschaffen. Sie gingen in den Städten des ganzen Landes auf die Straßen, um gegen den Bau von Kohlekraftwerken, Chemiewerken, Ölraffinerien, Müllverbrennungsanlagen und dergleichen zu protestieren.

Nicht alle Veränderungen in China nach 1978 waren aber negativ und charakterisiert durch Ausbeutung und Diskriminierung. Mit der Wiederbelebung des Privatsektors gewann das Individuum in China zunehmende Freiheiten, um seine Interessen und Pläne in der chinesischen Wirtschaft und Gesellschaft zu verfolgen und sich aus der Abhängigkeit vom Staat zu befreien. Auf den boomenden Märkten können Individuen fast alle Dinge, die sie in ihrem täglichen Leben benötigen, unabhängig vom Staat erhalten, *Sozialer Aktivismus* — wenn sie es sich leisten können. Viele Bürger in China nutzen ihre zunehmende Freiheit auch für sozialen Aktivismus und soziales Engagement. Sozialer Aktivismus von Arbeitern, Bauern, Umweltschützern, Journalisten, Hausbesitzern, Feministen, religiösen

Gemeinden, ethnischen Minderheiten, AIDS-Aktivisten, Menschenrechtsverteidigern und anderen hat zugenommen. Benachteiligte soziale Gruppen wenden sich an NGOs, „Barfuß-Anwälte" (autodidaktische Rechtsberater, die sich für benachteiligte Gruppen engagieren), Nachbarschaftssolidaritätsgruppen oder chinesische Kreisgerichte. Aktivisten in religiösen, kulturellen, feministischen und ökologischen Bewegungen bauen auch ortsüberschreitende, nationale und sogar internationale Netzwerke auf. Die Ausbreitung des Internets erleichterte die Organisation dieser Aktivitäten und Aktionen

Um die Herausforderungen durch den sozialen Aktivismus zu bewältigen und die Sorgen und Konflikte, die die riesigen Veränderungen in Wirtschaft und Gesellschaft begleiteten, zu mindern, begann der Staat mit dem Ausbau eines großen juristischen Apparats. Der Überarbeitung der Verfassung 1982 folgten Gesetze zu allen wesentlichen Bereichen, unter anderem Arbeitsrecht, geistige Eigentumsrechte, Umwelt, Handel, Landrechte, Eigentum und Vereinigungsrechte für NGOs. Der Nationale Volkskongress, Chinas höchstes Gesetzgebungsorgan, hat in den letzten drei Jahrzehnten mehr als 200 Gesetze erlassen oder verändert, die mittlerweile allgemein den akzeptierten Prinzipien des internationalen Rechts entsprechen. Präsident Jiang Zemin stellte das Konzept eines „Sozialistischen Landes unter der Herrschaft des Gesetzes" 1997 auf dem Fünfzehnten Nationalkongress der VR China vor. Während er die Rolle des Rechts im Sozialismus bejahte, machte Jiang aber auch deutlich, dass es keine Veränderung in Bezug auf die Vormachtstellung der Partei und des Staates geben würde. Ein weiterer Schritt in diese Richtung wurde am 14. März 2004 unternommen, als Chinas Parlament dreizehn Zusätze in die Verfassung aufnahm. Diese Zusätze betrafen Privateigentum und Menschenrechte im Allgemeinen, aber begrenzten nicht die Macht der Regierung. Insgesamt hat die KPCh einen Teil ihrer Autorität schrittweise an den Markt, die Gerichte und andere Institutionen abgegeben. Dieser partielle Rückzug der Partei hat einen politischen Raum für die Entwicklung der „Herrschaft des Gesetzes mit chinesischen Eigenschaften" eröffnet. Mediations- und Schlichtungsstellen sowie Gerichte wurden personell aufgestockt, um mit der wachsenden Anzahl an Streitigkeiten und Protesten fertigzuwerden. So sollten Konflikte von den Straßen weg in die Gerichtssäle gebracht werden.

Rechtsreformen

Recht ist nicht nur ein Werkzeug der Regierungsgewalt, sondern auch ein Mittel für soziale Gruppen, um ihre Ansprüche durchzusetzen und den Staat unter Druck zu setzen. Der rasche Anstieg der Zahl von Gesetzen und Richtlinien eröffnete neue soziale Möglichkeiten für die Gesellschaft. Soziale Gruppen mit gemeinsamen wirtschaftlichen Interessen konnten nun die Gesetze nutzen, um sich gegen Beeinträchtigungen ihrer Rechte zu schützen. Aber oft wurden die Hoffnungen der Bürger, ihre rechtmäßigen Interessen und Rechte in den Gerichten durchzusetzen, enttäuscht. Dies hat zu zahlreichen Protesten und sogenannten „Massenvorfällen" geführt, in denen verärgerte Bauern, Arbeiter, Stadtbewohner und Hausbesitzer Proteste organisierten. Zu den konfrontativeren Taktiken gehörten Demonstrationen, Sit-ins, Blockaden sowie Plünderung und Zerstörung von Regierungsbüros. Der Staat reagierte auf solch öffentlichen Widerstand, indem er Demonstranten verhaftete oder ihnen gegenüber Gewalt anwandte. In vielen Fällen hat der Staat aber auch bedeutende Zugeständnisse gemacht. Die Mobilisierung der Öffentlichkeit hat verschiedene staatliche Behörden dazu gezwungen, mit überarbeiteten Entscheidungen, Politikwechsel und Reformen zu reagieren wie etwa in Bezug auf ländliche Steuern und die Gesundheitsreform, die Überarbeitung der Arbeits- und Eigentumsrechte und den Ausbau der Sozialversicherung auf dem Land.

Insgesamt sind die gesellschaftlichen Veränderungen seit den 1990er Jahren vielschichtig und können nicht in den einfachen Kategorien gedacht werden, die oft die Medien dominieren. Der Übergang zur Marktwirtschaft schaffte enorme Ungleichheiten in Hinblick auf Karrierechancen, Einkommen und materiellen Erfolg. Er resultierte in einer Ausdifferenzierung zwischen Generationen, regionaler Herkunft, Ethnizität und Geschlecht und spaltete die Interessen der Bürger, sozialen Gruppen und ethnischen Minderheiten in Ortschaften und Unternehmen. Gleichzeitig schritt die Dezentralisierung der wirtschaftlichen und politischen Macht unaufhaltsam voran und eröffnete kontinuierlich neue soziale Freiräume.

Proteste und Massenvorfälle

1.4.7 Wachsende Spannungen und neue Unsicherheiten

Die Welt bewundert die Schnelligkeit und den Erfolg von Chinas „Wirtschaftswunder". Aber in China selbst war und ist die Stimmung oft weniger optimistisch. Sowohl das chinesische Volk als auch die Regierung scheinen im Ganzen eher beunruhigt über den Stand der Entwicklung und die weitreichenden Folgen des Wandels zu sein. Allgemein sind zwar Stolz auf Chinas Aufstieg in die Reihe der globalen Supermächte und eine allgemeine Zufriedenheit über den steigenden materiellen Wohlstand der Gesellschaft spürbar. Aber die Vielzahl von Protesten weist auf eine wachsende öffentliche Unzufriedenheit und Konfliktbereitschaft hin. In einer Gesellschaft, die insbesondere durch Mobilität und einen besseren Zugang zu Medien gekennzeichnet ist, zeigen die Bürger ein erhöhtes Bewusstsein für Einkommensunterschiede, verschwenderisches Konsumverhalten und korrupte Praktiken der Regierung. Es gibt immer wieder Unruhe, Ärger über strukturelle Ungerechtigkeiten und schlechte Regierungsführung sowie eine unaufhörliche rastlose Suche nach neuen Formen der Spiritualität und Moral, um die zusammenbrechende Ordnung zu ersetzen. Das chinesische Internet ist dominiert von den Sorgen, Frustrationen und Kritik der Menschen über verschiedene Beeinträchtigungen des sozialen Lebens. All dies trägt zu Ängsten und Unsicherheiten über die Zukunft bei, die in Medien und Kultur zum Ausdruck kommen.

Besorgnisse und Unsicherheiten

Diese Gefühle haben ihre Ursache zum größten Teil in dem ungeklärten politischen System Chinas. Während das wirtschaftliche System grundlegend verändert wurde und heute zu den effizientesten der Welt gehört, beruht das politische System, von kleinen Modifikationen abgesehen, weiterhin auf der Alleinherrschaft einer leninistischen Kaderpartei. Das Dilemma der Gleichzeitigkeit einer mobilen Gesellschaft und innovativen Wirtschaft auf der einen Seite und eines starren politischen Systems auf der anderen Seite schafft ein durchdringendes Gefühl der Unruhe und Vergänglichkeit. Das kommt in reifen, stabilen politischen Systemen in dem Maße nicht vor, da deren Mitglieder, unabhängig davon, ob sie über andere Themen beunruhigt sind, auf der Basis der Annahme agieren, dass ihr System dauerhafter und zukunftsfähiger ist.

Poltisches System

Die Unruhe und die wachsenden Spannungen kommen in verschiedenen spezifischen Phänomenen zum Ausdruck, die die chinesische Gesellschaft der Gegenwart aufgewühlt haben. An

Defizite der Regierungsführung

erster Stelle stehen eine Reihe von Skandalen, die mit Defiziten der Regierungsführung in Verbindung stehen. Dabei ging es insbesondere um das Fehlen regelmäßiger Kontrollen, eine unzureichende Durchsetzung der Gesetze, Korruption, Bestechung oder Inkompetenz. Diese Vorfälle beeinträchtigten daher auch das Image der KPCh als Regierungspartei. 2008 wurden zum Beispiel sechzehn Säuglinge in Chinas Provinz Gansu mit Nierensteinen diagnostiziert. Alle hatten ein Milchpulver bekommen, das mit der giftigen chemischen Verbindung Melamin verschmutzt war. Vier Monate später erkrankten etwa 300.000 Säuglinge und Kleinkinder in China. Nierenschäden führten zu sechs Todesfällen. Als der Skandal aufgedeckt wurde, wurden mehrere chinesische Milchproduzenten schwer belastet. Der Vorfall von 2008 war einer der größten Lebensmittelsicherheitsskandale in der Geschichte der VR China. Die Regierung handelte schnell und im Juni 2009 wurde ein Lebensmittelsicherheitsgesetz erlassen, das die Beimischung von nicht genehmigten Essenszusätzen verbot. Aber auch hier war die Umsetzung der Maßnahmen schwierig: Erst im März 2013 wurde die China Food and Drug Administration (CFDA) als eine Behörde auf Ministeriumsebene gegründet, um die Behörden in der Lebensmittel- und Medikamentensicherheit zu verstärken. Das Vertrauen der Konsumenten in Milchprodukte blieb allerdings gering.

Betrug und Korruption

Ein anderer Skandal stand mit einem Zugunglück im Jahr 2011 in der östlichen Küstenstadt Wenzhou in Verbindung. Ein Zug fuhr in der Nähe der Stadt auf einen stehenden Zug auf. Dabei kamen 40 Menschen ums Leben, 191 wurden verletzt. Später identifizierten chinesische Ermittler eine Reihe von Ursachen, darunter Designfehler in der Signaltechnik, Fehler bei Bauausführung und Material sowie Unregelmäßigkeiten und Verfehlungen der Sicherheitskontrolleure. Das systematische Versagen von Kontrolle und Bauüberwachung war auf Betrug und Korruption zurückzuführen. Es wurde vermutet, dass die Eisenbahnindustrie einer der Sektoren in China war, in dem am meisten bestochen und betrogen wurde. Seit 2009 wurden insgesamt gegen 13 führende Beamte des Eisenbahnministeriums und führende Manager der Eisenbahnunternehmen im Staatsbesitz wegen Korruption und Machtmissbrauch zum persönlichen finanziellen Gewinn ermittelt. Dabei ging es oft um hohe Geldsummen. Auf Grund fehlender Transparenz und fehlender gegenseitiger Kontrollen in dem Staatsmonopol wurde das Entstehen einer „Kultur der Korruption" begünstigt.

1.4 Wachstum und Wandel in der Gegenwart (1990–2015) — 159

Seit Beginn der Reformzeit hatte die Kommunistische Partei Schwierigkeiten damit, ein Gleichgewicht zwischen dem Abbau der Bürokratie und der Durchsetzung von Richtlinien zum Schutz der Umwelt, der Arbeiter und der öffentlichen Gesundheit zu finden. Durch die seltene öffentliche Überprüfung ihrer Arbeit wurden Parteifunktionäre nur gelegentlich gerügt. Viele Firmen nutzten und nutzen die schwache Regierungsführung und ihre politischen Beziehungen aus, um in ihren Betrieben Kontrollen in Bezug auf legale Arbeit und Umweltstandards zu umgehen. Sicherheitsrichtlinien wurden häufig nicht beachtet. Laut den Zahlen, die die Regierung 2014 selbst veröffentlichte, kamen über 68.000 Menschen im Jahr zuvor bei Industrieunfällen ums Leben, die meisten von ihnen arm, hilflos und weit weg von Chinas boomenden Städten. *(Mangelnde Umsetzung von Vorschriften)*

Die Skandale und Korruption führen zu Protesten und Kritik. Öffentliche Demonstrationen von Arbeitern, Dorfbewohnern oder Opfern von Katastrophen in den oben beschriebenen Vorfällen zeigen das Maß an sozialer Unzufriedenheit und öffentlicher Empörung. In einer groß angelegten Studie, in der eine nationale Stichprobe von 20.000 Chinesen befragt wurde, wurden die Korruption von Amtsträgern und die ungerechte Verteilung von Reichtum als die wichtigsten aktuellen sozialen Probleme des Landes identifiziert. 2012 hat die Regierung Xi Jinping darauf reagiert, indem sie eine Kampagne gegen die Korruption von Amtsträgern begann, die sehr viel länger andauerte und mehr erreichte, als die meisten erwartet hatten. *(Kritik und Unzufriedenheit)*

Gleichzeitig versuchte der Parteistaat aber auch, sein ideologisches Profil und die Kontrolle durch Zensur zu stärken. Zum einen belebte die Regierung den Kult um Mao Zedong und den revolutionären Kampf der Partei wieder. Hu Jintao begann bereits mit der Verehrung der revolutionären Führer und Helden der KPCh, angefangen mit seinem Besuch der Revolutionshauptstadt Xibaipo im Dezember 2001 und seiner langen Rede zum 110. Jahrestag von Mao Zedongs Geburt 2003. Xi Jinping hat bewusst bestimmte Teile der maoistischen Praktiken und Propaganda wiederbelebt. Die Relevanz der revolutionären Motive und Muster in der aktuellen Politik ist sehr viel deutlicher geworden. 2012 besuchte Xi Jinping die Qinghua-Universität und Beijing-Universität (zwei der führenden chinesischen Universitäten) und machte deutlich, dass die Partei mehr und nicht weniger Einfluss auf die höhere Bildung haben sollte. Die Regierung hat eine Liste der „7 Neins" heraus- *(Zensur und Propaganda)* gegeben – Themen, die nicht mit Studenten diskutiert werden sollten. Die Dozenten sollten nicht über vergangenes Fehlverhalten der Kommunistischen Partei reden, weder im Unterricht noch mit den Studenten. Sie sollten auch nicht die Vorteile der Gewaltenteilung zwischen Judikative und Exekutive behandeln, ebenso wie die universellen Menschenrechte. Pressefreiheit oder Zivilgesellschaft waren auch auf der Liste unerwünschter Themen.

Der Widerspruch zwischen einer zunehmend komplexeren und offeneren Wirtschaft und Gesellschaft und dem immer noch intakten Parteistaat ist ein anhaltendes Problem, das China bisher nicht lösen konnte. Unabhängig vom wirtschaftlichen Erfolg, hat die Regierung ein existenzielles Problem, was sich nicht nur an den öffentlichen Protesten zeigt, sondern auch an den anhaltenden Debatten über Demokratisierung und öffentliche Partizipation, die niemals nachgelassen haben. Das wurde zuletzt im Dezember 2008 deutlich, als eine Gruppe von Menschen (ursprünglich 303 und später angeblich über 7000) eine unterschriebene Petition namens „Charta 08" veröffentlichten, in der der Weg zur Demokratie für die KPCh aufgezeigt wurde. Die Charta 08 versuchte, eine Antwort auf die Frage zu finden, wie man nach dreißig Jahren wachsender sozialer Ungleichheit und Korruption eine gerechtere, transparentere und besser regierte Gesellschaft schaffen könne. Die Antwort der Unterzeichner der Charta basierte auf liberalen, demokratisch gewählten Institutionen, der Herrschaft des Gesetzes und dem Respektieren der Menschenrechte, aber auch auf der gerechteren Verteilung von Reichtum, Umweltschutz und der Unterstützung der Schwachen.

Charta 08

Das Fehlen von demokratischen Prozessen erhöht paradoxerweise die Dringlichkeit, mit der öffentliche Probleme und politische Herausforderungen diskutiert werden. Sorgen über Lebensmittelsicherheit, Umweltverschmutzung oder industrielle Unfälle lösen massive Proteste aus, die die Regierung bedrohen. Aus diesem Grund ist die Regierung gezwungen, schnell auf die Probleme einzugehen, indem sie die Verantwortlichen findet, Beamte verhaftet und Schadensersatz zahlt. Während also das Fehlen von demokratischen Prozessen zum Ausdruck und zur Beseitigung von öffentlicher Unzufriedenheit für die Heftigkeit von einigen dieser Probleme selbst verantwortlich ist, setzt dieses demokratische Defizit die Regierung andererseits auch unter enormen Druck, aktivistisch kurzfristige Lösungen zu finden, und schafft dadurch

Defizit Demokratie

1.4 Wachstum und Wandel in der Gegenwart (1990–2015) — 161

eher Instabilität. Die Führung geht proaktiv die Quellen der populären Unzufriedenheit an, indem sie die sozialen Systeme ausbaut, Korruption angreift, sowie Transparenz und Rechenschaftspflicht der Regierung erhöht durch Instrumente wie E-Government, Meinungsumfragen und Kommunalwahlen. Aber das zugrundeliegende fundamentale Dilemma wird dadurch nicht nachhaltig gelöst und Unsicherheit in Bezug auf die Zukunft bleibt bestehen.

Hinzu kommt die Ambivalenz der gesellschaftlichen Normen. Der Zusammenbruch des sozialistischen Ideals hat zu einem Phänomen geführt, welches Wissenschaftler innerhalb und außerhalb Chinas als „Wertevakuum" bezeichnet haben. In Chinas blühender Wirtschaft der letzten Jahre haben Reichtum und Materialismus den Platz der vorherigen politischen Ideologien und Utopien eingenommen. Zugleich hat der ungehemmte Materialismus rücksichtsloses Verhalten und soziale Ungerechtigkeit befördert. Die chinesische Öffentlichkeit beschäftigt sich daher intensiv mit Fragen wie: Auf welche Normen können wir uns einigen? Wie können wir sie umsetzen? Welche Ziele streben wir als Gesellschaft an? Was kann *zuoren* („ein guter Mensch sein") im frühen 21. Jahrhundert noch bedeuten? Wertevakuum

Das moralische Vakuum bot vor allem auch einen fruchtbaren Boden für die Wiederbelebung einer großen Zahl an religiösen Praktiken, unter anderem Wahrsagerei, Ahnenverehrung, Tempelfeste, Beerdigungsriten, Exorzismus, Pilgerfahrten, Sektenwesen, Sutra-Rezitieren und das Drucken und Verteilen von „Moralbüchern". Die Ausbreitung von Religiosität ist bemerkenswert: In China leben nun die meisten Buddhisten der Welt, und es gibt schnell anwachsende katholische und protestantische Gemeinden, sich ausdehnende muslimische Gemeinden und aktive daoistische Tempel. Nachdem sie fast 40 Jahre verschwunden waren, sind religiöse Praktiken als wichtiger Teil des täglichen Lebens in China zurückgekehrt. Wiederbelebung der Religion

Im Allgemeinen tolerierte der chinesischen Staat Religionen, solange keine politischen Grenzen überschritten wurden. Geschah dies doch, dann wurden die jeweiligen religiösen Organisationen unnachgiebig unterdrückt. Falun Gong ist ein gutes Beispiel: Falun Gong kam 1992 als Teil eines allgemeinen *qigong*-Aufschwungs auf. Es kombinierte *qigong*, d. h. Atmungs- und Meditationstechniken, mit einer moralischen Philosophie. Falun Gong-Praktizierende glaubten, dass sie durch die religiösen Praktiken ihre Gesund- Falun Gong heit verbessern und zur spirituellen Erleuchtung geführt würden. In den 1990er Jahren wurde Falun Gong schnell eine der größten *qigong*-Organisationen in China. Im späten April 1999 fand eine große, friedliche Falun Gong Demonstration vor dem Hauptsitz der Kommunistischen Partei in Beijing statt. Die Demonstranten protestieren gegen negative Berichte in den Medien. Die Proteste kamen völlig überraschend und führten zu einer rigorosen Unterdrückung der Bewegung in der Zeit danach.

Das post-utopische Zeitalter

Der Abschied von der sozialistischen Utopie wurde begleitet von einer weitreichenden Kommerzialisierung aller Lebensvorgänge und Ressourcen wie Arbeit, Land, Natur und Körper. Dieser Vorgang löste eine grundlegende Verschiebung der „normativen Infrastruktur" der Gesellschaft aus: die Standards von Gerechtigkeit, Würde, Rechten und dem Wert der Arbeit wurden grundlegend neu konfiguriert. China befindet sich in einer Zeit der ungeklärten institutionellen Normen und der hybriden Koexistenz alter und neuer Ideologien und Diskurse. Aber gerade die Unbestimmtheit und rastlose Fluidität der Gegenwart eröffnete Freiräume für intellektuelle Kreativität, politisches Engagement und für sozialen Aktivismus. Diese Situation führt dazu, dass leidenschaftliche öffentliche Debatten (im Internet oder anderswo) eine immer größere Rolle in der Gestaltung der Gegenwart und Zukunft spielen. Die Diskussionen versorgen die Bürger Chinas mit moralischen und geistigen Argumenten, um Ansprüche für sich im politischen Raum geltend zu machen. Aber zugleich führen die Unübersichtlichkeit der post-utopischen Gegenwart und das Ausbleiben grundsätzlicher politischer Reformen auch dazu, dass sich viele Chinesen trotz des erreichten Wohlstands und der wirtschaftlichen Erfolge als verwundbare Nation mit einer ungewissen Zukunft sehen.

2 Grundprobleme und Tendenzen der Forschung

2.1 Grundmuster der Interpretation

Die wissenschaftliche Beschäftigung mit der VR China begann unmittelbar nach der Gründung des neuen Staates 1949. Die erste Phase der Auseinandersetzung mit dem jungen sozialistischen Staat war im Wesentlichen von zwei Intentionen bestimmt: Erstens ging es der Wissenschaft darum, zu verstehen, wie und warum es dazu kommen konnte, dass China ein kommunistisches Gesellschaftsmodell annahm. Zweitens wurden viele Studien mit der Absicht erstellt, verlässliche Daten und Informationen über die neue, weitgehend unbekannte und als feindlich eingeschätzte chinesische Führung bereitzustellen. Generell beschäftigten sich die westlichen Wissenschaftler während der maoistischen Periode bis 1976 daher vor allem mit der Führungspolitik, der Entwicklung des kommunistischen Systems sowie den militärischen Institutionen. Dabei bildeten sich verschiedene Interpretationsmuster heraus, die zum Teil noch bis heute wirksam sind. Nach der Öffnung Chinas Mitte der 1970er Jahre weitete sich die Forschung inhaltlich und thematisch aus und gesamtgesellschaftliche Fragestellungen gewannen an Bedeutung.

2.1.1 Grundlegende Ansätze

Ein wichtiges und einflussreiches Interpretationsmuster ist bestimmt von grundsätzlicher Kritik am kommunistischen System allgemein. Es kann als Repressions-Narrativ beschrieben werden und ist insbesondere unter überzeugten Kritikern des Kommunismus vertreten. Das Narrativ der Repression schildert die VR China als einen allmächtigen Staatsapparat, der die Bürger zu willfährigem Gehorsam und Akzeptanz der neuen Ordnung zwang. Die Theorie des Totalitarismus stand im Hintergrund der meisten Studien, die sich vor allem für die Partei, Institutionen und Ideologie interessierten. Diese Studien gingen davon aus, dass totalitäre Systeme bestimmte Merkmale wie Ein-Parteien-Herrschaft, ideologische Kontrolle, Propaganda und umfassende Repression

> Grundsätzliche Kritik am kommunistischen System

aufweisen und daher identische Formen annehmen. Die westliche Forschung betonte auch die große Zahl von Menschen, die der Herrschaft der KPCh im Zuge von politischen Kampagnen zum Opfer fielen.

Diskussionen entstanden um die Frage, wie groß die Ähnlichkeit zwischen den totalitären Systemen verschiedener Länder seien und welche Schlussfolgerungen daraus zu ziehen seien. KARL A. WITTFOGEL [1.3] und andere waren der Auffassung, dass sich die totalitären Systeme weitgehend ähnelten, während BENJAMIN SCHWARTZ [1.3] auf die Rolle historischer und kultureller Traditionen verwies und dadurch die Existenz wesentlicher Unterschiede zwischen den sozialistischen Staaten hervorhob. Mit dem Beginn der Kulturrevolution Mitte der 1960er Jahre wandte sich der Großteil der Forschung vom generischen Totalitarismus-Modell ab und begann, sich mit maoistischen Idiosynkrasien zu beschäftigen. Repression stand zwar noch im Mittelpunkt, aber wurde nun durch eine chinesische Variante des Kommunismus erklärt, die sich grundsätzlich von der russischen Version unterschied. Studien zu Maos Persönlichkeit, Gedanken, Taktiken und Machenschaften begannen die Literatur über die chinesische Politik zu dominieren.

Totalitarismus-Modell

Dieser Ansatz ist in popularisierter Form weiterhin wirksam. In den aktuellen Veröffentlichungen, z. B. von FRANK DIKÖTTER [3.4; 2.1; 3.7] oder JUNG CHANG [2.4: CHANG / HALLIDAY] wird Mao Zedong als „Verrückter", „Monster" oder Tyrann charakterisiert, der das Land ruiniert habe. Die Gründung der VR China gilt in dieser Interpretation als eine Tragödie, welche die Gesellschaft verwüstete und zahlreiche Leben zerstörte. DIKÖTTER beschreibt ausführlich, wie die Menschen in China in den ersten drei Jahrzehnten der VR China gelitten haben oder zu einem brutalen Überlebenskampf gezwungen wurden [2.1]. Während des „Großen Sprungs" Ende der 1950er Jahre ignorierten Mao und die Partei die aufkommende Katastrophe der Hungersnot auf Grund von Dogmatismus, Selbstsucht und Unfähigkeit [3.4: DIKÖTTER]. DIKÖTTER schreibt: „Wie dieses Buch zeigt, war das erste Jahrzehnt des Maoismus eine der schlimmsten Tyranneien in der Geschichte des zwanzigsten Jahrhunderts und schickte mindestens 5 Millionen Zivilisten in ein frühes Grab und brachte unzähligen mehr Unglück" [2.1: DIKÖTTER, XIII].

Mao als Tyrann

Das zweite Interpretationsmuster ist durch den Modernisierungs-Ansatz charakterisiert. Dieser Interpretation folgend waren die politischen Anführer der KPCh nicht in erster Linie kommunis-

Modernisierungs-Ansatz

tische Ideologen, sondern pragmatische, rationale, technokratisch orientierte Modernisierer, die sich vor allem für die Entwicklung der rückständigen chinesischen Gesellschaft einsetzten. Obwohl die Entwicklung in Partei und Gesellschaft in der frühen Phase zweifellos und bedauerlicherweise von Konflikten und auch Gewalt geprägt war, so wird dies angesichts der parteiinternen Vielfalt und des äußeren Widerstands gegen die KPCh sowie der notwendigen enormen wirtschaftlichen und gesellschaftlichen Veränderungen als unvermeidlich eingeschätzt. Am Ende jedoch beendete eine pragmatische Gruppe in der KPCh die schlimmsten Exzesse und Repressionen. Empirisch arbeitende Wissenschaftler argumentieren daher, dass die gewalttätigen Aspekte des Regimes mit den unbestreitbaren Leistungen verrechnet werden müssen. ELIZABETH J. PERRY zum Beispiel behauptet, dass während des Höhepunkts des chinesischen Autoritarismus unter Mao die Grundlagen für das Wirtschaftswachstum der Gegenwart gelegt wurden [1.3]. Für Perry muss das revolutionäre Regime Maos nicht nur für die Gewalt verantwortlich gemacht werden, sondern auch für die wichtigen Verbesserungen der Lebensqualität eines Großteils seiner Bevölkerung. LIN CHUN folgt einer ähnlichen Argumentation [1.1]. Ihr zufolge waren Mao Zedong und Deng Xiaoping revolutionäre Nationalisten, die entschlossen waren, China zu modernisieren. Diese Interpretation ähnelt den jüngsten Selbstdarstellungen der chinesischen Regierung.

Schließlich ist auf ein Interpretationsmuster hinzuweisen, das heute zwar eher von marginaler Bedeutung ist, aber in der zweiten Hälfte des 20. Jahrhunderts durchaus bei einigen Wissenschaftlern Anklang fand. Diese Interpretation kann auf die Schriften von Karl Marx und das offizielle Credo aller kommunistischen Regime zurückgeführt werden: Arbeiter und Bauern, angeführt von der Kommunistischen Partei Chinas, stürzten die korrupte und ausbeuterische GMD-Regierung und begannen den Weg zum Aufbau einer besseren Gesellschaft. Der Kommunismus war ein idealer Zustand in der Zukunft, in dem das chinesische Volk nicht nur materiellen Wohlstand genießen würde, sondern auch in einer vollkommenen Demokratie leben würde – harmonisch, solidarisch und selbstbestimmt. Das kommunistische System galt als rationales Ergebnis der objektiven Gesetze der geschichtlichen Entwicklung. Diese Interpretation stand natürlich im Zentrum des marxistisch-leninistischen Mao Zedong-Denkens; aber auch im Westen gab es

Marxistische Interpretation

viele ähnliche Werke über China, die von Marxisten und Maoisten geschrieben wurden und eine breite Leserschaft fanden, wie z. B. SUYIN HAN [1.1].

Bedeutung empirischer Forschung

Die westliche wissenschaftliche Beschäftigung mit China hat sich seit dem Ende der Mao-Ära und dem Beginn der Reformpolitik 1978 entscheidend weiterentwickelt, ebenso wie sich auch die chinesische Gesellschaft selbst erheblich verändert hat. Ein entscheidender Impuls ging von den sich nun neu ergebenden Möglichkeiten von Forschungsaufenthalten und Datenerhebung vor Ort aus. Seit 1978 wurden die Themen der wissenschaftlichen Forschung daher erheblich ausgeweitet. Neben der nationalen Innen- und Außenpolitik und der politischen Elite behandelte die Forschung zunehmend auch gesellschaftliche und wirtschaftliche Fragestellungen. Insgesamt kam es zu einem tieferen empirischen Verständnis der Entwicklung des modernen und zeitgenössischen China sowie zu einer Bereitschaft zur Beteiligung an allgemeinen sozialwissenschaftlichen Debatten über institutionelle Kontinuität und Veränderung.

1949 als Bruch?

Historiker ergründeten historische Parallelen und Kontinuitäten zwischen den Vorgängerregierungen und der kommunistischen Regierung. Frühere Interpretationen des Machtwechsels von 1949 als eines vollständigen Bruchs wurden damit überwunden. In Bezug auf Themen von der Steuererhebung und dem Personalmanagement bis hin zu Arbeitsbeziehungen und militärischer Wehrpflicht wurde gezeigt, dass die nationalistischen Praktiken der GMD die ihrer kommunistischen Nachfolger in wichtigen Bereichen vorgeformt haben [2.2: Kirby]. Die Wurzeln des gegenwärtigen China werden somit in die Zeit vor 1949 zurückverfolgt – wenn nicht bis in die Kaiserzeit vor 1911, so doch zumindest bis in die 1920er Jahre.

Mikroperspektive und Institutionen

Feldforschungen lieferten außerdem eine Fülle neuer Informationen und Daten über die lokalen Bedingungen und Verhältnisse. Die Mikroebene der Feldforschung bot zunächst eine innovative Perspektive im Vergleich zu den Verallgemeinerungen der früheren Forschung, die oft auf einer schmalen Informationsbasis beruhten. Mit Hilfe von Daten aus Umfragen und Interviews wurden nicht nur wirtschaftliche, sondern auch erhebliche soziale und kulturelle Unterschiede zwischen Regionen, Kreisen und Dörfern deutlich. Die Anerkennung und Würdigung der Vielfalt und Varianz der Verhältnisse innerhalb Chinas hat somit monolithische Vorstellungen der früheren Forschung ersetzt (z. B. [1.3] NAUGHTON / YANG). Zudem rückten die Ursachen für den institutionellen Wandel in China in den Mittelpunkt. Das Spannungsverhältnis zwischen Staat und Gesellschaft wurde analysiert, um sowohl politische Konflikte als auch wirtschaftliche Entwicklungen erklären zu können.

In den vergangenen drei Jahrzehnten seit der Öffnung Chinas 1978 hat sich die Forschung auf drei übergreifende Fragen konzentriert. Die erste betrifft die vielfältigen Konsequenzen der Wirtschaftsreformen und insbesondere die strukturellen Verschiebungen in der chinesischen Wirtschaft sowie deren Auswirkungen auf die verschiedenen Sektoren der Gesellschaft. Beide Bereiche haben sich tiefgreifend verändert. Bei der Analyse der chinesischen Transformationsprozesse stand der Übergang vom „Plan zum Markt" im Mittelpunkt. Westliche Wissenschaftler haben diese Veränderungen detailliert und eingehend analysiert [siehe Überblick bei 1.1: ZHENG YONGNIAN]. Dabei sind liberal-rationalistische Erklärungsmodelle [4.3: HARDING] von institutionalistischen Theorien zu unterscheiden [4.4: NAUGHTON: 2010]. *Konsequenzen der Wirtschaftsreformen*

Die zweite große Frage betrifft die internationalen Implikationen des Aufstiegs Chinas. Mehrere Arbeiten haben betont, dass die Orientierung an der nationalen Souveränität eine wesentliche Voraussetzung für die Handlungsfähigkeit des politischen Systems war und die Regierung im Zeitalter der „Globalisierung" konsequent ihren Gestaltungswillen verteidigte [5.1: SHAMBAUGH]. Diese Diskussion befasste sich vor allem mit Chinas Außenpolitik und militärischer Modernisierung, aber auch mit seinen internationalen Wirtschaftsbeziehungen und in jüngster Zeit mit dem Versuch, *soft power*, d. h. informellen bzw. kulturellen Einfluss, im Ausland geltend zu machen [5.5.1: SWAINE]. *Internationale Implikationen von Chinas Aufstieg*

Die dritte große Frage betrifft die Stabilität, Reformierbarkeit und Zukunftsfähigkeit des politischen Systems, das bisher grundlegend durch den leninistischen Parteienstaat bestimmt wird [2.4: ZHENG SHIPING]. Einige Autoren argumentieren, dass ohne Änderungen die Entwicklung in eine Vetternwirtschaft („Crony Capitalism") führe, der vor allem an Ressourcen-Extraktion interessiert sei [5.1: PEI MINXIN]. Diese Beobachter gehen des Weiteren davon aus, dass die Aussichten für die unabdingbare und grundlegende politische Transformation heute weniger vielversprechend sind als in den 1980er Jahren, als Parteiführer wie Hu Yaobang und Zhao Ziyang an politischer Reform interessiert waren. Doch während der *Zukunftsfähigkeit des politischen Systems* politische Fortschritt ins Stocken geraten ist, zeigt die chinesische Wirtschaft weiterhin ein beeindruckendes Wachstum. Eine Reihe von Studien betont daher die Anpassungs- und Steuerungsfähigkeit des Parteistaates. Hervorgehoben wird die proaktive Rolle der Zentralregierung sowie regionaler Regierungen für die wirtschaftliche Entwicklung [vgl. 2.1: PERRY / HEILMANN; 4.4: OI; 1.3: PERRY;]. Die chinesische Partei- und Staatselite wird als pragmatisch-vorausschauende politische Kraft verstanden, die – ähnlich wie in anderen Entwicklungsstaaten in Ostasien – als Triebkraft der sozioökonomischen Modernisierung agiert. Das autoritäre System Chinas, das gleichwohl innerhalb der Eliten einen Spielraum für Debatten lässt, bildet in dieser Betrachtungsweise eine äußerst förderliche Basis der wirtschaftlichen Entwicklung. Es lernte, die Entwicklung von Märkten zu fördern. Gegenwärtig wird die Diskussion vor allem von folgenden Fragen bestimmt: Kann China ein hohes Wirtschaftswachstum ohne klarere Eigentumsrechte und ein offeneres politisches System beibehalten? Oder ist eine starke staatliche Kontrolle unverzichtbar, um das chinesische Wirtschaftsexperiment auf dem richtigen Kurs zu halten, auch wenn es sich ständig in Richtung größerer Privatisierung und Marktfreiheit bewegt?

Hoher Spezialisierungsgrad der Forschung

Die Ausdifferenzierung der Forschung zeitigte aber auch eine problematische Konsequenz. Fasziniert von der Verfügbarkeit von Daten und Details hatten nur noch wenige Wissenschaftler die Zeit oder die Neigung, an umfassenderen Makroperspektiven und -modellen zu arbeiten. In vielerlei Weise gibt es heute weit mehr Arbeiten zu den Entwicklungen in einzelnen Kreisen oder Dörfern, aber bemerkenswert wenige über das gesamte System. Im Vergleich zur früheren Forschung schenkte die spätere Generation von Wissenschaftlern den Operationen des zentralen Parteienstaates nur wenig Aufmerksamkeit. Ein Großteil der Forschung ist mittlerweile hoch spezialisiert und spezifisch. Das China-Feld als Ganzes und die große Mehrheit der jetzigen Chinawissenschaftler haben es versäumt, wirklich große übergreifende und transsektorale Fragestellungen und Hypothesen über die interne und externe Entwicklung des gesamten Landes zu entwerfen. Ein Teil der Gründe für den hohen Spezialisierungsgrad hat sicher mit der schieren Komplexität Chinas zu tun sowie mit den Schwierigkeiten, zu übergreifenden und verallgemeinerbaren Einsichten zu kommen. Zugleich aber hat die methodische Obsession von Wissenschaftlern mit dem Testen allgemeiner sozialwissenschaftlicher Theorien, quantitativer Empirie und Fallstudien auf Mikroebene maßgeblich zur Einengung der Forschungsperspektiven beigetragen.

2.1.2 Gesamtdarstellungen

Die Geschichte der VR China wird häufig als Teil oder Kapitel übergreifender Geschichten zum 20. Jahrhundert oder zur modernen Periode seit der gewaltsamen Öffnung des Landes Mitte des 19. Jahrhunderts behandelt. Die Anzahl der Bücher, die sich auf die Geschichte von 1949 bis heute konzentrieren, ist im Grunde klein. WERNER MEISSNER bietet sich zur ersten Orientierung an und führt in die Sekundärliteratur bis Ende der 1990er Jahre ein [5.5.6]. Es handelt sich um ein weitverbreitetes, zuverlässiges und oft eingesetztes Lehrbuch zur Geschichte seit 1949, das die frühen Jahre der VR China, die Hundert-Blumen-Bewegung, den „Großen Sprung nach vorn", die Kulturrevolution und die frühen Phasen der Reformpolitik abdeckt. Meissner liefert eine umfassende, ausgewogene, kenntnis- und detailreiche Darstellung, die weiterhin nützlich ist. LINDA BENSON deckt in etwa dieselbe Zeitspanne ab [1.1]. Der Band ist deutlich kompakter und listet aktuelle weiterführende Literaturempfehlungen. Der von DORIS FISCHER / CHRISTOPH MÜLLER-HOFSTEDE herausgegebene Länderbericht enthält zahlreiche Aufsätze verschiedener deutscher Chinawissenschaftler zu Einzelthemen der VR China [1.1]. Grundlegende historische und gegenwärtige Entwicklungen werden auf der Grundlage des aktuellen Forschungsstandes systematisch dargestellt.

Einführungslektüre

Eine aktuelle, gut lesbare Geschichte der Zeit unter Mao Zedong von 1949 bis Mitte der 1970er Jahre ist ANDREW G. WALDER [1.1]. Der Autor ist ein Soziologe der Stanford University, der ausführlich über die Kulturrevolution und das Leben im maoistischen China geschrieben hat. Das Buch kommt zu einer dezidiert negativen Bewertung der Periode. Er schildert, wie die Grundpfeiler der chinesischen Gesellschaft, vor allem das Privateigentum und das kommunale religiöse Leben, zugunsten der Schaffung von Kollektiven systematisch zerstört wurden. Er argumentiert, dass Mao weniger von einer neuen grandiosen Vision des Kommunismus inspiriert war als von einem vereinfachten Verständnis des Stalinismus. Insgesamt erscheint die Periode als eine Abfolge sich verschlimmernder Krisen.

Mao-Periode

Entwicklung seit 1978 — ZHENG YONGNIAN gibt einen Überblick über die Entwicklung der VR China seit Beginn der Reformpolitik bis zum Jahr 2012 [1.1]. Er schildert den Aufstieg Chinas zur zweitgrößten Volkswirtschaft der Welt im Hinblick auf das nominale BIP. Das Buch liefert eine anschauliche und prägnante Analyse des bemerkenswerten politischen und sozialen Wandels unter Deng Xiaoping und der Ausrichtung auf ökonomischen Pragmatismus. Der Autor behandelt die wichtigsten Wendepunkte in den Bereichen wirtschaftlicher, politischer und sozialer Ordnung. Diskutiert werden aber auch die gesellschaftlichen Forderungen nach politischer Partizipation sowie soziale Proteste und Unruhen. Zheng betont die Anomalie der Gleichzeitigkeit von florierender Marktwirtschaft und Einparteiensystem und diskutiert deren Konsequenzen. Die Zeit vom Beginn der Reform Politik bis heute wird auch von FRANK PIEKE behandelt [1.1]. Das Buch will im Westen weit verbreitete Fehleinschätzungen korrigieren. Diskutiert werden jeweils zentrale Themen wie die KPCh, Wirtschaftswachstum, Menschenrechte. JOSEPH FEWSMITH ist immer noch eine der besten jüngeren historischen Studien über Chinas politische Entwicklung seit 1978 [1.1]. Obwohl sich das Buch auf Elitepolitik und die KPCh konzentriert, hebt Fewsmith die Bedeutung der Gesellschaft und insbesondere der Intellektuellen und ihrer Rolle in den öffentlichen Debatten der 1990er Jahre hervor. Er geht davon aus, dass Intellektuelle im politischen Wandel eine kritische Rolle spielen. Der Verfasser kommt zu dem Schluss, dass der chinesische Staat die Legitimität für seine langfristigen Reformen ausbauen muss und dementsprechend Rückhalt in der intellektuellen Klasse sucht.

Politisches System — KENNETH LIEBERTHAL, TONY SAICH, WILLIAM A. JOSEPH und SEBASTIAN HEILMANN beschreiben die Entwicklung des politischen Systems in der VR China [1.1]. Der Schwerpunkt liegt aber jeweils auf der Zeit nach 1978. Heilmann behandelt hauptsächlich die Gegenwart. Im Mittelpunkt dieser Werke steht die Frage, wie Staat und Regierung von den wirtschaftlichen Reformen verändert wurden. Es handelt sich um politikwissenschaftliche Werke zur systematischen Einführung mit Hinweisen auf die weiterführende Literatur.

Historische Standardwerke — Das klassische, mittlerweile allerdings etwas veraltete zweibändige Referenzwerk ist die von JOHN K. FAIRBANK / RODERICK MACFARQUHAR herausgegebene Cambridge History of China [1.1: 1987–1991]. Der erste Band hat insgesamt zehn Kapitel, von denen sich fünf auf den Zeitraum 1949–1957 und fünf auf die Jahre 1958–1967 beziehen. Zu jedem der beiden Zeitabschnitte gibt es detaillierte Kapitel über die Innenpolitik, über die Ökonomie, über Bildung, über die Behandlung von Intellektuellen und über die Außenbeziehungen. Das lesenswerte Einführungskapitel von JOHN K. FAIRBANK ordnet die Geschichte der VR China in einen größeren historischen Kontext ein [1.1]. Der zweite Band behandelt die Kulturrevolution und den Beginn der Reform- und Öffnungspolitik. Der zweite Band hat vier Teile, von denen drei die verschiedenen Phasen der Kulturrevolution behandeln und der vierte Teil Alltag und Literatur bespricht. Hinsichtlich historischer Exaktheit, Quellentreue und Detailgenauigkeit sind die Bände unübertroffen. Die umfassendste und detaillierteste Darstellung der Geschichte der VR China liegt in chinesischer Sprache vor. Die unter dem Titel ZHONGHUA RENMIN GONGHEGUOSHI veröffentlichte Publikation hat insgesamt 8 Bände zu einzelnen Phasen, die jeweils von namhaften chinesischen Historikern wie Gao Hua, Han Gang, Shen Zhihua, Yang Kuisong und Xiao Donglian verfasst wurden [1.1: 2008ff]. Die ausführlich dokumentierten Bände setzen in ihrer Genauigkeit, thematischen Breite, Objektivität und Aufarbeitung von Quellen fraglos einen neuen, im Westen bislang nicht erreichten Standard der geschichtswissenschaftlichen Beschäftigung mit der VR China. Dieses neue Standardwerk ist das momentan beste und zuverlässigste über die Geschichte der VR China.

2.1.3 Forschungsüberblicke und Bibliographien

DAVID L. SHAMBAUGH steht in einer langen Tradition wissenschaftshistorischer Überblicke in der amerikanischen Chinawissenschaft, die jeweils versuchen, Bilanz zu ziehen und den Überblick über die Entwicklung des Forschungsfeldes mit methodisch-theoretischen Diskussionen und Überlegungen zu verbinden [1.3]. Der Band deckt die Entwicklung der amerikanischen Chinawissenschaft von den 1950er Jahren bis in die späten 1980er Jahre ab. Der erste Teil enthält inhaltliche Abrisse über die Entwicklung der gegenwartsbezogenen Chinawissenschaft. Neben der Einleitung DAVID L. SHAUMBAUGHS findet sich hier der wichtige Beitrag HARRY HARDINGS, der die Entwicklung der amerikanischen Chinaforschung seit 1949 beschreibt [1.3]. Harding stellt drei Dekaden vor, die sich jeweils

Entwicklung der gegenwartsbezogenen Chinawissenschaft

durch unterschiedliche Intensität der Förderung und unterschiedliche Forschungsschwerpunkte voneinander abgrenzen lassen. Die 1960er Jahre waren gekennzeichnet vom Aufbau der wissenschaftlichen Infrastruktur, einem repressiven politischen Klima in den USA während der McCarthy-Zeit und von den Schwierigkeiten des Zugangs zu chinesischen Quellen. Dominantes Paradigma jener Phase war der Totalitarismus, d. h. die Betonung von Mechanismen politischer Kontrolle und Machtausübung, Gebrauch von Ideologie usw. als Schlüsselaspekte der Chinaforschung. In den 1970er Jahren rückten mit dem besseren Zugang zu China vermehrt spezifische und informelle Aspekte der chinesischen Gesellschaft in den Mittelpunkt. Vorherrschende Verallgemeinerungen wurden in konkreten Fallstudien hinterfragt. In der Folge des Vietnamkrieges dominierten Politik und Ideologie nun die theoretischen Diskussionen innerhalb des Forschungsfeldes. Die Reformen der 1980er Jahre stellten dann ein neues Explanandum dar, das mit neuen Methoden wie z. B. der jetzt möglichen Feldforschung angegangen wurde. Harry Harding stellt kritisch fest, dass jedoch die Fähigkeit zur Synthese wissenschaftlicher Teilergebnisse nachgelassen hat. Wie er ausführt, haben Chinawissenschaftler in den USA auch weniger Einfluss auf Öffentlichkeit und Politik als noch zur Zeit Maos oder der Kulturrevolution.

Politikwissenschaftliche Forschung

ELIZABETH J. PERRY gibt einen Überblick über die politikwissenschaftliche Beschäftigung mit China [1.3]. Sie diskutiert die unterschiedlichen Erklärungsansätze. Der Artikel weist die vorherrschende Kritik am chinesischen politischen System in westlichen Arbeiten zurück. Die Autorin betont die Schwierigkeit, theoretische Forschungsergebnisse aus anderen Regionen wie etwas Osteuropa auf China zu übertragen und hebt die inhärenten Stärken des chinesischen Modells hervor. Der Artikel ist auch enthalten in ZHANG HAIHUI, der darüber hinaus weitere Forschungsüberblicke zu Themen der VR China enthält [1.3]. Hinzuweisen ist dahingehend auf THOMAS G. RAWSKI zur Wirtschaft, BIAN YANJIE zu sozialem Wandel, ZHOU XUEGUANG /ZHAO WEI zu sozialen Organisationen und Institutionen sowie WANG BAN / EDWARD M. GUNN zu Literatur und Kultur [1.3: ZHANG].

Bibliographien

Sehr nützlich ist auch die OXFORD BIBLIOGRAPHY FOR CHINESE STUDIES. Die Online-Datenbank wird regelmäßig aktualisiert und enthält zurzeit rund 130 Forschungsüberblicke zu einzelnen Themen. Die Qualität der Beiträge variiert; zur Geschichte der

VR China gibt es jedoch einige sehr nützliche und gute Beiträge. Dazu gehören D. H. PERKINS zur Wirtschaft, FELIX WEMHEUER zum „Großen Sprung", RICHARD L. EDMONDS zur Umwelt, MAY TAN-MULLINS zu China und Afrika, C. ROSE zu den japanisch-chinesischen Beziehungen, RALPH W. HUENEMANN zu China und den USA, DELIA DAVIN zu Mao Zedong und Deng Xiaoping, WU YICHING zur Kulturrevolution, WANG FEI-LING zum Hukou-System und THOMAS SCHARPING zur Demographie [1.3].

2.2 Die Gründung der VR China

In den 1950er und 1960er Jahren konzentrierten sich Studien vor allem auf die Frage, in welchem Verhältnis die junge VR China zum sowjetischen Kommunismus stand. Auf dem Höhepunkt des Kalten Krieges näherte man sich China in der Überzeugung, dass die russische Ausprägung des Marxismus bindend für China sei und daher die russische Sprache und die sowjetische Geschichte Schlüssel zum Verständnis des chinesischen Kommunismus wären. Eine erste Generation von China-Spezialisten begann ihre Ausbildung zumeist als Experten für sowjetische Politik. Terminologie und Paradigmen im aufkommenden Gebiet der chinesischen Politik wurden oft aus den Sowjet-Studien übernommen. Das vorherrschende Bild der VR China war das einer mehr oder weniger exakten Kopie der Sowjetunion. Emblematisch für diesen Ansatz war Walker 1955. Walker schilderte Maos China als eine brutale totalitäre Diktatur, die eng an die Sowjetunion Stalins angelehnt war, in der ein überwältigender Regime-Terror die Bevölkerung jeglicher Fähigkeit zur Unabhängigkeit oder zum Widerstand beraubt hatte. RICHARD L. WALKER bemerkte mit einer gewissen Nostalgie für die Zeit vor 1949, dass nach 1949 „Spezialisten für Kommunismus, nicht Sinologen, besser qualifiziert sind, um Ereignisse in dem Land zu analysieren, das einst Konfuzius als großen Lehrer verehrte." [2.2: WALKER, xi-xii]

Erst durch die Öffnung Chinas wurden neue Perspektiven möglich. KENNETH LIEBERTHAL gelangt aufgrund neu zugänglicher Quellen in seiner Studie der Jahre 1949 bis 1952 zu einem ganz anderen Ergebnis[2.2]: Die KPCh habe in den allerersten Jahren ihrer Machtentfaltung in den Städten, anders als auf dem Land, einen moderaten Kurs verfolgt, der darauf abzielte, die wirtschaft-

Machtübernahme und Konsolidierung

liche Produktion nach dem Bürgerkrieg wieder anzukurbeln und die gesellschaftliche Stabilität zu wahren bzw. wiederherzustellen. Deshalb beließ die KPCh viele Beamte der Vorgängerregierung in ihren Ämtern, verstaatlichte nur äußerst wenige Schlüsselbetriebe, wirkte mäßigend auf die Forderungen von Arbeitern ein und rief gerade die reichsten Unternehmer zum Bleiben und zur Zusammenarbeit auf. Neuere Publikationen schließen an die einflussreiche Arbeit Kenneth Lieberthals an und bieten ein differenzierteres Bild der ersten Jahre des Sozialismus. JEREMY BROWN / PAUL G. PICKOWICZ betonen in ihrer Einleitung, das Hauptziel des Sammelbands sei es, die „außergewöhnliche Vielfalt und Komplexität" [2.1: 7] der ersten Jahre des neuen China darzustellen. Sie kritisieren Versuche, die Periode zu verallgemeinern oder einseitig zu bewerten. Die sogenannte „Befreiung" sei je nach Region und sozialem Hintergrund ganz unterschiedlich erlebt worden und wirke sich daher auch verschieden aus. Die Beiträge in JEREMY BROWN / MATTHEW D. JOHNSON betonen, dass die Realität des neuen China von Konflikten, Spannungen und Varianz gekennzeichnet sei [2.2]. In der neuen Situation verfolgten diverse Gruppen ihre eigenen Interessen. Streitigkeiten um Kompetenzen lähmten bürokratische Institutionen. Lokale Beamte verweigerten Anweisungen der zentralen Stellen. Die Autoren argumentieren, dass die staatliche Kontrolle nicht immer total oder zentral war, sondern bisweilen eher begrenzt und fragil erschien.

Vielfalt und Komplexität

Als Ergebnis kommen die Arbeiten zu sehr unterschiedlichen Einschätzungen der Jahre des Übergangs von der Republik China zur Volksrepublik China. Auf der einen Seite stehen jene, welche die 1950er Jahre als den gewalttätigen Beginn der totalitären Herrschaft der KPCh verurteilen, wie es beispielhaft bei FRANK DIKÖTTER geschieht [2.1]. Die Studie konzentriert sich dabei ganz auf Mao Zedong, dessen Politik eine zentrale Rolle bei der Repression zugewiesen wird. Auf der anderen Seite steht ein komplexes Porträt der frühen 1950er Jahre als einer unsicheren, gewalt- und konfliktträchtigen Zeit des Übergangs. Diese Deutung betont, dass sich die KPCh bis zum Beginn des verhängnisvollen „Großen Sprungs nach vorn" im Jahr 1958 unter schwierigen Bedingungen mit Erfolg um Konsolidierung und Stabilisierung bemühte.

Unterschiedliche Interpretationen

Eine besondere Herausforderung für die westliche Chinaforschung stellt die enge Verwobenheit von Staat und Partei dar, die während der maoistischen Periode (1949–1976) noch deutlich aus-

Staat und Partei

geprägter war als heute, so dass manche Historiker Staat und Partei für jene Zeit regelrecht als Synonyme betrachten [2.4: SHAMBAUGH, 11]. Die neuere Forschung hat sich intensiv mit der Frage beschäftigt, inwieweit in den 1950er Jahren eine Konsolidierung von Staatlichkeit auftrat oder doch nur die KPCh ihre Herrschaft konsolidieren konnte, ob im Gewand des Staates oder in offener Distanz zu diesem. Die formalen staatlichen Strukturen waren FREDERICK TEIWES zufolge neben Partei und Armee nur eine der drei Säulen, auf denen die Herrschaft ruhte [in 2.4: SHAMBAUGH, 113–120). Dies legt eine Konkurrenz zwischen Partei und Staat nahe. Dabei ging es auch um die Konkurrenz zwischen jenen Beamten, die bereits unter der GMD dem Staat gedient hatten, und den neuen Kadern, die häufig aus ländlichen Regionen stammten.

In den sechziger und frühen siebziger Jahren des 20. Jahrhunderts veröffentlichten westliche Autoren eine Reihe von Werken zu staatlichen Institutionen in China. Jedoch war die zugrundeliegende Quellenbasis eher schmal und zumeist auf offizielle chinesische Dokumente, Zeitungen und Zeitschriften sowie auf Interviews mit geflüchteten Chinesen in Hongkong beschränkt. FRANZ SCHURMANN ist eine einflussreiche und wegweisende Studie, die Kapitel über kommunistische Ideologie in Theorie und Praxis sowie die Organisation und Struktur der Partei enthält [2.4]. Andere Kapitel befassen sich mit Verwaltung, Bürokratie, Stadtorganisation und den Dörfern. Der Autor geht davon aus, dass die kommunistische Bewegung die Ideologie als „ein System der Kommunikation" [2.4: 58] verwendete und auf „standardisierte Kategorien und Sprache" [2.4: 58] verwies, um „ihre politischen Gebote in alle Ecken des Landes zu übertragen" [2.4: 58]. Die lokalen und bürokratischen Kräfte würden den breiten „Geist" hinter den zentralen Befehlen interpretieren und sie auf die lokalen Gegebenheiten anwenden.

<small>Einheit von Staat und Partei</small>

ZHENG SHIPING diskutiert die Spannung zwischen der KPCh und den staatlichen Institutionen [2.4]. Die Arbeit argumentiert, dass es analytisch zwingend notwendig ist, die Partei vom Staat zu unterscheiden, und behauptet, dass die Partei ein großes Hindernis für den staatlichen Aufbau in China gewesen sei. Die Partei, so argumentiert Zheng, war zwar mit einer Armee von mehr als 3,5 Millionen Soldaten und 720.000 zivilen Kadern ausgestattet, bedurfte aber dennoch des Staates, weil sich ihre Disziplinargewalt eben auf ihre Mitglieder beschränkte. Um ein Land von der Größe Chinas zu regieren, müssten die Kader auf die existierenden staat-

<small>Spannung zwischen Staat und Partei</small>

lichen Organe und das entsprechende Personal zurückgreifen und diese stärken, insbesondere Polizei und Gerichte, wie Mao Zedong betonte. KENNETH LIEBERTHAL ist ein klassisches weithin genutztes Lehrbuch über die chinesische Politik mit einem informativen Teil, der sich mit der Kontrolle der chinesischen staatlichen Institutionen durch die Partei befasst [1.1]. Es bietet für eine Analyse der Funktionsweise der politischen Systeme eine nützliche Einführung in Schlüsselkonzepte, einschließlich der Konzepte des Systems (*xitong*) und der Nomenklatura.

Während der 1950er und 1960er Jahre war das Studium der Kommunistischen Partei Chinas noch ein, wenn nicht vielleicht sogar der wichtigste Teil der westlichen Chinawissenschaft.

<small>Geschichte der KPCh</small>

JACQUES GUILLERMAZ ist eine frühe, breite und umfassende Übersicht über die Geschichte der KPCh von 1949 bis zu Maos Tod [2.4]. Dabei wird nicht nur die Entwicklung der KPCh, sondern auch außenpolitische, soziale und wirtschaftliche Fragen werden behandelt. Der Autor versucht explizit, einen Standpunkt innerhalb des chinesischen Systems einzunehmen, und sieht Mao als die Inkarnation der chinesischen Revolution.

<small>Die KPCh in der Mao-Ära</small>

Zur Geschichte der KP Chinas liegen nur wenige neuere Arbeiten vor. Nach dem Ende der Kulturrevolution ging das Interesse an der KPCh im Westen zurück. Stattdessen verlagerte sich der Schwerpunkt der Forschung auf Studien zum Staat und zu strukturellen und bürokratischen Aspekten der chinesischen Politik. RODERICK MACFARQUHAR ist vermutlich immer noch die beste verfügbare Arbeit über die Geschichte der KP in der Mao-Ära, mit Fokus auf dem Denken, Handeln und den Interaktionen der chinesischen Parteiführer von 1956 bis 1965 [3.5]. Ziel der Studie war die Analyse der langfristigen Ursachen für den lange währenden innerparteilichen Konflikt, der in der Kulturrevolution zum Ausbruch kam. Das Buch widerlegt das Zwei-Linien-Modell (nach dem seit 1949 die maoistisch-revolutionäre Linie mit der pragmatisch-revisionistischen Linie Liu Shaoqis im Konflikt stand) und präsentiert stattdessen einen von Mao geleiteten und dominierten politischen Prozess, der oft von Liu Shaoqi und Deng Xiaoping unterstützt wurde. Auseinandersetzungen in der Partei brachen weniger über ideologische Fragen als über konkrete Entscheidungen und vor allem Besetzungen von Positionen aus.

KERRY BROWN skizziert den Weg der KPCh von der Machtübernahme 1949 bis in die 1990er Jahre und beschreibt, wie die Partei operierte und die Kontrolle über das Land ausübte [2.4]. Das Buch enthält eine nützliche Analyse der ideologischen Debatte über die Ausrichtung der Partei. Der Verfasser weist darauf hin, dass die Geschichte der KP in China vor allem auch von ideologischen Debatten und den Versuchen der chinesischen Führer, theoretische Positionen zu etablieren, geprägt ist. Diese seien in der Partei-Doktrin verankert und daher politisch relevant.

Ideologische Debatten

Bei ZHONGGONG DANGSHI YANJIUSHI handelt es sich um die jüngste maßgebliche Geschichte der KPCh, 1949–1978, aus Sicht der Partei selbst [2.4]. Der Band ist reich an Materialien, vor allem Originaldokumenten und Reden, und dient als detaillierte Chronik der Politik der KPCh in der maoistischen Zeit. Es werden breite Bereiche wie militärische, wirtschaftliche, politische und diplomatische Angelegenheiten abgedeckt. Doch geht diese Geschichte der KPCh nicht über das Jahr 1978 hinaus. Dies hat natürlich eher mit politischen Erwägungen als mit mangelndem empirischen Material zu tun. In Bezug auf die Zeit nach Mao gibt es somit keine wirklich umfassende historische Abhandlung zur Parteigeschichte.

Die Sicht der KPCh

Staat und Partei in China können nicht von der Politik und den Aktivitäten der chinesischen Parteiführer getrennt werden. Die Intentionen und politischen Überzeugungen der chinesischen Parteiführer waren daher früh Gegenstand von Untersuchungen und Analysen. Vor 1978 waren diese dahingehend erschwert, als es kaum Zugang zu Primärquellen gab. Daher erschien das Studium der chinesischen Politik den meisten westlichen Beobachtern frustrierend undurchsichtig. Nach 1978 hat sich diese Situation etwas gebessert, aber auch weiterhin unterliegen viele wichtige Dokumente in den Archiven der Geheimhaltung und stehen der historischen Forschung nicht zur Verfügung. Trotz dieser Einschränkungen wurde eine Reihe von Biographien in chinesischen und westlichen Sprachen zu diesem Thema vorgelegt.

Rolle der Parteiführung

GAO WENQIAN liefert eine Biographie Zhou Enlais, veröffentlicht in Hongkong [2.4]. Dies ist eine der zuverlässigsten Darstellungen der Tätigkeit Zhou Enlais als langjähriger Premierminister der VR China. Sie bietet viele wertvolle Details und Einblicke nicht nur in das Leben und die Persönlichkeit Zhous, sondern auch in die chinesische Politik während der Kulturrevolution. Die Arbeit wurde von einem ehemaligen führenden chinesischen Experten zu Zhou Enlai geschrieben, der Zugang zu Geheimdokumenten im zentralen Parteiarchiv hatte. Die erweiterte englische Ausgabe dieses

Zhou Enlai

Werkes (Gao 2007) enthält zusätzliche historische und biographische Hintergründe zu Zhou Enlai und der chinesischen politischen Geschichte. Gao präsentiert insgesamt ein kritisches Porträt: Er zeigt einerseits einen ambitionierten, fähigen und klugen Politiker, der sein Leben im Zentrum der chinesischen Politik verbrachte. Zhou Enlai wurde auch von westlichen Beobachtern immer als großer Staatsmann und fähiger Politiker anerkannt. Anderseits wird auch dargestellt, wie anpassungsfähig, politisch geschmeidig und opportunistisch Zhou agierte, vor allem gegenüber Mao Zedong und dessen Vorstellungen.

Mao Zedong

Angesichts seiner Zentralstellung und Dominanz ist es nicht verwunderlich, dass Mao Zedong als „Großer Vorsitzender" Gegenstand zahlreicher Studien und Biographien ist. Bemerkenswert ist, zu welchen gänzlich gegensätzlichen Einschätzungen die Werke gelangen. Allgemein bieten die früheren Arbeiten ein positiveres Bild. TERRILL ROSS oder PHILIP SHORT [2.4] schildern Mao als charismatischen Führer, der das ländliche China aus der Rückständigkeit befreite und in ein neues Zeitalter führte. Die Studie von MAURICE J. MEISNER bemüht sich um eine ausgewogene Darstellung. Im Mittelpunkt stehen die Politik und das politische Denken Maos [2.4]. Neuere Publikationen hingegen kommen zu wesentlich kritischeren Einschätzungen. Im Vordergrund steht nun Maos Neigung dazu, Gegner mit Gewalt auszuschalten, sowie seine rücksichtslose Bereitschaft, unzählige Opfer für seine Politik in Kauf zu nehmen. In diesem Sinne behaupten JUNG CHANG / JON HALLIDAY, „die unbekannte Geschichte" der Verbrechen Maos zu erzählen [2.4]. Dem Buch wurde aber in akademischen Kreisen mit Skepsis begegnet. Im Fokus stehen Maos Politik und sein persönliches Leben. Basierend auf westlichen und besonders umfangreichen chinesischen Quellenmaterialien sowie Interviews mit vielen Mao-Mitarbeitern in China, die signifikante Beziehungen oder Kontakte zu ihm hatten, erhebt das Werk den Anspruch, auf fast alle zentralen Episoden in Maos Leben ein neues und aufschlussreiches Licht zu werfen. ALEXANDER V. PANTSOV / STEVEN I. LEVINE teilen im Allgemeinen die kritische Einschätzung Maos, kommen aber in Details oft zu anderen Ergebnissen und beanspruchen daher, Maos „wahre" Geschichte zu erzählen [2.4]. Ihre Biographie beruht vor allem auf Quellen aus sowjetischen Archiven. Die Sowjetunion und ihre Geheimdienste haben Mao intensiv beobachtet und seine Aktivitäten umfangreich dokumentiert. Auf dieser Quellenbasis gelingt es den Autoren, zu einzelnen Episoden neue Erkenntnisse zu liefern.

Als Architekt der Reform- und Öffnungspolitik prägte Deng Xiaoping Chinas Entwicklung mindestens ebenso maßgeblich wie Mao Zedong. Eine frühe politische Biographie Deng Xiaopings liegt von DAVID S. G. GOODMAN vor [4.3]. Die Arbeit basiert auf umfangreichen Quellen, die nach 1989 in China verfügbar wurden. Goodman zeigt, dass Deng lange und intensiv mit Mao zusammengearbeitet hatte, bevor er 1968 in der Kulturrevolution angegriffen und auf das Land verschickt wurde. Das Buch enthält auch ein Kapitel über Dengs Reden und Schriften. Dieses Werk kann neuerdings durch EZRA F. VOGEL, eine umfangreiche Studie basierend auf einer großen Menge an neuem Material, ergänzt werden [4.3]. Verwendet wird eine Vielzahl von Quellenmaterialien, darunter chinesische Regierungs- und Parteidokumente, mündliche Interviews mit chinesischen und ausländischen Beamten und eine beeindruckende Auswahl an chinesischen Publikationen. Hier findet sich vor allem eine detaillierte Schilderung des Wirkens Deng Xiaopings an der Spitze der politischen Führung ab 1978 und seiner Maßnahmen zur Umsetzung des weitreichenden Reformprogramms. Der Band präsentiert Deng in einem günstigen Licht, als außergewöhnlichen und visionären Politiker, der China auf seinen beeindruckenden Wachstumspfad setzte und Millionen Menschen aus der ländlichen Armut befreite. Insgesamt tendiert diese Biographie dazu, die problematischeren Momente und Entscheidungen in Dengs Leben zugunsten seines großen Einsatzes für die Reform zu übersehen. Eine kritischere Würdigung kommt von ALEXANDER V. PANTSOV / STEVEN I. LEVINE [2.4]. Auch diesem Werk liegen sowjetische Quellen zugrunden, ergänzt durch chinesische Dokumente. Das Buch betont Dengs aktive Rolle bei der Durchführung von gewalttätigen Kampagnen gegen Feinde der Partei. Während Deng in Bezug auf die Wirtschaftspolitik eine pragmatische und moderate Politik verfolgte, war er zugleich überzeugt, dass die Herrschaft der Partei kompromisslos und mit allen Mitteln zu verteidigen sei. Bei *Mao Zedong nianpu* und *Deng Xiaoping nianpu* handelt es sich um nützliche offizielle Chroniken, welche die täglichen Aktivitäten dieser beiden Parteiführer in den Jahren 1949–1976 und 1975–1997 wiedergeben [2.4: LENG / WANG].

Deng Xiaoping

Die Auseinandersetzung mit dem politischen Diskurs in China nimmt im Gesamtzusammenhang der Chinaforschung einen beson-

Politisches Denken

deren Stellenwert ein. Angesichts des beschränkten Zugangs zu Primärquellen vor 1978 bot die Analyse politischer Texte lange Zeit den besten Zugang zum Verständnis der Entwicklungen in China. Mit der Öffnung Chinas hat die Bedeutung der Analyse politischer Ideen abgenommen und wurde durch empirische und datenbezogene Untersuchungen ersetzt.

Eigenständigkeit des Maoismus

Während die meisten Forscher die Ähnlichkeit und enge Verwandtschaft des politischen Denkens Mao Zedongs mit sowjetischen Theorien betonten, unterstrich BENJAMIN I. SCHWARTZ in einer bahnbrechenden Studie zum Maoismus dessen Eigenständigkeit. BENJAMIN I. SCHWARTZ argumentierte – in krassem Widerspruch zu der konventionellen Auffassung seiner Zeit –, dass „die politische Strategie von Mao Tse-tung nicht im Voraus in Moskau geplant war und sich sogar gegen die Orthodoxie richtete, die in Moskau immer noch als sakrosankt und unveränderbar angesehen wurde" [2.4: 1951, 5]. Insbesondere betonte BENJAMIN I. SCHWARTZ Maos Rückhalt in der „rein bäuerlichen Massenbasis" [2.4: 1951, 188–204] als Kern seiner unverwechselbaren und innovativen Strategie. Nach dem „Großen Sprung nach vorn" und dem damit verbundenen Bruch des Bündnisses mit der Sowjetunion erodierte der Mythos der strukturellen Ähnlichkeit. Die chinesische Revolution wurde als Ausgangspunkt einer neuen und kreativen Manifestation des Kommunismus gesehen, die sich in grundsätzlicher Hinsicht vom russischen Vorbild unterschied. Studien über Maos Persönlichkeit [2.4: PYE], politisches Denken [2.4: SOLOMON]; JOHN B. STARR [2.4] sowie Taktik und Strategien [2.4: OKSENBERG] dominierten die Literatur. Bei STUART R. SCHRAM handelt es sich um ein frühes Standardwerk zum politischen Denken Mao Zedongs [1.2]. Das Buch enthält eine ausführliche Diskussion der Theorien und Politik Maos bis 1968. STUART R. SCHRAM kommt zur folgenden Schlussfolgerung: „Als Mao Zedong an die Macht kam, war man erstens weithin der Auffassung, er wäre eine willfährige Marionette Moskaus, und zweitens, dass die Entwicklung des kommunistischen China notwendigerweise eine Kopie der Entwicklung Russlands sei. Heute erkennt jeder, dass die erste dieser Hypothesen falsch war." [2.4: SCHRAM 1971, 73]. Schram zeigt somit die grundlegende Eigenständigkeit und Kontinuität des Denkens Maos auf. Das Buch enthält außerdem eine nützliche kommentierte Bibliographie von Veröffentlichungen zu Mao und zur zeitgenössischen chinesischen Politik in westlichen Sprachen sowie auf Chinesisch.

Obwohl die zweite Generation von Wissenschaftlern weiterhin durch den Mangel an direktem Zugang zum Feld behindert wurde, bemühte sie sich darum, die zentralen Bestandteile des maoistischen Systems zu erklären, das offensichtlich in vielen entscheidenden Punkten von anderen Gesellschaften in der kommunistischen Welt abwich. Der bemerkenswerteste Unterschied wurde in Maos Vorliebe einer „permanenten Revolution" in Form von Massenkampagnen gesehen. Sowohl Ursprung als auch Ergebnis des revolutionären Wegs Chinas wurden zunehmend als eine einheimische Schöpfung im Gegensatz zu einem fremden Implantat angesehen. Die Historiker betrachteten die kommunistische Revolution immer noch als einen Wendepunkt, aber nicht mehr als den Beginn eines politischen Systems sowjetischen Stils, und somit vielmehr als die Entstehung eines Mobilisierungs-Regimes eindeutig chinesischer Prägung. Die Beiträge in KATHLEEN HARTFORD / STEVEN M. GOLDSTEIN beschäftigen sich anhand von Studien zu den kommunistischen Basisgebieten vor 1949 mit lokalen historischen Mustern der Revolution und untersuchen den chinesischen revolutionären Prozess mit Blick auf Kontinuitäten, die über 1949 hinweg reichten [2.4]. TIMOTHY CHEEK ist eine aktuelle Sammlung von kurzen lesenswerten Beiträgen zu verschiedenen Aspekten des politischen Denkens und Handelns Maos [2.6]. Auch hier steht die Eigenständigkeit des chinesischen politischen Denkens im Vordergrund.

Maoismus als Mobilisierungs-Regime

2.3 China in den 1950er Jahren

Wie andere kommunistische Parteien nannte auch die KPCh ihr System und ihre Gesellschaft nicht „kommunistisch", sondern „sozialistisch". Für sie war der „Kommunismus" ein späteres Stadium in der Entwicklung der chinesischen Gesellschaft – das ultimative Stadium, in dem die Institutionen des Staates überflüssig bzw. „abgestorben" sind und durch eine autonome und selbstverwaltende Gesellschaft ersetzt wurden. Zunächst sollten daher in China Institutionen eines sozialistischen Systems errichtet werden

Während der ersten drei Jahrzehnte der Herrschaft durch die KPCh war die chinesische Wirtschaft in einer grundlegend anderen Weise organisiert als die Marktwirtschaft in einem Großteil des Restes der Welt und als die chinesische Wirtschaft im 21. Jahrhundert. Ab Mitte der 1950er Jahre führte China eine zentral geplante

Aufbau der Planwirtschaft

Kommandowirtschaft ein, die auf dem Modell der Sowjetunion basierte. Die westlichen Forschungen zur chinesischen Wirtschaft konzentrierten sich daher in diesem Zeitraum vor allem darauf, wie die Wirtschaft organisiert war, wie der Übergang von einer Marktwirtschaft zu einer geplanten Kommandowirtschaft vollführt wurde und wie die Institutionen und die Leistungsfähigkeit der Planwirtschaft einzuschätzen waren. Einen guten Einstieg in das allgemeine Funktionieren der Planwirtschaft in China bieten GREGORY C. CHOW / DWIGHT H. PERKINS [5.2], GREGORY CHOW [2.8] sowie BARRY NAUGHTON [4.4: 2007, 55–85]. Alle Autoren bieten knappe, aber hervorragende und zuverlässige Überblicke zur wirtschaftlichen Entwicklung Chinas im Zeitraum von 1949 bis 1978, die den aktuellen Forschungsstand reflektieren.

Zentrale Institutionen

Seit den späten 1950er Jahren wurden zahlreiche allgemeine Artikel und Bücher über die chinesische Wirtschaft und deren zentrale Institutionen geschrieben. Zwei der bekanntesten Ökonomen, welche die chinesische Wirtschaft analysierten und beschrieben, sind LI CHOH-MING und ALEXANDER ECKSTEIN [2.8]. LI CHOH-MING konzentriert sich auf die erste und relativ erfolgreiche Phase der Entwicklung Chinas während des ersten Fünfjahresplans (1953–1957) [2.8]. Es handelt sich um eine der ersten systematischen Studien, welche die Veränderungen des Wirtschaftssystems und der wirtschaftlichen Leistung unter der chinesischen kommunistischen Partei und Regierung nachzuvollziehen suchten. Das Buch beschreibt, wie das sowjetische Wirtschaftssystem erfolgreich an die unterentwickelte und ländlich geprägte Wirtschaft Chinas angepasst wurde. Auch ALEXANDER ECKSTEIN, der in den 1950er Jahren mit Walt W. Rostow zu China arbeitete, verfasste einen verlässlichen allgemeinen Überblick über die Wirtschaftspolitik Chinas [2.8].

Langfristige Entwicklung

DONALD H. PERKINS enthält mehrere Essays, welche die Wirtschaft Chinas vor und nach 1949 miteinander vergleichen [2.8: 1975]; dazu gehören KANG CHAO über die Landwirtschaft [2.8: PERKINS, 167–202], RAMON MYERS über die ländliche Kollektivierung [2.8: PERKINS, 261–278] und THOMAS RAWSKI zur Industrie [2.8: PERKINS, 203–234]. CARL RISKIN argumentiert überzeugend, dass China bereits in den 1930er Jahren einen erheblichen Überschuss produzierte, der aber erst nach 1949 für die Entwicklung mobilisiert werden konnte [2.8: PERKINS, 49–84].

Ein großer Teil der chinesischen Industrieinvestitionen von 1953 bis 1978 widmete sich dem Wachstum des Produktionsgütersektors. Darin folgte China dem von der Sowjetunion vorgegebenem Weg. ROBERT M. FIELD fasst die Ergebnisse seiner breiten quantitativen Studien zu den strukturellen Veränderungen in der Industrie sowie zur Leistungsfähigkeit der Industrie, gemessen an der Arbeitsproduktivität, zusammen [2.8]. THOMAS G. RAWSKI konzentriert sich in seiner umfassenden Studie auf die zentrale Rolle der Produktionsgüterindustrie und zeigt die problematischen Konsequenzen dieser Prioritätssetzung auf [2.8]. HUA-YU LI belegt die These, dass Mao ab 1953 in China die sowjetische Entwicklung der späten 1920er und 1930er Jahre nachzuahmen versuchte [2.8]. Demgemäß sollte das ökonomische System des Sozialismus aus der erzwungenen Kollektivierung der Landwirtschaft, aus auf Schwerindustrie konzentrierter staatlicher Industrialisierung und aus der totalen Beseitigung des Kapitalismus und der kapitalistischen Klasse bestehen.

Industrie

In den 1960er Jahren befürchtete Mao Zedong einen Angriff auf China sowohl seitens der Sowjetunion als auch seitens der Vereinigten Staaten. Daher veranlasste er, dass mit großem Aufwand ein großer Teil der chinesischen Industrie tief ins Innere Chinas verlegt wurde. Die Verlagerung der Industrien wurde als „Dritte Front" bezeichnet. BARRY J. NAUGHTON ist der erste Artikel, der diese große Verlagerung der chinesischen Investitionsressourcen ins Landesinnere während der 1960er Jahre identifiziert und analysiert [3.6].

„Dritte Front"

Zwei spätere Trends in der chinesischen Industriepolitik unterschieden sich deutlich von der industriellen Entwicklung der Sowjetunion. Als China 1960 das Bündnis mit der Sowjetunion aufkündigte, konnte es nicht mehr hauptsächlich mit dem sowjetisch dominierten Comecon-Handelsblock Geschäfte tätigen. Daher begann China, einen Großteil seines Handels mit den Marktwirtschaften im Westen abzuwickeln. Diese Verschiebung wurde erleichtert, als in den späten 1960er Jahren das westliche Embargo für den Handel mit China zunächst modifiziert und dann gänzlich aufgehoben wurde. Diese Entwicklung wird bei ALEXANDER ECKSTEIN nachgezeichnet [2.8].

Außenwirtschaft

Der zweite und ebenso wichtige Trend betraf die chinesische Politik der ländlichen Industrialisierung. Von besonderem Interesse für Ökonomen war die Entscheidung, die ländliche Kleinindustrie

Ländliche Industrialisierung

zu fördern. Später, in den 1980er Jahren, wurde diese Industrie als TVEs (Township and Village Enterprises) bekannt. JON SIGURDSON stellt die Entwicklung umfassend dar: Der Aufbau der ländlichen Industrie begann während des „Großen Sprungs" als Teil der Mobilisierungsstrategie [2.8]. In den 1970er Jahren jedoch wurden die ländlichen Industrialisierungsmaßnahmen auf eine systematische Basis gestellt. Damit wurde eine Grundlage für die ländliche Industrialisierung gelegt, die zur Bildung der TVEs führte.

Wirtschaftsdaten   Die Beschreibung von Institutionen war insgesamt einfacher als die Bemessung der wirtschaftlichen Leistungsfähigkeit. Ursächlich dafür war ein chronischer Mangel an Daten, da die chinesische Regierung diese in den 1950er Jahren nur sporadisch zur Verfügung stellte. Von 1958 bis 1960 veröffentlichte China zwar plötzlich viele ökonomische Daten zur wirtschaftlichen Gesamtleistung. Diese Daten übertrieben aber die wirtschaftliche Leistung des Landes. Angesichts der Realität der Hungersnot und einer negativen wirtschaftlichen Entwicklung im Allgemeinen stellte die Regierung danach die Veröffentlichung von statistischen Daten über die wirtschaftliche Leistungsfähigkeit ein. Die meisten chinesischen Ökonomen standen von 1949 bis 1978 unter dem Zwang, dass ihre Arbeiten der Regierungs- bzw. Parteilinie zu folgen hatten. Viele Analytiker außerhalb Chinas mussten daher selbst Daten erheben und zusammenstellen. Arbeiten in den 1950er und 1960er Jahren, wie zum LIU TA-CHUNG / K'UNG-CHIA YEH beschäftigten sich mit Schätzungen zur chinesischen Wirtschaftsleistung [2.8]. Diese Bemühungen, wenn auch wertvoll, sind mittlerweile weitgehend veraltet. Als Chinas Nationales Statistikamt nach 1978 in großem Maßstab mit der Veröffentlichung von Daten begann, verbesserte sich die Datenlage auch für die Zeit vor 1978 erheblich.

Nach 1978 beschäftigten sich die meisten Ökonomen allerdings mit den Wirtschaftsreformen. Es wurden insgesamt nur noch wenige Arbeiten zur Wirtschaft vor 1978 publiziert. Bemerkenswert in dieser Hinsicht ist Wu Jinglian, der die Entwicklung der chinesischen Politik und des ökonomischen Denkens nach 1949 *Staatsunternehmen*   untersucht [4.4]. MORRIS L. BIAN rekonstruiert die Entstehung der Staatsunternehmen [2.8]. Er verweist in diesem Zusammenhang auf Kontinuitäten zwischen der Republik-Zeit und der Volksrepublik China, da die ersten Staatsunternehmen bereits während der 1940er Jahre von der Republikanischen Regierung gegründet wurden. In der VR China wurde dann auf diese Modelle aufgebaut.

Von den 1950er Jahren bis in die 1970er Jahre lebten über drei Viertel der chinesischen Bevölkerung in ländlichen Gebieten. Der Großteil der Landbevölkerung war in der Landwirtschaft tätig oder in Dienstleistungen, die eng mit der Landwirtschaft verbunden waren. Die wissenschaftliche Beschäftigung mit der Landwirtschaft litt lange Zeit jedoch unter einem Mangel an verlässlichen Daten. Mit Ausnahme des Zeitraums des ersten Fünfjahresplans (1953–1957) fehlten zur Leistung des Agrarsektors zuverlässige quantitative Angaben. Unter den Wissenschaftlern gab es daher viele Kontroversen über die Zuverlässigkeit der wenigen Produktionsdaten, die zur Verfügung standen. Schätzungen der quantitativen Leistung der riesigen Landwirtschaft waren schwierig. Die begrenzten Daten wurden vor allem aus sporadischen, oft klassifizierten Informationen der chinesischen Regierung gewonnen, durch Interviews mit chinesischen Flüchtlingen sowie durch Analysen der chinesischen Außenhandelsdaten. Nach 1979 wurden bessere Datenquellen über landwirtschaftliche Produktion und Inputs veröffentlicht; nur wenige historische Untersuchungen haben jedoch seither versucht, die landwirtschaftliche Entwicklung systematisch zu analysieren.

Trotz der über lange Zeit insgesamt schwierigen Datenlage war die Forschung dennoch in der Lage, einige der spezifischen Probleme des Agrarsektors sowie die Charakteristika der Entwicklung in China zu analysieren. Wichtige Quellen hierfür waren auch chinesische Veröffentlichungen, die diese Probleme analysierten, sowie die Regierungsrichtlinien, durch die bestimmte Probleme in der Landwirtschaft korrigiert werden sollten. NICHOLAS R. LARDY ist eine der zuverlässigsten Langzeitstudien [2.7]. Die Arbeit gibt einen umfassenden Überblick zu den strukturellen und institutionellen Veränderungen in der Landwirtschaft. Mit dem Vorteil des Zugangs zu veröffentlichten Daten für die Jahre von 1958–1978 analysieren DWIGHT H. PERKINS / SHAHID YUSUF ausführlich landwirtschaftliche Entwicklungen [2.7]. Bei EDUARD B. VERMEER handelt es sich ebenfalls um eine Langzeitstudie [2.7]. Der Verfasser beschäftigt sich zwar mit der gesamten Wirtschaftsentwicklung der Provinz Shanxi seit den 1930er Jahren, die Landwirtschaft steht aber im Mittelpunkt der Studie. All diese Arbeiten schildern in erster Linie die institutionellen und strukturellen Veränderungen in der chinesischen Landwirtschaft.

Zur Landreform, d. h. zur Verteilung des meisten Grundbesitzes auf die einzelnen Bauernhaushalte, liegt eine Reihe von Abhandlun-

Landwirtschaft

Langzeitstudien

Landreform

gen vor. JOHN WONG ist eine der wenigen systematisch-wirtschaftswissenschaftlichen und dementsprechend grundlegenden Studien zur Landreform in den ersten Jahren der VR China [2.7]. WILLIAM HINTON ist eine weithin bekannte und oft zitierte Darstellung eines Augenzeugen [2.7]. Unter der großen Zahl von Zeitzeugenberichten in Form von Memoiren, Romanen und anderen Quellen, welche die Landreform als einschneidenden und oft traumatischen Vorgang beschreiben, ist Hintons Buch das bei weitem bekannteste. Reich an Details konzentriert sich die Darstellung auf die lokalen und politischen Aspekte der Umsetzung der Landreform. Zur Landreform existiert außerdem eine Reihe von Fallstudien zu einzelnen Dörfern. CH'ING- K'AN YANG ist eines der frühesten Beispiele für diesen Ansatz [2.7]. Die Arbeit rekonstruiert die Umsetzung und die Konsequenzen der Landreform in der dörflichen Gesellschaft aus anthropologischer Perspektive. ANITA CHAN und GREGORY A. RUF weiten den Ansatz aus und beziehen auch die Zeit vor 1949 mit ein, um die Veränderungen durch die Landreform in einen größeren Beobachtungszeitraum einzuordnen [2.7]. ZHANG XIAOJUN fokussiert auf die Einteilung der dörflichen Gesellschaft in Klassen, die durch die Landreform vorgenommen wurde [2.7]. Insgesamt haben diese Untersuchungen bei der Umsetzung der Landreform und den Ergebnissen große regionale Differenzen aufgezeigt.

Kollektivierung der Landwirtschaft

Der nächste große Wandel in der Landwirtschaft begann im Winter 1955–1956 mit der Bildung von landwirtschaftlichen Produktionsgenossenschaften, gefolgt von der Schaffung der noch viel größeren ländlichen Volkskommunen im Jahre 1958. LOUIS G. PUTTERMAN analysiert den Prozess der Kollektivierung aus ökonomischer Perspektive [2.7]. Die komparative Untersuchung arbeitet die Stärken und Schwächen kollektiver Organisationen in Entwicklungsländern wie China heraus und bettet die Erkenntnisse in den allgemeinen Kontext der chinesischen Erfahrungen in der Wirtschaft ein. Der Sammelband WILLIAM L. PARISH analysiert zwar den Übergang zur Haushaltswirtschaft nach 1978, geht aber auch auf das vorherige System der Kollektive ein [2.7]. Die Aufsatzsammlung enthält zwei Beiträge von Ökonomen [2.7: THOMAS WIENS, 57–94, und 2.7: NICHOLAS R. LARDY, S. 33–56], die eine klare Analyse des Zustands der Landwirtschaft und der ländlichen Organisation am Ende der Kollektivperiode liefern.

Volkskommunen

SHAHID J. BURKI enthält singuläre Einblicke in den Aufbau und das Funktionieren der Volkskommunen in den 1960er Jahren [3.2].

Der Verfasser war Teil einer Delegation aus Pakistan, die verschiedene chinesische Kommunen mit dem Ziel besuchte, Vorbilder für Pakistan zu studieren. Da die chinesische Regierung kooperierte und der Delegation Zugang zu verschiedenen nahegelegenen Kommunen gewährte, handelt es sich bei den Ergebnissen um detaillierte Daten hinsichtlich einer Kommune, die kein bloßes Vorzeigeobjekt war.

Große Veränderungen fanden in der Gesellschaft statt. Viele Autoren und Studien sprechen daher traditionell entweder von der chinesischen Gesellschaft „unter Mao" oder „unter der Herrschaft der KPCh". Das ist jedoch irreführend, da ein solcher Ansatz nicht das Ausmaß erfassen kann, in dem die KPCh-Regierung tiefe und langanhaltende Wirkungen im sozialen Gefüge Chinas hinterließ. Die Konstruktion des Gesellschaftlichen und des Individuums wurde durch die andauernden und energischen Bemühungen der Partei zur Umwandlung der chinesischen Gesellschaft tiefgreifend beeinflusst. Im Ergebnis standen Partei, Staat und Führung nicht einfach „über" der chinesischen Gesellschaft, sondern reichten tief in die Gesellschaft hinein.

<small>Gesellschaftliche Veränderungen</small>

Mehrere neuere Studien behandeln den Eingriff von Staat und Partei in den Aufbau und das Leben der Gesellschaft. WANG FEI-LING beschäftigt sich mit dem *hukou*-System, verfolgt dessen Geschichte und Entwicklung und beschreibt sowie bewertet seine Funktionen, Wirkungsweisen und Auswirkungen auf die Gesellschaft [2.9]. Die Arbeit begreift das *hukou*-System als Mechanismus der Ausgrenzung und Diskriminierung.

<small>Hukou</small>

DAVID BRAY untersucht eine andere Institution, durch die Staat und Partei auf das gesellschaftliche Leben Einfluss nahmen [2.9]. Das Werk beschreibt die Bildung von Arbeitseinheiten (*danwei*) in städtischen Regionen. Unter Nutzung der Theorien Foucaults interpretiert der Autor eine *danwei* vor allem als eine Form der Machtausübung und Kontrolle durch Organisation des sozialen Raumes. Die *danwei* der 1950er Jahre waren räumlich separierte, von einer Mauer umgebene, geschlossene Anlagen. Darin spiegelte sich zum einen die konstruierte kollektive Identität der *danwei*; zum anderen verdeutlichte diese räumliche Absonderung zusätzlich die administrative und ökonomische Unabhängigkeit der Arbeitseinheit. Durch die Gestaltung des Raumes sollte das Leben der Menschen transformiert, ihre Arbeitsleistung maximiert, ihr Sozialverhalten optimiert, Egoismus und Faulheit eliminiert werden – kurz, durch

<small>Danwei</small>

Gestaltung des Raumes und des sozialen Lebens, sollte der sozialistische „neue Mensch" entstehen [2.9: BRAY, 123–156).

Dörfliche Gesellschaft

YAN YUNXIANG ist ein vorbildliches Beispiel für eine dichte anthropologische Beschreibung der äußeren Determinanten und der inneren Dynamik des Familienlebens in einem nordchinesischen Dorf während der ersten fünfzig Jahre der Volksrepublik [2.9]. Es deckt die Aspekte der Geschlechterzugehörigkeit und intergenerationalen Beziehungen ab und arbeitet die politischen, sozialen und ökonomischen Einflüsse auf die Herstellung der familiären Solidarität und Intimität heraus. NEIL J. DIAMANT argumentiert ebenfalls, dass der Staat durch Gesetzgebungen zur Heirat, Scheidung und Erbschaft in intime und familiäre Bereiche intervenierte [2.9]. Klassifizierung war eine andere Möglichkeit der staatlichen Intervention. THOMAS S. MULLANEY beschreibt, wie junge kommunistische Ethnologen 1954 beauftragt wurden, ethnische Gruppen in China wissenschaftlich zu klassifizieren Nachdem das Forschungsteam die Klassifizierung entwickelt hatte, wurde diese von den zentralen Autoritäten durch massive politische Propaganda umgesetzt [5.6.4].

Wohlfahrt

Manche Projekte des neuen Staates scheiterten jedoch. Der chinesische kommunistische Wohlfahrtsstaat wurde beispielsweise mit dem Ziel gegründet, die Einkommensungleichheit zu beseitigen. Paradoxerweise verbreiterte er jedoch tatsächlich die Einkommensunterschiede und untergrub dabei eines der wichtigsten Ziele der Revolution Mao Zedongs. In einer neuen Studie untersucht NARA DILLON die Ursprünge des chinesischen Wohlfahrtsstaates von den 1940er bis zu den 1960er Jahren, um die Gründe dafür aufzudecken, warum der Staat seine selbstgesteckten Ziele nicht erreichen konnte [2.2]. Unter Benutzung neu verfügbarer Archivquellen konzentriert sich Dillon auf die widersprüchliche Rolle, welche die Arbeiterschaft in der Entwicklung des chinesischen Wohlfahrtsstaates spielte. Zuerst half die Mobilisierung der Arbeiter der Errichtung der Grundlagen des Wohlfahrtsstaates, aber bald wurden die Privilegien der Arbeiter zu Hürden für den weiteren Ausbau der Wohlfahrt. Unter den bedrückenden wirtschaftlichen Zwängen der Zeit entwickelten sich im sozialistischen China die bis dahin eher geringfügigen und eher temporären Einkommensunterschiede zu großen, dauerhaften Ungleichheiten in Bezug auf Wohlstand, Einkommen, Versorgung und Medizin. Für Dillon liegen die Ursachen weniger im Willen der politischen Führung als in den sehr schwierigen Bedingungen des neuen China.

JEREMY BROWN behandelt die zunehmende Kluft zwischen Stadt und Land [2.9]. Die Politik nach 1949 lief auf eine erhebliche Privilegierung der Städte hinaus. Manche Historiker wie SUSANNE WEIGELIN-SCHWIEDRZIK haben den Begriff der „Zweiklassengesellschaft" verwendet, um das Bestehen zweier verschiedener Gesellschaften zu beschreiben – einerseits in den städtischen Gebieten, die vom Staat subventioniert wurden, und andererseits in den ländlichen Gebieten, die von ihren eigenen Ressourcen und ihrer eigenen Produktion abhängig waren [2.9].

Kluft zwischen Stadt und Land

Es gab mehrere Arten von Kampagnen, die gewöhnlich nach ihrer Reichweite in die Gesellschaft und ihren Zielgruppen unterschieden wurden. Ein guter Überblick dazu findet sich bei JULIA C. STRAUSS [2.5: 2006]. Im Vordergrund der Untersuchung stehen zwei Arten der Kampagnen: Die großen Massenkampagnen, oder *qunzhong yundong*, die zwischen 1950 und 1953 stattfanden und die regelmäßigen, begrenzten Kampagnen, die durch die Bürokratie implementiert wurden und auf bestimmte gesellschaftliche oder berufliche Gruppen abzielten.

Politische Kampagnen und Bewegungen

JULIA C. STRAUSS analysiert die Ziele dieser sorgfältig geplanten Inszenierungen von Kritikversammlungen und Schauprozessen [2.5: 2002]. Strauss zufolge ging es dabei nicht nur um die offiziell anvisierten Konterrevolutionäre und Klassenfeinde (von denen freilich mindestens 700.000 hingerichtet wurden), sondern auch um die lokalen Kader, deren Loyalität und Gehorsam gegenüber ihren Vorgaben die Zentralregierung nach den ersten, liberaleren Jahren habe testen und verstärken wollen [2.5: STRAUSS 2002, 82, 84 f.]. FREDERICK C. TEIWES kommt zu einem ähnlichen Ergebnis [2.5]. Er untersucht für den Zeitraum von 1950 bis 1965 als Ergebnis der immer häufigeren Kampagnen die Degeneration der Parteinormen, die zu Elitenspaltungen und schließlich zur Kulturrevolution führen. Das Buch kritisiert das „Zwei-Linien"-Erklärungsmodell für die chinesische Politik, das in den 1970er Jahren in der Wissenschaft dominierte, zugunsten eines „Mao als Zentrum"-Modells.

Bedeutung und Rolle der Kampagnen

Auch JAMES Z. GAO misst den im Zuge der Kampagnen durchgeführten Versammlungen (*huiyi*) großen Stellenwert hinsichtlich der Legitimierung und Machtdemonstration der KPCh bei [2.1]. Er beschreibt sie als „rituelle Performanz", die nicht unbedingt einen konkreten Inhalt haben musste. Die kommunistischen Versammlungen waren integraler Bestandteil der Kampagnen und verliehen diesen erst ihre Schlagkraft, weil sie jene Anonymität, die der

Performanz und Perzeption

Begriff „Massenkampagne" suggeriert, nicht zuließen. Die Teilnehmer mussten Partei ergreifen, sich äußern, und sei es nur durch das rituelle Rufen von Parolen. Auch MICHAEL DUTTON betont die zentrale Rolle der kontinuierlich angepassten Kampagnen für das alltägliche Leben, mit denen die öffentliche Wahrnehmung nachhaltig beeinflusst werden konnte [2.5]. Dutton betont, „there was no grand model or any over-riding vision being put into effect at this time. Rather, there was only a remorseless series of problems that constantly needed addressing and a wellspring of dyadic thinking that constantly returned to the mass-line and the masses as the answer. Through constant use, the campaign and the mass-line became, not just a means of doing things, but a way of seeing" [2.5: DUTTON, 142].

Kampagnen gegen soziale Übel

Auch die Bekämpfung von Prostitution, Korruption, Drogenmissbrauch und Glücksspiel wurde durch Kampagnen unternommen. ZHOU YONGMING schildert, dass Opium als Symbol der imperialistischen Beherrschung Chinas durch den Westen und Japan dargestellt wurde [2.2]. Jede Unterstützung seiner Verbreitung wurde als gezielter Plan (v. a. Japans) gesehen, die chinesische Nation zu vergiften. Kader verwendeten überwiegend Lautsprecherwagen, um die Bevölkerung zu mobilisieren. Noch wichtiger waren aber Versammlungen von Parteimitgliedern, Schülern, Studenten, Rentnern, Arbeitern etc. sowie die öffentlichen Gerichtsverhandlungen. Die zweite Phase der Kampagne gegen Opiummissbrauch (1952) war deshalb so viel erfolgreicher, weil sie gut koordiniert und über vier Monate geplant worden war, einschließlich der vorherigen Festlegung und zwischenzeitlichen Anpassung von Verhaftungs- und Hinrichtungsquoten.

Opfer der Kampagnen

YANG KUISONG beschäftigt sich mit den Opfern der Kampagnen [2.5]. Eine Gesamtzahl von 800.000 hingerichteten Konterrevolutionären wird oft in offiziellen Dokumenten genannt. 1957 erklärte Mao selbst, dass während der Kampagne zur Vernichtung der Konterrevolutionäre in den Jahren 1950–1953 insgesamt 700.000 Menschen umgebracht wurden. In der Zeit zwischen 1954 und 1957 wurden nach seinen Angaben weitere 70.000 Menschen als Konterrevolutionäre hingerichtet. Der Artikel kommt jedoch zu dem Schluss, dass die Zahl der Getöteten wesentlich höher war, auch wenn genaue Zahlen nicht zur Verfügung stehen.

Intellektuelle und Kultur

MERLE GOLDMANS einflussreiche Arbeit war lange Zeit das Standardwerk der westlichen Forschung zu den chinesischen

Intellektuellen bis zur Mao-Ära [2.6]. Goldman konzentriert sich in ihrer breit angelegten und grundlegenden Untersuchung auf das Verhältnis der Intellektuellen Chinas zum chinesischen Staat. Sie beschreibt die Entwicklung und die Bedingungen dieser Verhältnisse beginnend mit der großen „Dissidenten-Intelligenz" in den 1930er Jahren in Shanghai über unabhängige Intellektuelle in Chongqing in den 1940er Jahren bis hin zur Kritik von Intellektuellen in den frühen 1950er Jahren. Dabei betont Goldman, dass die Intellektuellen und ihre Aktivitäten sich in China stets in einem kritischen Spannungsverhältnis zum Staat befunden haben. Ausgehend von dem Ansatz Goldmans, der von einem fundamentalen Interessengegensatz von Parteistaat und Intellektuellen ausging, standen vor allem die Konflikte zwischen Staat und Intellektuellen im China nach 1949 im Mittelpunkt der Forschung. Eine Vielzahl von Arbeiten hat diesen Erklärungsansatz belegt, verfeinert und weitergeführt. RODERICK MACFARQUHAR veröffentlichte eine Studie zur Hundert-Blumen-Bewegung, in der er einen umfangreichen Auszug der politischen Kritik von Intellektuellen während dieser Zeit präsentierte [3.3]. DOUWE W. FOKKEMA geht auf den Einfluss der Sowjetunion auf die Literatur und Literaturtheorie in China im Zeitraum von 1956 bis 1960 ein, dem die Künstler in China sich zwangsweise unterwerfen mussten [2.6]. 1977 publizierte PETER J. MOODY eine umfangreiche Arbeit zu Opposition und Dissens unter Intellektuellen [2.6]. Moody war der erste, der das Bild der intellektuellen Kritiker als pauschale Antikommunisten in Frage stellte. Er verwendete die Beispiele von Wu Han und Deng Tuo (bekannt im Westen, weil sie im Jahr 1966 zu Beginn der Kulturrevolution von Mao öffentlich angegriffen wurden), um Dissens im Inneren der Partei aufzuzeigen. Er sah die Aktionen und Äußerungen der politischen Kritiker mehr in der chinesischen als in sowjetischen oder westlichen Tradition begründet und bezeichnete Wu Han und Deng Tuo als „marxistische Konfuzianer".

„Dissidenten-Intelligenz"

In den späten 1980er Jahren begann die Forschung, Goldmans Erklärungsansatz weiter zu hinterfragen. Durch neue Zugänge wie individuelle Biographien und genauere Textlektüre wurde die Bedeutung und Vielfalt des intellektuellen Lebens neu ausgelotet. BONNIE S. MCDOUGALL enthält eine wichtige Sammlung von Aufsätzen, die Literatur unter dem „tatsächlich existierenden Maoismus" nuanciert darstellt [2.6]. In ihrem Beitrag unterscheidet McDougall „politisch aktive Intellektuelle" von professionellen Schriftstellern und Künstlern [2.6: McDougall, 271]. Rudolf G. Wagners Studien über historische Dramen und Schriftsteller der 1950er Jahre [2.6: 1990, 1992] belegen ebenfalls, dass die Gruppe der chinesischen Intellektuellen nicht homogen war und sich viele den politischen Forderungen und Vorgaben z. T. auch aus eigenem Antrieb fügten. Es stellte sich somit bald heraus, dass viele Intellektuelle keineswegs so oppositionell und demokratisch orientiert waren, wie Goldman und andere immer betont hatten. Caro L. Hamrin / Timothy Cheek prägten in diesem Zusammenhang den Begriff „Intellektuelle des Establishments" (*tizhineide zhishifenzi*) [2.6]. Damit bezeichneten sie diejenigen Intellektuellen, die „in Regierungsinstitutionen der Volksrepublik dienten und operierten" und als „Spezialisten mit fortgeschrittenen Fähigkeiten in Kunst, der Wirtschaft, des Journalismus, der Geschichte und der Philosophie" [2.6: Hamrin / Cheek, S. 3] tätig waren. Studien in diesem Band und in Goldman / Cheek / Hamrin finden einen breiten Konsens darüber, dass Intellektuelle in Maos China in vielfältiger Weise dem Staat verbunden waren [2.6]. Timothy Cheek untersucht Deng Tuo und kommt zum Schluss, dass dieser angebliche Dissident dem Sozialismus grundsätzlich positiv gegenüberstand und mit der Partei und dem Vorsitzenden Mao in vielen Punkten, wenn auch nicht allen, übereinstimmte [2.6: 1997]. Cheek beschreibt, dass chinesische Intellektuelle dieser Periode typischerweise versuchten, durch und mit der Partei anstatt gegen die Partei zu arbeiten. Allerdings hatten die sozialistischen Parteiintellektuellen im Gegensatz zu Gelehrtenbeamten unter den Dynastien der Kaiserzeit keine ideologischen oder soziologischen Zufluchtsorte vor dem Staat mehr.

Eine sehr fruchtbare Entwicklung in der neueren westlichen Forschung ist die Anwendung soziologischer Ansätze. Lynn T. White hat diesen Ansatz zur Analyse der sozialen Bedingungen von Intellektuellen (*zhishifenzi*) angewendet [2.6: III]. In jüngerer Zeit wurde es auch möglich, empirische Untersuchungen vor Ort durchzuführen. Die Artikel Eddy Us über die Registrierung arbeitsloser Intellektueller in den frühen 1950er Jahren werfen neues Licht auf die soziale Konstruktion der Intellektuellen Chinas [2.6: 2003, 2007]. Solch empirische Forschungen über gelebte Erfahrungen sind einer der spannendsten neuen Ansätze in der westlichen Forschung zu chinesischen Intellektuellen und dem intellektuellen Leben in China.

2.4 Der „Große Sprung nach vorn"

Als Mao Zedong China mit dem „Großen Sprung" in eine moderne Industrienation verwandeln und für den Kommunismus vorbereiten wollte, ahnten wenige Beobachter im Westen, welche weitreichenden Folgen damit verbunden sein würden. Während den Zeitgenossen in China das Ausmaß und die Bedeutung der Geschehnisse schnell bewusst wurden, gab es im Westen bis Mitte der 1980er Jahre kaum Informationen über den „Großen Sprung" und die sich anschließende Hungersnot (1959–1962), die den Tod von Millionen Chinesen verursachte.

Die Literaturlage zum „Großen Sprung" hat sich in den letzten zwei Jahrzehnten grundlegend verbessert und ist erheblich gewachsen. Mittlerweile liegen mehrere allgemeine Geschichtswerke zum „Großen Sprung" und der Hungersnot vor. Die erste im Westen erschienene, mittlerweile aber weitgehend überholte Monographie ist JASPER BECKER [3.4]. Der Autor und Journalist interviewte Bauern in den großen Katastrophengebieten wie Henan und Anhui und war dadurch als einer der Ersten in der Lage, das ganze, bis dahin im Westen unbekannte Ausmaß der Hungerkatastrophe in Umrissen darzustellen. Die besten neueren Überblicke in englischer Sprache bieten die beiden Veröffentlichungen von YANG JISHENG [3.4: 2012] und FRANK DIKÖTTER [3.4]. Beide beruhen neben allgemein zugänglichen öffentlichen Dokumenten auf Akten aus Lokalarchiven sowie Interviews. YANG JISHENG [3.4: 2012] ist eine gekürzte Übersetzung des ursprünglich auf Chinesisch erschienen Werkes YANG JISHENG [3.4: 2008]. Mehr noch als die englische Übersetzung enthält die chinesische Fassung zahllose neue Details, Daten und Informationen zur Hungersnot in neun Provinzen. Der zweite Teil der Studie beschäftigt sich mit den Auseinandersetzungen in der Parteispitze und der Rolle Maos. FRANK DIKÖTTER verarbeitete ebenfalls Materialien aus zahllosen Provinzarchiven [3.4]. In seiner Darstellung geht es vor allem um die fürchterlichen Folgen des „Großen Sprungs", die ausführlich dokumentiert werden.

Allgemeine Überblicke

In chinesischer Sprache gibt es trotz der Sensibilität des Themas zahlreiche Publikationen, die sich mit Einzelaspekten beschäftigen. Einen guten Zugang zur chinesischen Forschung bietet die umfassende und ausführliche, im Wesentlichen auf Sekundärliteratur beruhende Monographie LIN YUNHUIS [3.4: 2008]. Es handelt sich dabei um die wohl zuverlässigste und ausgewogenste Studie zur gesamten Periode überhaupt, die nicht nur die Politik des „Großen Sprungs" und die Hungersnot an sich, sondern auch Verbindungen zur Außen-, Wirtschafts-, Innenpolitik sowie auch zur Kultur systematisch und kenntnisreich darstellt. Die 800-seitige Monographie beinhaltet auch eine nützliche detaillierte Zeittafel sowie eine ausführliche Bibliographie.

Die Band von KIMBERLEY E. MANNING / FELIX WEMHEUER umfasst Artikel westlicher und chinesischer Wissenschaftler zum Thema und gibt einen Überblick über den aktuellen Stand der Diskussion [3.4]. Hinzuweisen ist auch auf die nützlichen Dokumentensammlungen ZHOU XUN [3.4: 2012] und ZHOU XUN [3.4: 2014] sowie die umfassende Datenbank SONG YONGYI [3.4].

Politische und wirtschaftliche Dimensionen

Insgesamt lassen sich in der Forschung zwei Diskussionsstränge unterscheiden: die Debatte zur Politik des „Großen Sprungs" einerseits, einschließlich der wichtigsten internen Debatten, Entscheidungen und Maßnahmen der Umsetzung, sowie die wissenschaftliche Diskussion zur Hungersnot andererseits, insbesondere Ursachen, Ablauf und Folgen. In den 1990er Jahren dominierten zunächst Politik- und Wirtschaftswissenschaftler das Forschungsgebiet. Im Mittelpunkt standen Versuche, mithilfe westlicher Theorien zu bürokratischen Organisationen und statistischen Modellen, Ursachen und Ablauf des „Großen Sprungs" zu verstehen. Besonderes Interesse galt den wirtschaftlichen Aspekten wie der Stahlkampagne, der Kollektivierung und der Wirtschaftsplanung. Die Rolle verschiedener Gruppen innerhalb der Regierungsbürokratie wurden von DAVID BACHMAN [3.4] und ALFRED L. CHAN [3.4] unterstrichen. BACHMAN [3.4] beschäftigt sich mit den Auseinandersetzungen zwischen den konkurrierenden Bürokratien für Schwerindustrie und Finanzen. Koalitionen bildeten sich zwischen der Schwerindustrie und radikalen Gruppen innerhalb der KPCh, um eine der Industrie zugutekommende schnelle Entwicklungsstrategie durchzusetzen. ALFRED L. CHAN konzentriert sich ebenfalls auf die politische Umsetzung des „Großen Sprungs"[3.4]. Er rekonstruiert die komplexen und unvorhersehbaren Wechselwirkungen zwischen Mao, den Ministerien der Metallurgie und der Landwirtschaft und der Provinzführung Guangdong. Beide Studien kommen zu dem Schluss, dass die Bürokratie und vor allem innerbürokratische Rivalitäten bei der konkreten Implementierung der Politik des „Großen Sprungs" eine große Rolle spielten. Ohne diese hätte Mao seine Vorstellungen nicht durchsetzen können. Im Gegensatz dazu steht die Studie von FREDERICK C. TEIWES / WARREN SUN, die im Wesentlichen die Rolle Maos betont und ihn als Architekten der Politik des „Großen Sprunges" sieht [3.4]. JAMES KAI-SING KUNG und CHEN SHUO legen dar, dass ambivalente lokale Gliederungen der Partei die Politik des „Großen Sprungs" in radikaler Weise umgesetzt haben [3.4]. Die Motivation lokaler Kader war es, Karrierechancen zu verbessern und sich bei Mao für Beförderungen zu empfehlen.

Systematische wissenschaftliche Forschungen zur Hungersnot in China begannen in den späten 1990er Jahren. Zum Teil konnten die neueren Forschungen Archive und klassifizierte Dokumente nutzen, zum Teil basieren sie auf einer *oral history*, die in den Dörfern in Form von Interviews mit Überlebenden der Hungersnot durchgeführt wurde. Insgesamt ist dadurch der Kenntnisstand zu einer der schlimmsten Katastrophen Chinas im 20. Jahrhundert wesentlich verbessert worden. Doch trotz der neuen Dokumente und Materialien gibt es weiterhin keinen umfassenden systematischen Zugang zu amtlichen Statistiken und Daten zur Mortalität in dieser Phase, so dass viele der in der Literatur genannten Angaben zu betroffenen Regionen, den Zusammenhängern von Politik und Naturkatastrophe und zu den Opfern weiterhin mehr oder weniger gut begründete Schätzungen darstellen. Die Arbeit sowohl von Demographen als auch von Ökonomen über den Rückgang der landwirtschaftlichen Produktion von 1959 bis 1961 erlaubt Rückschlüsse auf das Ausmaß der Hungersnot. JUSTIN Y. LIN / DENNIS T. YANG diskutieren die Gründe und das Ausmaß der Hungersnot aus ökonomischer Perspektive [3.4: 1998, 2000] Lin. Die Bildung der ländlichen Volkskommunen ist für sie ein wesentlicher Faktor für die Entstehung der katastrophalen Hungersnot. Die neueren regionalen Forschungen haben erhebliche regionale und lokale Schwankungen hinsichtlich der Sterbeziffern und der Durchsetzung der zentralen Vorgaben ergeben. Beispiele für wissenschaftliche demographische Forschungen auf der Grundlage öffentlich zugänglicher Zensusdaten sind BASIL ASTON / KENNETH HILL / ALAN PIAZZA / ROBIN ZEITZ [3.4] und Peng XIZHE [3.4]. Auf der Grundlage der Volkszählung von 1982 gehen ASTON u. a. von 30 Millionen Todesfällen und 33 Millionen ausgebliebenen Geburten aus. PENG analysiert die Getreideproduktion, die Verfügbarkeit von Lebensmitteln und die Bevölkerungsentwicklung in vierzehn ausgewählten Pro-

Die Hungersnot

vinzen. Seine Berechnungen ergeben 23 Millionen Tote. ANTHONY GARNAUT ist eine empirische Studie, welche die Mortalität auf lokaler und regionaler Ebene mit der Wirtschaftsgeographie einschließlich des Verkehrssystems und der räumlichen Strukturen der Getreidebeschaffung und -verteilung in Verbindung setzt [3.4]. Eines der gründlichsten Werke liegt in chinesischer Sprache vor. Unter Verwendung der Bevölkerungsdaten aus den verfügbaren offiziellen Gemeindechroniken (*xianzhi*) berechnet CAO SHUJI, dass infolge der Hungersnot über 32 Millionen Menschen starben [3.4]. Das Buch enthält ausführliche Statistiken und Datenreihen. FRANK DIKÖTTER geht sogar von 40 Millionen Toten aus und kommt zu dieser Zahl ebenfalls aufgrund eigener Schätzungen [3.4].

Transregionale Vergleiche

In der neueren Literatur werden auch zunehmend transregionale Vergleiche angestellt. FELIX WEMHEUER [3.4: 2014] und STEPHAN FEUCHTWANG [3.4] vergleichen den „Großen Sprung nach vorn" mit anderen Formen des Massenmords im 20. Jahrhundert, allen voran mit dem Holocaust oder der Liquidation der Kulaken in der Sowjetunion. Dabei werden sowohl Parallelen als auch Unterschiede deutlich. Während des Holocaust wurden europäische Juden in einem systematischen, von rassistischer Ideologie geleiteten Vorgang ermordet. Ein ähnlich systematischer Akt der Gewalt wurde von Stalin gegen die Kulaken durchgeführt, die Stalin als Klasse auslöschen wollte. Im Fall des Holocaust und der Sowjetunion gab es also den klaren Vorsatz, bestimmte Gruppen aus politischen oder rassistischen Gründen zu ermorden. Im Gegensatz dazu begann Mao den „Großen Sprung nach vorn" nicht mit dem Ziel, einen Teil der Bevölkerung zu vernichten. Die Hungersnot war das Ergebnis blinder Bestrebungen und eines irrationalen Optimismus, die zu dramatischen wirtschaftlichen Fehleinschätzungen und dem Tod von Millionen führten. Es gibt einen entscheidenden moralischen Unterschied zwischen ungewollten Folgen und geplantem Massenmord. Aber wenn es um die Verantwortung für die gewaltige Katastrophe geht, können weder Mao noch die Partei entlastet werden. Mao hatte zwar nicht direkt beabsichtigt, die Bauern verhungern zu lassen, aber wann immer es um wichtige Entscheidungen ging, setzten Partei und Staat ihre Prioritäten klar auf die städtischen Gebiete und akzeptierten den sicheren Tod von mehreren zehn Millionen Menschen.

2.5 Die Kulturrevolution

Die Kulturrevolution war eines der spektakulärsten Ereignisse des 20. Jahrhunderts, das seit jeher die westliche Öffentlichkeit und Beobachter in seinen Bann geschlagen hat. Schon unmittelbar nach dem Beginn der Kulturrevolution wurden im Westen die Ereignisse in China genauestens verfolgt. Während viele Beobachter und bürgerliche politische Kräfte im Westen die der Kulturrevolution zugrundeliegenden Vorstellungen und Ziele ablehnten, reagierte die westliche linkspolitisch eingestellte Studentenbewegung von 1968 mit Bewunderung und sogar dem Versuch, Chinas Kulturrevolution im Westen nachzuahmen. Während die Bewunderung bald nachließ, übte die Periode weiterhin nachhaltige Faszination aus. Die Kulturrevolution ist daher heute eine der am besten erforschten Perioden der Geschichte der VR China. Als Ergebnis der langfristigen und intensiven Beschäftigung gibt es eine Reihe von Arbeiten in englischer und chinesischer Sprache, die einen hervorragenden Überblick über die Kulturrevolution liefern. Ursprünge und Ursachen, Kennzahlen, Ereignisse und Entwicklungen sowie Konsequenzen werden umfassend und zuverlässig dargestellt. Zur ersten Einführung und Orientierung eignet sich RICHARD C. KRAUS [3.7]. Verfasst von einem der besten Kenner der Mao-Ära, bietet dieses Buch die prägnanteste und zugänglichste Darstellung der Kulturrevolution. Die Arbeit des KPCh-Parteihistorikers WANG NIANYI (ursprünglich veröffentlicht 1988) ist eine frühe allgemeine Darstellung, die in China veröffentlicht wurde [3.7]. Dieses gut recherchierte und detaillierte Buch ist immer noch eine der besten allgemeinen Abhandlungen in chinesischer Sprache. RODERICK MACFARQUHAR / MICHAEL SCHOENHALS und BU WEIHUA sind neuere maßgebliche Standardwerke zur Kulturrevolution [3.7]. Sie basieren auf genauer Kenntnis auch der neuerdings zugänglich gewordenen Materialien und reflektieren den aktuellen Forschungsstand in englischer und chinesischer Sprache. Im Mittelpunkt beider Werke stehen dabei die politischen Vorgänge in der Hauptstadt und der Parteizentrale. JOSEPH W. ESHERICK u. a. stellt neue Ansätze zur Kulturrevolution vor, die auf einer Vielzahl neu verfügbarer Primärquellen basieren und auch Geschehnisse abseits der Parteizentrale in den Blick nehmen [3.7]. Einen wiederum anderen Zugang verfolgt FRANK DIKÖTTER [3.7]. Im Mittelpunkt seiner Darstellung stehen nicht die Parteiführer, sondern

Allgemeine Darstellungen

die gewöhnlichen Menschen und ihre komplexen Entscheidungen, die sie zu treffen hatten, um durch diese turbulente Zeit zu navigieren. Der Autor wertete unveröffentlichte Archivalien, Interviews und Parteidokumente für diese Studie aus. Dadurch wird das Bild der Konformität in Frage gestellt, das die westliche Perspektive auf diese Periode immer noch häufig kennzeichnet.

Quellen und Nachschlagewerke

Die Kulturrevolution ist in China weiterhin ein politisch schwieriges Thema. Der Zugang zu offiziellen Archiven ist daher nach wie vor eingeschränkt, oft sogar unmöglich. Jedoch haben sowohl Täter und Opfer jener turbulenten Periode ein reiches Schrifttum hinterlassen. Daher gibt es eine Fülle von Primärmaterialien in gedruckten und zunehmend digitaler Form, einschließlich Memoiren, Publikationen von Rotgardisten (Zeitungen, Rundschreiben, Handzettel, Broschüren etc.), Reden von nationalen und lokalen Parteiführern sowie Regierungsdokumente (Verlautbarungen, Anweisungen, Leitlinien, Rechtfertigungen, aber auch Poster und Propagandamaterial). SONG YONGYI / SUN DAJIN / EUGENE W. WU bieten einen bibliographischen Leitfaden für Bücher, Artikel, Arbeitspapiere, audiovisuelle Materialien und unveröffentlichte Abschlussarbeiten über die Kulturrevolution und die späte Mao-Ära in wichtigen Sprachen wie Chinesisch, Englisch, Deutsch und Japanisch [3.7]. Die wichtigsten Partei- und Staatsdokumente finden sich bei JAMES T. MYERS u. a. 1986–1995 sowie UNION RESEARCH INSTITUTE [3.7]. Die Dokumentensammlung von MICHAEL SCHOENHALS enthält neben offiziellen Dokumenten auch Augenzeugenberichte [3.7: 1996]. Das sehr nützliche Nachschlagewerk JIAN GUO / SONG YONGYI / ZHOU YUAN enthält Informationen zu wichtigen Personen, Orten, Organisationen und Veranstaltungen der Kulturrevolution sowie eine umfangreiche Bibliographie [3.7]. SONG YONGYI ist die umfangreichste Auflistung von Primärquellen zur Kulturrevolution (insgesamt über 10.000 Dokumente) [3.7]. Die Bibliographie ist auch online zugänglich. SONG YONGYI / ZHOU YUAN bietet die Faksimile-Reproduktion einer großen Anzahl von Publikationen der Roten Garden aus Beijing und den Provinzen [3.7].

Ursachen und Auslöser

In der westlichen Debatte, die in der Frühphase vor allem von Politikwissenschaftlern geführt wurde, stand zunächst die Suche nach den Ursachen und Auslösern der Kulturrevolution im Vordergrund. Insgesamt wurden die Entstehung und die Ursprünge der Kulturrevolution auf politische und ideologische Spannungen der späten 1950er und frühen 1960er Jahren sowohl im Inland als auch weltweit zurückgeführt. Die frühe Literatur konzentrierte sich somit vor allem auf Konflikte und Rivalitäten innerhalb der Führung, die als Auslöser für die Kulturrevolution gesehen wurden. In dieser Interpretation mobilisierte Mao Zedong die Roten Garden, da er in der Parteiführung nach dem Fiasko des „Großen Sprungs" den Rückhalt verloren hatte und sich im Abseits sah. Diese innerparteilichen Machtkonflikte wurden auch hinsichtlich breiterer politischer und ideologischer Auseinandersetzungen zwischen zwei politischen Linien und Entwicklungsmodellen erklärt. Die Hauptvertreter der zwei konkurrierenden ideologischen Linien waren Mao Zedong einerseits und Liu Shaoqi andererseits. Diese Interpretation wird ausführlich in der mehrbändigen und sehr detailreichen Arbeit RODERICK MACFARQUHARS entfaltet [3.5]. Er zeigt die Beziehungen der Kulturrevolution zu politischen Ereignissen, ideologischen Auseinandersetzungen und innerparteilichen Konflikten während der gesamten Dekade. Die Genese der innerparteilichen Streitigkeiten wird von ihm bis auf die Mitte der 1950er Jahre zurückgeführt. Dieser These ist widersprochen worden. STUART R. SCHRAM weist auf die Rolle der politischen Überzeugungen hin [3.7]. Mao und andere waren der Ansicht, dass die Revolution in China auf Grund der Stagnation des volksrevolutionären Enthusiasmus gefährdet sei. Außerdem waren sie alarmiert über die Zunahme der sozialistischen Bürokratie und die mögliche Entstehung einer neuen herrschenden Elite. Schram betrachtet damit die langfristigen historischen Wurzeln des Denkens Maos. Ähnlich argumentiert TONY SAICH, der die Entstehung der Kulturrevolution bis 1949 auf die politische Kultur des chinesischen Kommunismus zurückführt [3.7]. Neuere Untersuchungen gehen über die maoistische Rhetorik des fortdauernden „Klassenkampfes", der Bekämpfung des „Revisionismus" und der Verhinderung der „kapitalistischen Restauration" hinaus und konzentrieren sich auf tiefere gesellschaftspolitische Diskurse und die dahinterstehenden philosophischen Bedeutungen. JOHN B. STARR analysiert die politischen und philosophischen Aspekte des Denkens Maos als Ganzes, mit besonderem Augenmerk auf die Schlüsselbegriffe, die seine Theorie der „kontinuierlichen Revolution" bilden [2.4]. Zu den Themen gehören die Ansichten Maos über Klassen und Klassenkonflikte, seine Verlautbarungen über Autorität, Partizipation und politische Organisation sowie sein Verständnis des revolutionären Wandels. Das Erklärungsmodell der Dominanz von Führungskonflikten (z. B. Mao vs. Liu) wird auch von RICHARD BAUM und LOWELL DITTMER kritisch hinterfragt [3.5]. Beide unterstreichen die Kontinuitäten der Kulturrevolution mit ihrer unmittelbaren politischen Vorgängerbewegung, der Sozialistischen Erziehungsbewegung Anfang und Mitte der 1960er Jahre. Die Umsetzung der Sozialistischen Erziehungsbewegung verschärfte bereits vorhandene populäre Missstände, die während der Kulturrevolution zum Ausbruch kamen. In dieser Lesart kann die Kulturrevolution nicht allein durch Konflikte in der politischen Elite erklärt werden, sondern gesellschaftliche Probleme und soziale Ungleichheiten sind ebenso wichtig. Während die wissenschaftlichen Untersuchungen sich vorwiegend mit Binnenfaktoren wie ideologischen Auseinandersetzungen und Führungskonflikten beschäftigt haben, heben ANDREW H. WEDEMAN [3.6], YANG KUISONG [3.6], LORENZ M. LÜTHI [3.1], und SERGEY RADCHENKO [3.6] die Auswirkung internationaler und globaler Entwicklungen hervor, insbesondere den sino-sowjetischen Bruch und die unversöhnlichen Antagonismen des Kalten Krieges. Die wachsenden Schwierigkeiten, denen China sich in seinen Beziehungen zu Ländern der sozialistischen Welt wie auch zu den Ländern des westlichen Bündnisses ausgesetzt sah, werden als entscheidend für Maos Entscheidung angesehen, die Kulturrevolution durchzuführen. Der weitreichende Versuch eines radikalen Umsturzes innerhalb des Sozialismus kann nicht ohne Berücksichtigung der außenpolitischen Beziehungen des Landes erklärt werden.

Die Roten Garden   Maos Versuch, die „kapitalistischen Machthaber" in der KPCh auszuschalten, involvierte die Mobilisierung einer spontanen, relativ unorganisierten Massenbewegung. Die Massenpolitik und die Bewegung der Roten Garden ist eines der am meisten untersuchten Themen im Bereich der Kulturrevolution. Neuere Untersuchungen verweisen dabei nicht nur auf eine tiefe politische Krise, die dadurch hervorgerufen wurde, sondern auch auf die Selbständigkeit und Eigendynamik, die dieser Mobilisierung zugrunde lagen. Große Teile der Bevölkerung waren längst unzufrieden mit dem etablierten System und waren – als ihnen das „Recht auf Rebellion" in Aussicht gestellt wurde – nur allzu bereit, gegen die bestehenden politischen Strukturen und Institutionen vorzugehen. JOEL ANDREAS untersucht den charismatischen Charakter der Massenpolitik der Kulturrevolution, die die bestehenden gesellschaftlichen Gegensätze mobilisierte und die bürokratische Autorität der

Regierung untergrub [3.7]. WU YICHING erforscht die politische und ideologische Dynamik der populären Radikalisierung der Roten Garden, die Mao zwar ursprünglich entfesselte, aber am Ende kaum mehr kontrollieren konnte [3.7]. Dabei entwickelten sich unter den Roten Garden im gesamten Land Fraktionen, die sich feindselig gegenüberstanden und sich zum Teil mit Waffengewalt bekämpften. Es wird gemeinhin zwischen „rebellischen" und „konservativen" Gruppen innerhalb der Roten Garden unterschieden. In Bezug auf diesen erstaunlichen und bemerkenswerten Fraktionalismus finden sich in der Literatur zwei Erklärungsansätze: Einerseits wird er in soziologischer Perspektive mit Unterschieden in Bezug auf soziale Herkunft und Familienhintergrund erklärt [3.7: ROSEN und UNGER]. ANDREW G. WALDER kritisiert aber andererseits diese soziologischen Interpretationen [3.7]. Für ihn sind die Bildung konkurrierender Gruppen das Ergebnis unvorhersehbarer Wechselwirkungen zwischen spontaner Massenbewegung und nationaler politischer Führung.

Das Ausmaß an Gewalt im Zuge der Kulturrevolution ist in der westlichen Literatur lange Zeit unterschätzt worden. In China selbst sind Opferzahlen nie offiziell veröffentlich worden. Aufgrund des fehlenden Zugangs zu vollständigen und verlässlichen Daten sind detaillierte und systematische Untersuchungen zu Gewaltvorfällen und deren Umständen nach wie vor selten. LYNN T WHITE untersucht die sozialen, politischen und institutionellen Ursachen der Gewalt der Kulturrevolution und konzentriert sich auf die Rolle, welche die staatliche Politik der Kontrolle und Repression nach 1949 spielte (z. B. die langjährige Praxis der KPCh-„Klasseneinteilung") [3.7]. DONALD S. SUTTON [3.7] untersucht, wie kulturelle Symbolik und lokale Volksrituale Gewalt im Südwesten Chinas möglich machten, während MICHAEL SCHOENHALS [3.7: 2007] die dämonisierende Symbolik und ideologische Rhetorik im politischen Diskurs der KPCh betont. Die meisten Berichte über die Kulturrevolution konzentrieren sich auf die Roten Garden und die städtische Gewalt. Aber eine wachsende Zahl von Studien zeigt, dass Tötungen weit verbreitet waren. MICHAEL SCHOENHALS geht davon aus, dass Gewalt während der Kulturrevolution oft geplant oder von staatlichen Stellen unterstützt wurde [3.7: 1996a]. Es handelt sich also weniger um unkontrollierte Massengewalt, wie oft angenommen wird, als vielmehr um angeordnete Tötungen. Während viele Berichte über Gewalt auf einzelne Fälle fokussieren, bietet SU YANG

Gewalt

eine breite Vergleichsanalyse von Massenmorden in mehreren Provinzen in Zentral- und Südchina [3.7: 2011]. Er zeigt, dass gewalttätige Repressionen vor allem dann stattfanden, als der Parteistaat begann, neue lokale Regierungen zu bilden und Massenorganisationen zu demobilisieren. Auch ANDREW G. WALDER [1.1] und FRANK DIKÖTTER [3.7] argumentieren, dass die überwiegende Mehrheit der Opfer mehr der organisierten staatlichen Repression als den Aktionen der Roten Garden zuzuschreiben ist. Jüngste Forschungen sowie detaillierte Fallstudien [z. B. 3.7: TAN HECHENGS] zeigen, dass die Tötungen keine isolierten Ereignisse waren, sondern von einer weiten Verbreitung auszugehen ist. Wissenschaftler zogen den Schluss, dass allein auf dem chinesischen Land und nur in der Zeit zwischen 1966 und 1971 insgesamt 36 Millionen Chinesen unter irgendeiner Form der Schikane litten. Davon wiederum nur in den ländlichen Gebieten wurden zwischen 750.000 und 1,5 Millionen Menschen getötet und vermutlich ungefähr genauso viele verletzt. Die große Mehrheit der Toten war vermutlich nicht das Opfer randalierender Roter Garden oder des bewaffneten Kampfes zwischen Fraktionen, die um Einfluss kämpften. Stattdessen waren die Tötungen das Ergebnis organisierter Handlungen der Organe politischer und militärischer Macht. Stünden ähnliche Daten für die städtischen Zentren zur Verfügung, so wären die geschätzten Zahlen der Opfer natürlich um ein Vielfaches größer.

Kultur, Erziehung und Propaganda

Die Kulturrevolution sollte vor allem auch eine Umwälzung und Erneuerung der chinesischen Kultur hervorbringen. Die althergebrachte Kultur, Bildung, Literatur und Kunst sollte rücksichtslos und systematisch zerstört werden und durch eine neue, vitale, sozialistische Kultur und Bildung ersetzt werden. Die Auswirkungen der Kulturrevolution auf das Erziehungssystem sind früh studiert worden. HAN DONGPING (ursprünglich 2000) argumentiert, dass die Ausweitung der Bildung während der Kulturrevolution eine wesentliche Rolle in Chinas ländlicher, wirtschaftlicher und sozialer Entwicklung spielte und einen positiven Aspekt darstellt [3.7]. RICHARD KING / RALPH C. CROIZIER / SCOTT WATSON / SHENG TIAN ZHENG und HARRIET EVANS / STEPHANIE DONALD untersuchen die visuellen und darstellenden Künste während der Kulturrevolution, darunter Gemälde, Propagandaplakate, politische Karikaturen, Skulpturen, Volkskunst, Oper und Tanz [3.7]. CHEN XIAOMEI bietet eine Kultur- und Literaturgeschichte mit Fokus auf revolutionäre Modell-Opern [3.7]. In ihren umfangreichen Büchern über Kultur und Kunst in der Kulturrevolution argumentieren Paul Clark und Barbara Mittler, dass es in der Zeit beträchtliche kulturelle Innovationen und künstlerische Erfolge gab [3.7]. Eines der herausragenden Merkmale der Kulturrevolution war der Mao-Kult, der viele Aspekte des gesellschaftlichen und politischen Lebens Chinas während der gesamten Mao-Ära untermauerte und in den späten sechziger Jahren zu seinem Höhepunkt kam. Mit dem Fokus auf Propagandakunst untersucht Stefan R. Landsberger die Parallelen zwischen traditioneller chinesischer religiöser Praxis und Ritualen und Symbolik, die im Mao-Kult während der Kulturrevolution verwendet wurden [3.7]. Maurice J. Meisner diskutiert den dynamischen und komplexen Charakter des Mao-Kultes, der sich im Laufe der Kulturrevolution von einem wichtigen Faktor mit dem Ziel der spontanen Mobilisierung hin zu einem Werkzeug der Kultivierung von Konformität wandelte [3.7]. Dieses Argument wird unterstützt von Daniel Leese, der eine umfassende Behandlung der Entwicklung des Mao-Kultes von den 1950er Jahren bis zum Ende der Mao-Ära liefert [3.7].

2.6 Reform und Öffnung

Mit der Reform- und Öffnungspolitik Ende der 1970er Jahre begann ein neuer Abschnitt in der Geschichte der VR China. Die jetzt einsetzenden und sich auf alle Bereiche der Gesellschaft erstreckenden Veränderungen wurden und werden in der Wissenschaft intensiv untersucht. Zur ersten Orientierung empfehlen sich Gesamtdarstellungen der Periode. Richard Baum liefert eine detaillierte Darstellung der Ära Deng Xiaopings vom Ende der 1970er Jahre bis in die Mitte der 1990er Jahre mit einem Schwerpunkt auf den Ereignissen und politischen Entscheidungen der Phase [4.2]. Es findet eine ausführliche Auseinandersetzung mit dem Pendeln zwischen Reform und Reaktion Ende der 1970er und Anfang der 1980er Jahre statt. Behandelt werden Dengs Aufstieg, die Überwindung von Maos politischen, egalitären Prinzipien, die Einführung der Marktwirtschaft, die Kampagne gegen den bürgerlichen Liberalismus, die Proteste der Studierenden und die Demonstrationen auf dem Tiananmen-Platz sowie die sogenannte „Südreise" Dengs und sein endgültiger Rückzug. Es ist die bis heute beste Darstellung dieser Phase. Harry Harding beschäftigt sich umfassend

Allgemeine Darstellungen

mit Dengs frühen Reformen, die er als Schritte hin nicht nur zur wirtschaftlichen Reform, sondern hin zu einer grundlegenden Neugestaltung der chinesischen Gesellschaft betrachtet [4.3]. SUSAN L. SHIRK behandelt die politischen Auseinandersetzungen hinter den Wirtschaftsreformen und zieht aufschlussreiche Vergleiche zu Reformen in osteuropäischen Ländern [4.3]. Es wird gezeigt, dass die makroökonomische Struktur an paternalistische Strukturen in Firmen gekoppelt war, die den Reformen zunächst Widerstand entgegensetzte. Die Arbeit macht deutlich, dass den Reformen kein umfassender und langfristiger Plan zugrunde lag. Vielmehr sind sie schrittweise aus Kompromissen verschiedener Gruppierungen innerhalb der Partei hervorgegangen. In einer neuen Arbeit von JULIAN B. GEWIRTZ wird dargestellt, wie chinesische Intellektuelle und die politische Führung, die am Ende der Kulturrevolution einer völlig ruinierten Wirtschaft gegenüberstanden, zwischen 1976 und 1993 zum Wiederaufbau des Landes systematisch die Hilfe ausländischer Ökonomen suchten [4.3]. Nach dem Ende der Kulturrevolution reisten zahlreiche westliche Denker und Experten anlässlich von Besuchen, Konferenzen und Kooperationen nach China, um die Regierung in Wirtschaftsfragen zu beraten. Sie wollten China nicht nach westlichem Vorbild verändern, sondern dem Land helfen, sich selbst zu verändern, und leisteten unentbehrliche Beiträge zur wirtschaftlichen Reform und zum Aufstieg Chinas. Chinas Führung behielt dabei allerdings die Kontrolle: Sie wählte westliche Ideen bewusst aus und kopierte nicht wahllos. Aber die Partei war offen für marktwirtschaftliche Elemente und wurde davon in ihren Entscheidungen in großem Maß beeinflusst.

Wirtschaftliche Entwicklung

Nach 1978 veränderten sich die Voraussetzungen für die wissenschaftliche Beschäftigung mit der chinesischen Wirtschaft maßgeblich. Zum einen führten die Reformen seit 1978 zu einer grundlegenden Transformation des Wirtschaftssystems sowohl durch die Dekollektivierung der Landwirtschaft als auch durch den Abbau der zentralen Planung in der Industrie sowie durch die Öffnung zur Weltwirtschaft, gipfelnd im Eintritt in die Welthandelsorganisation (WTO) im Jahr 2001. Zum anderen änderte sich die Datenlage grundlegend: Mit der regelmäßigen Veröffentlichung offizieller Daten beginnend im Jahre 1979 füllten sich die meisten der Lücken der früheren Literatur. Die Veröffentlichung einer wachsenden Anzahl von Wirtschaftsdaten ermöglichte einen schnellen Zuwachs quantitativer Studien. Während China früher detaillierte wirtschaftliche

Informationen zurückhielt, stellte es jetzt durch Publikationen und offizielle Webseiten routinemäßig große Mengen an Daten zur Verfügung. Zusätzliche Forschungsmöglichkeiten ergaben sich aus der wachsenden Verfügbarkeit, teilweise durch informelle Kanäle, von großen Datensätzen mit detaillierten Informationen über Demographie, Haushaltseinkommen und -ausgaben, Unternehmen, Forschungsinstitute oder Außenhandelstransaktionen, Einkommensverteilung, industrielle Entwicklung, Innovation und Handel.

2.6.1 Die Reformpolitik

Der überwältigende Erfolg der Wirtschaftsreformen hat weltweit großes Interesse an einem genauen, wissenschaftlich abgesicherten Verständnis der Ursachen, Konzepte und Konsequenzen hervorgerufen. Zahlreiche Aufsätze und Bücher wurden daher zur wirtschaftlichen Entwicklung in China publiziert. Eine auch nur annähernd vollständige Besprechung würde den Rahmen des vorliegenden Überblicks sprengen, weshalb hier nur die wichtigsten allgemeinen Werke erwähnt werden können. Mehrere Publikationen eignen sich besonders zum ersten Einstieg und enthalten in ihren umfangreichen Fußnotenapparaten und Bibliographien einen guten Überblick zu anderen Quellen. Zur umfassenden Orientierung sind am besten GREGORY C. CHOW / DWIGHT H. PERKINS [5.2] und BARRY NAUGHTON [4.4: 2007] geeignet. GREGORY C. CHOW / DWIGHT H. PERKINS ist ein Handbuch, das insgesamt neunzehn Beiträge enthält [5.2]. Auf vier chronologische Überblicke zu den Etappen der wirtschaftlichen Entwicklung Chinas von der Kaiserzeit bis zur Gegenwart folgen fünfzehn systematische Beiträge zu einzelnen Aspekten von Arbeitsmarkt bis Umwelt. BARRY NAUGHTON analysiert die Reformen in der Landwirtschaft und in der Industrie sowie die Entwicklungen im internationalen Handel und in der Investitionstätigkeit [4.4: 2007]. Des Weiteren geht er auch auf den Arbeitsmarkt, die Demographie und den Finanzsektor ein und behandelt auch Themen wie etwa Chinas Umweltprobleme, die in den anderen wirtschaftswissenschaftlichen Arbeiten oft wenig Aufmerksamkeit erhalten. Naughtons Arbeit ist auch wegen seiner expliziten Unterscheidung zweier verschiedener Phasen der Reformen erhellend – die „Reform ohne Verlierer"-Phase bis etwa 1993 und die „Reform mit Verlierern"-Phase seitdem.

Wirtschaftsreformen

Chinesische Diskussionen und Perspektiven

Einen guten Zugang zur chinesischen Perspektive bietet WU JINGLIAN [4.4]. Das Buch enthält Einblicke in das Versagen der zentralen Planung und die Ursprünge der Reformpolitik. JUSTIN Y. LIN, / FANG CAI / ZHOU LI gehen vom chinesischen Wirtschaftssystem unter Mao aus und diskutieren dann im Detail, warum das reformierte System besser für ein Land wie China geeignet ist, das reich an Arbeitskräften und knapp an Ressourcen ist [5.2]. Das Buch eignet sich besonders zum Verständnis der Ziele und Strategien, die den Reformen zugrunde lagen. Dabei diskutieren die Autoren auch offen die Probleme der Reformpolitik. ROSS GARNAUT / HUANG YIPING haben in einem Band die Einsichten vieler der besten Experten zur Wirtschaft Chinas zusammengebracht [4.4]. Diese Sammlung enthält dreißig Aufsätze über die verschiedenen Aspekte der Reformen Chinas seit 1978, die von einigen der bedeutendsten Ökonomen, darunter sowohl Chinesen als auch Nicht-Chinesen, geschrieben wurden. LOREN BRANDT / THOMAS G. RAWSKI ist ebenfalls eine wichtige Sammlung von Aufsätzen führender Wissenschaftler [5.2]. Dieser Band enthält zwanzig detaillierte Artikel von führenden Ökonomen. Die Sammlung ist aktueller als ROSS GARNAUT / HUANG YIPING und geht daher auch auf die Entwicklung nach dem WTO-Beitritt ein [4.4]. CHRIS BRAMALL liefert eine wichtige alternative Einschätzung der Entwicklung der Wirtschaft unter der Reformpolitik [4.4]. Seine Analyse der Politik unter Mao ist positiver und entsprechend kommt er zu kritischeren Einsichten hinsichtlich der Erfolge der Reformen.

Institutionsgeschichtliche Grundlagen

Eine nützliche Ergänzung zu diesen o. g. Büchern sind zwei Analysen, die sich mit den institutionsgeschichtlichen Grundlagen der gegenwärtigen wirtschaftlichen Entwicklung beschäftigen. XU CHENGGANG sucht die Schlüsselfrage des Ökonomen Douglass North („Wie sind die Märkte in die Institutionen einer Gesellschaft eingebettet?") im konkreten Kontext der Reformen Chinas zu beantworten [5.2]. Davon ausgehend liefert die Arbeit eine Analyse der komplexen institutionellen Struktur Chinas, die Xu als regional dezentralisiertes, autoritäres Regime kennzeichnet. Auch LOREN BRANDT / DEBIN MA / THOMAS G. RAWSKI beziehen sich auf die lange Geschichte von Schlüsselinstitutionen in China: Sie setzen die gegenwärtige Entwicklung in den Kontext der Geschichte seit der späten Kaiserzeit im vorigen Jahrtausend [5.2]. Der ausführliche Artikel diskutiert sowohl die Veränderungen als auch die wichtigen, bis heute nachweisbaren Kontinuitäten.

Das Ziel der von China eingeschlagenen Reformen wird offiziell als „sozialistische Marktwirtschaft mit chinesischen Merkmalen" bezeichnet. Auf der einen Seite sollen statt einer zentralen Planungsagentur der Markt und darauf beruhende Preissignale die Koordination der wirtschaftlichen Aktivitäten steuern. Auf der anderen Seite soll die zentrale Kontrolle der Wirtschaft durch den Staat und das staatliche Eigentum an Schlüsselindustrien beibehalten werden. In der Forschungsliteratur gibt es eine intensive Diskussion zu den besonderen Charakteristika dieses einzigartigen Modells, das zum großen Teil westlichen Theorien widerspricht, sowie zu der Unvollständigkeit der Reformen und den sich daraus ergebenden Risiken. Zentral ist dabei die politische Ökonomie und insbesondere das Verhältnis von Staat und Wirtschaft in China. HUANG YASHENG ist eine hervorragende Einführung in die umstrittenen und unvollständigen Wirtschaftsreformen Chinas [5.2]. HUANGS erstes Kapitel („Just How Capitalist Is China?") diskutiert die Besonderheiten der politischen Ökonomie in China. Wie Huang zu Recht argumentiert: „Der Teufel steckt in den empirischen Details" [5.2: HUANG, 29]. JOSEPH P. H. FAN / RANDALL MORCK / BERNARD YEUNG bietet einen wichtigen Einblick in die anhaltenden politischen Meinungsverschiedenheiten innerhalb der chinesischen politischen Führung. Die Arbeit eruiert ausführlich, was mit dem offiziellen Etikett „sozialistische Marktwirtschaft mit chinesischen Merkmalen" gemeint ist und argumentiert, dass „China keine freien Marktinstitutionen kopiert, sondern etwas ganz anderes versucht", indem „sein Herz resolut sozialistisch bleibt" [5.2: 1]. Noch deutlicher als viele andere Arbeiten beschreibt VICTOR C. SHIH die wesentliche Rolle der Führung der KPCh (und ihrer Fraktionen) hinsichtlich der Gestaltung der staatlichen Politik – vor allem hinsichtlich der fortdauernden Verpflichtung der KPCh zur Unterstützung der großen SOEs –, die eine grundlegende Reform des Finanzsektors ausschließen [5.2].

Politische Ökonomie

Viele Studien zur chinesischen Wirtschaft und zum Übergang zum privaten Sektor konzentrieren sich auf die Rolle des Staates und auf die Orchestrierung der wirtschaftlichen Entwicklung von oben. Die Bandbreite der Maßnahmen beschreibt KELLEE S. TSAI [5.2]. Die Arbeit von VICTOR NEE / SONJA OPPER schlägt hingegen einen anderen Weg ein und beschäftigt sich mit der Expansion der Privatwirtschaft, die sich „von unten" gebildet hat [5.3]. Die Arbeit konzentriert sich daher auf die Entstehung des privaten Sektors,

Der Privatsektor

der die auf den Staat ausgerichteten Barrieren erfolgreich überwand und in der Übergangsphase mit dem dominierenden Staatssektor der öffentlichen Unternehmen konkurrierte. Das Buch zeigt auch, dass die Beziehungen zwischen dem öffentlichen und dem privaten Sektor und zwischen der KPCh und den Unternehmern tatsächlich komplexer sind, als sie erscheinen. Insgesamt agieren die privaten Unternehmen weit unabhängiger als vielfach angenommen. Der Markt hat dazu beigetragen, dass die neuen Unternehmer aus dem alten, zentralisierten Kontrollsystem entkoppelt wurden. Zu ähnlichen Schlussfolgerungen kommt auch NICHOLAS R. LARDY [5.2]. PETER NOLAN informiert über chinesische Unternehmen in verschiedenen Schlüsselindustrien [5.2]. Diese umfangreiche Studie des chinesischen Industriesektors umfasst sowohl allgemeine Fragen der chinesischen Industriepolitik als auch spezifische Entwicklungen in einzelnen Industriezweigen. Nolans Fokus liegt auf der Rolle sehr großer Firmen, welche die Chinesen als „nationale Champions" bezeichnen. Nolan kommt zu dem Schluss, dass China zwar die zentrale Planung der Industrie aufgegeben hat, aber die Regierung weiterhin erhebliche Unterstützung gibt und Steuerung ausübt.

Landwirtschaft

In grundlegender Weise haben die Reformen in der Landwirtschaft die Voraussetzungen für den späteren wirtschaftlichen Erfolg geschaffen. Der Beitrag bestand konkret aus den ländlichen Arbeitskräften, der ausreichenden Nahrungsmittelversorgung für die zunehmenden industriellen Arbeitsplätze, agrarischen Rohstoffen für Fabriken, Ausfuhren von landwirtschaftlichen Produkten für die Einfuhr von Maschinen. Ohne den Erfolg der Landwirtschaft wäre die gesamtwirtschaftliche Entwicklung weit weniger positiv verlaufen. Die Reform auf dem Land begann 1978 in einem Dorf in der Provinz Anhui. Die Bauern waren sich bewusst, dass ihre Rückkehr zur Bewirtschaftung der Felder durch die einzelnen Haushalte unberechtigt, ja illegal war [4.4: WU, 110 f.]. So entstand das Haushaltsverantwortungssystem, das sich bis 1983 auf 98 Prozent der ländlichen Haushalte Chinas ausbreitete. Der Prozess und seine Folgen werden in der oft zitierten quantitativen Studie von JUSTIN Y. LIN untersucht [4.4]. Sie belegt den großen Produktivitäts- und Wachstumsschub, der durch die Rückkehr zur Haushaltswirtschaft in den frühen 1980er Jahren entstand. Die Arbeit basiert auf Analysen zur Produktivität in der Vorperiode. Wie WU JINGLIAN bemerkt: „Die ländliche Reform war der echte Ausgangspunkt und die treibende Kraft der Wirtschaftsreform Chinas" [4.4: Wu, 93]. DAVID ZWEIG dokumentiert, welche Veränderungen sich in der Landwirtschaft auf Dorfniveau ergaben [4.4]. Im Laufe der 1990er Jahre allerdings verschob sich die wirtschaftliche Dynamik vom Land in die Stadt. Die ländlichen Gebiete fielen hinter die städtischen zurück und die Einkommen stagnierten. Die Entstehung des sogenannten „peasant burden" sowie die Suche nach einer Lösung für die zunehmende Abkoppelung der Landwirtschaft wird von CHRISTIAN GÖBEL diskutiert [5.2]. 2003 wurde eine Steuer- und Abgabenreform durchgeführt mit dem Ziel, die finanziellen Lasten der Bauern zu reduzieren. Die Reform verfehlte jedoch nach Göbel ihre Wirkung.

Vor den Reformen waren praktisch alle chinesischen Industrieunternehmen Staatsbetriebe (State-Owned Enterprises / SOEs). Die Ziele und die zukünftige Rolle der Staatsbetriebe nach 1978 wurden jedoch nie klar festgelegt und viele systematische Aspekte blieben vage. Die wichtigste Maßnahme war die Schaffung der staatlichen Asset Supervision and Administration Commission (SASAC) im Jahre 2003, welche die Staatsunternehmen verwaltet und steuert. BARRY NAUGHTON gibt einen Überblick über diese einflussreiche Agentur und diskutiert die Aufgaben der Regierung als Eigentümer der SOEs sowie den anhaltenden Konflikt der SASAC mit dem Einfluss der KPCh insbesondere bei Besetzungen von Positionen in den Staatsunternehmen [5.3]. — Staatsbetriebe

SARAH EATON beschäftigt sich mit dem Ausbau und der Stärkung der staatseigenen Unternehmen seit der Finanzkrise 2008 [5.3]. Die Studie liefert Fallstudien zu Telekommunikations- und Luftfahrtunternehmen. Sie argumentiert, dass der oft diskutierte „Ausbau des Staates" und des Staatskapitalismus tatsächlich inkrementell verläuft und von Ideen über die politische und wirtschaftliche Bedeutung von großen und rentablen staatlich kontrollierten Unternehmensgruppen unterfüttert wird. — Staatskapitalismus

Interessant in diesem Zusammenhang ist auch der weiterbestehende hybride Kollektivsektor in ländlichen Gebieten. Die Literatur hat sich ausführlich mit den Township and Village Enterprises beschäftigt. SAMUEL P. S. Ho trägt detaillierte Informationen über die TVEs zusammen [5.1]. Insbesondere stellt er ihren wichtigen Beitrag zum Wirtschaftswachstum Chinas heraus. SUSAN H. WHITING konzentriert sich auf die ländlichen Industrien Chinas und erforscht die komplexen Interaktionen von Einzelpersonen, — Kollektivsektor in ländlichen Gebieten

Institutionen und der breiteren politischen Ökonomie [5.2]. Sie belegt eine erhebliche Variation und Veränderung der Eigentumsrechte sowie der extraktiven Institutionen in der ländlichen Industrie. Whiting erklärt damit, warum in den frühen Jahren der Reform das staatliche Eigentum vorherrschte und sich mittlerweile Mischformen etabliert haben.

Außenhandel

Vor den Reformen wurde Chinas Außenhandel streng kontrolliert. Importe und Exporte mussten von den Planungsbehörden bewilligt werden und konnten nur von zwölf staatlichen Außenhandelsgesellschaften abgewickelt werden. Darüber hinaus durfte die chinesische Währung ohne zentrale Erlaubnis nicht in andere Währungen umgetauscht werden. Mit den Reformen vollzog China eine völlige Abkehr vom alten System und entwickelte sich hin zu einem System, in dem fast alle Waren frei gehandelt werden konnten. Dieser Prozess der Öffnung und seine Konsequenzen für die wirtschaftliche Entwicklung werden von SARAH Y. TONG beschrieben und untersucht [5.2]. Der erste Schritt war die Schaffung von SWZ. In den Küstenstädten wurde Unternehmen – darunter auch ausländischen Investoren – die Erlaubnis erteilt, Rohstoffe und Maschinen frei zu importieren, solange sie dann ihre Endprodukte exportierten. Das Instrument des „Export-Processing Zones" wurde dann allmählich auf andere Küstengebiete ausgedehnt und letztlich sogar in die Binnenregionen hinein erweitert. Gleichzeitig wurden die Kontrollen des Währungswechsels in Fremdwährungen entspannt, obwohl der Renminbi noch nicht vollständig frei umtauschbar war.

Ausländische Direktinvestitionen

HUANG YASHENG argumentiert, dass die Reform-Strategie sowohl nach innen als auch nach außen beabsichtigte, das sozialistische System in China zu retten und zu reformieren, nicht jedoch zu demontieren [4.4: 2007]. Der Verfasser ist außerdem der Auffassung, dass das System ohne ausländische Investitionen nicht funktionieren würde. Ein Großteil der ausländischen Direktinvestitionen in China funktioniere als ein wichtiger Mechanismus zur Stärkung des nichtstaatlichen Sektors, der sich angesichts der großen Verzerrungen in China zugunsten der staatlichen Unternehmen sonst nur langsam entwickeln würde. Die Reformen haben die Rolle des Marktes zwar erfolgreich ausgeweitet, aber sie bleiben Stückwerk, und grundlegende Ineffizienzen in der chinesischen Wirtschaft setzen sich fort.

Im Jahr 2001 erreichte China schließlich die Mitgliedschaft in der Welthandelsorganisation (WTO) mit der Erwartung, dass dies die Reformen Chinas verfestigen würde. DEEPAK BHATTASALI / SHANTONG LI, WILLIAM/J. MARTIN teilen ihre Untersuchung in drei gleichermaßen wichtige Abschnitte: Politische Reformen im Zusammenhang mit dem WTO-Beitritt Chinas, wirtschaftliche Auswirkungen des Beitritts und Auswirkungen auf die privaten Haushalte und die Armut [5.2]. Die Perspektive asiatischer Nachbarn auf den Beitritt Chinas zur WTO und eine Einschätzung der Chancen und Risiken findet sich in YI KYŎNG-TʿAE / JUSTIN Y. LIN / KIM SI J. / YŎN'GUWŎN TAEOE K. C. [5.2].

<small>Mitgliedschaft in der Welthandelsorganisation</small>

Seit den 1990er Jahren fließt Kapital nicht nur nach, sondern auch aus China ab. Mittlerweile haben chinesischen Investitionen im Ausland beachtliche Dimensionen angenommen. Im Zusammenhang damit steht die Bildung von chinesischen multinationalen Konzernen. JEAN-PAUL LARÇON bietet eine nützliche Übersicht über die multinationalen Konzerne Chinas [4.6]. Der Band enthält Fallstudien zu Lenovo, Haier, Wahaha, TCL Corporation und anderen Unternehmen. Auch einige der größten Staatsunternehmen treten nicht nur durch große Investitionen im Ausland in Erscheinung, sondern haben auch eine multinationale Präsenz etabliert. JIANG BINBIN untersucht die großen chinesischen Öl- und Energie-Unternehmen [5.3].

<small>Multinationale Konzerne Chinas</small>

2.6.2 Intellektuelle und Kultur

Die Reformen nach 1978 brachten weitreichende Veränderungen für die Intellektuellen mit sich. Die soziale Position, die politische Rolle sowie das professionelle Selbstverständnis der chinesischen Intellektuellen veränderten sich im Laufe der 1980er und 1990er Jahre grundlegend. Die ehemaligen „Intellektuellen des Establishment" wurden aus dem Establishment zunehmend herausgelöst – ein Punkt, der in der Arbeit ZHANG XUDONGS hervorgehoben wurde [5.7: 1997, 2000].

<small>Intellektuelle des Establishments</small>

Einer der Prozesse, der die Loslösung der Intellektuellen vom politischen Establishment beförderte, war die zunehmend kritische Auseinandersetzung mit den Schrecken der jüngeren Vergangenheit. Diese fand zunächst in der Literatur statt. RUDOLF G. WAGNER dokumentiert und analysiert den auch in der Zeit nach

1978 weiterhin wichtigen Zusammenhang zwischen Literatur und Politik [4.5]. PERRY LINK und Kollegen übersetzten die bahnbrechenden Reportagen LIU BINYANS in einer weit verbreiteten Anthologie, in der die Exzesse der Kulturrevolution deutlich kritisiert werden [4.5: LIU / LINK]. MICHAEL S. DUKE erweiterte diesen Ansatz mit einer Monographie und einer umfangreicheren Anthologie von Post-Mao-Literatur [4.5: 1985a / 1985b]. In beiden Arbeiten wird vor allem die „Narbenliteratur" über die Missbräuche der Kulturrevolution dokumentiert. EUGENE P. LINK analysiert die sozialen „Verwendungen der Literatur" [4.5]. Sein Buch desselben Titels liefert eine historisch-kontextuelle Studie über den gesellschaftlich-politischen Gebrauch von Literatur in den späten 1970er und frühen 1980er Jahren. Mit zwei Kollegen gab Link auch einen Sammelband zur populärer Kultur heraus [5.7: LINK / MADSEN / PICKOWICZ], der die wachsende Zuwendung der wissenschaftlichen Beschäftigung hin zu der unübersichtlichen Vielfalt der populären Kultur im zeitgenössischen China verdeutlicht.

"Narbenliteratur"

Über die Literatur hinaus veränderte sich auch das politische Denken in China. Einige Studien von westlichen Wissenschaftlern in den 1980er Jahren beschäftigen sich intensiv mit diesen zunächst kaum merklichen Veränderungen. Darunter fallen etwa BILL BRUGGER / DAVID KELLY [4.5], zu Erneuerungen im marxistischen Denken oder JAMES H. WILLIAMS sorgfältige Analyse der Schriften des chinesischen Astrophysikers und Dissidenten Fang Liszhis [4.5]. Beide Studien betrachten die Ideen und Probleme der chinesischen Intellektuellen mit einem china-zentrierten Fokus: Die Konzepte und Themen des Marxismus-Leninismus werden ernstgenommen. BILL BRUGGER / DAVID KELLY zeigen, wie das marxistische Denken eine Sprache für die profunde Reflexion der chinesischen Geschichte und der zeitgenössischen Probleme lieferte [4.5]. JAMES H. WILLIAMS recherchiert und erläutert die Entstehung des demokratischen Denkens Fangs aus Erfahrungen der chinesischen Geschichte (und nicht aus westlichen Modellen) und aus FANG LIZHIS konkretem Hintergrund naturwissenschaftlicher Arbeit [4.5].

Politisches Denken

Es wurden auch neue Studien zur Wiederkehr des Konfuzianismus erstellt. Die Studien DANIEL A. BELLS enthalten zum einen Überlegungen zur Rolle und zur Bedeutung des Konfuzianismus im intellektuellen chinesischen Leben der Gegenwart, zum andern unternehmen sie eine philosophische Konversation, welche die

Wiederkehr des Konfuzianismus

Relevanz des chinesischen Denkens konfuzianischer Provenienz für allgemeine globale Probleme und Themen der Gegenwart betont [4.5: 2003, 2010]. Dies geschieht sowohl durch Vergleiche als auch durch die Rekonstruktion globaler Verbindungen. Einige Autoren wie Tu Wei-Ming [4.5] verweisen auf das Potenzial eines erneuerten Konfuzianismus, Antworten auf die Missstände der Moderne zu liefern. Die Rückbesinnung auf ureigene traditionelle Werte reflektiert zugleich aber auch ein gewachsenes chinesisches kulturelles Selbstbewusstsein, unter das auch der Konfuzianismus als eine wichtige kulturelle Errungenschaft und die Essenz der „Chineseness" fällt. Im Zuge der Suche nach einer authentischen kulturellen Identität zeigt sich ein China „that will not be shaped in the image and likeness of the West, but is on its way to realizing a Confucian culture." [4.5: Fan, 1]

Insbesondere nach dem Fall der Berliner Mauer und dem Zusammenbruch des Sozialismus in Osteuropa kam eine neue Frage auf, der sich auch die Forschung zu Kultur und Intellektuellen intensiv zuwandte: Ist eine Demokratisierung in China möglich? Bestehen dafür die kulturellen und intellektuellen Voraussetzungen? Die Stärken dieser Forschungsrichtung sind ihre praktische Ausrichtung und ihr klarer analytischer Rahmen. Wissenschaftler, die sich an dieser Forschungsrichtung beteiligten, sind in der Regel Politikwissenschaftler und arbeiten im Bereich der politischen Theorie. Beispiele sind zwei Studien, die eine genaue Analyse der politischen Veränderungen unter Intellektuellen und insbesondere unter öffentlichen Intellektuellen untersuchen. Tong Yanqi vergleicht die Reformen in der VR China mit denen in Ungarn [4.5]. Beide Nationen waren späte stalinistische Volkswirtschaften, die sich für eine Marktreform zur Bewältigung der Probleme in ihren Gesellschaften entschieden und daraufhin mit den unbeabsichtigten Konsequenzen dieser Reformen zu kämpfen hatten. Die Stärken dieser Untersuchung sind empirische Daten und die Vergleichsanalyse. Eine weitere hervorragende Arbeit ist Bruce Dicksons Studie zur Demokratisierung in China und Taiwan [4.5]. Die Arbeit analysiert, wie die GMD als leninistische Regierungspartei erfolgreich einen Übergang zur Demokratie zugelassen hat. Ein nützlicher Nachdruck zeitgenössischer programmatischer Aufsätze zur Frage der Demokratisierung seit den 1980er Jahren findet sich bei Andrew J. Nathan / Larry J. Diamond / Marc F. Plattner [4.5].

Demokratisierung

Eine wichtige Monographie über „Gedankenarbeit" (*sixiang gongzuo*) in der Zeit der Reformpolitik fasst Chinas soziale, wirtschaftliche und politische Veränderungen zusammen und bringt sie in Verbindung mit dem intellektuellen Leben in China. DAVID LYNCHS (1999) Publikation betrachtet die Bedingungen der intellektuellen Arbeit und nicht deren Inhalt. Seine Schlussfolgerung ist, dass die staatliche Kontrolle über die Intellektuellen und die Zensur der intellektuelle Produktion durch drei Veränderungen geschwächt wurde: Administrative Fragmentierung, zunehmende Eigentumsrechte und technologische Fortschritte, die wiederum die drei gesellschaftlichen Kräfte der Vermarktung, Globalisierung und Pluralisierung hervorbringen. DAVID LYNCH sieht diese Veränderungen nicht als eine Manifestation einer sich herausbildenden Zivilgesellschaft, sondern als einen „öffentlichen Sphäre-Praetorianismus" – in Samuel Huntingtons Sinn einer chaotischen und ungeordneten öffentlichen Sphäre – bzw. als „die kakophonische und unstrukturierte Zirkulation von Kommunikationsbotschaften" [4.5: 6].

<small>Staatliche Kontrolle</small>

Mit der Öffnung Chinas 1978 konnten Autoren, Künstler und Intellektuelle nach drei Jahrzehnten wieder ins Ausland reisen. Ihre Berichte eröffneten der Kultur und Gesellschaft neue Perspektiven. Die USA standen dabei im Mittelpunkt des Interesses [4.5: SHAMBAUGH]. Chinas Intellektuelle zeigten sich fasziniert von der amerikanischen Gesellschaft, kritisierten aber auch kritische Aspekte der amerikanischen Politik. CHEN FONG-CHING / JIN GUANTAO reflektieren das dadurch ausgelöste „Kultur-Fieber"und die damit in Verbindung stehende populäre kulturelle Bewegung vor 1989 [4.5]. Besonderes Augenmerk gilt dem Zusammenspiel von politischen Entwicklungen und kulturellen Unterströmungen insbesondere aus der Perspektive der chinesischen Kulturaktivisten. Daraus resultierte auch eine sehr kritische Auseinandersetzung mit der eigenen chinesischen Kultur und Tradition, die am wirksamsten an dem Drehbuch für die spektakuläre Fernsehserie „Flusselegie" deutlich wird [4.5: Su / WANG].

<small>„Kultur-Fieber"</small>

2.6.3 Die Demokratiebewegung 1989

Die Welt konnte sowohl die Entstehung als auch die Niederschlagung der Demokratiebewegung von 1989 mittels der intensiven

Berichterstattung der westlichen Medien nachverfolgen, die täglich über das Geschehen berichteten. Die Bedeutung der Ereignisse in Beijing 1989 und die ungewöhnlich gute Dokumentation durch die große Zahl an ausländischen Reportern und Beobachtern führte zu einer Fülle an Publikationen: Alle Arten von Arbeiten – von Memoiren sowohl in chinesischer als auch in westlichen Sprachen bis hin zu Berichten von ausländischen Journalisten, Sammlungen von Primärquellen sowie wissenschaftlichen Büchern und Artikeln – behandeln die Demokratiebewegung in ihrer Gesamtheit. Unter den Reportagen von Zeitzeugen ist PHILIP J. CUNNINGHAM hervorzuheben [4.6]. Der Autor, ein freiberuflicher Schriftsteller, lebte im Jahr 1989 in China. Er lernte die wichtigsten Teilnehmer der Demokratiebewegung kennen. Er führte Interviews mit den Akteuren und übersetzte ihre Äußerungen. Dieses Buch bietet eine detaillierte, gut dokumentierte Darstellung der Entstehung der Bewegung.

Reportagen von Zeitzeugen

Insgesamt dominiert in der Literatur die Tendenz der Konzentration auf die Ereignisse in und um den Platz des Himmlischen Friedens in Beijing, weil sich dort die meisten ausländischen Beobachter aufhielten. Es gibt jedoch einige allgemeine Abhandlungen wie JONATHAN UNGER [4.6] und die Dokumentensammlung ZHANG LIANG / ANDREW J. NATHAN / PERRY E. LINK, die einen überregionalen Blickwinkel einnehmen und auch die ebenso wichtigen Entwicklungen anderer Orte und Regionen einbeziehen [4.6]. Von Bedeutung sind in diesem Zusammenhang die heimlich aufgenommenen und außer Landes geschmuggelten Aufzeichnungen des damaligen Premierministers und Generalsekretärs der KPCh, ZHAO ZIYANG [4.3]. Zhao Ziyang wurde aufgrund seiner Sympathie für die Studenten unter Hausarrest gestellt. In seinen Erinnerungen rekapituliert er die kontroversen Auseinandersetzungen in der Führung über die Frage, wie mit den Protesten umgegangen werden solle.

Zhao Ziyang

Wissenschaftler aus vielen verschiedenen Disziplinen haben die Demokratiebewegung von 1989 untersucht. Die akademischen Disziplinen, die am schnellsten auf aktuelle politische Themen und soziale Bewegungen reagieren, sind üblicherweise die Sozialwissenschaften, die sich auch diesem Thema zu einem frühen Zeitpunkt widmeten. TONY SAICH [4.6]. Das Buch enthält leicht verständliche Artikel aus politikwissenschaftlicher Perspektive über verschiedene Aspekte des Konflikts, verfasst von Wissenschaftlern verschiedener sozialwissenschaftlicher Disziplinen, von denen sich die meisten während der Bewegung vor Ort aufhielten.

Das Werk beinhaltet ein nützliches Kapitel des Journalisten SETH FAISON [4.6] über die internationale Presseberichterstattung [4.6: SAICH, 145–163]. SUZANNE OGDEN 1992 enthält ebenfalls sozialwissenschaftliche Analysen. Es werden die einzelnen Etappen der Bildung der Bewegung basierend auf einem breiten Spektrum von Quellenmaterialien (von Aufsätzen der Teilnehmer bis hin zu Flugblättern und Interviews mit Intellektuellen) dargestellt [4.6].

soziologische Untersuchungen

Aus soziologischer Perspektive liegen zwei Arbeiten vor: CRAIG J. CALHOUN [4.6] und ZHAO DINGXIN [4.6]. Craig J. Calhoun ist ein führender Sozialtheoretiker und Soziologe, der nicht als Chinawissenschaftler ausgebildet wurde, aber während der Proteste vor Ort war. Die Arbeit enthält eine klare und detaillierte Rekonstruktion der Ereignisse. Sie verwendet Erklärungsansätze der Forschung zur Dynamik sozialer Bewegungen und analysiert auch die wichtige Dimension der Symbolik. Bei ZHAO DINGXIN handelt es sich um eine der ausführlichsten Arbeiten eines Soziologen [4.6]. Das Buch enthält interessante Untersuchungen der räumlichen Dimensionen des Konflikts, insbesondere der Hochschulen als Räume, in denen sich die Proteste formierten.

Publikationen von Historikern

Ungewöhnlich für ein Ereignis des späten 20. Jahrhunderts war die Fülle an Publikationen von Historikern. Viele Beiträge in JEFFREY N. WASSERSTROM / ELIZABETH J. PERRY betonen, wie stark die Demonstranten des Jahres 1989 von früheren sozialen und politischen Bewegungen in China beeinflusst waren, angefangen von der Vierter Mai-Bewegung 1919 bis hin zu Protesten am Ende der Kulturevolution [4.6].

Bedeutung der Demokratiebewegung

Mit den Nachwirkungen und der heutigen Bedeutung der Demokratiebewegung beschäftigen sich WANG HUI und JEAN-PHILIPPE BÉJA [4.6]. Bei WANG HUI handelt es sich um einen der bekanntesten und einflussreichsten Intellektuellen der Gegenwart [4.6]. Für ihn ist 1989 ein wichtiger Wendepunkt hin zu einem wirtschaftlich liberalen, aber politisch repressiven Entwicklungsmodell. JEAN-PHILIPPE BÉJA, ein führender französischer Politikwissenschaftler und Spezialist für die chinesischen Demokratiebewegungen, beschäftigt sich mit den Auswirkungen des 4. Juni 1989 im Hinblick auf die Spaltungen innerhalb der Parteiführung sowie auf Aktivisten innerhalb und außerhalb Chinas [4.6].

2.7 China in der Gegenwart

2.7.1 Politik und Regierung

Die aktuellen Entwicklungen werden in mehreren neueren Publikationen besprochen. DAVID L. SHAMBAUGH bietet einen detaillierten Überblick über den chinesischen Diskurs zu den Ursachen und Folgen des Zusammenbruchs des Sozialismus im Ostblock und argumentiert, dass die KPCh aus den negativen Erfahrungen der anderen gescheiterten sozialistischen Staaten gelernt hat [5.1]. In den 1990er und 2000er Jahren gelang es der Partei, sich institutionell zu reformieren.

Der Zusammenbruch des Sozialismus in Osteuropa

LI CHENG verfolgt die Karrierepfade chinesischer Funktionäre [5.1: 2016]. Er studiert diese Gruppe seit Jahrzehnten und verfolgt die Hintergründe der Mitglieder des Zentralkomitees (ZK). Li zeigt, dass es mehrere Varianten des Wegs an die Spitze gibt. Die häufigsten Kanäle beinhalten Aufstieg durch die Partei, Regierung oder militärische Bürokratien. Andere basieren auf erfolgreichen Tätigkeiten in Gerichten und Staatsanwaltschaften oder aber auch im Management entweder der großen Staatsunternehmen Chinas oder privater Unternehmen. Wie auch in einem früheren Buch argumentiert LI CHENG, dass Verschiebungen in der Zusammensetzung der Elite langfristig auch zu Veränderungen in der Politik führen werden [5.1: 2001]. Chinas Fähigkeit, seine politische Führung im Laufe von mehreren Jahrzehnten friedlich zu erneuern und zu verbessern, ist einzigartig unter autoritären Systemen. Unter Mao, in der Sowjetunion unter Breschnew, in Mugabes Zimbabwe und in ähnlichen Systemen andernorts klammerten sich die Führer jahrzehntelang an die Macht, so dass ihre Regime stagnierten oder zusammenbrachen. Li zeigt, wie formale Regeln und informelle Normen, die von Deng Xiaoping und seinem Nachfolger Jiang Zemin eingeführt wurden, den regulären Austausch der Eliten gefördert haben.

Karrierepfade chinesischer Funktionäre

Ein in der Literatur intensiv diskutiertes Thema hängt mit dem inneren Zustand und der Reformierbarkeit der Partei zusammen. Einige Forscher betonen die innere Reformdynamik und Lernfähigkeit der KPCh. In diesem Zusammenhang hat ANDREW J. NATHAN 2003 die oft zitierte These der „autoritären Resilienz" der Partei formuliert [5.1]. Eine Vielzahl von Studien schließt an diese These an und arbeitet sie weiter aus. ELIZABETH J. PERRY / MERLE

Resilienz der KP

GOLDMANN beschäftigen sich mit politischen Reformen auf kommunaler Ebene, insbesondere den Dorfwahlen, die als effektive Reformen gewertet werden [5.1]. JESSICA C. TEETS / WILLIAM HURST beschäftigen sich ebenfalls mit Innnovationen in der staatlichen Regierung auf lokaler Ebene, denen positive Effekte zugeschrieben werden und die die flexible Anpassungsfähigkeit von Partei und Staat demonstrieren [5.1]. Die Beiträge in KJELD E. BRØDSGAARD / ZHENG YONGNIAN gehen auf drei Dimensionen ein: die Rolle der Partei in der wirtschaftlichen, sozialen und politischen Entwicklung des Landes, die organisatorische Anpassung der Partei an die moderne Governance einer Transformationsgesellschaft; und das Funktionieren parteiinterner Abläufe [5.1]. Die Beiträge bei THOMAS HEBERER / GUNTER SCHUBERT argumentieren, dass durch die Reformen auf unterer Ebene Legitimität erzeugt wurde und die Partei dadurch ihre Position in der Gesellschaft stabilisieren konnte [5.1].

Zerfall der KPCh

Demgegenüber gehen andere Arbeiten von einem Zerfallsprozess der Partei aus. Das oft zitierte Buch von PEI MINXIN argumentiert, dass die politische Ökonomie Chinas durch einen Gefälligkeits-Kapitalismus (*crony capitalism*) geprägt ist, der sich in der Kollaboration zwischen politischen und geschäftlichen Eliten manifestiert [5.1]. Dies führe über kurz oder lang zu dem grundlegenden Verfall der KPCh. DAVID L. SHAMBAUGH und RICHARD MCGREGOR beschäftigen sich ebenfalls mit der dominanten Stellung der Partei in der Gesellschaft sowie den parteiinternen Problemen und Herausforderungen, denen die Partei gegenübersteht [5.1]. Die beiden Monographien konzentrieren sich zum einen auf die Kontrolle der Staatsunternehmen durch die KPCh, zum andern erörtern sie auch die Methoden der Koordinierung der staatlichen Operationen, des Militärs und der Medien. Beide Bücher kommen zum Schluss, dass das System der Parteiherrschaft implizite Probleme aufweist. RICHARD MCGREGOR analysiert Fraktionsstreitigkeiten in der Führung, Korruption in Regierung und Unternehmen und Konflikte zwischen Kommandanten und politischen Kommissaren in der Armee [5.1]. DAVID L. SHAMBAUGH spricht von Atrophie oder Auszehrungsphänomenen in der Partei. Beide Arbeiten betonen die Rolle geheimnisvoller interner Organisationen, insbesondere der Organisationsabteilung und interner Disziplinkommissionen, die über die Karrieren der Kader wachen und wichtige Personalentscheidungen treffen [5.1]. Sie waren bisher der Schlüssel zum

Zusammenhalt der Partei und überprüfen Beamte auf Leistung basierend auf einer Reihe von konkreten Indikatoren.

TERESA WRIGHT analysiert das sogenannte China-Paradox: Trotz der dramatischen wirtschaftlichen und sozialen Veränderungen in der Gegenwart bleibt Chinas Politik im Wesentlichen stetig autoritär [5.1]. Damit scheint das Beispiel China die Theorie zu widerlegen, dass autoritäre Regime von Natur aus instabil sind. Die Arbeit kommt zu dem Schluss, dass Chinas Autoritarismus stabil ist, und nennt als Begründung, dass Ideologie durch Pragmatismus ersetzt wurde und sich ein hybrides System autoritärer, demokratischer, staatlich-interventionistischer und kapitalistischer Elemente herausgebildet habe. Diesem System gelinge es, Politik effektiv umzusetzen und somit die grundlegenden Funktionen einer Regierung adäquat zu erfüllen. Die Verfasserin ist skeptisch in Bezug auf die neuen Entwicklungen unter Xi Jinping und warnt, dass seine Bemühungen, die öffentliche Meinungsäußerung einzuschränken, den *modus operandi* der Beziehungen zwischen Staat und Gesellschaft gefährden könnten.

Das China-Paradox

Der Nationalismus spielt in der Gegenwart eine immer wichtigere Rolle. Eine Reihe von Studien untersucht, wie die chinesische Regierung und Gesellschaft den Westen und insbesondere Amerika betrachten. MARIA H. CHANG betont die Rolle historischer Erfahrungen und Motive im chinesischen Nationalismus [5.4]. ZHAO SUISHENG bietet eine Analyse des zunehmenden nationalistischen Denkens unter den chinesischen Kadern und Intellektuellen [5.4]. PETER H. GRIES behandelt den populären Nationalismus [5.4: 2004, 2004a].

Nationalismus

2.7.2 Sozialer Wandel und gesellschaftliche Konflikte

Die chinesische Gesellschaft hat sich seit 1978 aufgrund eines rasanten sozialen Wandels grundlegend verändert. Veränderungen der sozialen Struktur und erhöhte soziale Mobilität haben neue Möglichkeiten, aber auch neue Konflikte geschaffen. Soziologische Studien zur chinesischen Gesellschaft von 1949 bis 1978 wie MARTIN K. WHYTE arbeiten das Entstehen einer relativ starren Statushierarchie heraus, die sich aus der staatlichen sozialistischen Wirtschaft ergab, in der das Privateigentum an produktiven Vermögenswerten zwischen 1952 und 1958 allmählich durch die Kol-

Gesellschaftsordnung vor 1978

lektivierung der Landwirtschaft und die staatliche Konsolidierung der städtischen Ökonomie beseitigt worden war [2.9: 1974, 1975]. Die vorherigen sozialen Klassen wurden in der kommunistischen Gesellschaft reduziert oder irrelevant.

Wandel nach 1978 Die Reformen nach 1978, insbesondere die Abschaffung der kollektiven Wirtschaft und die Einführung der Marktwirtschaft, unterminierten die institutionelle Basis der bestehenden sozialen Hierarchie. Seitdem hat sich eine offene, sich dynamisch entwickelnde soziale Struktur herausgebildet. Zunächst begann durch den Zustrom von Bauernhändlern in die Städte der Aufstieg der individuellen Geschäftshaushalte (*getihu*) [5.2: GOLD; 5.7: DAVIS]. Der nächste Schritt der Dezentralisierung der Staatsindustrie und des fiskalischen Systems gab den lokalen Regierungen, den Fabrikmanagern und den einzelnen Arbeitnehmern finanzielle Anreize. Die Entstehung von Arbeits- und Kapitalmärkten nach 1992 führte schließlich die Marktzuteilung von Ressourcen in die städtische Wirtschaft ein. DOROTHY J. SOLINGER zeigt, wie die massiven Entlassungen von Arbeitnehmern aus dem Staatssektor sowie die Flut von Migrantenbauern, die im informellen, expandierenden Arbeitsmarkt in den Städten arbeiteten, die soziale Struktur veränderten [5.6.2]. Die privilegierte und geschützte Arbeiterklasse und die Arbeitnehmer des staatlichen Sektors wurden differenziert und entmachtet [5.6.3: WHYTE], während Staatsbeamte und neue administrative Führungskräfte Kontrolle und Einfluss über staatliche Ressourcen erlangten. Die Arbeit von MARGARET M. PEARSON verfolgt den Aufstieg der Privatunternehmer in der boomenden Marktwirtschaft, die allerdings wenig politisches Interesse oder Autonomiebestrebungen zeigten [5.6.3]. Insgesamt aber ist die Forschung zu den neuen sozialen Dynamiken im ländlichen und städtischen China unzureichend. Die sich beständig weiterentwickelnden sozialen und wirtschaftlichen Strukturen bewirken und beeinflussen weiterhin die Entstehung neuer sozialer Klassen und Schichten.

Armut und soziale Ungleichheit Insgesamt hat das rasante Wirtschaftswachstum über mehr als drei Jahrzehnte eine signifikante Verbesserung des Lebensstandards hervorgerufen. ASIAN DEVELOPMENT BANK zeigt den Erfolg Chinas bei der Bekämpfung von Armut: Die Zahl der absolut Armen (Menschen, die über weniger als 1,25 US-Dollar pro Tag in Kaufkraftparität verfügen) sank um mehr als 600 Millionen [5.6.3]. Die Studie hebt die Bemühungen der Regierung hervor, fordert allerdings weitere Maßnahmen gegen die Entstehung der städtischen

Armut. MARTIN RAVALLION / CHEN SHAOHUA berechnen, dass der Anteil der Menschen, die unterhalb der Armutsgrenze leben, von 53 Prozent der Bevölkerung im Jahr 1981 auf 8 Prozent im Jahr 2001 fiel, was in etwa 530 Millionen Armen im Jahr 1981 und etwa 100 Millionen im Jahr 2001 entspricht [5.6.3].

Trotz dieser unzweifelhaften Erfolge bei der Armutsbekämpfung existiert das Phänomen der Armut in China aber natürlich weiterhin. Allerdings konzentriert sich diese Armut jetzt eher auf bestimmte Regionen oder Bevölkerungsgruppen. Ethnische Minderheiten, Menschen mit Behinderungen, ältere Menschen und Frauen sind überproportional häufig betroffen. Hinzu kommt eine sich ausweitende soziale Ungleichheit. AZIZUR R. KHAN / CARL RISKIN untersuchen sowohl Ungleichheit als auch Armut im Hinblick auf Einkommen, Gesundheitsvorsorge, Zugang zu Bildung und die Rolle von Gender in den 1980er und 1990er Jahren und stützen sich auf eine Vielzahl von gemeinsam mit der Chinesischen Akademie der Wissenschaften durchgeführten Analysen und Erhebungen aus dem Zeitraum von 1988 bis 1995 [5.6.3]. Die Untersuchung ergab, dass versteckte städtische Armut viel häufiger vorkommt als von der chinesischen Regierung und anderen Organisationen angenommen. Die Autoren kommen außerdem zu der Schlussfolgerung, dass die Ungleichheit in der chinesischen Gesellschaft stark zunimmt.

Von Armut bedrohte Gruppen

Insgesamt wird die wachsende soziale Ungleichheit als Relativierung der Erfolge bei der Armutsbekämpfung interpretiert. Der Sammelband CARL RISKIN / ZHAO RENWEI / SHI LI untersucht das Phänomen der Ungleichheit systematisch und über alle Sektoren hinweg [5.6.3]. Der Band dokumentiert das starke Ansteigen der allgemeinen Ungleichheit in Bezug auf eine Vielzahl von Indikatoren im Zeitraum 1995–2002. Insbesondere nahm die Differenz zwischen Lebensstandards in der Stadt und auf dem Land deutlich zu. Basierend auf Umfragen des Nationalen Statistikamts, die 1988–1995 in ländlichen Haushalten durchgeführt wurden, argumentieren die Autoren, dass die Mehrheit der chinesischen Armen auf dem Land außerhalb der als arm bezeichneten Kreise lebt und daher nicht von dem Programm der Armutsbekämpfung profitiert. JOHN KNIGHT gibt einen aktuellen Überblick über die Formen und Indikatoren von Ungleichheit. Diese detaillierte quantitative Analyse dokumentiert die erheblichen Einkommens- und Wohlfahrtsvorteile der Stadtbewohner gegenüber den Landbewohnern und bietet

Ungleichheit

auch eine ausführliche Erklärung, warum und wie die Regierung die Entstehung der Kluft zwischen Stadt und Land zugelassen hat [5.6.3]. Der Vergleich mit anderen Entwicklungsländern weist das ungewöhnlich hohe Ausmaß der Ungleichheit in China nach. LI SHI / SATO HIROSHI / TERRY SICULAR untersuchen die Entwicklung der sozialen Ungleichheit in China von 2002 bis 2007, einem Zeitraum, in dem unter Hu Jintao und Wen Jiabao die „harmonische Gesellschaft" als Ziel der Entwicklungsstrategie verkündet wurde [5.6.3]. Auf der Grundlage von landesweiten Datenerhebungen des China Household Income Project bietet dieses Buch einen detaillierten Überblick über die jüngsten Trends in der Einkommensungleichheit und eine Analyse der Schlüsselfaktoren, welche diesen Trends zugrunde liegen. Zu den Themen zählen die Ungleichheiten hinsichtlich Bildung, Veränderung der Landeigentumsverhältnisse und der Verteilung des Immobilienvermögens, der Entwicklung des Arbeitsmarktes für Personen mit Migrationshintergrund, Unterschiede zwischen öffentlichen und nichtöffentlichen Sektoren, Arbeitslosigkeit, Geschlecht und ethnischer Zugehörigkeit. Diskutiert werden ebenfalls die Auswirkungen der öffentlichen Politik sowie die Reformen in Steuer- und Sozialhilfeprogrammen.

Ursachen von Armut und Ungleichheit

Die soziologische Arbeit WANG FENGS dokumentiert den Prozess der steigenden Ungleichheit im städtischen China in den 1980er und 1990er Jahren und erforscht die zugrundeliegenden strukturellen Kräfte, die Chinas soziale Ordnung definieren [5.6.3]. Die Hypothese der Arbeit ist, dass China im Untersuchungszeitraum von einer der egalitärsten Gesellschaften der Welt zu einer höchst ungleichen wurde. Diese Entwicklung wird mit der weiterbestehenden Rolle und Bedeutung sozialer Kategorien, die unter dem Sozialismus geschaffen wurden, erklärt. Diese Kategorien wie Städte und Arbeitsorganisationen werden zur Verteilung von Ressourcen benutzt und erzeugen dabei aktiv Ungleichheit. Der Autor weist ein Muster nach, das sowohl die Vergrößerung der Ungleichheit zwischen sozialen Kategorien als auch die anhaltende Gleichheit innerhalb der Kategorien erzeugt. Chinas große Umkehr von Gleichheit zu Ungleichheit ist ein Beispiel dafür, wie vor allem soziale Kategorien und nicht allein individuelle Aspekte bei der Entstehung von Armut wirksam sind.

Binnenmigration und Arbeitsmarkt

Migration ist eine fundamentale Triebkraft für soziale Veränderungen in China. Unter dem Einfluss der marktorientierten Wirtschaftsreformen im Dezember 1978 kam es zu einer starken,

Zunahme der Migration sowohl im In- als auch ins Ausland. Weil die Reformpolitik eine steigende Nachfrage nach städtischen Arbeitskräften auslöste, zog eine große Zahl von Arbeitern vom Land in die Städte. Es handelt sich um ein Phänomen, das in seiner Größe im globalen Vergleich beispiellos ist und bis heute fortbesteht. Weil Migration zwar durch veränderte ökonomische Rahmenbedingungen verursacht wird, aber wesentliche Veränderungen der Familienstruktur, des Lebensstils, der Bildungsmöglichkeiten, der öffentlichen Gesundheit und der Kultur zur Folge hat, wurde sie intensiv von Wissenschaftlern aus den unterschiedlichsten Disziplinen wie Wirtschaft, Anthropologie, Soziologie, Politikwissenschaft, Geographie und Medizin untersucht. Eine hervorragende Einführung zur Binnenmigration in China ist DAN DAVIN [5.6.2]. Der Verfasser bietet einen aufschlussreichen Einstieg in die Hauptthemen dieses Forschungsfeldes. Das Buch beschreibt die wichtigsten Migrationsströme in China seit Beginn der Reformperiode und enthält Informationen aus eigenen Feldforschungsarbeiten, darunter zwei wichtige Kapitel über Frauen und Gender. CINDY C. FAN enthält einen aktuelleren und sehr guten Überblick über die ländlich-städtische Migration mit besonderem Schwerpunkt auf der Rolle des Haushaltsregisters (*hukou*) und der Haushaltsstrategien [5.6.2] Die Studie nutzt die existierende umfangreiche Literatur und bezieht auch neue Arbeiten zum *hukou*-System, städtische Erfahrungen von Migranten und Ehemigration mit ein. DOROTHY J. SOLINGER bietet eine überzeugende Analyse, die vor allem die widersprüchliche Rolle der Regierungspolitik betont [5.6.2]. Ausgehend von dem unstillbaren Bedarf an ländlichen Arbeitskräften in den schnell wachsenden Städten und der Notwendigkeit der Erhöhung der Einkommen der ländlichen Bevölkerung beschreibt sie die ambivalente Politik städtischer Verwaltungen, die viele Wanderarbeiter und ihre Familien diskriminiert.

RACHEL MURPHY untersucht Wanderarbeiter in der Provinz Jiangxi, die auf der Suche nach Arbeit in der Stadt ihre Dörfer verlassen haben [5.6.2]. Das Buch, das auf einer umfangreichen Feldforschung beruht, dokumentiert den „Bumerang-Effekt": die Rückströme von Wanderarbeitern in ihre Heimatdörfer, ihre finanziellen Überweisungen sowie die von ihnen mitgebrachten neuen Informationen und Weltsichten. Auf der Grundlage einer umfangreichen Befragung von Wanderarbeitern in vier Großstädten beschreibt WONG LOONG die Gesetze und Vorschriften für die

Wanderarbeiter

Behandlung von Migranten durch ihre Arbeitgeber und erörtert das entstehende Bewusstsein der Migranten für die rechtlichen und politischen Kontexte ihrer Beschäftigung [5.6.2]. Zunehmend sind die Migranten bereit, Forderungen zur Verbesserung ihrer Arbeits- und Lebensbedingungen zu erheben und gegenüber Arbeitgebern und politischen Instanzen Rechte einzufordern.

Kontrolle von Migration

Die Haushaltsregistrierung (*hukou*) war und ist das wichtigste Instrument der Kontrolle von Migration. Die Forschungen zum *hukou*-System und dessen Auswirkungen auf Migrationsanreize und auf das Leben von Migranten haben sich zunächst darum bemüht, das System und seine Reformen zu definieren. Hierzu liegen vor allem KAM W. CHAN / ZHANG LI und WANG FEI-LING vor [5.6.2]. Die erste Arbeit untersucht die Änderungen des Haushaltsregistrierungssystems seit 1978 und die Schaffung neuer Kategorien für die Bemühungen zur Kontrolle der ländlichen und städtischen Migration. WANG FEI-LING ist eine nützliche Beschreibung des Haushaltsregistrierungssystems und der Veränderungen, die daran zwischen 1997 und 2002 vorgenommen wurden [5.6.2]. Der Autor kommt zu dem Schluss, dass zwar einige der Modifikationen des Systems die Migration wesentlich erleichtert haben, Funktionen der Kontrolle aber tatsächlich gestärkt wurden.

Gender

Migration hat notwendigerweise Einfluss auf Familienstrukturen und Geschlechterverhältnisse. YAN HAIRONG untersucht Migrantinnen, die als Hausangestellte in städtischen Gebieten tätig sind. Sie analysiert ihre Erfahrungen, um Veränderungen in der chinesischen Gesellschaft aufzuspüren [5.6.2]. Sie erklärt diese Veränderungen als Konsequenz der Ausbreitung des marktwirtschaftlichen Systems und der damit verbundenen Auswirkungen auf die Beziehungen zwischen sozialen Schichten. TAMARA JACKA beschreibt das Leben einer Gruppe von Migrantenfrauen auf der Grundlage von in Beijing durchgeführten Feldforschungen [5.6.2]. Die Arbeit zeigt die Unsicherheit des Lebens der Migranten und die vielfältigen Gründe und Motivationen der Migration. Ein ähnlicher Befund findet sich bei LESLIE CHANG [5.6.2]. Das Buch berichtet über die Migration vom Dorf in die Stadt aus Sicht von Migrantinnen und gibt, basierend auf Interviews und Feldforschung, deren gemischte (sowohl positive als auch negative) Erfahrungen wieder.

Arbeitsmarkt

Die Suche nach Arbeit ist ein zentrales Motiv für Migration. Forschungen zum Arbeitsmarkt in China beschäftigen sich mit den Fragen danach, wie viele Menschen wo arbeiten, welche Arbeitsplätze zur Verfügung stehen und welche Einkommen erzielt werden können. Seit den Reformen hat sich das Beschäftigungsmuster in China dramatisch verändert, da Arbeiter in großer Zahl von den Dörfern in die Städte und von der Landwirtschaft zur Industrie gezogen sind. Von 1978 bis zum Anfang der 1990er Jahre fand ein großer Teil der Zunahme der nicht-landwirtschaftlichen Beschäftigung in der raschen Expansion von Gemeinde- und Dorfunternehmen (TVEs) statt, während die städtische Beschäftigung in Staatsbetrieben (SOE) ebenfalls, wenn auch langsamer, zunahm. In den 1990er Jahren änderte sich das Muster dramatisch, als sich das TVE-Wachstum verlangsamte und – vermutlich von größerer Bedeutung – eine große Anzahl von aus den SOEs entlassenen Arbeitnehmern in den Arbeitsmarkt eintraten. In dieser Zeit verloren ca. fünfzig Millionen städtische Arbeiter ihre Arbeit. LEE CHING KWAN argumentiert überzeugend, dass somit zwei ganz unterschiedliche Gruppen von Arbeitnehmern auf ihre eigene Weise die Hauptlast der Marktreformen getragen haben [5.6.2]. Die Studie beschreibt im Detail den Verlust von Arbeitsplätzen, Rentenansprüchen und andere Benachteiligungen im sogenannten „Rostgürtel" im Nordosten Chinas. Der Konkurs vieler SOEs vor allem in der Schwerindustrie traf die älteren Arbeitnehmer besonders hart. Im sogenannten „Sonnengürtel" des Südens erlebten junge Wanderarbeiter ebenfalls die Schattenseite des Booms. Sie hatten mit Lohnausfällen, umfangreichen obligatorischen Überstunden, häufigen Unfällen am Arbeitsplatz und anderen Problemen zu kämpfen, die sich aus dem brutalen Wettbewerb um Exportmärkte ergaben.

Die Forschung zur Ungleichheit der Geschlechterverhältnisse in China hat seit den 1980er Jahren deutlich zugenommen. Die Ergebnisse der wissenschaftlichen Analysen sind aber gemischt und ergeben kein klares Bild [5.6.5: ENTWISLE / HENDERSON]. Im Zeitraum von 1949 bis 1978 war eine deutliche Verbesserung der Beschäftigungs- und Einkommensmöglichkeiten von ländlichen und städtischen Frauen [5.6.5: WHYTE, 1984] und ein besserer Zugang zu Bildung und Erziehung [5.6.5: HANNUM / XIE] zu verzeichnen. Dennoch kamen viele Arbeiten zu dem Schluss, dass diese Fortschritte hinter den ursprünglichen Verheißungen der Revolution in Bezug auf die Gleichheit der Geschlechter zurückblieben. Die Arbeiten von ELISABETH CROLL, JUDITH STACY, oder MARGERY WOLF verwiesen auf verschiedene Ursachen für das Verfehlen der ambitionierten Ziele zur Geschlechtergleichheit zwischen 1949 und

Geschlechterverhältnisse

1978: begrenzte Kapazitäten des Staates, veränderte Prioritäten in der Regierungspolitik und eine anhaltende patriarchalische Kultur [5.6.5].

Auswirkungen der Reformen

Bei der Bewertung der Auswirkungen der Reformen auf die Geschlechterverhältnisse nach 1978 kamen die wissenschaftlichen Arbeiten ebenfalls zu kontroversen Schlussfolgerungen hinsichtlich der Qualität und Richtung der Veränderungen. Einige Studien erbrachten, dass das Wachstum der Marktwirtschaft und der landwirtschaftlichen Beschäftigungsmöglichkeiten für ländliche Frauen die geschlechtsspezifische Lücke im Haushaltseinkommensanteil verringerte und den Status der Frauen gegenüber Männern erhöhte [5.6.5: ENTWISLE u. a.; MATTHEWS / NEE; MICHELSON / PARISH]. ARIANNE M. GAETANO zeigt, dass die strukturellen Zwänge, welche die Wanderarbeiterinnen in der Stadt erleben, auf ideologische Barrieren und diskriminierende Praktiken im Zusammenhang mit geschlechtsspezifischen und ländlich-städtischen Hierarchien zurückzuführen sind [5.6.5]. Insgesamt zeigt das Buch aber überzeugend, dass die Arbeitsmigration die Gleichstellung der ländlichen Frauen voranbringt und damit ihre Chancen auf Erfolg und ein besseres Leben erhöht. Aber es wird auch deutlich, dass die sozioökonomische Mobilität von Frauen allein unzureichend ist, um die breiteren geschlechtsspezifischen und ländlich-städtischen Ungleichheiten vollständig abzubauen. Demgegenüber kamen andere Studien zu entgegensetzten Einschätzungen: Vor allem in den Städten begann der Markt die Macht des Staates sowohl als Arbeitgeber als auch als Advokat für die Rechte der Frauen zu unterminieren. In der Folge sahen sich Frauen auf dem Arbeitsmarkt neuen Diskriminierungen ausgesetzt. Hinsichtlich der Einstellungen und Entlassungen, Arbeitsvermittlung und Entlohnung in staatlichen und nichtstaatlichen Sektoren beobachten EMILY HONIG / GAIL HERSHATTER eine Benachteiligung von Frauen und damit eine deutliche Senkung des wirtschaftlichen Status gegenüber Männern [5.6.5]. LEE 1995 beschäftigt sich mit dem Niedriglohnsektor, der schlechtere Arbeitsbedingungen wie lange Arbeitszeiten und schweren Arbeitsaktivitäten insbesondere für südchinesische Frauen begünstigte[5.6.5]. BARBARA ENTWISLE / GAIL E. HENDERSON / SUSAN E. SHORT / JILL BOUMA / ZHAI FENGYING belegen, dass Männer in ländlichen Regionen den Ausbau der Familienunternehmen leiten, während Frauen zurückgelassen werden, um sich auf landwirtschaftliche Arbeitsplätze zu spezialisieren [5.6.5]. LIU JIEYU beschreibt die Erfahrungen weiblicher Industriearbeiter, die sich selbst als eine unglückliche Generation ansehen [5.6.5]. Lius Analyse deckt die geschlechtsspezifischen Strukturen auf, welche die Frauen benachteiligten: Diese Generation von Frauen wuchs in der Volksrepublik auf und arbeitete vor 1978 in den Fabriken von Nanjing. Ihr Leben als sozialistische Arbeiterinnen wurde durch das Aufkommen der ökonomischen Umstrukturierung unterbrochen, und die Mehrheit wurde entlassen. Eine dritte Position in der Literatur kommt zu dem Schluss, dass im städtischen China die geschlechtsspezifischen Unterschiede in den Einkommen und anderen statusbezogenen Indikatoren von den 1950er bis zu den 1990er Jahren relativ stabil blieben [5.6.5: BIAN / LOGAN / SHU]. Variationen der Geschlechter-Ungleichheiten im Arbeitsmarkt korrelierten auch nicht mit dem Grad der Vermarktung.

Diese kontroversen Forschungsergebnisse können auf mindestens zwei Ebenen erklärt werden, wie von MARTIN K. WHYTE vorgeschlagen wurde [5.6.5]. Sie spiegeln die Komplexität politischer, sozialer und historischer Prozesse wider, die zeigen, dass widersprüchliche und konfliktreiche Kräfte gleichzeitig wirken können und inkonsistente Muster hervorbringen. Methodisch betrachtet deuten inkonsistente Erkenntnisse auch auf heterogene Forschungsansätze, Datenerfassungsmethoden sowie Messungen und Indikatoren hin. Das Fehlen zuverlässiger Daten ist wahrscheinlich das ernsthafteste Problem, denn sie wurden oft lokal erhoben und können nicht einfach national aggregiert werden. Eine zuverlässige Bewertung auf nationaler Ebene ist daher nicht möglich.

Widersprüchliche Einschätzungen

Es ist aber auch wichtig, die Wahrnehmung der Frauen in ihrer Gesellschaft zu verstehen. Was denken Frauen über ihre Geschlechterrollen und ihren relativen Status im Vergleich zu Männern am Arbeitsplatz und zu Hause? Hinsichtlich der weiblichen Arbeitsvorbilder und *Iron Girls* im maoistischen China und der dadurch demonstrierten Parteilinie eines Aufbrechens der Geschlechtergrenzen und -unterschiede in der Arbeitswelt belegt GAIL HERSHATTER auf der Basis von Interviews und Feldforschung eine nicht zurückzuweisende Vielschichtigkeit und Unübersichtlichkeit der realen Situation [5.6.5]. In der Tat wurden traditionelle Geschlechterrollen von vielen dieser Frauen akzeptiert und zugleich unterlaufen. Andere Interviewdaten zeigen, dass sich traditionelle Geschlechterrollen in der Reform-Ära verstärken konnten; einige

Perspektive chinesischer Frauen

Frauen sehnen sich nach der Flucht aus der Arbeitswelt und sehen den Platz der Frau vor allem in der Familie [5.6.5: Parish / Busse, 212; Lee, 34 f.). Verheiratete Paare in Beijing glauben, dass sowohl die Hausarbeit als auch die bezahlte Arbeit zum Kleinkollektiv der Familie beitragen und dass zwischen diesen beiden Sphären ein Austausch in Form eines fairen Handels stattfindet, auch wenn sich ein Ehepartner auf eine der Sphären spezialisiert hat [5.6.5: Zuo / Bian].

Ethnische Minderheiten

Die Minderheiten machen mit ca. 8,5 Prozent nur einen kleinen Teil der Gesamtbevölkerung Chinas aus. Allerdings besiedeln sie etwa 60 Prozent des Festlandes und oft die sensiblen Grenzgebiete. Aus diesem Grund sind die ethnischen Minderheiten von größerer politischer und strategischer Bedeutung als es ihre bloße Zahl nahelegt. Des Weiteren steht eine zunehmende Anzahl gesellschaftlicher Konflikte mit offenen Fragen bezüglich der Autonomie der Minderheiten in Verbindung. Seit dem Ende der Kulturrevolution beschäftigt sich eine wachsende Fülle von Studien mit der Situation der Minderheiten. Zum Einstieg eignet sich eine Reihe von Überblickswerken. Die vielzitierte Publikation June T. Dreyer war die vermutlich erste Arbeit im Westen, die sich systematisch mit dem Thema der Minderheiten beschäftigte [5.6.4]. Die Verfasserin schildert die Politik der KPCh gegenüber den ethnischen Minderheiten von 1949 bis 1975. Die zugrundeliegende Fragestellung der Arbeit richtet sich auf Prozesse der Integration oder Assimilation der Minderheiten in einer mehrheitlich von Han-Chinesen gebildeten Gesellschaft. Dreyer geht davon aus, dass der chinesische Staat kreative und weitgehend erfolgreiche Maßnahmen unternommen hat, um die Minderheiten und ihre Ansprüche zu integrieren. Thomas Heberer bewegt sich in einem ähnlichen Rahmen, basiert aber weitgehend auf Feldarbeit, die in den 1980er Jahren möglich wurde [5.6.4]. Er argumentiert, dass die Politik in der Praxis, wenn nicht in der Theorie, auf die Assimilation der kleineren Minderheiten zielte. Colin Macheras verwendet ebenfalls Dreyers Interpretation von Integration und Assimilation [5.6.4]. Der Autor betont den Zusammenhang zwischen Modernisierung, Globalisierung und nationaler Integration. Er geht im Grunde davon aus, dass in einem modernisierten und integrierten China die Minderheiten ihre eigenen Kulturen beibehalten können.

Minderheitenregionen

Zu vielen Minderheiten und spezifischen Minderheitengebieten liegen mittlerweile gute Einzelstudien vor, die hier nicht alle besprochen werden können. Von grundsätzlicherem Interesse ist die Monographie THOMAS S. MULLANEYS [5.6.4]. Basierend weitgehend auf „oral history" und jüngst freigegebenem klassifiziertem Material untersucht THOMAS S. MULLANEY das Projekt der ethnischen Identifizierung und Klassifizierung in der Provinz Yunnan [5.6.4]. Das Buch zeigt die Auswirkungen der Regierungspolitik auf das Konzept der ethnischen Identitäten. DRU C. GLADNEY beschäftigt sich mit der muslimischen Minderheit der Hui, die als einzige auf einer vorwiegend religiösen Einteilung beruht [5.6.4]. Er bezeichnet die Hui daher als ethnoreligiöse Gruppe und argumentiert, dass Interaktionen mit lokalen Kontexten und Gesellschaften die Hui hervorgebracht haben.

Zu Tibet ist vor allem auf die Arbeiten Goldsteins hinzuweisen, der als der beste Kenner Tibets im Westen gilt. Unter seinen zahlreichen publizierten Arbeiten eignet sich MELVYN C. GOLDSTEIN hervorragend zum ersten Einstieg [5.6.4]. Ausgehend von der Geschichte Tibets und den Beziehungen zu China analysiert das Buch die Situation der Tibeter in der VR China. WARREN W. SMITH liefert einen detaillierten Überblick zum Entstehen des tibetischen Nationalismus und der Unabhängigkeitsbestrebungen, die sich gegen die chinesische kommunistische Ideologie und Herrschaft richteten [5.6.4: 2008]. WARREN W. SMITH beschäftigt sich mit der Welle von Protesten 2008 und den Ursachen des zunehmenden Widerstands gegen China [5.6.4: 2010].

Tibet

Die Provinz Xinjiang und die darin lebenden Uighuren sind ebenfalls relativ gut erforscht. Die historische Bedeutung der Region Xinjiang auf dem eurasischen Kontinent ist in der Literatur oft diskutiert worden. JAMES A. MILLWARD bezeichnet Xinjiang als „Kreuzung" Eurasiens [5.6.4]. Das historische Werk umfasst die gesamte Periode von der Vorgeschichte bis in die frühen 2000er Jahre. Ein Drittel des Buches beschäftigt sich mit der Zeit seit 1949. S. FREDERICK STARR eignet sich sehr gut zur systematischen Einführung in die wissenschaftliche Diskussion zu Xinjiang [5.6.4]. Nach einer interpretativen Einführung durch den Herausgeber enthält das Buch Kapitel über den historischen Hintergrund, zeitgenössische Politik, Wirtschaft, Bildung, Demographie, Ökologie, Gesundheit, Islam und andere Themen. Die Feldforschung in Xinjiang ist seit den 1980er Jahren möglich, wenn auch oft nur unter erschwerten Bedingungen. Die Studie GRADNER BOVINGDONS, der sowohl mit uighurischen als auch chinesischen Quellen arbeitet,

Xinjiang

geht auf konkrete Feldforschungen in der Region zurück [5.6.4]. Die Arbeit konzentriert sich auf die Beziehung der Uighuren zu China und erklärt deren Unzufriedenheit mit dem Status quo und dem chinesischen Staat. Das Buch enthält auch ein Kapitel über die uighurische Diaspora und ihre Organisationen.

Umweltpolitik und Nachhaltigkeit

Umweltpolitik und Nachhaltigkeit bezeichnen relativ offene und unbestimmte Kategorien. Im Folgenden stehen vor allem die gesellschaftlichen und politischen Dimensionen im Zeitraum seit 1949 im Vordergrund. Im Laufe der Zeit haben sich sowohl die Datenlage als auch die Bedingungen für Forschung zu Umwelt und Nachhaltigkeit stark verbessert. Mit der Zunahme des Bewusstseins für die Größe und Komplexität der Problemlagen in diesem Bereich wuchs die Zahl der Publikationen in China und im Ausland rasch an. Dabei haben sich nicht nur Wissenschaftler und Forschungsinstitute, sondern auch regierungsamtliche Agenturen, internationale Organisationen und NGOs an den Diskussionen und Debatten beteiligt.

Unmweltschäden

Als inner- und außerhalb Chinas das Ausmaß der Umweltschäden deutlich wurde, wurde zunächst versucht, wissenschaftliche Bestandsaufnahme zu betreiben. Im Mittelpunkt stand anfangs die Auseinandersetzung mit der Phase bis 1978. Im Westen setzte VACLAV SMIL den Ton für viele der nachfolgenden Studien [5.6.6: 1984]. Der Fokus der Arbeit liegt auf den negativen Auswirkungen der Umweltzerstörung in China während der maoistischen Periode. VACLAV SMIL enthält aktuellere Daten und betont den Zusammenhang von Umwelt, Energie und Nahrungsmittelproduktion [5.6.6: 2004]. JUDITH SHAPIRO zeigt anhand repräsentativer Fallstudien, wie die maoistische Politik die physische Umwelt in Mitleidenschaft gezogen hat [5.6.6: 2001]. Zur Orientierung über die Umweltproblematik seit 1978 eignen sich vor allem Economy 2014 sowie JUDITH SHAPIRO [5.6.6: 2012]. Economy 2014 gibt einen Überblick über die Bandbreite staatlicher Politik und Programme in der Gegenwart zur Lösung der immer dringlicher werdenden Umweltprobleme in China. Shapiro 2012 bietet dem Leser ebenfalls einen umfassenden Überblick über die chinesische Umweltpolitik. Das Buch betont die Rolle der lokalen Regierungen, der nationalen Regierung, der aufstrebenden Zivilgesellschaft, der Umweltproteste und des ausländischen Engagements in einem sich langsam verändernden politischen und rechtlichen Rahmen.

ELIZABETH ECONOMY beruht auf einer Fallstudie zur Verunreinigung des Huai-Flusses und dient der Illustration der Probleme und der Herausforderungen, die sich bei der Beseitigung der Umweltschäden ergeben [5.6.6: 2004]. Die Studie betont die Bedeutung von Nichtregierungsorganisationen, die sich für eine nachhaltigere Entwicklung einsetzen. ANDREW MERTHA argumentiert, dass China zunehmend marktgetrieben, dezentral und politisch heterogen geworden ist Mertha [5.6.6]. Die Kontrolle und Bewirtschaftung der Ressource Wasser hat sich daher von einem unbestritten rein ökonomischen Gegenstand zu einem konfliktreichen Thema bürokratischer Auseinandersetzungen, gesellschaftlicher Opposition und des offenen Protestes verändert. An den politischen Diskussionen beteiligen sich nicht nur Beamte, sondern zunehmend die Medien, NGOs und andere Aktivisten. Die chinesische Journalistin DAI QING hat sich aktiv für Nachhaltigkeit in China eingesetzt [5.6.6]. Ihre Sammlung von kritischen Aufsätzen zu Umsiedlungspolitiken, Misserfolgen, Gefahren und Kulturverlusten während und nach dem Bau von verschiedenen chinesischen Dämmen hat in China große öffentliche Aufmerksamkeit erhalten. Im Mittelpunkt steht der umstrittene Bau eines Damms zur Energieerzeugung am Unterlauf des Yangzi (Jangtsekiang).

Umweltschutz

Die Aufsätze in KRISTEN A. DAY befassen sich vor allem mit rechtlichen und politischen Aspekten, einschließlich Umweltbewusstsein, städtischer Luftqualität, Energie, Gefahrgutmanagement und Wüstenbildung [5.6.6]. Hinzuweisen ist auf einen nützlichen bibliographischen Aufsatz von JAMES D. SEYMOUR [5.6.6.]. Die meisten der Probleme im Umweltbereich haben eine Geschichte, die auf die Zeit vor 1949 zurückgeht. Diese Geschichte belegt das Ausmaß der langfristig gewachsenen Probleme. Der beste historische Überblick findet sich bei ROBERT MARKS, der sich mit der Geschichte schwerpunktmäßig seit der frühen Neuzeit bis zur Gegenwart beschäftigt [5.6.6].

Umweltpolitik

Obwohl die Erfassung und Abschätzung der demographischen Entwicklung in China seit jeher einen hohen Stellenwert und große praktische Bedeutung hatten, ist die Forschung zur Entwicklung der Bevölkerung im Westen lange Zeit vernachlässigt worden. Neue Möglichkeiten der Datenerhebung, wie die seit 1982 regelmäßig durchgeführten nationalen Volkszählungen sowie Umfragen und Feldforschungen haben den Zugang zu umfangreichen Datenbeständen ermöglicht. Im Gefolge dessen haben auch Demographen

Bevölkerung und Demographie

und Bevölkerungswissenschaftler im Westen begonnen, sich wissenschaftlich mit der Entwicklung in China auseinanderzusetzen. Die Entwicklung der Bevölkerung hängt dabei eng mit der Bevölkerungspolitik der Regierung zusammen. Im Mittelpunkt steht die Ein-Kind-Politik Chinas, die im Westen von Anfang an große Aufmerksamkeit erfuhr und in der Wissenschaft entsprechend umfassend behandelt wurde. Insgesamt haben sich die Rahmenbedingungen der Diskussion in China deutlich verschoben: Während in den 1980er und 1990er Jahren der Wunsch nach Verlangsamung des Bevölkerungswachstums die Diskussion bestimmte, geht es nunmehr vor allem um Fragen der Überalterung der Gesellschaft und der Anhebung der Geburtenquoten.

Bevölkerungspolitik

Eine der frühesten Arbeiten zur Entwicklung der Bevölkerung ist Liu Zheng / Song Jian u. a. [5.6.1]. Obwohl mittlerweile eine Vielzahl aktuellerer Arbeiten vorliegt, ist diese Arbeit weiterhin von Nutzen. In ihr finden sich in verdichteter Form die Grundsätze und grundlegenden Überzeugungen, welche die Bevölkerungspolitik der chinesischen Regierung seit Ende der 1970er Jahre bestimmten. Die Autoren bekennen sich klar zur Notwendigkeit der Ein-Kind-Politik. Das Buch erklärt die Gründe für das Bevölkerungswachstum und analysiert die Bevölkerungsverteilung und demographischen Veränderungen in Shanghai, Anhui und Sichuan. Andere Kapitel erläutern die Unabdingbarkeit der Geburtenplanung und die Politik der späten Heirat. Judith Banister bietet eine detaillierte Analyse der Fertilitäts- und Mortalitätsentwicklungen für den Zeitraum 1949–1984 [5.6.1]. Auch Bevölkerungsverteilung, Migrationsströme und ethnische Struktur werden besprochen. Thomas Scharping ist die erste umfassende Darstellung zur chinesischen Bevölkerungspolitik sowie ihren demografischen Auswirkungen [5.6.1]. Im Fokus stehen Ziele und Politik, normative Fragen und Umsetzungsprobleme der staatlichen Geburtenplanung. Das Werk enthält differenzierte Diskussionen über die Entwicklung von Trends, Verhütung und Abtreibung, Fruchtbarkeitsniveaus, Altersstruktur, Geschlechterverhältnisse und zukünftige Bevölkerungsentwicklung. Susan Greenhalgh / Edwin A. Winckler beschäftigen sich vor allem mit den politischen und diskursiven Dimensionen der Bevölkerungspolitik [5.6.1]. Die Studie verbindet politische Diskursanalyse und anthropologische Perspektiven zur Analyse der Formulierung und Implementierung der Bevölkerungspolitik. Der erste Teil skizziert die historische Entwicklung und die chinesischen Überlegungen und Motivationen, die zur Politik der Geburtenplanung führten. Der zweite Teil konzentriert sich auf die veränderten Überlegungen hinsichtlich der Ziele, Grundlagen und Ideale der Bevölkerungspolitik seit 1980 sowie auf die ethischen Probleme und die demographischen Risiken, die durch diese Politik hervorgerufen wurden.

Viele Arbeiten in den 1980er und 1990er Jahre standen der Bevölkerungspolitik in China zunächst eher neutral bis positiv gegenüber. Das änderte sich erst um die Jahrtausendwende. JAMES Z. LEE / WANG FENG gehört zu einer Reihe von Arbeiten, die sich sehr kritisch mit der Bevölkerungspolitik der chinesischen Regierung auseinandersetzen [5.6.1]. Die Arbeit stellt zunächst einen Zusammenhang zwischen der Bevölkerungsentwicklung und der ökonomischen Entwicklung in der chinesischen Geschichte her. Die Autoren erklären das Wachstum der Bevölkerung durch die steigenden Lebensstandards seit der frühen Neuzeit. Eine wachsende Wirtschaft war in der Geschichte normalerweise in der Lage, eine wachsende Gesellschaft zu versorgen. Für die Autoren haben daher erst die wirtschaftlichen Fehlschläge unter Mao eine demographische Intervention nötig gemacht. Vor dem Hintergrund dieser historischen Analyse enthält die Arbeit eine fundamentale Kritik der chinesischen Bevölkerungspolitik, die durch die Kontrolle von Ehen, Geburten und Todesfällen zu gesellschaftlich fragwürdigen Phänomenen wie Junggesellentum, niedriger ehelicher Fruchtbarkeit und weiblicher Kindestötung beigetragen hat. Das Buch bezeichnet die Ein-Kind-Politik als Chinas schlimmsten politischen Fehler – sie brach Familien auseinander und griff tief in das Leben der Bevölkerung ein.

Kritik an der Bevölkerungspolitik

Zur Ein-Kind-Politik liegen mittlerweile mehrere Arbeiten vor, welche die verschiedenen Aspekte und Problemlagen ausführlich und kritisch erörtern. SUSAN GREENHALGH untersucht die Überlegungen, die Chinas Entscheidung zur Einführung der Ein-Kind-Politik am Ende der 1970er Jahre beeinflussten [5.6.1]. Das Buch legt dar, dass die weitreichende und kontroverse Ein-Kind-Politik nicht aus einem sorgfältigen Abwägen der Ansichten und Argumente von Demographen, Sozialforschern oder Politikern hervorging, sondern das Ergebnis mathematischer Kalkulationen und Projektionen von führenden Luft- und Raumfahrtwissenschaftlern war. Diese Wissenschaftler waren normalerweise weit entfernt von bevölkerungspolitischen Debatten. Für die Autorin ist daher

Ein-Kind-Politik

der Prozess der „wissenschaftlichen Politik" maßgebend. Damit bezeichnet sie eine neue Art der Entscheidungsfindung in der Deng-Ära, welche die Rolle von Wissenschaft und Technik im Gegensatz zu Maos Priorität der Ideologie hervorhob. Diese Richtungsänderung hatte ihre Wurzeln in der Absicht Chinas, im globalen Wettbewerb verlorenen Boden wiederzuerlangen. MEI FONG bietet einen umfassenden Überblick über die Folgen der Ein-Kind-Politik [5.6.1]. Mei Fong, eine ehemalige Reporterin für das Wall Street Journal in China, beschreibt zunächst das sehr erfolgreiche freiwillige Familienplanungsprogramm in den frühen 1970er Jahren, dessen Slogan lautete: „Ein Kind ist nicht zu wenig, zwei sind ganz gut, drei sind zu viele." Innerhalb eines Jahrzehnts gelang es der Regierung ohne Zwangsmaßnahmen, die durchschnittliche Anzahl der Geburten pro Frau von sechs auf drei zu reduzieren. Mei Fong argumentiert, dass der größte Rückgang der Geburtenrate nicht auf die Ein-Kind-Politik, sondern auf diese freiwillige Geburtenkontrollkampagne zurückzuführen ist. Die chinesische Führung wollte aber noch schnellere Erfolge. In internen Diskussionen warnten einige Demographen und Ökonomen vor der Einführung der Ein-Kind-Politik, die zu unkontrollierbaren und abrupten Veränderungen führen und eine „schreckliche Tragödie" bedeuten würde. Allerdings war die Führung entschlossen, einen schnelleren Rückgang zu erzwingen. Für Fong war die Ein-Kind-Politik fundamental auf Zwangsmaßnahmen wie Strafgelder, obligatorische Sterilisation oder Zwangsabtreibung angewiesen. Sie beschreibt die Ein-Kind-Politik als „das radikalste soziale Experiment der Welt": Für fünfunddreißig Jahre intervenierte sie in Geburt, Leben und Tod eines Viertels der Menschheit.

Konsequenzen der Ein-Kind-Politik

Der Artikel von CHARIS LOH / ELIZABETH J. REMICK beschreibt eine wichtige ungeplante Konsequenz der Ein-Kind-Politik: Selektive Abtreibungen und Verhinderungen von Geburten weiblicher Kinder sind die Hauptursache für die immer größere Verzerrung des Geschlechterverhältnisses in der chinesischen Gesellschaft [5.6.1]. Der Artikel entwirft verschiedene Szenarien für die Bewertung der zukünftigen Auswirkungen auf das Bevölkerungswachstum, die Anzahl der Geburten und die gesamte Geschlechterstruktur. ESTHER C. L. GOH stellt die Auswirkungen auf die chinesischen Familien dar, in denen nun oft das einzige Kind männlichen Geschlechts ist und unter großem Erwartungsdruck steht [5.6.1]. KAY A. JOHNSON beschäftigt sich mit einer der weniger bekannten

Folgen der Ein-Kind-Politik: Insgesamt wurden vermutlich 120.000 Kinder, die allermeisten davon Mädchen, in den USA und anderen westlichen Staaten zur Adoption freigegeben [5.6.1]. Die Verfasserin bezeichnete sie als Chinas „versteckte Kinder". Die meisten der Kinder waren sogenannte nicht autorisierte Geburten, weshalb viele der Eltern dazu gezwungen waren, die Kinder zur Adoption freizugeben. Im letzten Jahrzehnt hat die Diskussion zur Bevölkerungsentwicklung angesichts sich schnell verändernder Rahmenbedingungen eine neue Wende genommen. YONG CAI legt auf der Basis der nationalen Erhebung von 2010 die bevorstehende Überalterung der chinesischen Gesellschaft dar [5.6.1]. Er skizziert die Herausforderungen für Wirtschaft und Gesellschaft, die durch den künftigen Rückgang der Bevölkerung im erwerbsfähigen Alter und das Wachstum der älteren Bevölkerung entstehen. DEBORAH S. DAVIS bietet eine hervorragende aktuelle Zusammenfassung der gegenwärtigen demographischen Herausforderungen, denen China gegenübersteht [5.6.1]. Die offizielle Bekanntmachung im Herbst 2015, dass die Ein-Kind-Politik beendet und faktisch durch eine Zwei-Kind-Politik ersetzt werde, steht unter anderem mit den Veränderungen in der Altersstruktur in Verbindung. Die Hintergründe und möglichen zukünftigen Szenarien werden von FENG WANG / GU BAOCHANG / CAI YONG behandelt [5.6.1].

Einen guten Überblick über die Reformen des Rechtssystems bieten RANDALL P. PEERENBOOM [5.6.8: 2002] und BJÖRN AHL [5.6.8]. Die Novellierung der Gesetze und die Reformen der Rechtsprechung in den 1980er und 1990er Jahren werden umfassend von RANDALL P. PEERENBOOM dargestellt [5.6.8: 2002]. Der Autor spricht von einer „dünnen" Rechtsstaatlichkeit in China. China hat mit Erfolg eine alternative Fassung zum westlichen Rechtsmodell entwickelt, das vor allem die formalen oder instrumentalistischen Aspekte von Rechtsstaatlichkeit und weniger die substantiellen Dimensionen fördert. BJÖRN AHL behandelt die Justizreformen in China und analysiert die auf eine Justizialisierung zielenden Reformen in ihrem Spannungsverhältnis zu einer nach wie vor unübersehbaren Politisierung der Justiz [5.6.8]. Im Mittelpunkt steht der Oberste Volksgerichtshof. In einem eigenen Kapitel wird zudem ausführlich aufgezeigt, dass das juristische Staatsexamen stark politisiert und nach wie vor an die marxistische Rechtstheorie gebunden ist. STANLEY B. LUBMAN thematisieren jeweils den Wandel in den wichtigsten Rechtsinstitutionen wie Verfassung, Gerichte, Kriminalrecht, Juris-

Recht und Gesellschaft

prudenz, Schlichtung sowie das Petitionssystem [5.6.8: 1999, 2012]. STANLEY B. LUBMAN [5.6.8: 1999] geht auf die Entwicklung bis ca. 2000 ein, STANLEY B. LUBMAN [5.6.8: 2012] auf die Zeit nach 2000. Beide Arbeiten weisen Rechtstaatlichkeit als analytisches Konzept der Rechtsvergleichung zurück, da damit unkritisch westliche Elemente und Werte zum Verständnis eines kulturell anders fundierten Rechtsystems herangezogen würden. Stattdessen arbeitet der Autor mit dem alternativen analytischen Konzept der Rechtskultur, um die Komplexität und Dynamik der chinesischen Rechtsinstitutionen zu verstehen.

Strafrecht   Der Bereich der Kriminaljustiz wird von KLAUS MÜHLHAHN behandelt [5.6.8]. Im Mittelpunkt steht die Zeit nach 1949, in der ein Arbeitslagersystem nach sowjetischem Vorbild errichtet wurde. Die Kriminaljustiz in dieser Zeit wurde stark von politischen Faktoren beeinflusst und als Waffe im Kampf gegen die Konterrevolution eingesetzt. SARAH BIDDULPH bespricht die historische Entwicklung und die zeitgenössischen Debatten über die Rolle von Ordnungsstrafen [5.6.8: 2007]. Die Ordnungswidrigkeitenstrafe ist eine Strafe, die für geringfügige, strafrechtlich nicht relevante Straftaten verhängt wird. Die überwiegende Mehrheit der Straftaten in China ist geringfügig und wird in der Kommune verhandelt. Diese erste Stufe der gesellschaftlichen Kontrolle greift bei den frühesten Anzeichen von Regelverstößen ein, die durch Schlichtung, Bereitstellung von Ausbildung, Hilfe bzw. Verwarnungen und Geldstrafen erledigt werden. Die Intervention auf dieser Ebene ist informell, relativ billig und weniger stigmatisierend. Die zweite Stufe, die eine formellere und „härtere" Form der Intervention darstellt, tritt ein, wenn die kommunalen Mittel nicht mehr ausreichen. In diesem Bereich verhängt die Polizei eine Reihe von Ordnungsstrafen für eine breite Palette von kleineren Straftaten, für die strafrechtliche Sanktion als ungerechtfertigt angesehen wird. Das Buch konzentriert sich auf drei Strafen, einschließlich Inhaftierung (für Prostituierte und ihre Klienten, die gemeinhin als Frauenerziehungsstationen bezeichnet werden, da die überwiegende Mehrheit der Insassen weibliche Prostituierte sind); zwangsweise Rehabilitation (für Drogenabhängige) und Umerziehung durch Arbeit für Straftäter von kleineren Verbrechen. Die Verfasserin dieses Buches setzt die Ordnungsstrafe in den historischen Kontext und erläutert die theoretischen | ideologischen Grundlagen für den Umgang mit sozialen Konflikten.

Eine Reihe von Publikationen gehen auf die Frage der Menschenrechte ein. SARAH BIDDULPH untersucht die Konflikte zwischen dem von der Regierung verfolgten „Schutz der sozialen Stabilität" und den gesetzlichen Normen zum Schutz der Menschenrechte [5.6.8: 2015]. Auf der Grundlage von Fallstudien untersucht die Autorin den Umgang mit Arbeitsunruhen, medizinischen Streitigkeiten und Konflikten über erzwungene Wohnungsräumungen. Das Ergebnis ist eine detaillierte Analyse, wie der Stabilitätsimperativ die rechtliche Definition und Umsetzung der Menschenrechte in China beeinträchtigt. ROSEMARY FOOT [5.6.8] und ANN KENT [5.6.8] besprechen die internationale Dimension der Menschenrechtsproblematik. Sie gehen jeweils auf den Umgang der internationalen Staatenwelt und internationaler Institutionen mit Verletzungen der Menschenrechte ein. Die von den westlichen Staaten geäußerte Kritik steht dabei oft mit den wirtschaftlichen Interessen im Konflikt.

Menschenrechte

China hat in wenigen Jahrzehnten eine rasante gesellschaftliche Entwicklung durchlaufen, innerhalb derer sich auch Kultur, Literatur und die Künste grundlegend verändert haben. Die Veränderungen wurden und werden in der Wissenschaft intensiv beobachtet und diskutiert. Die zentrale Frage für diese Forschungsrichtung ist: „Wie wird der Gesamtbereich Kultur durch die zunehmende Kommerzialisierung und Globalisierung verändert?" Die Diskussion der Frage erfolgt unter Bezug auf die neuen Methoden der literarischen Kritik insbesondere auch französischer Theoretiker wie Foucault, Derrida oder Bourdieu und in Bezug auf die sich entwickelnde theoretische Literatur in den Kulturwissenschaften. Die Stärken dieser Forschungsrichtung sind ihre Hinterfragung westlicher kultureller Annahmen, die Forderung nach sozialer Gerechtigkeit und die Schwerpunktthemen Macht und Repression. Bisweilen zeigen sich jedoch auch Schwächen wie etwa ein Mangel an Praktikabilität, eine gewisse analytische Abstraktion und oft eine begrenzte empirische Basis. Wissenschaftler, die dieser Forschungsrichtung folgen, sind in der Regel Literaturwissenschaftler oder Kulturwissenschaftler. BEN XU [5.7] und ZHANG XUDONG [5.7: 1997, 2000] gehören zu den ersten Studien dieser Richtung, die das Phänomen der Postmoderne in China identifizieren und analysieren. Im Mittelpunkt stehen künstlerische und intellektuelle Avantgarde. Die Arbeiten sind eher theoretisch und kritisch gegenüber unreflektierten westlichen und modernistischen Sichtweisen. Unter Bezugnahme auf

Chinas Postmoderne

Theorien des Dekonstruktivismus untersucht GLORIA DAVIES die kritische chinesische Diskussion um die Richtung der gesellschaftlichen Entwicklung [5.7]. Die Arbeit erkundet die Bedeutung der wichtigsten Begriffe und die bevorzugten Formen der Argumentation des chinesischen gesellschaftskritischen Diskurses.

Populär- und Alltagskultur

PERRY E. LINK / RICHARD P. MADSEN/ PAUL PICKOWICZ beschäftigen sich mit den Formen und Phänomenen der populären Alltagskultur [5.7: 2002]. Das Buch zeigt, wie wirtschaftliche und gesellschaftliche Veränderungen, die durch die Globalisierung verursacht wurden, in Verbindung mit der anhaltenden Parteidiktatur den gesellschaftlichen Alltag vor eine Reihe von moralischen und kulturellen Herausforderungen gestellt haben. Die Bemühungen, mit diesen komplexen Herausforderungen kreativ umzugehen, haben die Alltagskultur in China vollständig verändert. Die Liste der Adjektive, die verwendet werden könnten, um zeitgenössische chinesische Populärkultur und Gesellschaft zu charakterisieren, ist lang und vielfältig. Durch die Wahl des Wortes „unruhig" für den

Alltagskultur

Titel weisen PERRY E. LINK / FICHARD P. MADSEN/ PAUL PICKOWICZ, die Herausgeber dieses interdisziplinären Konferenzbandes auf einen grundlegenden Aspekt der emotionalen Reaktionen auf die Rahmenbedingungen des Alltags im städtischen China im ersten Jahrzehnt des 21. Jahrhunderts hin [5.7: 2013]. Die durchdringende Unruhe, die von den einzelnen Autoren beschrieben und analysiert wird, hat viele Quellen und nimmt vielfältige Formen an – von generalisiertem Unwohlsein bis hin zu scharf fokussierter Kultur- und Gesellschaftskritik. Die Anfälligkeit, die Unsicherheit und die Unzufriedenheit in der chinesischen Gesellschaft werden an konkreten Fallstudien erläutert, wobei Unruhe oft auch ein Gefühl der Hoffnung auf Besserung der Umstände repräsentiert. Die Themen der Sehnsucht und des Einsatzes für positive Veränderungen werden ebenfalls in einigen Kapiteln behandelt. Andere wichtige Emotionen im heutigen China sind der Ehrgeiz und das Streben nach persönlichem Aufstieg. Anhand konkreter Beispiele beschreibt EVAN OSNOS die vielfältigen individuellen Versuche, in der heutigen Gesellschaft die Verheißung von sozialem und wirtschaftlichem Aufstieg zu realisieren [5.7].

2.8 China und die Welt

Die Entwicklung der chinesischen Außenbeziehungen seit 1949 ist gekennzeichnet von wechselnden Allianzen, aber auch von einer wachsenden globalen Präsenz Chinas. Diese Entwicklung, die sich vom Koreakrieg in den 1950er Jahren bis zum jüngsten weltweiten wirtschaftlichen Engagement Chinas zieht, ist in der Chinawissenschaft von Anfang an intensiv diskutiert worden. Angesichts des Umfangs der Literatur können hier nur jeweils die wichtigsten historisch arbeitenden Monographien vorgestellt werden. CHI-KWAN MARK bietet einen kurzen, gut lesbaren Überblick zur ersten Orientierung über Chinas Verhältnis zur internationalen Staatenwelt [5.5.1]. Die Arbeit geht auf die Beteiligung Chinas am Koreakrieg, die chinesisch-sowjetische Spaltung, die chinesisch-amerikanische Annäherung, das Ende des Kalten Krieges und die Globalisierung ein. Sie beurteilt die Rolle von Sicherheitserwägungen, Ideologie und Innenpolitik in der chinesischen Außenpolitik und stellt eine Synthese der neuesten Forschung dar. Eine wesentlich umfassendere und breitere Untersuchung ist JOHN W. GARVER [5.5.1]. Das Buch untersucht die Außenbeziehungen der Volksrepublik China von 1949 bis 2014. Die Studie ist eine Zusammenführung der enger fokussierten Sekundärliteratur und eignet sich daher ebenfalls sehr gut als Einführung. In chronologischer Abfolge diskutiert die Arbeit die sowohl kooperative als auch konflikthafte Ausrichtung der Außenpolitik der VR China von der frühen Allianz mit der Sowjetunion, der Annäherung an die Vereinigten Staaten und der Öffnung nach außen, über die antikommunistischen Umwälzungen von 1989–1991 bis hin zu den Bemühungen der KPCh, in der Zeit nach dem Kalten Krieg fortzubestehen. Die Arbeit erörtert systematisch die wichtige Rolle der innenpolitischen Determinanten der chinesischen Außenpolitik. Der Fokus liegt auf China und der asiatisch-pazifischen Region; Beziehungen Chinas zum globalen Süden, also z. B. zu Afrika oder Lateinamerika, kommen nur am Rande vor. Eine gute Analyse der Außenpolitik Chinas bis zu den frühen 1980er Jahren liegt mit MICHAEL H. HUNT vor [5.5.1]. Er betont die zentrale Rolle Mao Zedongs bei der Bildung der Außenbeziehungen der Kommunistischen Partei Chinas. Der Schwerpunkt der Darstellung liegt auf den strategischen Entscheidungen und Positionen gegenüber dem Internationalismus, dem Imperia-

Außenpolitik

lismus, dem Nationalismus, den Vereinigten Staaten und der Sowjetunion.

Nationalismus — Wissenschaftler haben sich auch mit dem wachsenden Einfluss des chinesischen Nationalismus auf die Außenpolitik Chinas beschäftigt. JOSEPH W. ESHERICK identifiziert historisch drei wichtige politische Orientierungen, die in der Entwicklung Chinas von einem Reich zu einer Nation erkennbar sind: Das Tributsystem, das System der Ungleichen Verträge und der Nationalismus [5.4]. In der Errichtung eines Nationalstaates ist der Nationalismus – anstelle des Marxismus, des Leninismus und des Maoismus – zu einer der Grundlagen für den Legitimitätsanspruch des chinesischen Staates geworden. WANG ZHENG untersucht das historische Gedächtnis, das durch die Propaganda der Regierung und die „patriotische Erziehung" geprägt ist [5.4]. Er argumentiert, dass dieses Gedächtnis als treibende Kraft der Außenpolitik Chinas fungiert.

Rolle der Geschichte — Zwei Studien verdienen darüber hinaus eine Erwähnung, da sie sich mit dem Schatten der Geschichte des kaiserlichen Chinas beschäftigen. DAVID C. KANG und YAN XUETONG untersuchen aus verschiedenen Blickwinkeln, wie Chinas traditionelle Denkweisen die gegenwärtige Außenpolitik beeinflussen [5.5.1]. DAVID C. KANG argumentiert, dass die Weltsicht, die dem Tributsystem innewohnte, noch in der Gegenwart wirksam ist und als Faktor der regionalen Stabilität fungiert [5.5.1]. Das Buch ist auch von Interesse, weil es eine alternative Sicht auf traditionelle westliche Theorien der internationalen Beziehungen entfaltet. YAN XUETONG argumentiert, dass konfuzianische Konzepte der Moral dem chinesischen außenpolitischen Denken zugrunde liegen [5.5.1]. Die Arbeit gibt einen Einblick in traditionelle chinesische Ideen der Außenpolitik und liefert einen Beitrag zur Debatte über ihre Relevanz für die moderne Welt.

Sicherheitspolitik — Den besten aktuellen Überblick über Chinas Sicherheitspolitik und die dahinter wirksamen historischen Faktoren bietet ANDREW J. NATHAN / ANDREW SCOBELL [5.5.1]. Das Buch schildert die historische Genese der Außen- und Sicherheitspolitik gegenüber den westlichen Mächten und den asiatisch-pazifischen Nachbarstaaten. Im Mittelpunkt steht die chinesische Perspektive auf die Sicherheitsrisiken in der Region und auf Bemühungen, sowohl durch Diplomatie als auch durch Einsatz militärischer Stärke chinesische Interessen in der Region zu wahren. M. TAYLOR FRAVEL analysiert Chinas territoriale Dispute mit seinen Nachbarn [5.5.1].

Das Buch zeigt die Flexibilität der chinesischen Politik. Es wird unterschieden zwischen Auseinandersetzungen, in denen China zu erheblichen Zugeständnissen bereit ist, und Konflikten, in denen China auf Zwang und Drohung zurückgreift. Zur Erklärung wird auf der einen Seite auf die Rolle innenpolitischer Erwägungen zur Erhaltung der Stabilität sowie auf der anderen Seite auf die konkreten chinesischen Verhandlungspositionen gegenüber anderen Mächten verwiesen. Der Sammelband LI MINGJIANG / KALYAN M. KEMBURI enthält Analysen zur wachsenden chinesischen Machtentfaltung in der Region sowie zu den Auswirkungen dieses Prozesses auf die Sicherheitslage in verschiedenen Teilen des asiatisch-pazifischen Raums [5.5.1].

Die Modernisierung des Militärs wird im Westen mit großem Interesse und zum Teil auch mit Besorgnis beobachtet. In diesem Zusammenhang haben wissenschaftliche Studien versucht, den Umfang der Militärausgaben und die Intentionen hinter dem Ausbau der Streitkräfte auszuloten. JAMES R. HOLMES / YOSHIHARA TOSHI beschreiben die Modernisierung der chinesischen Marine und spekulieren über zukünftige Entwicklungen [5.5.1]. Die Studie belegt den Einfluss ALFRED T. MAHANS, eines Spezialisten in Marinegeschichte und Autor der 1980 publizierten Schrift „The Influence of Sea Power upon History, 1660–1783", auf das geopolitische Denken Chinas insbesondere angesichts der zunehmenden Bedeutung des maritimen Handels [5.5.1]. ROBERT D. KAPLAN argumentiert, dass China das südchinesische Meer als einen natürlichen Raum regionaler Hegemonie ansieht – ähnlich wie die Vereinigten Staaten in einer früheren Periode die Karibik betrachtet haben [5.5.1]. Diese Hegemonie basiert auf der Kontrolle der Seewege. Der Verfasser vertritt die Position, dass die anderen Nationen in der Region, also Australien, Vietnam und Japan u. a., China ohne US-Unterstützung keinen Einhalt gebieten können.

Militär

Der Kalte Krieg auf der koreanischen Halbinsel und insbesondere die Rolle Chinas im Koreakrieg schufen Strukturen, die weiterhin die Außen- und Sicherheitspolitik Chinas in der Region beeinflussen. Der Koreakrieg ist mittlerweile gründlich aufgearbeitet worden. Zu den besten Arbeiten gehören CHEN JIAN [2.3: 1994, 2001]. Die beiden historischen Arbeiten untersuchen die Wurzeln der chinesisch-amerikanischen Rivalität während des Koreakrieges und die Gründe für die militärische Intervention auf der koreanischen Halbinsel. Die Anthologie von LI XIAOBING/

China und die koreanische Halbinsel

ALLAN R. MILLET / YU BIN rekonstruiert die Perspektiven, strategischen Überlegungen und Erfahrungen chinesischer Militärführer in Bezug auf den Koreakrieg [2.3]. WILLIAM STUECK enthält wichtige historische Hintergrundinformationen zu diesem Thema [2.3: 2010]. Die geschichtswissenschaftliche Arbeit über den Koreakrieg im breiteren globalen Kontext des Kalten Krieges konzentriert sich auf diplomatische und politische Aspekte. Die Studie verwendet archivarische Materialien, um die Gründe für die Entscheidungen der chinesischen und sowjetischen Führungen zu erarbeiten. Neu zugängliche Dokumente aus den Archiven der Komintern zeigen, dass Mao und die anderen chinesischen Anführer ursprünglich nicht in den Konflikt hineingezogen werden wollten. Tatsächlich zögerte China, seine anfänglich zugesagten Verpflichtungen zu erfüllen. SHEN ZHIHUA argumentiert, dass Stalin China unter Druck setzte, in den Krieg einzutreten [2.3]. Besorgt, die sowjetische Unterstützung zu verlieren, die als unverzichtbar angesehen wurde, gab die chinesische Führungsriege den Forderungen Stalins widerwillig nach. SCOTT SNYDER untersucht das chinesisch-koreanische Verhältnis seit der Normalisierung der Beziehungen zu Seoul im Jahre 1992 [5.5.8]. Die Arbeit argumentiert, dass Chinas wirtschaftliches Engagement in Nord- und Südkorea nicht die beabsichtigten Ergebnisse einer Stabilisierung der Region erzielt hat.

Taiwan-Frage Zwischen 1949 und 1979 konzentrierte sich die wissenschaftliche Beschäftigung mit den Beziehungen zwischen China und Taiwan auf die strittige und konflikthafte Koexistenz der beiden Regime, die aus dem chinesischen Bürgerkrieg hervorgegangen waren: Die siegreiche Volksrepublik China auf dem Festland und die Republik China (ROC), die auf der Insel Taiwan Zuflucht gesucht hatte. Nach 1979 verkündete Deng Xiaoping zunächst das Ziel einer „friedlichen Wiedervereinigung", aber erst 1987 ermöglichte Chiang Ching-kuo, der damalige Präsident der Republik China, der taiwanesischen Bevölkerung, das Festland zu bereisen und mit der VR China Handel zu treiben. In der Folge nahmen die Kontakte, Investitionen und Interaktionen sprunghaft zu. Entsprechend erschienen auch immer mehr wissenschaftliche Bücher und Artikel zu den Beziehungen zwischen China und Taiwan. Die Ausweitung der Handels- und Wirtschaftsbeziehungen nimmt dabei in der Forschungsliteratur großen Raum ein. Viele Arbeiten untersuchen die politischen und strategischen Implikationen der Interdependenz und diskutieren die „wirtschaftliche Integration" zwischen Taiwan und dem Festland. Mit dem Beginn der informellen Gespräche zwischen Beijing und Taipei 1992 wandten sich zahlreiche Publikationen auch den politischen Interaktionen zu. Das Interesse an den politischen Beziehungen über die Taiwanstraße hinweg wurde schließlich auch durch die Demokratisierung Taiwans angeregt.

Zur Orientierung und Einführung liegen einige allgemeine Übersichten zu Taiwan vor. Die meisten davon beschäftigen sich schwerpunktmäßig mit den Entwicklungen seit 1979 und vor allem seit dem politischen Tauwetter 1987. Einige Übersichten enthalten jedoch auch kurze Abschnitte über die Zeit von 1949–1978, in der es fast keine Kontakte gab, sowie über die Geschichte vor 1949. Der wahrscheinlich beste Überblick über die Geschichte Taiwans ist MURRAY A. RUBINSTEIN [5.5.9]. Der Band bietet wichtige historische Hintergründe für die gegenwärtigen Entwicklungen der Insel und ihrer komplexen Beziehung zum chinesischen Festland. JOHN F. COPPER ist eine nützliche Einführung in die Entwicklung Taiwans und vor allem in die Frage seines politischen Status [5.5.9]. Die Arbeit untersucht Geographie, Geschichte, Gesellschaft, Kultur, Wirtschaft, politisches System und Außen- sowie Sicherheitsbeziehungen im Kontext des unsicheren politischen Status Taiwans. Das Buch sympathisiert mit den Unabhängigkeitsbestrebungen im heutigen Taiwan. SHELLEY RIGGER hebt den Wohlstand und die geopolitische Dimension des heutigen Taiwan hervor [5.5.9]. Die kompakte Darstellung ist eine hervorragende Einführung in die Entwicklung Taiwans und seine Beziehungen zum Festland. Die Ausführungen betonen die Bedeutung Taiwans als soziales, ökonomisches und politisches Experiment, dessen Erfolg nicht nur für die Zukunft der Demokratie und der kulturellen Vielfalt in Asien, sondern auch für die Vereinigten Staaten und letztlich für China von großer Bedeutung ist. GUNTER SCHUBERT ist ein aktuelles Handbuch, das systematisch und umfassend alle Aspekte Taiwans behandelt und sich besonders zur Einführung in die Komplexität der Beziehungen zwischen Taiwan und China eignet [5.5.9]. Verfasst von einem internationalen Expertenteam bieten die einzelnen Kapitel einen guten Zugang zum Stand der Diskussion und zur Forschungsliteratur. Jeder Beitrag fasst die wichtigsten Erkenntnisse auf diesem Gebiet zusammen und hebt langfristige Trends, aktuelle Beobachtungen und mögliche zukünftige Entwicklungen in Taiwan hervor.

Geschichte Taiwans

Der Disput zwischen Taiwan und der VR China über den Status der Insel ist nicht nur ein innerchinesisches Problem, sondern ist

Internationale Dimension

untrennbar mit den Beziehungen Taiwans und Chinas zu den USA verbunden. RICHARD C. BUSH bietet die beste Einführung in die internationale Dimension des Konflikts [5.5.9]. Der Autor geht von drei gegenseitig unvereinbaren Realitäten aus: (1) Die Vereinigten Staaten und China können keine stabile Beziehung aufbauen, ohne die Taiwan-Frage zu lösen; die Taiwanfrage ist die größte Quelle für Konflikte zwischen den USA und China. (2) Die US-Position besagt, dass China und Taiwan eine friedliche Lösung finden müssen. (3) Die US-Regierung unterstützt implizit die Position, dass eine Wiedervereinigung Taiwans mit einem undemokratischen China nicht akzeptabel ist. ALAN WACHMANN versucht darüber hinaus, die Frage zu beantworten, warum die VR China so großes Interesse an der Taiwan-Frage hat [5.5.9]. Das Buch betont das geopolitische Interesse Chinas an Taiwan im Gegensatz zu politischen oder nationalistischen Gefühlslagen.

China und die USA Die Beziehungen zwischen China und den USA waren in der Geschichte von großer Bedeutung und werden fraglos für die Zukunft noch weiter an Bedeutung zunehmen. Zu diesem Schluss kommen zahlreiche neuere Studien. JOHN POMFRET, ein langjähriger China-Journalist, argumentiert in seiner Geschichte der Beziehungen beider Länder, dass die Vereinigten Staaten und China „in einer verschränkenden Umarmung, die nicht beendet werden kann", verbunden sind und dass diese gegenseitige Abhängigkeit für das Schicksal der Welt entscheidend ist [5.5.2]. Die Verstrickungen dieser Umarmung werden anhand zahlreicher Beispiele demonstriert. Es wird lebendig gezeigt, dass die Beziehungen zwischen den USA und China von verwirrender Komplexität und Launenhaftigkeit sind, wobei Zeiten tiefer Sympathie immer wieder unterbrochen wurden durch Perioden des Verdachts, der Abscheu und der Angst. WARREN I. COHEN bietet eine umfangreiche, sorgfältig dokumentierte Geschichte der chinesisch-amerikanischen Beziehungen in der Zeit von 1949 bis 1972 [5.5.2]. Der Autor bezeichnet die Phase als „den großen Irrtum", da China von den Vereinigten Staaten eindeutig als Feind betrachtet wurde. Für die spätere Zeit kommt die Arbeit zu der Schlussfolgerung, dass die USA in den späten 1990er Jahren eine „unipolare Zeit" durchschritten haben, seither aber die amerikanische Machtposition gegenüber China spürbar zurückgegangen ist. Amerika müsse lernen, diese neue Situation zu akzeptieren.

Eine umfassende Untersuchung zur Rolle des Chinabildes in den USA nimmt GORDON H. CHANG vor [5.5.2]. Die Arbeit belegt, dass China von Anfang an ein zentrales Element in der Bildung amerikanischer Identität gewesen ist. Beginnend im späten 18. Jahrhundert bis zur Gegenwart verfolgt Chang Spuren der amerikanischen „schicksalsträchtigen Einstellungen" gegenüber China und den Chinesen. Die wirklichen und imaginären Beziehungen zu China prägten der Studie zufolge in erheblichem Maße den Alltag der Kontakte, die Identität und Visionen der Zukunft in den USA im 20. Jahrhundert. MICHAEL D. SWAINE ist eine von vielen neueren Publikationen, welche die zunehmende Rivalität beider Länder analysieren [5.5.1]. Die Arbeit beginnt mit einem Argument für die amerikanische Vorherrschaft, schließt aber mit der Einsicht, dass, sofern Konflikte vermieden werden sollen, die USA einige ihrer grundlegenden Überzeugungen neu ausrichten müssten. Die Arbeit geht auf sieben große politische Themenbereiche wie Handel, Diplomatie, Taiwan usw. ein, in denen Reibungen existieren. Als zentrales Thema erscheint die chinesische Herausforderung der maritimen Vormachtstellung Amerikas im westlichen Pazifik. In den Schlussabschnitten argumentiert Swaine, dass die Lösung von Problemen mit China vom Überdenken langfristiger politischer Überzeugungen und Annahmen abhängen wird, einschließlich der Infragestellung der maritimen Vormachtstellung der USA.

Chinabild

Von 1948 bis 1990 gab es nicht nur zwei chinesische, sondern auch zwei deutsche Staaten. TIM TRAMPEDACH schildert die Beziehungen zwischen Westdeutschland und China während des Kalten Krieges, die vor allem von strategischen Überlegungen geprägt waren [5.5.6]. Die jeweiligen Beziehungen zur Sowjetunion überschatteten das bilaterale Verhältnis jedoch. Dies war besonders ausgeprägt in der Zeit zwischen 1963 und 1982, als China und die Sowjetunion in offenem Konflikt miteinander standen. Geopolitische Überlegungen, ökonomische und ideologische Faktoren bestimmten die jeweilige Politik. Das Ausmaß, in dem diese Faktoren handlungsbestimmend wurden, veränderte sich in Abhängigkeit von der jeweiligen internationalen Lage und den internen Entwicklungen in beiden Ländern. MECHTHILD LEUTNER / TIM TRAMPEDACH enthält die wichtigsten historischen Quellentexte zu den Beziehungen zwischen Westdeutschland und China sowohl von deutscher als auch, in geringerem Umfang, von chinesischer Seite [5.5.6].

Chinapolitik der BRD vor 1990

Chinapolitik der DDR

Zur Chinapolitik der DDR liegt WERNER MEISSNER / ANJA FEEGE vor [5.5.6]. Bei dem Buch handelt es sich um eine Quellensammlung, einen umfassenden Überblick über die immer noch vernachlässigten Beziehungen zwischen der DDR und China. Der wichtigste Teil der deutschen Quellen stammt aus dem Archiv des ehemaligen Instituts für Geschichte der Arbeiterbewegung (Zentrales Parteiarchiv der SED). Die Vereinigung der beiden deutschen Staaten ermöglichte den Zugriff auf eine Vielzahl dort gelagerter, zeitgeschichtlich wertvoller Akten. Darunter befinden sich auch Protokolle der Sitzungen des Politbüros und des Sekretariats des ZK der SED sowie Mitschriften von Gesprächen zwischen hohen Politikern beider Länder.

Deutschland und China seit 1990

Seit der Wiedervereinigung Deutschlands 1990 sind die chinesisch-deutschen Beziehungen kontinuierlich gewachsen und immer vielfältiger geworden. Neben den immer dichter werdenden wirtschaftlichen Verflechtungen haben sich auch auf anderen Gebieten, wie z. B. der Entwicklungs- und Umweltpolitik, dem Recht, der Bildung und der Kultur, enge Kontakte entwickelt. Insgesamt werden diese Themen in der wissenschaftlichen Literatur aber eher am Rande behandelt. Zur deutschen Außenpolitik gegenüber der VR China bieten sich die kurzen Überblicksartikel von SEBASTIAN HEILMANN und THOMAS HEBERER / ANJA SENZ an [5.5.6]. THOMAS HEBERER / ANJA SENZ beschreiben die aktuelle deutsche Chinapolitik [5.5.6]. Die deutsche Politik befinde sich in einem Spannungsverhältnis zwischen dem Potential und der Attraktivität wirtschaftlicher Kooperation auf der einen Seite und Unsicherheiten hinsichtlich der zunehmenden Relevanz Chinas in den internationalen Beziehungen auf der anderen Seite. SEBASTIAN HEILMANN schildert die beachtliche Breite der chinesisch-deutschen Beziehungen, die sich vom Handel über Kultur bis hin zum Rechtsstaatsdialog erstrecken [5.5.6]. Der Aufsatz kommt zum Schluss, dass für eine engere politische Kooperation gemeinsame Werte und verbindende strategische Interessen fehlten. Katja Levy behandelt den Rechtstaatsdialog zwischen beiden Staaten [5.5.6].

Sowjetunion

Keine bilaterale Beziehung hatte für China in den ersten Jahrzehnten der Volksrepublik eine größere Bedeutung als das Verhältnis zur Sowjetunion. Aus diesem Grund hat sich die Forschung intensiv mit den Beziehungen zwischen Moskau und Beijing beschäftigt. Eine der zentralen Fragen, die in der Sekundärliteratur angesprochen wird, ist die Rolle der Ideologie in der chinesisch-sowjetischen Beziehung. Es gab langwierige Diskussionen und Debatten zwischen Historikern, welche die Rolle der Geopolitik und Strategie betonten, und denjenigen Historikern, welche die Bedeutung der Ideologie und Doktrin heraushoben. Mehrere Werke bieten sich als Einstieg an. SHEN ZHIHUA / XIA YAFENG ist der erste Band eines auf zwei Bände angelegten Publikationsprojektes, das sich mit dem Aufstieg und Fall der chinesisch-sowjetischen Allianz beschäftigt [2.3]. Verfasst von zwei führenden chinesischen Historikern ist der Band das neue Standardwerk zu dieser bilateralen Beziehung und dem Kalten Krieg allgemein. Das explizite Ziel der Abhandlung ist es, eine umfassende Darstellung zu liefern, die vor allem die chinesische Perspektive in den Mittelpunkt stellt. Dabei versuchen die Autoren weder, den offiziellen Standpunkt der KPCh zu präsentieren, noch sind ihre Quellen nur oder in erster Linie auf chinesische Materialien beschränkt. Vielmehr ist es das Ziel, eine Geschichte zu präsentieren, welche die chinesischen Handlungen, ihren Stellenwert und die chinesische Wahrnehmung betont, um alte Fragen aus neuen Blickwinkeln zu betrachten und neue Antworten zu finden. Insgesamt wollen die Autoren den wichtigen Platz Chinas in der globalen historiographischen Debatte über den Kalten Krieg deutlich machen. Ideologie spielt für die Autoren dabei eine weit weniger wichtige Rolle als innenpolitische Erwägungen. Dadurch werden insgesamt sowohl die Stärken als auch ihre Schwächen der Allianz zwischen China und der Sowjetunion demonstriert. XIA YAFENG behandelt den Zusammenbruch des Bündnisses zwischen China und der Sowjetunion [2.3: SHEN / YAFENG] [2.3].

Chinesisch-sowjetische Allianz

CHEN JIAN analysiert die chinesische Politik während des Kalten Krieges basierend auf Archivquellen und Interviews [2.3]. Seit den Chinabesuchen von Henry Kissinger und Richard Nixon wurde im Westen ein Bild kultiviert, dem zufolge Mao Zedong und Zhou Enlai im Kalten Krieg pragmatische Positionen vertraten und für Entspannung eintraten. Im Gegensatz dazu argumentiert Chen, dass Mao von Ideologie und Ambition getrieben wurde. Sein Ziel sei es gewesen, die Macht in China unter allen Umständen zu erhalten und dafür Stalins Unterstützung zu sichern. Darüber hinaus habe es für die USA auch nie eine Möglichkeit zu regulären und friedlichen Beziehungen mit den chinesischen Kommunisten gegeben. Von Anfang an war es Maos Absicht, die Revolution in ganz Asien zu verbreiten. Chen bietet auch neue Einblicke in die Rolle Chinas im Koreakrieg, im französischen Indochina-Konflikt und später im

Vietnamkrieg. In all diesen Konflikten verfolgte Mao, so der Verfasser, eine aktivistischere Politik als Stalin, wurde im Westen aber kontinuierlich unterschätzt.

ODD A. WESTAD ist ein wichtiger Sammelband zur Geschichte der Beziehungen zwischen China und der Sowjetunion [3.1]. Die Publikation hat acht Kapitel, die basierend auf neueren Quellen neue Aspekte der chinesisch-sowjetischen Beziehungen erschließen. Eine Auswahl übersetzter Dokumente im Anhang gibt ein Gefühl für die Natur der Beziehungen und Einblicke in einige ihrer wichtigsten Momente. Zusammen genommen liefern die Beiträge das Bild eines brüchigen und konfliktträchtigen Verhältnisses. Die Ergebnisse legen nahe, dass angesichts der Vielzahl der Konfliktlagen die Spaltung oder der Zerfall der Allianz weniger erklärungsbedürftig ist als das Entstehen und die zehnjährige Dauer der vermeintlich unzerbrechlichen und ewigen Freundschaft der Waffenbrüder. LORENZ M. LÜTHI liefert eine Analyse der Ursachen des chinesisch-sowjetischen Bruchs, der zu den bedeutendsten Ereignissen des Kalten Krieges gehört [3.1]. Die Darstellung argumentiert, dass die Auseinandersetzungen über die richtige Auslegung der marxistisch-leninistischen Ideologie eine primäre Rolle für den Bruch spielten. Die ideologischen Konflikte zeitigten verheerende Wirkung in der Ausweitung von Konflikten zwischen den beiden Ländern in den Bereichen der wirtschaftlichen Entwicklung, der Partei und der Außenpolitik. Basierend auf Archivquellen und Dokumenten aus China, Russland und den USA ergründet die Abhandlung, wie die chinesisch-sowjetischen Beziehungen mit der chinesischen Innenpolitik und Maos Kämpfen gegen politische Konkurrenten verknüpft waren. Darüber hinaus argumentiert Lüthi, dass die sino-sowjetische Spaltung weitreichende Konsequenzen für das sozialistische Lager und seine Verbindungen zu der blockfreien Bewegung in der Dritten Welt, dem globalen Kalten Krieg und dem Vietnamkrieg nach sich zog.

Der sino-sowjetische Konflikt

DEBORAH A. KAPLE beschreibt auf der Grundlage von Primärquellen in chinesischer und russischer Sprache die Rolle und die Bedeutung sowjetischer Berater in China [2.3]. Ihre Fallstudie befasst sich mit der Verwaltung und Organisation einer industriellen Fabrik, die mit Hilfe russischer Techniker 1949–1953 aufgebaut werden sollte. Sie argumentiert, dass die nach China eingeführten „neuen" Managementmethoden ihren Ursprung im stalinistischen Programm des Wiederaufbaus in der Nachkriegszeit hatten. Das

Russische Berater

stalinistische Managementsystem bestand vor allem aus einer strengen Kontrolle aller Aspekte der Arbeit und der Arbeitnehmer durch die kommunistische Partei. Die Verfasserin argumentiert, dass sich die chinesischen Kommunisten beim Aufbau Chinas auf eine durch die Berater vermittelte, idealisierte, propagandistische Version des sowjetischen Modells stützten.

Vermutlich sind die Beziehungen weniger anderer Akteure so tief vom Ende des Kalten Krieges beeinflusst worden wie die von Russland und China. Auf der einen Seite beendete der Fall der Berliner Mauer Moskaus Position als Drehscheibe einer globalen Supermacht, die über den ehemaligen kommunistischen Block herrschte. Innerhalb weniger Jahre musste sich das ehemalige Zentrum des sowjetischen Reiches an die neue Position einer weitaus eingeschränkteren territorialen, ökonomischen und militärischen Föderation russischer Staaten anpassen. Auf der anderen Seite ermöglichte die gleiche turbulente Entwicklung in der Zeit nach 1989 China, als neue wirtschaftliche Großmacht globalen Einfluss auszuüben. Das Ende des Kalten Krieges und das konsequente Wirtschaftswachstum ließen Beijing einen Status in der Weltpolitik erlangen. Es ist bemerkenswert, dass diese dramatischen Umstürze den Neuanfang nach 1990 in den bilateralen Beziehungen zwischen Beijing und Moskau kaum belasteten und die Beziehungen sich scheinbar frei von den Belastungen der Vergangenheit entwickelten. Die beiden Akteure haben zunehmend gemeinsame oder gegenseitig unterstützende Positionen formuliert. Auf der einen Seite des Spektrums interpretierten einige Wissenschaftler die engen Beziehungen zwischen Beijing und Moskau als Fundament einer neuen strategischen Allianz gegen den Westen. Andere Kommentatoren charakterisieren eine solche Beziehung auf der anderen Seite als ein kurzlebiges pragmatisches Bündnis. Letztere Position wird von Bobo Lo vertreten [5.5.7]. Das Buch eines ehemaligen australischen Diplomaten in Moskau behandelt die Beziehungen zwischen Russland und China nach dem Ende des kalten Krieges. Ausgangspunkt des Buches ist die Auseinandersetzung mit der These, dass die chinesisch-russischen Beziehungen eine strategische Partnerschaft darstellten. Demgegenüber liefert das Buch ein wesentlich komplexeres Bild und erkundet das volle Ausmaß der globalen Strategie Chinas, den ungeklärten Platz Russlands in der heutigen Welt und die grundlegenden Mängel der Außenpolitik der USA. Der Autor legt dar, dass Chinas Verschiebung in der strategi-

Russland

schen Ausrichtung von der Sowjetunion zu den Vereinigten Staaten die wichtigste geopolitische Neuausrichtung der letzten Jahrzehnte war. Als Ergebnis genießt China nicht nur hervorragende Beziehungen zu Washington, sondern auch bessere Beziehungen zu Moskau als Washington. Der Verfasser beschreibt die chinesisch-russischen Beziehungen als eine „gegenseitig vorteilhafte Partnerschaft". Allerdings sind der Abhandlung zufolge die Vorteile eher auf chinesischer Seite zu sehen, d. h. die chinesisch-russischen Beziehungen sind unausgewogen. Auch bestehen Vorurteile und divergierende Interessen in Bezug auf die Region und wirtschaftliche Kooperation. Aufgrund des brüchigen Fundaments beschreibt der Autor die chinesisch-russischen Beziehungen als „Achse der Bequemlichkeit". Es handelt sich um eine inhärent begrenzte Partnerschaft, die auf opportunistische und punktuelle Förderung der Interessen beider Parteien beschränkt ist. Der Sammelband JAMES A. BELLACQUA lotet die internationalen Interaktionen zwischen Beijing und Moskau aus [5.5.5]. Er bietet auch eine detaillierte und umfassende Analyse der aktuellen und wahrscheinlichen zukünftigen Entwicklungslinien der bilateralen Beziehungen. Zum einen diskutieren die Beiträge die Muster und Praktiken der russischen und chinesischen Außenpolitik, zum andern werden auch die veränderten Rahmenbedingungen und Wechselwirkungen besprochen.

China und Japan   Die Beziehungen zwischen Japan und China wurden 1972 normalisiert. Im Anschluss daran kam es zu einem Boom der bilateralen Beziehungen, der vor allem von Japans wirtschaftlichem Engagement und den Handelsmöglichkeiten, die sich aus der Reform- und Öffnungspolitik ergaben, ausgelöst wurde. Die Sekundärliteratur bietet einen Einblick in die chinesische und japanische Außenpolitik, die Rolle der japanischen Hilfe bei der Entwicklung Chinas, die Entstehung des sogenannten Geschichtsproblems (d. h. der Rolle der japanischen Besetzung Chinas im Zweiten Weltkrieg) und die aufkeimenden Spannungen zwischen Komplementarität und Wettbewerb in den Wirtschaftsbeziehungen beider Länder. Ein umfassendes Verständnis der Beziehungen nach dem Zweiten Weltkrieg erfordert Kenntnisse der geschichtlichen Entwicklungen Chinas und Japans, wie sie seit dem späten 19. Jahrhundert (späte Qing-Dynastie in China, frühe Meiji-Periode in Japan) sowie während der turbulenten Ereignisse des frühen 20. Jahrhunderts hindurch verliefen. IRIYE AKIRA ist immer noch die beste Einführung [5.5.7]. Die Monographie bietet einen kompakten, aber aufschlussreichen

Überblick über die Beziehungen zwischen China und Japan von den 1880er Jahren bis Ende der 1980er Jahre. Es werden drei Hauptdimensionen der Beziehungen besprochen: Herrschaft, Kultur und Wirtschaft. ALLEN S. WHITING ist weiterhin wichtig aufgrund seiner Analyse der Rolle gegenseitiger Wahrnehmungen und Verhaltensmuster in den Beziehungen bis in die 1980er Jahre hinein [5.5.7]. Die Schwerpunkte der Studie liegen auf der Entwicklung der chinesischen Japanpolitik, der Rolle der Medien in China sowie auf dem Einfluss öffentlicher Proteste. Die Ausführungen beruhen zum Teil auf nützlichen Fallstudien zu den Ereignissen der Mitte der 1980er Jahre, wie z. B. Nakasones umstrittenem Besuch des Yasukuni-Schreines und den antijapanischen Protesten in China. MARIE SÖDERBERG behandelt vor allem die Beziehungen nach dem Kalten Krieg [5.5.7]. Die verschiedenen Beiträge in diesem Band gehen auf die politischen, wirtschaftlichen und strategischen Aspekte der chinesisch-japanischen Beziehungen ein. WAN MING bietet eine systematische Perspektive auf die wichtigsten Determinanten, Strukturen und Muster der chinesisch-japanischen Beziehungen seit 1989 [5.5.7]. Basierend auf Fallstudien zu einzelnen Konflikten – z. B. dem Besuch des Yasukuni-Schreins 2005 durch den Ministerpräsidenten Koizumi Junichro, Japans offizielle Entwicklungshilfen, den Shenyang-Vorfall von 2002 und die Wiedergutmachungsbewegung – bietet die Abhandlung eine ausgewogene Darstellung der vielfältigen Faktoren, welche die Beziehungen zwischen China und Japan beeinflussen. MICHAEL B. YAHUDA stellt den Fortschritt der chinesisch-japanischen strategischen Beziehungen ab den 1990er Jahren aus historischer Perspektive dar [5.5.7]. Das Buch analysiert die Auswirkungen der wirtschaftlichen Interdependenz und der regionalen Institutionen auf die bilateralen Beziehungen.

China und Indien haben seit Gründung ihrer unabhängigen Staaten ein eher schwieriges Verhältnis, das durch mangelndes Vertrauen belastet ist. Jeder sieht in dem anderen einen potenziellen Rivalen und ein Sicherheitsrisiko. JEFF M. SMITH bietet einen leicht zugänglichen Überblick über die vielfältige Natur der bilateralen Beziehungen [5.5.3]. Das Buch präsentiert ein objektives und gut lesbares Porträt der verschiedenen Aspekte der chinesisch-indischen Rivalität. Basierend auf Interviews und Feldforschung in Indien und China werden auch verschiedene internationale Implikationen, wie z. B. die Rolle des Dalai Lama, Pakistans und der Vereinigten Staaten, besprochen. JOHN W. GARVER hebt ebenfalls die

China und Indien

Konflikte und Rivalitäten hervor [5.5.3]. Das Buch bietet eine detaillierte Geschichte der chinesisch-indischen Konkurrenz und konzentriert sich ausschließlich auf die chinesisch-indische Dynamik, macht jedoch auch die Herausforderungen und Chancen für die westliche Welt klar. Die Monographie untersucht die Hauptkonflikte zwischen China und Indien. Am Anfang steht eine Diskussion des tibetischen Faktors in den chinesisch-indischen Beziehungen und der Spannungen in der Aksai Chin-Region im Himalaya, die 1962 zum Krieg zwischen China und Indien führten. Darauf aufbauend wird der chinesisch-indische Konkurrenzkampf um Einfluss in den Entwicklungsländern Südasiens, vor allem in Nepal, Bhutan und Burma, besprochen und der Wettbewerb um Dominanz im Indischen Ozean diskutiert. Garver widmet einen großen Teil des Buches dem chinesisch-indisch-pakistanischen Dreieck, das die südasiatische Politik dominiert; in diesem Zusammenhang wird insbesondere auch die Rolle der Atomwaffen in der Region beschrieben. Er schließt seine Darstellung mit einer nachdenklichen und skeptischen Bewertung der Perspektiven eines qualitativen Wandels in den Beziehungen zwischen China und Indien. AMARDEEP ATHWAL hat hingegen eine optimistischere Sicht auf die bilateralen Beziehungen beider Länder und weist auf gemeinsame Interessen in den Bereichen der Energieerzeugung und der wirtschaftlichen Entwicklung hin [5.5.3]. Nach einer Analyse der Konflikte kommt das Buch zur Schlussfolgerung, dass die chinesischen und indischen Eliten in Kooperation mehr Chancen sehen als im Konflikt. Ökonomische Integration, Energiebedarf und regionale Interessen eröffnen Möglichkeiten für eine neue Ära der chinesisch-indischen Beziehungen.

Grenzkonflikte

Eine der Ursachen der Schwierigkeiten zwischen Indien und China sind Fragen der Grenzziehung. Die chinesisch-indischen Beziehungen wurden mehrfach durch Grenzstreitigkeiten schwer beeinträchtigt, die zum Teil militärisch ausgetragen wurden. LIU XUECHENG konzentriert sich auf den Einfluss der Grenzdispute auf die bilateralen Beziehungen, die sich unter dem Schatten dieser Konflikte nur langsam entwickeln konnten [5.5.3]. Darüber hinaus ist Indien zunehmend alarmiert von Chinas wachsender militärischer Präsenz im Indischen Ozean. China hingegen ist unzufrieden mit der strategischen Ausrichtung Indiens auf die Vereinigten Staaten und Japan im asiatisch-pazifischen Raum. C. RAJA MOHAN argumentiert daher, dass die chinesisch-indische Rivalität zunehmend in die maritime Sphäre verlagert wird [5.5.3]. Die Beiträge in MOHAN MALIK betrachten chinesische, indische und amerikanische Perspektiven auf die aufkommende Rivalität [5.5.3]. Die Autoren aus China, Indien und den Vereinigten Staaten untersuchen die Rolle der drei Großmächte in traditionellen und nichttraditionellen Sicherheitsbereichen im Indischen Ozean und loten das Kooperationspotential aus. YANG LU analysiert den vielfältigen und vielschichtigen Charakter der chinesisch-indischen Beziehungen seit Beginn des 21. Jahrhunderts [5.5.3]. Die Entwicklung ist für ihn sowohl durch Kooperation als auch durch Wettbewerb gekennzeichnet.

China hat in den letzten Jahrzehnten globale Präsenz erlangt. Mittlerweile ist China in fast jedem Land der Erde nicht nur politisch, sondern auch wirtschaftlich vertreten. Dieser Prozess wurde in der Wissenschaft erst vergleichsweise spät thematisiert. Der wichtigste Überblick und die beste Einführung ist DAVID SHAMBAUGH [5.5.4]. Der Autor beschreibt systematisch die Präsenz Chinas in der Welt und zeigt, dass in allen Bereichen – diplomatischen, wirtschaftlichen, militärischen und kulturellen – Chinas Einfluss zwar gewachsen ist, aber begrenzt bleibt. Zahlreiche schlecht koordinierte Behörden in China verfolgen eine enge, interessengeleitete auswärtige Politik, mit der China im Ausland nur wenige Freunde gewinnt. Daher sei China eine einsame und partielle Großmacht. Zur Begründung verweist der Autor auf eine Reihe von Beispielen: China hat globale ökonomische Interessen, ohne irgendeinen Markt zu beherrschen. Es hat ein schlagkräftiges Militär, ohne in der Lage zu sein, jenseits seiner Grenzen Macht auszuüben. Chinas umfangreicher Propaganda-Apparat fördert kulturelle Projekte und ideologische Werte, die nur wenige Länder wirklich akzeptieren. In Europa, Lateinamerika und anderswo wird China oft als eigennützig und opportunistisch bewertet. China hat sich auch nur widerwillig in Institutionen der globalen Governance engagiert. Das Buch kommt zu dem Schluss, dass der Westen die jahrzehntelange Strategie fortsetzen solle, China in das internationale System zu integrieren. Ähnlich charakterisiert auch SUSAN SHIRK [5.5.1.] China als fragile Supermacht, wobei sie die Gründe eher im innenpolitischen Bereich sieht. .

Seit der Gründung der VR China haben die Beziehungen zwischen China und Afrika verschiedene Perioden der Entwicklung durchlaufen, beeinflusst von exogenen und endogenen Fakto-

China und der globale Süden

Afrika

ren. Nach ihren Anfängen in den 1950er Jahren und einer Unterbrechung während der Kulturrevolution intensivierten sich die Beziehungen in den späten 1990er und frühen 2000er Jahren. Dies wurde insbesondere durch eine aktive chinesische Diplomatie, zunehmenden Handel mit afrikanischen Staaten sowie erhebliche Investitionen und Hilfeleistungen für afrikanische Staaten erreicht. Neben dem Anstieg des Handels kam es auch zu erhöhten ausländischen Direktinvestitionen, insbesondere in Infrastruktur wie Wasserkraft, Telekommunikation und Transport. DAVID H. SHINN / JOSHUA EISENMAN geben einen historisch und geographisch umfassenden Überblick über die Beziehungen Chinas zu den vierundfünfzig Ländern Afrikas [5.5.4]. Sie kommen zu dem Ergebnis, dass die chinesische Strategie in Afrika im frühen 21. Jahrhundert nicht unbedingt auf der Förderung und dem Export des chinesischen Entwicklungsmodells, sondern vielmehr auf Pragmatismus basiert. Die Intention, vierundfünfzig Länder abzudecken, hat allerdings zur Folge, dass dem Buch in bestimmten Aspekten die Tiefe fehlt. CHRIS ALDEN bietet eine Einführung in die Kontroversen in Bezug auf Chinas Engagement in Afrika [5.5.4]. Die Abhandlung betont die Ressourcenbeschaffung als das grundlegende Ziel der chinesischen Außenpolitik in Afrika. Insgesamt eignet sich das Buch als Einführung, um die aktuellen chinesischen Aktivitäten in Afrika als Ganzes zu verstehen und zu diskutieren.

Chinas Afrikapolitik in den 1950er Jahren

Zur Chinas Afrikapolitik in der 1950er Jahren liegen einige Arbeiten vor. Hervorzuheben sind zwei Bände: PHILIP SNOW argumentiert in seinem weithin zitierten Buch, dass die chinesisch-afrikanischen Beziehungen ein Beweis der Stärke und der Möglichkeiten der Süd-Süd-Kooperation und Interaktion sind [5.5.4]. ALABA OGUNSANWO war die vermutlich erste wissenschaftliche Arbeit eines Afrikaners zu diesem Thema [5.5.4]. Der Verfasser betont die ständig wechselnde Natur der chinesischen Afrika-Politik. Diese Politik wird als „revolutionärer Pragmatismus" bezeichnet. Der Verfasser ist auch der Auffassung, dass die Politik Chinas weitgehend reaktiv und nicht proaktiv ist.

Chinesische Migration nach Afrika

JULIA C. STRAUSS / MARTHA SAAVEDRA untersuchen die Beziehungen zwischen China und Afrika in der Gegenwart basierend auf Feldforschung [5.5.4]. Der Sammelband enthält Artikel über eine breite Palette von Themen, darunter Chinas Energiepolitik, Handelsnetzwerke und kulturelle Wahrnehmungen. Das Buch des Journalisten HOWARD W. FRENCH beschäftigt sich mit dem Leben einiger der insgesamt über einer Million chinesischen Migranten in Afrika [5.5.4]. Jenseits der kontroversen Debatten über Chinas Absichten und Geschäftspraktiken verweist French auf eine Dimension, die oft ignoriert wird: Das tatsächliche Leben der Chinesen, die sich in Afrika niederlassen und dort arbeiten. Die Publikation ist weniger an den politischen und ökonomischen Konsequenzen interessiert als an der menschlichen Dimension.

In Lateinamerika entfaltete China in den letzten beiden Jahrzehnten ebenfalls zahlreiche Aktivitäten. Insbesondere das beeindruckende Wachstum des Handels und der Investitionen zwischen China und Lateinamerika hat das Interesse der Wissenschaft gefunden. GASTÓN FORNÉS / ALAN B. PHILIP beschäftigen sich vor allem mit der wirtschaftlichen Dimension [5.5.4]. Dieses Buch analysiert die Geschäftspraktiken der Hauptakteure auf nationaler Ebene und auf Unternehmensebene im Kontext der Globalisierung und der wachsenden Bedeutung von aufstrebenden Märkten in der Weltwirtschaft. KEVIN P. GALLAGHER / ROBERTO PORZECANSKI beschäftigen sich ebenfalls mit den Wirtschaftsbeziehungen [5.5.4]. Das Buch zeigt, dass China nicht nur Handel mit Lateinamerika treibt, sondern gleichzeitig auch mit den lateinamerikanischen Herstellern auf den Weltmärkten erfolgreich konkurriert. Die letztere Entwicklung stellte die Fähigkeit der Region in Frage, langfristiges Wirtschaftswachstum zu generieren. Eine der Hauptursachen sei, dass China schnell die technologischen Fähigkeiten erwerbe, die für die industrielle Entwicklung notwendig sind, während die lateinamerikanischen Bemühungen um Technologietransfer und Innovation äußerst langsam verlaufen. Chinas Weg zur Globalisierung, basierend auf Gradualismus und koordinierte, makroökonomische und industrielle Politik sei daher erfolgreicher als der Weg der meisten lateinamerikanischen Nationen, insbesondere Mexikos, die auf einem amerikanischen Modell beruhen. Die Beiträge in JULIA C. STRAUSS / ARIEL C. ARMONY konzentrieren sich auf die politischen und gesellschaftlichen Dimensionen der neueren Interaktionen zwischen China und Lateinamerika [5.5.4]. Im Mittelpunkt stehen transnationale Kapitalströme und Menschenströme, Anpassung an die industrielle Produktion und den Bergbau sowie die Fluidität der Wahrnehmungen zwischen China und Lateinamerika. Der Band gibt einen breiten Überblick und führt in die Forschungsliteratur ein. RIORDAN ROETT / GUADALUPE PAZ ist eines der frühesten Bücher, die Chinas verstärkte Präsenz

Lateinamerika

Konsequenzen der wachsenden Präsenz Chinas

in Lateinamerika behandeln [5.5.4]. Der Sammelband betrachtet die Konsequenzen des wachsenden chinesischen Engagements für die Beziehungen zwischen den USA, China und Lateinamerika und hat in den USA umfangreiche politische Aufmerksamkeit erfahren. Das Hauptargument ist, dass China seit 2004 wachsende Handelsbeziehungen mit den Exportländern der Region entwickelt. Chinas Interesse scheint auf Sicherung des Zugangs zu den Rohstoffen der Region zu liegen. Das Buch vertritt die Auffassung, dass es China vorwiegend um Handel geht und in Zukunft keine geopolitischen Interessen verfolgt werden sollten. Die diplomatischen Beziehungen Chinas mit der Region gehören zu Beijings expandierender Süd-Süd-Diplomatie. Die diplomatische Ausdehnung nach Afrika, Südostasien und Lateinamerika stellt einen Reifeprozess der chinesischen Außenpolitik in den letzten 20 Jahren dar. Zu einer anderen Schlussfolgerung kommt ROBERT E. ELLIS [5.5.4: ALDEN]. Basierend auf Feldforschungen und Interviews beschreibt die Abhandlung Chinas schnell wachsende kommerzielle und diplomatische Präsenz in Lateinamerika und der Karibik. Die Folgen sind ambivalent: Um Rohstoffe und Agrargüter zu transportieren, erweitert China die neue Ost-West-Infrastruktur an den Pazifikküstenhäfen von Mexiko nach Chile. Lateinamerika bleibt damit einmal mehr abhängig vom Export von Rohstoffen. Obwohl Chinas Motive in erster Linie kommerziell sind, sind die Implikationen auch geopolitisch: Chinesische Führer haben die Beziehungen mit Argentinien, Brasilien, Mexiko und Venezuela zu strategischen Partnerschaften erklärt.

3 Quellen und Literatur

3.1 Allgemeines

3.1.1 Gesamtdarstellungen

L. BENSON, China since 1949, London 2002.
J. K. FAIRBANK / R. MACFARQUHAR (Hrsg.), The Cambridge History of China: The People's Republic, 2 Bde., Cambridge/UK 1987–1991.
J. FEWSMITH, China since Tiananmen: From Deng Xiaoping to Hu Jintao, New York 2008.
D. FISCHER / C. MÜLLER-HOFSTEDE (Hrsg.), Länderbericht China, Bonn 2014.
HAN SUYIN, Das China Mao Tse-tungs, 3. Aufl., München 1972.
S. HEILMANN, Das politische System der Volksrepublik China, Heidelberg 2016.
W. A. JOSEPH (Hrsg.), Politics in China: An Introduction, 2. Aufl., Oxford University Press, 2014.
K. LIEBERTHAL, Governing China: From Revolution through Reform, New York 2004.
LIN CHUN, The Transformation of Chinese Socialism, Durham/NC 2006.
M. MEISNER, Mao's China and After: A History of the People's Republic, New York 1999.
F. N. PIEKE, Knowing China: A Twenty-First Century Guide, Cambridge 2016.
T. SAICH, Governance and Politics of China, Houndmills u. a. Hampshire 2013.
A. G. WALDER, China under Mao: A Revolution Derailed, Cambridge/MA 2015.
ZENG YONGNIAN, Contemporary China: A History since 1978, Hoboken 2014.
ZHONGHUA RENMIN GONGHEGUO SHI (Geschichte der Volksrepublik China), 8 Bde., Hongkong 2008 ff.

3.1.2 Quellen, Datenbanken und Nachschlagewerke

A. P. BLAUSTEIN, Fundamental Legal Documents of Communist China, South Hackensack/NJ 1962.
D. PONG (Hrsg.), Encyclopedia of Modern China, Gale 2009.
D. LEESE / B. STAIGER / S. F. TEISER (Hrsg.), Brill's Encyclopedia of China, Leiden 2009.
R. MACFARQUHAR / T. CHEEK / E. WU (Hrsg.), The Secret Speeches of Chairman Mao: From the Hundred Flowers to the Great Leap Forward, Cambridge/MA 1989.
MAO ZEDONG / MICHAEL Y. M. KAU / JOHN K. LEUNG, The Writings of Mao Zedong, 1949–1976, Armonk/N.Y. 1986.
MAO ZEDONG, Ausgewählte Werke. 5 Bde. Peking, Verl. für Fremdsprachige Literatur 1968.
S. R. SCHRAM, Mao Tse-tung Unrehearsed, Harmondsworth 1974.

S. R. Schram (Hrsg), Chairman Mao Talks to the People: Talks and Lectures, 1956–1971, New York 1971.

B. Staiger (Hrsg.), Das große China-Lexikon: Geschichte, Geographie, Gesellschaft, Politik, Wirtschaft, Bildung, Wissenschaft, Kultur, Darmstadt 2008.

The State Statistical Bureau of the People's Republic of China, Statistical Yearbook of China 1985ff (Zhongguo tongji nianjian), Beijing 1985 ff.

Xianggang Zhongwen Daxue Zhongguo Yanjiu Fuwu Zhongxin (Universities Service Center for China Studies), http://www.usc.cuhk.edu.hk (kostenfrei) (20.3.2017).

3.1.3 Bibliographien und Forschungsüberblicke

R. F. Ash / D. L. Shambaugh / Seiichiro Takagi (Hrsg.), China Watching Perspectives from Europe, Japan and the United States, London 2007.

G. Benton / L. Chun (Hrsg.), Was Mao Really a Monster? : The Academic Response to Chang and Halliday's Mao, the Unknown Story, Milton Park u. a. 2009.

D. Davin, Deng Xiaoping, in: Oxford Bibliographies – Chinese Studies, http://www.oxfordbibliographies.com/obo/page/chinese-studies (kostenpflichtig) (29.3.2017).

D. Davin, Mao Zedong, M. Tan-Mullin, China and Africa, in: Oxford Bibliographies – Chinese Studies, http://www.oxfordbibliographies.com/obo/page/chinese-studies (kostenpflichtig) (29.3.2017).

R. L. Edmonds, Environmental Issues in Contemporary China, in: Oxford Bibliographies – Chinese Studies, http://www.oxfordbibliographies.com/obo/page/chinese-studies (kostenpflichtig) (29.3.2017).

H. Harding, The Evolution of American Scholarship on Contemporary China, in: D. Shambaugh (Hrsg.) American Studies of Contemporary China, Armonk (u. a.) 1993, S. 15–40.

R. W. Huenemann, Unite States- China Relations, 1949 – present, in: Oxford Bibliographies – Chinese Studies, http://www.oxfordbibliographies.com/obo/page/chinese-studies (kostenpflichtig) (29.3.2017).

M. Tan-Mullin, China and Africa, in: Oxford Bibliographies – Chinese Studies, http://www.oxfordbibliographies.com/obo/page/chinese-studies (kostenpflichtig) (29.3.2017).

S. Kramer (Hrsg.), Sinologie und Chinastudien: Eine Einführung, Tübingen 2013.

B. J. Naughton / D. L. Yang (Hrsg.) Holding China Together: Diversity and National Integration in the Post-Deng Era, New York 2004.

L. J. C. Ma, „The State of the Field of Urban China", China Information, Vol. 20, No. 3 (2006), S. 363–89.

D. H. Perkins, Economy 1949–1978, in: Oxford Bibliographies – Chinese Studies, http://www.oxfordbibliographies.com/obo/page/chinese-studies (kostenpflichtig) (29.3.2017).

E. J. Perry, Studying Chinese Politics: Farewell to Revolution?, in: The China Journal 57 (2007), S. 1–22.

C. Rose, Sino-Japanese Relations since 1945, in: Oxford Bibliographies – Chinese Studies, http://www.oxfordbibliographies.com/obo/page/chinese-studies (kostenpflichtig) (29.3.2017).

T. Scharping, Population Structure and Dynamics since 1949, Oxford Bibliographies – Chinese Studies, http://www.oxfordbibliographies.com/obo/page/chinese-studies (kostenpflichtig) (29.3.2017).

B. Schwartz, The Legend of the „Legend of ‚Maoism'", in: The China Quarterly 2 (1960), S. 35–42.

T. ten Brink, Kontinuität und Wandel: China in der westlichen Chinaforschung, Geographische Revue, 14(2) 2012, S. 36–52.

D. L. Shambaugh u. a. (Hrsg.), American Studies of Contemporary China, Armonk (u. a.) 1993. Oxford Bibliographies – Chinese Studies, http://www.oxfordbibliographies.com/obo/page/chinese-studies (kostenpflichtig) (20.3.2017).

Wang Fei-Ling, The Hukou (Household Registration) System, Oxford Bibliographies – Chinese Studies, http://www.oxfordbibliographies.com/obo/page/chinese-studies (kostenpflichtig) (29.3.2017).

F. Wemheuer, The Great Leap Foward and the Famine, in: Oxford Bibliographies – Chinese Studies, http://www.oxfordbibliographies.com/obo/page/chinese-studies (kostenpflichtig) (29.3.2017).

K. A. Wittfogel, Oriental Despotism: A Comparative Study of Total Power, New Haven 1957.

K. A. Wittfogel, Part 1: The Legend of „Maoism", in: The China Quarterly 1 (1960), S. 72–86.

Wu Yiching, Cultural Revolution, Oxford Bibliographies – Chinese Studies, http://www.oxfordbibliographies.com/obo/page/chinese-studies (kostenpflichtig) (29.3.2017).

Zhang Haihui u. a. (Hrsg.), A Scholarly Review of Chinese Studies in North America. Ann Arbor 2013. http://www.asian-studies.org/Publications/Chinese-Studies (kostenfrei) (20.3.2017).

3.2 „Neues China": Der Aufbau einer sozialistischen Gesellschaftsordnung (1949–1956)

3.2.1 Der Machtwechsel 1949

J. Brown / P. G. Pickowicz (Hrsg.), Dilemmas of Victory. The Early Years of the People's Republic of China, Cambridge, MA/London 2010.

F. Dikötter, The Tragedy of Liberation: A History of the Chinese Revolution, 1945–1957, New York 2013.

J. Z. Gao, The Communist Takeover of Hangzhou: The Transformation of City and Cadre, 1949–1954, Honolulu 2004.

E. J. Perry / S. Heilmann (Hrsg.), Mao's Invisible Hand: The Political Foundations of Adaptive Governance in China, Cambridge/MA 2011.

S. A. Smith, Redemptive Religious Societies and the Communist State, 1949 to the 1980s, in: J. Brown / M. D. Johnson (Hrsg.), Maoism at the Grassroots: Everyday Life in China's Era of High Socialism, Cambridge/MA 2015, S. 340–364.

3.2.2 Konsolidierung und Wiederherstellung der Ordnung

J. Brown / M. D. Johnson (Hrsg.), Maoism at the Grassroots: Everyday Life in China's Era of High Socialism, Cambridge/MA 2015.

N. Dillon, New Democracy and the Demise of Private Charity in Shanghai, in: J. Brown / P. G. Pickowicz (Hrsg.), Dilemmas of Victory: The Early Years of the People's Republic of China, Cambridge/MA 2010, S. 80–102.

N. Dillon, Radical Inequalities: China's Revolutionary Welfare State in Comparative Perspective, Cambridge/MA 2015.

C. Henriot, ‚La Ferméture'. The Abolishing of Prostitution in Shanghai, 1949–1958, in: The China Quarterly 142 (1995), S. 46 7– 486.

W. Kirby, The Nationalist Regime and the Chinese Party-State, in: M. Goldman / A. Gordon (Hrsg.), Contemporary East Asia in Historical Perspective, Cambridge/MA 2000, S. 211–237.

K. Lieberthal, Revolution and Tradition in Tientsin, 1949–1952, Stanford/CA 1980.

Mao Zedong, On New Democracy, in: Z. Mao, Selected Works of Mao Tse-tung, Bd. 2, Beijing 1967, S. 339–384.

E. J. Perry, Masters of the Country? Shanghai Workers in the Early People's Republic, in J. Brown / P. G. Pickowicz (Hrsg.), Dilemmas of Victory: The Early Years of the People's Republic of China, Cambridge/MA 2010, S. 59–79.

F. Wakeman, 'Cleanup': The New Order in Shanghai, in J. Brown / P. G. Pickowicz (Hrsg.), Dilemmas of Victory: The Early Years of the People's Republic of China, Cambridge/MA 2010, S. 21–58.

R. L. Walker, China under Communism: The First Five Years, New Haven 1955.

Zhou Yongming, Anti-drug Crusades in Twentieth-Century China: Nationalism, History, and State building, Lanham 1999.

3.2.3 China und der Kalte Krieg

T. P. Bernstein / Li Huayu (Hrsg.), China Learns from the Soviet Union, 1949 – Present, Lanham/MD 2010.
Chen Jian, China's Road to the Korean War: The Making of the Sino-American confrontation, New York 1994.
Chen Jian, Mao's China and the Cold War, Chapel Hill 2001.
Chong Jae Ho, Between Ally and Partner: Korea-China Relations and the United States, New York 2007.
B. Cumings, The Origins of the Korean War, 2 Bde. Princeton/NJ 1981–1990.
D. Halberstam, The Coldest Winter: America and the Korean War, New York 2007. (Hörbuch/CD).
M. Hastings, The Korean War, New York 1987.
D. Heinzig, The Soviet Union and Communist China, 1945–1950: The Arduous Road to the Alliance, New York 2004.
Hu Wanli, Mao's American Strategy and the Korean War, Dissertation, Amherst/MA 2005.
D. A. Kaple, Dream of a Red Factory: The Legacy of High Stalinism in China, Oxford 1994.
Li Xiaobing / A. R. Millet / Bin Yu, Mao's generals remember Korea, Lawrence 2001.
Li Xiaobing, A History of the Modern Chinese Army, Lexington 2007.
B.I. Kaufman, The Korean Conflict, Westport 1999.
R. A. Peters / Li Xiaobing (Hrsg.), Voices from the Korean War: Personal Stories of American, Korean, and Chinese Soldiers, Lexington 2004.
Shen Zhihua, Mao, Stalin and the Korean War: Trilateral Communist Relations in the 1950s, New York 2012.
Shen Zhihua / Xia Yafeng, Mao and the Sino-Soviet Partnership, 1945–1959: A New History, Lanham 2015.
W. W. Stueck, The Korean War: An international history, Princeton 1995.
W. W. Stueck, The Korean War in World History, Lexington 2010.
A. S. Whiting, China Crosses the Yalu: The Decision to enter the Korean War, New York 1960.
P. M. Worthing, A Military History of Modern China: From the Manchu Conquest to Tian'anmen Square, Westport 2007.
Zhang Shuguang, Mao's Military Romanticism: China and the Korean War, 1950–1953, Lawrence 1995.
Zhang Xiaoming, Red Wings over the Yalu: China, the Soviet Union, and the Air War in Korea, College Station 2002.

3.2.4 Partei und Staat

A. D. Barnett / E. F. Vogel, Cadres, Bureaucracy, and Political Power in Communist China, New York 1967.

K. Brown, Friends and Enemies: The Past, Present and Future of the
 Communist Party of China, London 2009.
J. Chang / J. Halliday, Mao: The Unknown Story, London: 2007.
T. Cheek, A Critical Introduction to Mao, New York Cambridge University Press
 2010.
A. Pantsov / S. I. Levine, Mao: The Real Story, New York 2012.
A. Pantsov / S. I. Levine, Deng Xiaoping: A Revolutionary Life, Oxford 2015.
S. Schram, The Political Thought of Mao Tse-Tung, Erw. u. überarb. Aufl.,
 London 1971.
F. Schurmann, Ideology and Organization in an Communist China, Berkeley,
 CA u. a. 1966.
F. C. Teiwes, The Chinese State in the Maoist Era, in: D. Shambaugh (Hrsg.),
 The modern Chinese state, Cambridge 2000, S. 105–162.
E. Thomson / Su Jyun-Hsyong, Regierung und Verwaltung der VR China, Köln
 1972.
Gao Wenqian, Wan nian Zhou Enlai [Zhou Enlai: Die späten Jahre], Hong Kong
 2003.
Gao Wenqian / P. Rand / L. R. Sullivan, Zhou Enlai: The Last Perfect
 Revolutionary : A Biography, New York 2007.
J. Guillermaz, The Chinese Communist Party in Power, 1949–1976. 2. Aufl.,
 übers. von Anne Destenay. Boulder/CO 1976.
K. Hartford / S. M. Goldstein (Hrsg.), Single Sparks: China's Rural
 Revolutions, Armonk/NY 1989.
N. Knight, Rethinking Mao: Explorations in Mao Zedong's Thought, Lanham/
 MD 2007.
Leng Rong / Wang Zuoling, Deng Xiaoping Nianpu: 1975–1997 [Deng
 Xiaoping Biografie, 1975–1997], 2 Bde. Überarb. Aufl., Beijing 2007.
Mao Zedong Nianpu, 1949–1976 [Mao Zedong Biografie, 1949 –1976], 3 Bde.,
 Beijing 2013.
M. J. Meisner, Mao Zedong : A Political and Intellectual Portrait, Cambridge/
 Malden/MA 2007.
M. Oksenberg, China: The Convulsive Society, New York 1970.
L. W. Pye, Mao Tse-tung: The Man in the Leader, New York 1976.
B. I. Schwartz, Chinese Communism and the Rise of Mao, Cambridge/MA
 1951.
B. I. Schwartz, Communism and China: Ideology in Flux, Cambridge/MA 1968.
P. Short, Mao – A Life, New York 1999.
R. H. Solomon, Mao's Revolution and the Chinese Political Culture, Berkeley
 1971.
J. B. Starr, Continuing the Revolution: The Political Thought of Mao, Princeton
 1979.
T. Ross, Mao: A Biography, New York 1978.
Zheng Shiping, Party vs. State in Post – 1949 China: The Institutional
 Dilemma, Cambridge/UK 1997.
Zhonggong Dangshi Yanjiushi (Hrsg.), Zhongguo Gongchandang Lishi,
 Dierjuan: 1949–1978 [Die Geschichte der Kommunistischen Partei Chinas,
 Bd. 2, Teil I u. II: 1949–1978], Beijing 2011.

3.2.5 Massenkampagnen und Massenorganisationen

T. Chen, Thought Reform of the Chinese Intellectuals, Hong Kong 1960.
Chen Yinhong, Creating the „New Man": From Enlightenment Ideals to Socialist Realities, Honolulu 2009.
M. Dutton, Policing Chinese Politics: A History, Durham 2005.
Mao Zedong, On Correctly Handling Contradictions among the People, in: MAO Z., The Writings of Mao Zedong, Bd. 2, New York 1992, S. 308–350.
M. M. Sheng, Mao Zedong and the Three- Anti Campaign (November 1951 to April 1952): A Revisionist Interpretation, in: Twentieth- Century China 32:1 (2006), S. 56–80.
J. C. Srauss, Paternalist Terror: The Campaign to Suppress Counterrevolutionaries and Regime Consolidation in the People's Republic of China, 1950–1953, in: Comparative Studies in Society and History 44 (2002), S. 80–105.
J. C. Strauss, Morality, Coercion and State Building by Campaign in the Early PRC: Regime Consolidation and After, 1949–1956, in: The China Quarterly 188 (2006), S. 891–912.
F. C. Teiwes, Politics and Purges in China: Rectifications and the Decline of Party Norms, 1950–65,New York ²1993.
Yang Kuisong, Reconsidering the Campaign to Suppress Counterrevolutionaries, in: The China Quarterly 193 (2008), S. 102–121.

3.2.6 Die Durchsetzung der Neuen Sozialistischen Kultur

T. Cheek, Propaganda and Culture in Mao's China: Deng Tuo and the Intelligentsia, Oxford 1997.
D. W. Fokkema, Literary Doctrine in China and Soviet Influence 1956–1960, Proefschrift, etc. Den Haag 1965.
M. Goldman, Literary Dissent in Communist China, New York 1971.
M. Goldman / T. Cheek / C. Hamrin (Hrsg.), China's Intellectuals and the State: In Search of a New Relationship, Cambridge/MA 1987.
M. Goldman / L. O. Lee (Hrsg.), An Intellectual History of Modern China, New York 2002.
C. L. Hamrin / T. Cheek (Hrsg.), China's Establishment Intellectuals, Armonk/ NY 1986.
D. Holm, Art and Ideology in Revolutionary China, Oxford 1991.
Hung Chang-Tai, Mao's New World: Political Culture in the Early People's Republic of China, Ithaca 2011.
B. S. McDougall (Hrsg.), Popular Chinese Literature and Performing Arts in the People's Republic of China, 1949–1979, Berkeley 1984.
P. J. Moody, Opposition and Dissent in Contemporary China, Stanford 1977.
E. U, The Making of *Zhishifenzi*: The Critical Impact of the Registration of Unemployed Intellectuals in the Early PRC, in: The China Quarterly 173 (2003), S. 100–121.

E. U, The Making of Chinese Intellectuals: Representations and Organization in the Thought Reform Campaign, in: The China Quarterly 192 (2007), S. 971–989.

R. G. Wagner, The Contemporary Chinese Historical Drama: Four Studies, Berkeley 1990.

R. G. Wagner, Inside A Service Trade: Studies in Contemporary Chinese Prose, Cambridge 1992.

L. T. White, Thought Workers in Deng's Times, in: M. Goldman / T. Cheek / C. Hamrin (Hrsg.), China's Intellectuals and the State: In Search of a New Relationship, Cambridge, MA 1987, S. 253–274.

Wu Hung, Remaking Beijing: Tiananmen Square and the Creation of a Political Space, Chicago 2005.

Xu Jilin, Dashidai zhong de zhishifenzi [Intellektuelle während des Großen Zeitalters], Beijing 2012.

3.2.7 Landreform und Landwirtschaft

J. Brown, City Versus Countryside in Mao's China: Negotiating the Divide, New York 2012.

A. Chan u. a., Chen Village: The Recent History of a Peasant Community in Mao's China, Berkeley 1992.

W. Hinton, Fanshen: A Documentary of Revolution in a Chinese Village, New York 1966.

N. R. Lardy, Agriculture in China's Modern Economic Development, Cambridge and New York 1983.

N. R. Lardy, State Intervention and Peasant Opportunities, in: W. I. Parish (Hrsg.), Chinese Rural Development: The Great Transformation, Armonk/NY 1985, S. 33–56.

W. I. Parish (Hrsg.), Chinese Rural Development: The Great Transformation, Armonk, NY 1985.

D. H. Perkins / S. Yusuf, Rural Development in China, Baltimore 1984.

L. G. Putterman, Continuity and Change in China's Rural Development: Collective and Reform Eras in Perspective, New York 1993.

G. A. Ruf, Cadres and Kin: Making a Socialist Village in West China, 1921–1991, Stanford/CA 1998.

P. Schran, The Development of Chinese Agriculture, 1950–1959, Urbana 1969.

E. B. Vermeer, Economic Development in Provincial China: The Central Shaanxi since 1930, Cambridge/UK 1988.

T. Wiens, Poverty and Progress in the Huang and Huai River Basins, in: W. I. Parish (Hrsg.), Chinese Rural Development: The Great Transformation, Armonk/NY 1985, S. 57–94.

J. Wong, Land Reform in the People's Republic of China: Institutional Transformation in Agriculture, New York u. a. 1973.

C. K. Yang, A Chinese Village in Early Communist Transition, Cambridge/MA 1959.

Zhang Xiaojun, Land Reform in Yang Village: Symbolic Capital and the Determination of Class Status, Modern China 30 (2004), S. 3–45.

3.2.8 Aufbau und Entwicklung der Planwirtschaft

M. L. Bian, The Making of the State Enterprise System in Modern China: The Dynamics of Institutional Change, Cambridge/MA 2005.
G. Chow, China's Economic Transformation. 2. Aufl., Malden/MA/Oxford 2007.
R. F. Dernberger, China's Development Experience in Comparative Perspective, Cambridge/MA 1980.
A. Eckstein, Communist China's Economic Growth and Foreign Trade: Implications for U.S. Policy, New York 1966.
A. Eckstein, China's Economic Development: The Interplay of Scarcity and Ideology, Ann Arbor 1975.
R. M. Field, Slow Growth of Labour Productivity in Chinese Industry, 1952–81, in: China Quarterly 96 (1983), S. 641–664.
Kang Chao, The Growth of a Modern Cotton Textile Industry and the Competition with Handicrafts, in: D. H. Perkins (Hrsg.), China's Modern Economy in Historical Perspective, Stanford/CA 1975, S. 167–202.
Li Choh-Ming, Economic Development of Communist China: An Appraisal of the First Five Years of Industrialization, Berkeley 1959.
Li Hua-Yu, Mao and the Economic Stalinization of China, 1948–1953, Lanham/MD 2006.
Liu, Ta-Chung / K'ung-Chia Yeh, The Economy of the Chinese Mainland: National Income and Economic Development, 1933–1959, Princeton/NJ 1965.
R. Myers, Cooperation in Traditional Agriculture and its Implications for Team Farming in the People's Republic of China, in: D. H. Perkins (Hrsg.), China's Modern Economy in Historical Perspective, Stanford/CA 1975, S. 261–278.
D. H. Perkins (Hrsg.), China's Modern Economy in Historical Perspective, Stanford/CA 1975.
D. H. Perkins, The Centrally Planned Command Economy (1949–84) in: G. C. Chow / D. H. Perkins (Hrsg.), Routledge Handbook of the Chinese Economy, Abingdon/Oxon 2015, S. 41–54.
T. G. Rawski, The Growth of Producer Industries, 1900–1971, in: D. H. Perkins (Hrsg.), China's Modern Economy in Historical Perspective, Stanford/CA 1975, S. 203–234.
T. G. Rawski, China's Transition to Industrialism: Producer Goods and Economic Development in the Twentieth Century, Ann Arbor 1980.
C. Riskin, Surplus and Stagnation in Modern China, in: D. H. Perkins (Hrsg.), China's Modern Economy in Historical Perspective, Stanford/CA 1975, S. 49–84.
J. Sigurdson, Rural Industrialization in China, Cambridge/MA 1977.

3.2.9 Gesellschaft und Alltag in der Mao-Ära

Bing Ngewo Chow, The Residents' Committee in China's Political System: Democracy, Stability, Mobilization, in: Issues & Studies 48 (2012), S. 71–126.

D. Bray, Social Space and Governance in Urban China: The Danwei System from Origins to Reform, Stanford/CA 2005.

J. Brown, City Versus Countryside in Mao's China: Negotiating the Divide, New York 2012.

Cheng Tiejun / M. Selden, The Origins and Social Consequences of China's Hukou System, in: The China Quarterly 139 (1994), S. 644–668.

Cheng Tiejun / M. Selden, The Construction of Spatial Hierarchies: China's Hukou and Danwei Systems, in: T. Cheek / T. Saich (Hrsg.), New Perspectives on State Socialism in China, Armonk/NY 1997, S. 23–50.

N. J. Diamant, Revolutionizing the Family: Politics, Love, and Divorce in Urban and Rural China, 1949–68, Berkeley 2000.

S. L. Friedman, Intimate Politics: Marriage, the Market, and State Power in Southeastern China, Cambridge/MA 2006.

S. A. Smith, Redemptive Religious Societies and the Communist State, 1949 to the 1980s, in: J. Brown / M. D. Johnson (Hrsg.), Maoism at the Grassroots: Everyday Life in China's Era of High Socialism, Cambridge/MA 2015, S. 340–364.

S. Weigelin-Schwiedrzik, The Distance between State and Rural Society in the PRC. Reading Document No. 1, in: Journal of Environmental Management 87 (2008), S. 216–225.

M. K. Whyte, Small Groups and Political Rituals in China, Berkeley 1974.

M. K. Whyte, Inequality and Stratification in China, in: China Quarterly 65 (1975), S. 684–711.

Wang Fei-Ling, Organization through Division and Exclusion: China's Hukou System, Stanford/CA 2005.

Yan Yunxiang, Private Life under Socialism: Love, Intimacy, and Family Change in a Chinese Village 1949–1999, Stanford/CA 2003.

3.3 Krisenzeichen und Auseinandersetzungen um den richtigen Kurs (1957–1976)

3.3.1 Der sino-sowjetische Konflikt

J. Friedman, Shadow Cold War: The Sino-Soviet Competition for the Third World, Chapel Hill 2015.

L. M. Lüthi, The Sino-Soviet Split: Cold War in the Communist World, Princeton/NJ 2008.

O. A. Westad, Brothers in Arms: The Rise and Fall of the Sino-Soviet Alliance, 1945–1963, Washington 1998.

XIA YAFENG / LI DANHUI, Mao and the Sino-Soviet Split, 1959–1973: A New History, Lanham/MD 2017.

3.3.2 Die Kollektivierung der Landwirtschaft

S. J. BURKI, A Study of Chinese Communes, 1965, Cambridge/MA 1969.
LIU YU, Why Did It Go So High? Political Mobilization and Agricultural Collectivisation in China, in: The China Quarterly 187 (2006), S. 732–742.
J. UNGER, The Transformation of Rural China, Armonk/London 2002

3.3.3 Die Hundert-Blumen-Bewegung

CAO SHUJI, An Overt Conspiracy: Creating Rightists in Rural Henan, 1957–1958, in: : J. BROWN / M. D. JOHNSON (Hrsg.), Maoism at the Grassroots: Everyday Life in China's Era of High Socialism, Cambridge/MA 2015, S. 77–101.
DANDAN ZHU, 1956: Mao's China and the Hungarian Crisis, Ithaca/N.Y. 2013
R. MACFARQUHAR, The Hundred Flowers Campaign and the Chinese Intellectuals, New York 1960.

3.3.4 Der „Große Sprung nach vorn"

B. AASTON / K. HILL / A. PIAZZA / R. ZEITZ, Famine in China, 1958–1961, in: Population and Development Review 10 (1984), S. 613–645.
D. BACHMAN, Bureaucracy, Economy, and Leadership in China: The Institutional Origins of the Great Leap Forward, Cambridge/UK 1991.
J. BECKER, Hungry Ghosts: China's Secret Famine, London 1996.
CAO SHUJI, Dajihuang (Die große Hungersnot), Hong Kong 2005.
A. L. CHAN, Mao's Crusade: Politics and Policy Implementation in China's Great Leap Forward, Oxford 2001.
CHEN YIXIN, When Food Became Scarce, in: Journal of Historical Studies 10 (2010), S. 117–165.
F. DIKÖTTER, Mao's Great Famine: The History of China's Most Devastating Catastrophe, 1958–62, London 2010.
S. FEUCHTWANG, After the Event: The Transmission of Grievous Loss in Germany, China and Taiwan, New York 2011.
A. GARNAUT, The Geography of the Great Leap Famine, in: Modern China 40 (2014), S. 315–348.
G. HERSHATTER, The Gender of Memory: Rural Women and China's Collective Past, Berkeley 2011.

J. K-S. Kung / Shuo Chen, The Tragedy of the Nomenklatura: Career Incentives and Political Radicalism during China's Great Leap Famine, in: American Political Science Review 105.1, February 2011, 27 –45.

J. Y. Lin / D. T. Yang, „On the Causes of China's Agricultural Crisis and the Great Leap Famine", China Economic Review 9.2 (1998), S. 125–140.

J. Y. Lin / D. T. Yang, Food Availability, Entitlements and the Chinese Famine of 1959-1961, in: Economic Journal 110.460 (2000), S. 136 –158.

Lin Yunhui, Wutuobang Yundong: Cong Dayuejin dao Dajihuang (1958–1961) (Utopische Bewegung: Vom Großen Sprung in die Große Hungersnot (1958–1961)), Hong Kong 2008.

Peng Xizhe, Demographic Consequences of the Great Leap Forward in China's Provinces, in: Population and Development Review 13 (1987), S. 639–670.

Song Yongyi (Hrsg.), The Chinese Great Leap Forward, Great Famine Database 1958–1962, Cambridge/MA 2013. (Datenbank).

F. C. Teiwes / W. Sun, China's Road to Disaster: Mao, Central Politicians, and Provincial Leaders in the Unfolding of the Great Leap Forward, 1955–1959, Armonk/NY 1998.

R. Thaxton, Catastrophe and Contention in Rural China: Mao's Great Leap Famine and the Origins of Righteous Resistance in Da Fo Village, Cambridge/MA 2008.

F. Wemheuer, Famine Politics in Maoist China and the Soviet Union, New Haven 2014.

F. Wemheuer / K. E. Manning (Hrsg.), Eating Bitterness: New Perspectives on China's Great Leap Forward and Famine. Vancouver 2011.

Yang Jisheng, Mubei—Zhongguo Liushi Niandai da Jihuang Jishi (Grabstele-Chinas große Hungersnot in den 60er Jahren), 2 Bde, Hong Kong 2008.

Yang Jisheng, E. Friedman (Hrsg.), Tombstone: The Untold Story of Mao's Great Famine, New York 2012.

Zhou, Xun (Hrsg.), The Great Famine in China, 1958–1962: A Documentary History, New Haven/CT 2012.

Zhou, Xun, Forgotten Voices of Mao's Great Famine, 1958–1962, An oral history, New Haven/CT 2014.

3.3.5 Re-Adjustierung

R. Baum, Prelude to Revolution: Mao, the Party, and the Peasant Question, 1962–1966, New York 1975.

L. Dittmer, ‚Line Struggle' in Theory and Practice: The Origins of the Cultural Revolution Reconsidered, in: China Quarterly 72 (1977), S. 675–712.

R. MacFarquhar, The Origins of the Cultural Revolution, 3 Bde, New York 1974–1997.

3.3.6 Äußere Einkreisung und innere Eskalation

A. HALL WEDEMAN, The East Wind Subsides: Chinese Foreign Policy and the Origins of the Cultural Revolution, Washington/DC 1987.
B. J. NAUGHTON, The Third Front: Defence Industrialization in the Chinese Interior, in: The China Quarterly 115 (1988), S. 351–386.
S. RADCHENKO, Two Suns in the Heavens: The Sino-Soviet Struggle for Supremacy, 1962–1967, Washington/DC, Stanford/CA 2009.
YANG KUISONG, Changes in Mao Zedong's Attitude toward the Indochina War, 1949–1973, Washington/DC 2002.

3.3.7 Die Kulturrevolution (1966–1976)

J. ANDREAS, The Structure of Charismatic Mobilization: A Case Study of Rebellion during the Chinese Cultural Revolution, in: American Sociological Review 72.2 (2007), S. 434–458.
C. BERRY / P. M. THORNTON / P. SUN, The Cultural Revolution: Memories and Legacies 50 Years On, in: The China Quarterly 227 (2016), S. 604–612.
BU WEIHUA, Zalan Jiushijie: Wenhua Dageming de Dongluan yu Haojie, 1966–1968 (Die Zertrümmerung der alten Welt: Unruhen und Katastrophen der Kulturrevolution, 1966–1968), Hong Kong 2008.
T.H. CHANG (Hrsg.), China During the Cultural Revolution, 1966–1976: A Selected Bibliography of English Language Works, Westport/CT 1999.
CHEN, XIAOMEI, Acting the Right Part: Political Theater and Popular Drama in Contemporary China, Honolulu 2002.
P. CLARK, The Chinese Cultural Revolution: A History, Cambridge/UK 2008.
F. DIKÖTTER, The Cultural Revolution. A People's History, 1962–1976, London 2016.
J. W. ESHERICK / P. PICKOWICZ / A. WALDER (Hrsg.), The Chinese Cultural Revolution as History, Stanford/CA 2006.
H. EVANS / S. DONALD (Hrsg.), Picturing Power in the People's Republic of China: Posters of the Cultural Revolution, Lanham/MD 1999.
HAN DONGPING, The Unknown Cultural Revolution: Life and Change in a Chinese Village, New York 2008.
JIANG GUO / SONG YONGYI / ZHOU YUAN, The A to Z of the Chinese Cultural Revolution, Lanham/MD u. a. 2009.
R. KING / R. C. CROIZIER / S. WATSON / SHENG TIAN ZHENG (Hrsg.), Art in Turmoil: The Chinese Cultural Revolution, 1966–76, Vancouver 2010.
R. C. KRAUS, The Cultural Revolution: A Very Short Introduction, Oxford 2012.
S. R. LANDSBERGER, Mao as the Kitchen God: Religious Aspects of the Mao Cult During the Cultural Revolution, in: China Information 11.2–3 (1996), S. 196–214.
D. LEESE, Mao Cult: Rhetoric and Ritual in Chinas Cultural Revolution, Cambridge 2011.

R. J. Lifton, Revolutionary Immortality: Mao Tse-tung and the Chinese Cultural Revolution, New York 1968.
Ma Jisen, The Cultural Revolution in the Foreign Ministry of China, Hong Kong 2004.
R. MacFarquhar / M. Schoenhals, Mao's Last Revolution, Cambridge/MA 2006.
M. J. Meisner, The Cult of Mao Tse-Tung, in: Maurice Meisner (Hrsg.), Marxism, Maoism and Utopianism: Eight Essays, Madison 1982, S. 155–183.
B. Mittler, A Continuous Revolution: Making Sense of Cultural Revolution Culture, Cambridge/MA 2012.
J. T. Myers u. a. (Hrsg.) Chinese Politics: Documents and Analysis, 4 Bde. Columbia/SC 1986–1995.
S. Rosen, Red Guard Factionalism and the Cultural Revolution in Guangzhou, Boulder/CO 1982.
T. Saich, The Historical Origins of the Chinese Cultural Revolution, in: China Information 11.2–3 (1996), S. 21–34.
S. Schram, The Cultural Revolution in Historical Perspective, in: Stuart Schram (Hrsg.), Authority, Participation, and Cultural Change in China, Cambridge/UK 1973, S. 1–108.
M. Schoenhals (Hrsg.), China's Cultural Revolution: Not a Dinner Party, Armonk/NY 1996.
M. Schoenhals, The Central Case Examination Group, 1966–1979, in: China Quarterly 145 (1996), S. 87–111.
M. Schoenhals, Demonizing Discourse in Mao Zedong's China: People Vs Non-People, in: Totalitarian Movements and Political Religions 8.3–4 (2007), S. 465–482.
Song Yongyi (Hrsg.), Zhongguo Wenhua Dageming Wenku (Die Bibliothek der Kulturrevolution). 3. Aufl., Hong Kong 2010. http://ccrd.usc.cuhk.edu.hk/ (kostenfrei) (22.3.2017).
Song Yongyi / Sun Dajin / E. W. Wu, The Cultural Revolution: a Bibliography, 1966–1996, Cambridge/MA 1998.
Song Yongyi / Zhou Yuan (Hrsg.), Xinbian Hongweibing Ziliao (Neu editierte Publikationen der Rotgardisten), 112 Bde, Oakton/VA 1999–2005.
Su Yang, Mass Killings in the Cultural Revolution: A Study of Three Provinces, in: J. Esherick u. a. (Hrsg.), The Chinese Cultural Revolution as History, Stanford 2006, S. 96–123.
Su Yang, Collective Killings in Rural China During the Cultural Revolution, Cambridge 2011.
D. S. Sutton, Consuming Counterrevolution—The Ritual and Culture of Cannibalism in Wuxuan, Guangxi, China, May to July 1968, Comparative Studies of Society and History 37.1 (1995), S. 136–172.
Tan Hecheng, The Killing Wind: A Chinese County's Descent into Madness During the Cultural Revolution, übers. von S. Mosher / Guo Jian. Oxford 2016.
L.T. White, Policies of Chaos: The Organizational Causes of Violence in China's Cultural Revolution, Princeton/NJ 1989.

J. UNGER, The Cultural Revolution Warfare at Beijing's Universities, in: China Journal 64 2010, 199–211.
UNION RESEARCH INSTITUTE, CCP Documents of the Great Proletarian Cultural Revolution, 1966–1967,Hong Kong 1968.
A. G. WALDER, Fractured Rebellion: The Beijing Red Guard Movement, Cambridge/MA 2009.
WANG NIANYI, Dadongluan de niandai: ‚Wenhua Dageming' shi nian shi (Zeiten der Tumulte: Eine Dekade der Großen Kulturrevolution). Zhengzhou 2006.
WU YICHENG, The Cultural Revolution at the Margins: Chinese Socialism in Crisis, Cambridge 2014.
YAN JIAQI / GAO GAO, Turbulent Decade: A History of the Cultural Revolution. Übers. u. hrsg. von D. W. Y. KWOK, Honolulu 1996.

3.3.8 Führungskämpfe am Ende der Kulturrevolution

F. TEIWES / W. SUN, The End of the Maoist Era: Chinese Politics During the Twilight of the Cultural Revolution, 1972–1976, Armonk/NY 2007.
F. TEIWES / W. SUN, The Tragedy of Lin Biao: Riding the Tiger During the Cultural Revolution, 1966–1971, Hawaii 1996.

3.4 Reform und Öffnung (1977–1989)

3.4.1 Globale Veränderungen gegen Ende der 1970er Jahre

N. FERGUSON (Hrsg.), The Shock of the Global: The 1970s in Perspective, Cambridge/MA 2010.
A. IRIYE, Global Community: The Role of International Organizations in the Making of the Contemporary World, Berkeley 2002.
S. MOYN, The Last Utopia: Human Rights in History, Cambridge 2010.
D. PRIESTLAND, The Red Flag: A History of Communism, New York 2009.
O. A. WESTAD, The Great Transformation: China in the long 1970s, in: N. FERGUSON (Hrsg.), The Shock of the Global: The 1970s in Perspective, Cambridge, MA 2010, S. 65–79.

3.4.2 China nach Maos Tod

R. BAUM, Burying Mao: Chinese Politics in the Age of Deng Xiaoping, Princeton/NJ 1996.
G. R. BARME, Shades of Mao: The Posthumous Cult of the Great Leader, Armonk/NY 1996.

A. C. Cook, The Cultural Revolution on Trial: Mao and the Gang of Four, Cambridge/UK 2016.
Deng Xiaoping, Emancipating the Mind is a Vital Political Task, in: W.T. DE BARY, Sources of Chinese Tradition, Bd. 2, New York 1960, S. 451.
X. L. Ding, The Decline of Communism in China: Legitimacy Crisis, 1977–1989, Cambridge/NY, Melbourne 1994.
M. Macmillan, Nixon & Mao: The Week that Changed the World, New York 2007
C. Tudda, A Cold War Turning Point: Nixon and China, 1969–1972, Baton Rouge 2010.

3.4.3 Der Beginn der Ära Deng Xiaoping

Chen Yun, Chen Yun Wenxuan [Auswählte Werke von Chen Yun], Bd. 3. Beijing 1995, S. 248–249.
J. B. Gewirtz, Unlikely Partners: Chinese Reformers, Western Economists, and the Making of Global China, Cambridge/MA 2017.
D. S. G. Goodman, Deng Xiaoping and the Chinese Revolution, London 1994.
H. Harding, China's Second Revolution: Reform after Mao, Washington 1987.
C. Lin, Open-Ended Economic Reform in China, in: V. Nee / D. Stark (Hrsg.), Remaking the Economic Institutions of Socialism: China and Eastern Europe, Stanford 1989, S. 95–136.
S. L. Shirk, The Political Logic of Economic Reform in China, Berkeley 1993.
F. Teiwes / W. Sun, Paradoxes of Post-Mao Rural Reform: Initial Steps Toward A New Chinese Countryside, 1976–1981, Abingdon 2016.
E. F. Vogel, Deng Xiaoping and the Transformation of China, Cambridge/MA 2011.
Zhao Ziyang, Prisoner of the State: The Secret Journal of Zhao Ziyang, übers. u. hrsg. Von Bao Pu / R. Chiang / A. Ingatius, New York 2009.

3.4.4 Wirtschaftliche, soziale und institutionelle Reformen

C. Bramall, Chinese Economic Development, London/NY 2009.
J. Fewsmith, The Logic and Limits of Political Reform in China, Cambridge/MA 2013.
R. Garnaut / Huang Yiping (Hrsg.), Growth without Miracles: Readings on the Chinese Economy in the Era of Reform, Oxford 2001.
M. Goldman / R. MacFarquhar (Hrsg.), The Paradox of China's Post-Mao Reforms, Cambridge/MA 1999.
T. Heberer / W. Taubmann, Chinas ländliche Gesellschaft im Umbruch: Urbanisierung und Sozio-Ökonomischer Wandel auf dem Land, Opladen 1998.

Huang Yasheng, Selling China: Foreign Direct Investment During the Reform Era, Cambridge 2007.
Huang Yasheng, Inflation and Investment Controls in China: The Political Economy of Central-Local Relations During the Reform Era, Cambridge 1996
W. C. Hsiao, Correcting Past Health Policy Mistakes, in: Daedalus 143 (2014), S. 53–68.
P. F. Landry, Decentralized Authoritarianism in China: The Communist Party's Control of Local Elites in the Post-Mao Era, Cambridge 2008.
H. Y. Lee, From Revolutionary Cadres to Party Technocrats in Socialist China, Berkeley 1991.
C. Li, China's Leaders: the New Generation, Lanham/MD 2001.
K. G. Lieberthal / D. M. Lampton, Bureaucracy, Politics, and Decision Making in Post-Mao China, Berkeley 1992.
J. Y. Lin, Rural Reforms and Agricultural Growth in China, in: American Economic Review 82.1 (1992), S. 34–51B.
V. Mantzopoulos / R. Shen, The Political Economy of China's Systemic Transformation: 1979 to the Present, New York 2011.
B. Naughton, Growing Out of the Plan: Chinese Economic Reform, 1978–1993, Cambridge/Y 1995.
B. Naughton, The Chinese Economy: Transitions and Growth, Cambridge/MA 2007.
B. Naughton, The Dynamics of China's Reform Era Economy, in: B. Womack (Hrsg.), The Rise of China in Historical Perspective, Lanham 2010, 129–148.
J. C. Oi, Rural China Takes Off: Institutional Foundations of Economic Reform, Berkeley 1999.
L. Y. Yueh, The Economy of China, Cheltenham 2012.
D. Zweig, Freeing Chinese Farmers: Rural Restructuring in the Reform Era, New York 1997.
Wu Jinglian, Understanding and Interpreting Chinese Economic Reform, Mason/OH 2005.

3.4.5 Öffentliche Debatten über die chinesische Kultur in den 1980er Jahren

G. R. Barme, In the Red. On Contemporary Chinese Culture, New York 1999.
D. A. Bell, Confucian Political Ethics, Princeton 2010.
D. A. Bell / C. Hahm (Hrsg.), Confucianism for the Modern World, Cambridge/New York 2003.
B. Brugger / D. Kelly, Chinese Marxism in the Post-Mao Era, 1978–94. Stanford 1990.

CHEN FONG-CHING / JIN GUANTAO, From Youthful Manuscripts to River Elegy: The Chinese Popular Cultural Movement and Political Transformation 1979–1989, Hong Kong 1997.
B. DICKSON, Democratization in China and Taiwan, Oxford 1997.
M. S. DUKE, Blooming and Contending: Chinese Literature in the Post-Mao Era, Bloomington 1985.
M. S. DUKE (Hrsg.), Contemporary Chinese Literature: An Anthology of Post-Mao Fiction and Poetry, Armonk/NY 1985.
FAN RUIPING (Hrsg.), The Renaissance of Confucianism in Contemporary China, New York 2011.
FANG LIZHI, Democracy, Reform, and Modernization, in: FANG LIZHI, übers. u. hrsg. Von J. H. WILLIAMS, Bringing Down the Great Wall, New York 1991, S. 157–88.
E. GU / M. GOLDMAN (Hrsg.), Chinese Intellectuals Between State and Market, London 2004.
S. GUNN, The Story of Literature, New York 1927.
L. KAM, The Cambridge Companion to Modern Chinese Culture, Cambridge/MA 2008, S. 244–249.
E. P. LINK, The Uses of Literature: Life in the Socialist Chinese Literary System, Princeton/NJ 2000.
LIU BINYAN / P. LINK, People or Monsters?: And Other Stories and Reportage from China After Mao, Bloomington 1983.
D. LYNCH, After the Propaganda State: Thought Workers in Deng's China, Stanford 1999.
A. J. NATHAN / L. J. DIAMOND / M. F. PLATTNER (Hrsg.), Will China Democratize?, Baltimore/MD 2013.
D. SHAMBAUGH, Beautiful Imperialists: China Perceives America, 1972–1990, Princeton/NJ 1991.
SU XIAOKANG / WANG LUXIANG, Deathsong of the River: A Reader's Guide to the Chinese TV Series Heshang (Ho Shang), Ithaca/NY 1991.
TONG YANQI, Transitions from State Socialism: Economic and Political Change in Hungary and China, Lanham/MD 1997.
TU WEI-MING (Hrsg.), Confucian Traditions in East Asian Modernity, Cambridge/MA 1996.
R. G. WAGNER (Hrsg.), Literatur und Politik in der Volksrepublik China, Frankfurt am Main 1983.

3.4.6 Die Niederschlagung der Demokratiebewegung am 4. Juni 1989

J.-P. BÉJA (Hrsg.), The Impact of China's 1989 Tiananmen Massacre, London 2011.
C. CALHOUN, Neither Gods nor Emperors: Students and the Struggle for Democracy in China, Berkeley/CA 1994.

P. J. Cunningham, Tiananmen Moon: Inside the Chinese Student Uprising of 1989, 2. Aufl., Lanham 2014.
S. Faison, The Changing Role of the Chinese Media, in: T. Saich (Hrsg.), The Chinese People's Movement: Perspectives on Spring 1989, Armonk/NY 1990, S. 145–163.
S. Ogden, China's Search for Democracy: The Student and Mass Movement of 1989, Armonk/NY, London 1992.
T. Reichenbach, Die Demokratiebewegung in China 1989: Die Mobilisierung durch Studentenorganisationen in Beijing, Hamburg 1994.
T. Saich (Hrsg.), The Chinese People's Movement: Perspectives on Spring 1989, Armonk/NY 1990.
J. Unger (Hrsg.), The Pro-Democracy Protests in China: Reports from the Provinces. Armonk, NY 1991.
Wang Hui, The Year 1989 and the Historical Roots of Neoliberalism in China, in: Positions 12.1 (2004), S. 7–69.
J. Wasserstrom / E. Perry (Hrsg.), Popular Protest and Political Culture in Modern China, 2. Aufl., Boulder/CO 1994.
L. Zhang / A. J. Nathan / P. Link (Hrsg.), The Tiananmen Papers, New York 2001.
Zhao Dingxin, The Power of Tiananmen: State-Society Relations and the 1989 Beijing Student Movement, Chicago 2001.

3.5 Wachstum und Wandel in der Gegenwart (1990–2015)

3.5.1 Partei und Regierung (1990–2015)

K. E. Brødsgaard / Zheng Yongnian (Hrsg.), The Chinese Communist Party in Reform, Routledge 2006
Chen An, The Transformation of Governance in Rural China, 2016.
Cheng Li, China's Leaders: The New Generation, Lanham/MD 2001.
Cheng Li, Chinese Politics in the Xi Jinping Era: Reassessing Collective Leadership, Washington 2016.
Cheng Li, The End of the CCP's Resilient Authoritarianism? A Tripartite Assessment of Shifting Power in China. In: The China Quarterly 211 (2012): 595–623.
J. H. Chung / Tao-Chiu Lam (Hrsg.), China's Local Administration. Traditions and Changes in the Sub-National Hierarchy, London 2010.
B. Dickson, The Dictator's Dilemma: The Chinese Communist Party's Strategy for Survival, New York 2016.
T. Heberer / G. Schubert (Hrsg.), Regime Legitimacy in Contemporary China: Institutional Change and Stability, London 2009.
S. P. S. Ho, Rural China in Transition: Non-Aagricultural Development in Rural Jiangsu, 1978–1990, Oxford 1994.

L. C. Li, (Hrsg.), The Chinese State in Transition: Processes and Contests in Local China, London 2012.

R. McGregor, The Party: The Secret World of China's Communist Rulers, New York 2012.

A. J. Nathan, Authoritarian Resilience, in Journal of Democracy, 14: 2003, 6–17.

Pei Minxin, China's Crony Capitalism: The Dynamics of Regime Decay, Cambridge 2006.

E. J. Perry / M. Goldman, Grassroots Political Reform in Contemporary China, Cambridge/MA 2007.

D. L. Sambaugh, China's Communist Party: Atrophy and Adaption, Washington/DC 2008.

J. C. Teets / W. Hurst, Local Governance Innovation in China: Experimentation, Diffusion, and Defiance, London 2015.

T. Wright, Party and State in Post-Mao China, Malden/Cambridge/MA 2015.

3.5.2 Die Vertiefung der Wirtschaftsreformen nach 1994 und der WTO-Beitritt 2001

D. Bhattasali / Shantong Li / M. Will (Hrsg.), China and the WTO: Accession, Policy Reform, and Poverty Reduction Strategies, Washington/DC 2004.

L. Brandt / T. Rawski (Hrsg.), China's Great Economic Transformation, Cambridge 2008.

L. Brandt / D. Ma / T. G. Rawski, From Divergence to Convergence: Re-Evaluating the History Behind China's Economic Boom, London, London School of Economics, Dept. of Economic History 2013. http://eprints.lse.ac.uk/50816/

G. C. Chow / D. H. Perkins (Hrsg.), Routledge Handbook of the Chinese Economy, Abingdon/Oxon 2015.

J. P. H. Fan / R. Morck / B. Yeung (Hrsg.), Capitalizing China, Chicago 2012.

K. C. Fung / S. Y. Tong, Foreign Trade of China, in: G. C. Chow / D. H. Perkins (Hrsg.), Routledge Handbook of the Chinese Economy, Abingdon/Oxon 2015, S. 208–221.

C. Göbel, The Politics of Rural Reform in China: State Policy and Village Predicament in the Early 2000s, London 2010.

T. Gold, Urban private business in China, Stanford/CA 1990.

H. Holbig (Hrsg.), China's Accession to the World Trade Organization: National and International Perspectives, 2002.

S. P. Ho, Rural China in Transition: Non-agricultural Development in Rural Jiangsu, 1978–1990, Oxford 1994.

Huang Yasheng / J. Fewsmith, China Politics 20 Years Later, in: N. Bandelj / D. J. Solinger (Hrsg.), Socialism Vanquished, Socialism Challenged: Eastern Europe and China, 1989–2009, S. 44–60.

Huang Yasheng, Capitalism with Chinese Characteristics: Entrepreneurship and the State, Cambridge 2008.

Kyong-Tae u. a. (Hrsg.), China's Integration with the World Economy: Repercussions of China's Accession to the WTO, Seoul 2001.

N. R. Lardy, Markets Over Mao: The Rise of Private Business in China, Washington 2014.

Li Hongbin / Zhou Li-An, Political Turnover and Economic Performance: The Incentive Role of Personnel Control in China, in: Journal of Public Economics 89(2005), S. 1743–1762.

J.-P. Larçon, Chinese Multinationals, Singapur u. a. 2009.

J. Y. Lin / Fang Cai / Zhou Li, The China Miracle: Development Strategy and Economic Reform., überarb. Aufl., Hong Kong 2001.

B. Naughton, The 1989 Watershed in China, How the Dynamics of Economic Transition Changed, in: N. Bandelj / D. J. Solinger (Hrsg.), Socialism Vanquished, Socialism Challenged: Eastern Europe and China, 1989–2009, Oxford 2012, S. 125–146.

P. Nolan, China and the Global Economy: National Champions, Industrial Policy, and the Big Business Revolution, Houndmills 2001.

Qian Yingyi / Wu Jinglian, China's Transition to a Market Economy: How far across the river?, in: N. C. Hope / D. T. Yang / Mu Yang Li (Hrsg.), How far across the River?: Chinese Policy Reform at the Millennium, Stanford 2003, S. 31–64.

V. C. Shih, Factions and Finance in China: Elite Conflict and Inflation, Cambridge/UK 2007.

K. S. Tsai, Capitalism without Democracy: The Private Sector in Contemporary China, Ithaca/NY 2007.

S. Y. Tong, China's Economy Remains Highly Export-Oriented, in: Wang Gunwu / Zheng Yongnian (Hrsg.), China: Development and Governance, Singapore 2013.

S. H. Whiting, Power and Wealth in Rural China: The Political Economy of Institutional Change, Cambridge u. a. 2001.

Xu Chenggang, The Fundamental Institutions of China's Reforms and Development, in: Journal of Economic Literature 49.4 (2011), S. 1076–1151.

K.-T. Yi / J. Y. Lin / S. J. Kim, China's Integration with the World Economy: Repercussions of China's Accession to the WTO, Seoul 2001.

3.5.3 Wachstum um jeden Preis (2001–2015)

L. Brandt / E. Thun, Competition and Upgrading in Chinese Industry, in: Naughton / Tsai, State Capitalism, S. 154–199.

R. H. Coase / Wang Ning, How China Became Capitalist, New York/NY 2012.

S. Eaton, The Advance of the State in Contemporary China: State-Market Relations in the Reform Era, Cambridge 2016.

M. E. Gallagher, Contagious Capitalism: Globalization and the Politics of Labor in China, Princeton 2011.

P. Gregory. China, Party Dictatorship, Markets and Socialism, in: Gregory P. / R. C. Stuart, The Global Economy and its Economic Systems, Mason 2014, 447.

Hung Ho-Fung, The China Boom: Why China Will Not Rule the World, New York 2016.

Jiang BinBin, China National Petroleum Corporation (CNPC): A Balancing Act Between Enterprise and Government, in: D. G. Victor / D. R. Hults / M. C. Thurber (Hrsg.), Oil and Governance: State-Owned Enterprises and the World Energy Supply, Cambridge 2011, S. 379–417.

B. Krug, State Capitalism, Cheltenham 2015.

B. Naughton, China's Economic Policy Today: The New State Activism, in: Eurasian Geography and Economics 52 (2011), S. 313–329.

B. Naughton, The Transformation of the State Sector: SASAC, The Market Economy, and the New National Champions, in: B. Naughton / K. S. Tsai, State Capitalism, Institutional Adaptation, and the Chinese Miracle, Cambridge 2015, S. 46–72.

B. Naughton / K. S. Tsai, State Capitalism, Institutional Adaptation, and the Chinese Miracle, Cambridge 2015.

V. Nee / S. Opper, Capitalism from Below: Markets and Institutional Change in China, Cambridge/MA 2012.

J. Riedel / Jing Jin / Jian Gao, How China Grows: Investment, Finance, and Reform, Princeton 2007.

K. S. Tsai, Capitalism without Democracy: The Private Sector in Contemporary China, Ithaca, London 2007.

3.5.4 Streben nach nationaler Einheit und Größe

M. H. Chang, Return of the Dragon: China's Wounded Nationalism, Boulder 2001.

J. W. Esherick, China and the World: From Tribute to Treaties to Popular Nationalism, in: B. Womack (Hrsg.), China's Rise in Historical Perspective, Lanham/MD 2010, 19–38.

Jiang Zemin, Speech at the Meeting Celebrating the 80th Anniversary of the Founding of the Communist Party of China, http://www.china.org.cn/e-speech/a.htm. (2.9.2015)

W. A. Callahan, China: The Pessoptimist Nation, Oxford 2010, S. 31–90.

Zhao Suisheng, A Nation-State by Construction: Dynamics of Modern Chinese Nationalism, Stanford 2004.

P. H. Gries, China's New Nationalism Pride, Politics, and Diplomacy, Berkeley 2004.

Shen Yipeng, Public Discourses of Contemporary China: The Narration of the Nation, in Popular Literatures, Film, and Television, New York 2015.

C. R. Hughes, Chinese Nationalism in the Global Era, London 2006.

P. H. GRIES, Popular Nationalism and the State Legitimation in China, in: P. HAYS GRIES / S. ROSEN (Hrsg.), State and Society in 21st Century China: Crisis, Contention and Legitimation, New York u. a. 2004a, S. 180–194.

WANG ZHENG, Never Forget National Humiliation: Historical Memory in Chinese Politics and Foreign Relations, New York 2014.

ZHAO SUISHENG, Chinese Intellectuals' Quest for National Greatness and Nationalistic Writing in the 1990s, in: The China Quarterly, 152 (1997), S. 725–45.

ZHAO SUISHENG, A State-Led Nationalism: The Patriotic Education Campaign in Post-Tiananmen China, in: Communist and Post-Communist Studies 31 (1998), S. 287–302.

3.5.5 Globale Ambitionen in der Außenpolitik

3.5.5.1 Chinesische Außen- und Sicherheitspolitik

R. D. FISHER, China's Military Modernization: Building for Regional and Global Reach, Westport 2008.

M. T. FRAVEL, Strong Borders, Secure Nation: Cooperation and Conflict in China's Territorial Disputes, Princeton 2008.

J. GARVER, China's Quest: The History of the Foreign Relations of the People's Republic of China, Oxford 2016.

A. GOLDSTEIN, Rising to the Challenge: China's Grand Strategy and International Security, Stanford 2005.

J. R. HOLMES / T. YOSHIHARA, Chinese Naval Strategy in the 21st Century: The Turn to Mahan, Abingdon/UK 2007.

M. H. HUNT, The Genesis of Chinese Communist Foreign Policy, New York 1996.

D. C. KANG, China Rising: Peace, Power, and Order in East Asia, New York 2010.

R. D. KAPLAN, Asia's Cauldron: The South China Sea and the End of a Stable Regime, New York 2014.

J. KURLANTZICK, Charm Offensive: How China's Soft Power is Transforming the World, New Haven 2007.

LI MINGJIANG / K. M. KEMBURI (Hrsg.), Chinese Power and Asian Security. Abingdon/UK 2014.

A. T. MAHAN, The Influence of Sea Power Upon History, 1660–1805, Novato/CA 1987 (1980).

C.-K. MARK, China and the World since 1945: An International History, London u. a. 2012.

E. S. MEDEIROS, China's International Behavior: Activism, Opportunism, and Diversification, Santa Monica 2009.

A. J. NATHAN / A. SCOBELL, China's Search for Security, New York 2012.

A. SCOBELL, China's Use of Military Force Beyond the Great Wall and the Long March, Cambridge 2003.

D. L. SHAMBAUGH, Modernizing China's Military Progress, Problems, and Prospects, Berkeley 2002.

S. L. Shirk, China: Fragile Superpower: How China's Internal Politics Could Derail Its Peaceful Rise, Oxford 2007.

M. D. Swaine, America's Challenge: Engaging a Rising China in the Twenty-First Century, Washington 2011.

Wu Guoguang / H. Lansdowne (Hrsg.), China Turns to Multilateralism: Foreign Policy and Regional Security, London 2008.

Yan Xuetong / D. A. Bell (Hrsg.), Ancient Chinese Thought, Modern Chinese Power, Princeton/NJ 2013.

3.5.5.2 USA

G. H. Chang, Fateful Ties: A History of America's Preoccupation with China, Cambridge/MA 2015.

W. I. Cohen, America's Response to China: A History of Sino-American Relations, 5. Aufl., New York 2010.

J. Pomfret, The Beautiful Country and the Middle Kingdom: America and China, 1776 to the Present, New York 2017.

3.5.5.3 Indien

A. Athwal, China-India Relations: Contemporary Dynamics, New York 2007.

J. W. Garver, Protracted Contest: Sino-Indian Rivalry in the Twentieth Century, New Delhi 2001.

Liu Xuecheng, The Sino-Indian Border Dispute and Sino-Indian Relations, Lanham/MD 1994.

M. Malik (Hrsg.), Maritime Security in the Indo-Pacific: Perspectives from China, India, and the United States, London 2014.

C. R. Mohan, Sino-Indian Rivalry in the Indo-Pacific, Washington/DC 2012.

J. M. Smith, Cold Peace: China-India Rivalry in the Twenty-First Century, Lanham/MD 2013.

Yang Lu, China-India Relations in the Contemporary World: Dynamics of National Identity and Interest, New York 2017.

3.5.5.4 China und der globale Süden

C. Alden, China in Africa, London 2007.

R. E. Ellis, China in Latin America: The Whats and Wherefores, London 2009.

D. Brautigam, The Dragon's Gift: The Real Story of China in Africa, Oxford 2009.

A. E. Fernández Jilberto / B. Hogenboom (Hrsg.), Latin America Facing China: South-South Relations Beyond the Washington Consensus, New York 2010.

G. Fornés / A.B. Philip, The China-Latin America Axis: Emerging Markets and the Future of Globalisation, Houndmills u. a. 2012.

H. W. French, China's Second Continent: How a Million Migrants Are Building a New Empire in Africa, New York 2014.

K. P. Gallagher / R. Porzecanski, The Dragon in the Room: China and the Future of Latin American Industrialization, Stanford 2010.
L. Hanauer / L. J. Morris, Chinese Engagement in Africa: Drivers, Reactions, and Implications for U.S. Policy, Santa Monica 2014.
R. Roett / G. Paz (Hrsg.), China's Expansion into the Western Hemisphere: Implications for Latin America and the United States, Washington 2008.
D. Shambaugh, China Goes Global: The Partial Power, Oxford 2013.
D. H. Shinn / J. Eisenman, China and Africa: a Century of Engagement, Philadelphia 2012.
P. Snow, The Star Raft: China's Encounter with Africa, London 1988.
J. C. Straus / M. Saavedra (Hrsg.), China and Africa: Emerging Patterns in Globalization and Development, Cambridge 2009.
J. C. Strauss / A. C. Armony (Hrsg.), From the Great Wall to the New World: China and Latin America in the 21st Century, Cambridge 2012A.
A. Ogunsanwo, China's Policy in Africa, 1958–1971, Cambridge/UK 2010.

3.5.5.5 Russland
J. Bellacqua (Hrsg.), The Future of China-Russia Relations, Lexington 2010.

3.5.5.6 Deutschland
T. Heberer / A. Senz, Die deutsche Chinapolitik, in: T. Jäger / A. Hose / K. Oppermann (Hrsg.), Deutsche Außenpolitik, Wiesbaden 2011, S. 673–693.
S. Heilmann, Grundelemente deutscher Chinapolitik, in: China aktuell 31.7 (2000), S. 759–765.
M. Leutner (Hrsg.) / T. Trampedach, Bundesrepublik Deutschland und China 1949 bis 1995: Politik, Wirtschaft, Kultur, eine Quellensammlung, Berlin 1995.
K. Levy, Der Deutsch-Chinesische Rechtsstaatsdialog: Die konstruktivistische Untersuchung eines außenpolitischen Instruments, Baden-Baden 2010
W. Meissner (Hrsg.) / A. Feege, Die DDR und China 1949 bis 1990: Politik, Wirtschaft, Kultur: Eine Quellensammlung, Berlin 1995.
M. Schüller (Hrsg.), Strukturwandel in den deutsch-chinesischen Beziehungen: Analysen und Praxisberichte, Hamburg 2003.
T. Trampedach, Bonn und Peking: Die wechselseitige Einbindung in außenpolitische Strategien (1949–1990), Hamburg 1997.

3.5.5.7 Japan
A. Iriye, China and Japan in the Global Setting, Cambridge/MA 1992.
B. Lo, Axis of Convenience: Moscow, Beijing, and the New Geopolitics, London 2008.
M. Söderberg (Hrsg.), Chinese-Japanese Relations in the Twenty-First Century: Complementarity and Conflict, London 2003.

WAN MING, Sino-Japanese Relations: Interaction, Logic, and Transformation, Stanford/CA 2006.
A. S. WHITING, China Eyes Japan, Berkeley 1989.
M. YAHUDA, Sino-Japanese Relations after the Cold War: Two Tigers Sharing a Mountain, Abingdon/UK 2013.Rußland.

3.5.5.8 Koreanische Halbinsel
S. SNYDER, China's Rise and the Two Koreas: Politics, Economics, Security, Boulder/CO 2009.

3.5.5.9 Taiwan
R. C. BUSH, Uncharted Strait: The Future of China-Taiwan Relations, Washington/DC 2013.
J. COPPER, Taiwan: Nation-State or Province?, 5. Aufl., Boulder/CO 2009.
S. RIGGER, Why Taiwan Matters: Small Island, Global Powerhouse, Lanham/MD 2011.
M. A. RUBINSTEIN (Hrsg.), Taiwan: A New History, Erw. Aufl., Armonk/NY 2007.
G. SCHUBERT (Hrsg.), Routledge Handbook of Contemporary Taiwan, London 2016.
A. WACHMAN, Why Taiwan? Geostrategic Rationales for China's Territorial Integrity, Stanford/CA 2007.

3.5.6 Gesellschaftliche Konflikte und Probleme

3.5.6.1 Bevölkerung und Demographie
J. BANISTER, China's Changing Population, Stanford/CA, Stanford University Press, 1987.
CAI YONG, China's New Demographic Reality: Learning from the 2010 Census, in: Population and Development Review 39 (2013), S. 371–396.
D. S. DAVIS, Demographic Challenges for a Rising China, in: Daedalus 143 (2014), S. 26–38.
J. Z. LEE, / WANG FENG, One Quarter of Humanity: Malthusian Mythology and Chinese Realities, Cambridge/MA 1999.
LIU ZHENG / SONG JIAN, et al. China's Population: Problems and Prospects, Beijing 1981.
C. LOH / E. J. REMICK, China's Skewed Sex Ratio and the One-Child Policy, in: The China Quarterly 222 (2015), S. 295–319.
W. FENG / B. GU / Y. CAI, The End of China's One-Child Policy, in: Studies in Family Planning 47.1 (2016), S. 83–86.
FONG MEI, One Child: The Story of China's Most Radical Experiment, Boston 2016.

E. C. L. Goh, China's One-Child Policy and Multiple Caregiving: Rraising Little Suns in Xiamen, London 2011.
S. Greenalgh / E. A. Winckler, Governing China's Population: From Leninist to Neoliberal Biopolitics, Stanford 2005.
S. Greenalgh, Just One Child: Science and Policy in Deng's China, Berkeley 2008.
K. A. Johnson, China's Hidden Childrens Abandonment, Adoption and the Human Costs of the One-Child Policy, Chicago 2016.
T. Scharping, Birth Control in China 1949–2000: Population Policy and Demographic Development, London u. a. 2003.

3.5.6.2 Binnenmigration und ländliche Wanderarbeiter

B. Carrillo, Small Town China. Rural Labour and Social Inclusion, Abingdon/Oxon 2011.
K. W. Chan / Li Zhang, The Hukou System and Rural–Urban Migration in China: Processes and Changes, in: The China Quarterly 160 (1999), S. 818–855.
L. T. Chang, Factory Girls: From Village to City in a Changing China, New York 2008.
D. Davin, Internal Migration in Contemporary China, London 1999.
C. C. Fan, China on the Move: Migration, the State, and the Household, Routledge Studies in Human Geography, Bd. 21, New York 2008.
T. Jacka, Rural Women in Urban China: Gender, Migration, and Social Change, Armonk/NY 2005.
C. K. Lee, Against the Law. Labor Protests in China's Rustbelt and Sunbelt, Berkeley 2007.
R. Murphy, How Migrant Labor is Changing Rural China, Cambridge/UK 2002.
D. J. Solinger, Contesting Citizenship in Urban China: Peasant Migrants, the State, and the Logic of the Market, Berkeley 1999.
Wang Fei-Ling, Reformed Migration Control and New Targeted People: China's Hukou System in the 2000s, in: The China Quarterly 177 (2004), S. 115–132.
S. Weigelin-Schwiedrzik, The Distance between State and Rural Society in the PRC: Reading Document No. 1, in: Journal of Environmental Management, No. 87 (2008), S. 217.
L. Wong, Chinese Migrant Workers: Rights Attainment Deficits, Rights Consciousness, and Personal Strategies, in: China Quarterly 208 (2011), S. 870–892.
Yan Hairong, New Masters, New Servants: Migration, Development, and Women Workers in China, Durham/NC 2008.
M. K. Whyte (Hrsg.), One Country, Two Societies: Rural-Urban Inequality in Contemporary China, Cambridge/MA 2010.

3.5.6.3 Ungleichheit
ASIAN DEVELOPMENT BANK, Poverty Profile of the People's Republic of China, Manila 2004.
LI SHI / HIROSHI SATO / T. SICULAR (Hrsg.), Rising Inequality in China: Challenges to a Harmonious Society, Cambridge 2013.
A. R. KHAN / C. RISKIN, Inequality and Poverty in China in the Age of Globalization, Oxford 2001.
J. KNIGHT, Inequality in China: An Overview, Washington/DC 2013.
P. Ho (Hrsg.), Developmental Dilemmas. Land Reform and Institutional Change in China, London 2005.
M. PEARSON, China's Business Elite: The Political Consequences of Economic Reform, Berkeley 1997.
M. RAVALLION / CHEN SHAOHUA, China's (Uneven) Progress against Poverty, in: Journal of Development Economics 82.1 (2007), S. 1–42.
C. RISKING / ZHAO RENWEI / SHI LI (Hrsg.), China's Retreat From Equality: Income Distribution and Economic Transition, Armonk 2001.
V. SHUE / C. WONG, Paying for Progress in China: Public Finance, Human Welfare and Changing Patterns of Inequality, London 2008.
WANG FENG, Boundaries and Categories: Rising Inequality in Post-Socialist Urban China, Stanford 2008.
M. K. WHYTE, The Changing Role of Workers, in: M. GOLDMAN, R. MACFARQUHAR (Hrsg.), The Paradox of China's Post-Mao Reforms, Cambridge/MA 1999, S. 173–96.
Q. F. ZHANG / J. A. DONALDSON, From Peasants to Farmers: Peasant Differentiation, Labor Regimes, and Land-Rights Institutions in China's Agrarian Transition, in: Politics & Society 38(4) 2010, 458 –89.

3.5.6.4 Minderheiten
E. BARABANTSEVA, Overseas Chinese, Ethnic Minorities, and Nationalism : De-Centering China, London 2011.
G. BOVINGDON, The Uyghurs: Strangers in Their Own Land, New York 2010.
G. CHENG, Interpreting the Ethnicization of Social Conflict in China: Ethnonationalism, Identity, and Social Justice, in: HAO ZHIDONG / CHEN SHEYING (Hrsg.), Social Issues in China: Gender, Ethnicity, Labor, and the Environment, New York 2013, S. 127–144.
J. T. DREYER, China's Forty Millions: Minority Nationalities and National Integration in the People's Republic of China,Cambridge/MA 1976.
D. C. GLADNEY / G. SPINDLER / L. SPINDLER, Ethnic Identity in China: The Making of a Muslim Minority Nationality, Fort Worth/TX 1998.
M. C. GOLDSTEIN, The Snow Lion and the Dragon China, Tibet, and the Dalai Lama. Berkeley 1999.
T. HEBERER, China and Its National Minorities: Autonomy or Assimilation?, Armonk/NY 1989.
C. MACHERAS, China's Ethnic Minorities and Globalisation, London 2003.
J. A. MILLWARD, Eurasian crossroads: A History of Xinjiang, New York/NY 2007.

T. S. Mullaney, Coming to Terms with the Nation: Ethnic Classification in
    Modern China, Berkeley 2011.
W. W. Smith, Tibet's Last Stand?: The Tibetan Uprising of 2008 and China's
    Response, Lanham/MD 2010.
W. W. Smith, China's Tibet? Autonomy or Assimilation, Lanham/MD 2008
S. F. Starr (Hrsg.), Xinjiang: China's Muslim Borderland, Armonk/NY 2004.

3.5.6.5 Frauen und Gender
Y. Bian / J. R. Logan / X. Shu, Wage and Job Inequalities in the Working
    Careers of Men and Women in Tianjin, in: B. Entwisle, G. Henderson
    (Hrsg.), Redrawing Boundaries, The Paradox of China's Post-Mao Reforms,
    Berkeley 2000, S. 111–33.
E. Croll, Chinese Women since Mao, New York 1983.
B. Entwisle / G. E. Henderson /S. E. Short / J. Bouma / Zhai Fengying,
    Gender and Family Business in Rural China, in: American Sociological
    Review 60 (1995), S. 36–57.
B. Entwisle / G. Henderson, Re-Drawing Boundaries: Work, Households, and
    Gender in China,. Berkeley, 2000.
A. M. Gaetano, Out to Work: Migration, Gender, and the Changing Lives of
    Rural Women in Contemporary China, Honolulu 2015.
E. Hannu, / Y. Xie,. Trends in Educational Gender Inequality in China,
    1949–1985, Research in Social Stratification and Mobility 13 (1994):
    73–98.
G. Hershatter, The Gender of Memory: Rural Women and China's Collective
    Past, Berkeley 2013.
E. Honig / G. Hershatter, Personal Voices: Chinese Women in the 1980s,
    Stanford 1998.
T. Jacka / S. Sargeson, Representing Women in Chinese Village
    Self-Government: A New Perspective on Gender, Representation, and
    Democracy, in: Critical Asian Studies 47(4) 2015, 477–94.
Liu Jieyu, Gender and Work in Urban China: Women Workers of the Unlucky
    Generation, London 2007.
C. K. Lee, Engendering the Worlds of Labor: Women Workers, Labor Markets,
    and Production Politics in the South China Economic Miracle, in: American
    Sociological Review 60 (1995), S. 378–97.
C. K. Lee, Gender and the South China Miracle, Berkeley 1998.
R. Matthwes / V. Nee, Gender Inequality and Economic Growth in Rural China,
    in: Social Science Research 29 (2000), S. 606–632.
E. Michelson / W. Parish, Gender Differentials in Economic Success:
    Rural China in 1991, in: B. Entwisle, G. Henderson (Hrsg.), Re-drawing
    Boundaries, Berkeley 2000, S. 134–56.
W. L. Parish / S. Busse, Gender and family. In Chinese Urban Life under
    Reform, ed. W. Tang, W. L. Parish, Cambridge: 2000, S. 209–31.
J. Stacy, Patriarchy and Socialist Revolution in China, Berkeley 1983.

M. K. WHYTE, Sexual Inequality under Socialism: The Chinese Case in Perspective, in: J. WATSON (Hrsg.), Class and Social Stratification in Post-Revolution China, New York 1984, S. 198–238.

M. K. WHYTE, The Perils of Assessing Trends in Gender Inequality in China, in: Redrawing Boundaries: B. Entwisle, G. Henderson (Hrsg.), Gender, Households, and Work in China, Berkeley 2000, S. 157–167.

M. WOLF, Revolution Postponed: Women in Contemporary China, Stanford/CA 1985.

J. ZUO J. / Y. BIAN, Gendered Resources, Division of Housework, and Perceived Fairness: A case in Urban China, Journal of Marriage and the Family 63 (2001): 1122–33.

3.5.6.6 Umweltpolitik und Nachhaltigkeit

DAI QING (Hrsg.), The River Dragon Has Come! The Three Gorges Dam and the Fate of China's Yangtze River and Its People, von J. G. THIBODEAU / P. B. WILLIAMS, Übers. v. YI MING, Armonk/NY 1998.

K A. DAY (Hrsg.), China's Environment and the Challenge of Sustainable Development, Armonk/NY 2005.

E. ECONOMY, Environmental Governance in China: State Control to Crisis Management, in: Daedalus 143 (2014), S. 184–197.

E. ECONOMY, The River Runs Black: The Environmental Challenge to China's Future, Ithaca 2004.

G. KOSTKA / A. P. J. MOL (Hrsg.), Local Environmental Politics in China: Challenges and Innovations, London 2014.

R. MARKS, China: Its Environment and History, Lanham/MD: 2012.

A. C. MERTHA, China's Water Warriors: Citizen Action and Policy Change, Ithaca/NY 2008.

J.D. SEYMOUR, China's Environment: A Bibliographic Essay, in: A. DAY (Hrsg.), China's Environment and the Challenge of Sustainable Development, Armonk/New York 2005, S. 248–275.

J. SHAPIRO, Mao's War against Nature: Politics and the Environment in Revolutionary China, Studies in Environment and History, Cambridge/UK 2001.

J. SHAPIRO, China's Environmental Challenges, Cambridge/U.K 2012.

V. SMIL, The Bad Earth: Environmental Degradation in China, London 1984.

V. SMIL, China's Past, China's Future: Energy, Food, Environment, Critical Asian Scholarship, New York 2004.

R. E. STERN, Environmental Litigation in China: a Study in Political Ambivalence, Cambridge 2013.

A. LORA-WAINWRIGHT, Fighting for Breath, Honolulu 2013.

3.5.6.7 Proteste und sozialer Aktivismus

CAI YONGSHUN, Collective Resistance in China: Why Popular Protests Succeed or Fail, Stanford/CA 2010.

Chen Xi, Social Protest and Contentious Authoritarianism in China, New York 2012.
Hong Yu, Railway Sector Reform in China: Controversy and Problems, in: Journal of Contemporary China 96 (2015), S. 1070–1091.
Hsing You-Tien / Lee Ching Kwan (Hrsg.), Reclaiming Chinese Society: The New Social Activism, London 2010.
P. Ho / R. L. Edmonds, China's Embedded Activism: Opportunities and Constraints of a Social Movement, London 2008.
Huang Yanzhong, Governing Health in Contemporary China, New York 2013, S. 126–134.
C. K. Lee, State & Social Protest, in: Daedalus 143(2) 2014: 124–34.
K. J. O'Brien (Hrsg.), Popular Protest in China, Cambridge/MA 2008.
K. J. O'Brien / Li Lianjiang, Rightful Resistance in Rural China, New York 2006.
S. Sargeson, „Violence as Development: Land Expropriation and China's Urbanization", In The Journal of Peasant Studies 40(6) 2013, 1063–85.
R. E. Stern / K. J. O'Brien, Politics at the Boundary: Mixed Signals and the Chinese State", in: Modern China 38: 2012, 174–98.
Yang Guobin, The Power of the Internet in China: Citizen Activism Online, New York 2009.

3.5.6.8 Recht

B. Ahl, Justizreformen in China, Baden 2015.
S. Biddulph, Legal Reform and Administrative Detention Powers in China, Cambridge 2007.
S. Biddulph, The Stability Imperative: Human Rights and Law in China, Vancouver 2015.
R. Foot, Rights Beyond Borders: The Global Community and the Struggle Over Human Rights in China, Oxford u. a. 2000.
A. Kent, China, the United Nations, and Human Rights, Philadelphia 1999.
S. B. Lubman, Bird in a Cage: Legal Reform in China after Mao, Stanford/CA 1999.
S. B. Lubman, The Evolution of Law Reform in China: An Uncertain Path, Cheltenham/UK 2012.
K. Mühlhahn, Criminal Justice in China: A History, Cambridge 2009.
R. P. Peerenboom, China's Long March towards the Rule of Law, Cambridge 2002.
R. P. Peerenboom, Judicial Independence in China: Lessons for Global Rule of Law Promotion, Cambridge/UK 2010.
Wang Yuhua, Tying the Autocrat's Hands: The Rise of the Rule of Law in China, New York 2015.

3.5.7 Wachsende Spannungen und neue Unsicherheiten

R. Abrami u. a., Can China Lead?: Reaching the Limits of Power and Growth, Boston/Massachusetts 2014.

A. Y. Chau, Religion in Contemporary China: Revitalization and Innovation, Milton Park/Abingdon 2011.

T. Cheek, Rejuvenation: Securing the Chinese Dream (1996–2015): China in the 2010s, in: The Intellectual in Modern Chinese History, Cambridge/MA 2015, S. 262–315.

E. Croll, China's New Consumers, New York/NY 2006.

D. Davis, The Consumer Revolution in China, Berkeley/CA 2000.

G. Davies, Worrying about China: The Language of Chinese Critical Inquiry, Cambridge/MA 2009.

Fan Hao u. a., Zhongguo Dacong Yishixingtai Baogao [Public report on the Chinese people's ideology], Beijing 2012.

Hsing You-Tien, The Great Urban Transformation. Politics of Land and Property in China, New York 2010.

T. Hildebrandt, Social Organizations and the Authoritarian State in China, Cambridge 2013.

I. Johnson, The Souls of China: The Return of Religion after Mao, New York 2017.

E. P. Link / R. Madsen / P. Pickowicz, Restless China, Lanham 2013.

E. P. Link / R. Madsen / P. Pickowicz, Popular China: Unofficial Culture in a Globalizing Society, Lanham/MD 2002.

A. J. Nathan / L. J. Diamond / M. F. Plattner, Will China Democratize?, Baltimore 2013.

E. Osnos, The Age of Ambition: Chasing Fortune, Truth, and Faith in New China, New York 2015.

D. Ownby, Falun Gong and the Future of China, Oxford 2008.

J. W. Tong, Revenge of the Forbidden City: The Suppression of the Falungong in China, 1999–2005, Oxford 2009.

Yoshiko Ashiwa / D. L. Wank, Making Religion, Making the State: The Politics of Religion in Modern China, Stanford/CA 2009.

Xu B. Disenchanted Democracy: Chinese Cultural Criticism after 1989, Ann Arbor, 1999.

Zhang Xudong, Chinese Modernism in the Era of Reforms: Cultural Fever, Avant-Garde Fiction, and the New Chinese Cinema, Durham [u. a.] 1997.

Zhang Xudong, Intellectual Politics in Post-Tiananmen China, Durham/NC 2000.

Anhang

4.1 Abkürzungen

ADI	Auslandsdirektinvestitionen
ASEAN	Association of Southeast Asian Nations
BIP	Bruttoinlandsprodukt
BTV	Beijing Television
CFDA	China Food and Drug Administration
CNOOC	China National Offshore Oil Corporation
GMD	Guomindang, Nationalistische Partei Chinas
HVS	Haushaltsverantwortungssystem
KMU	Kleine und mittlere Unternehmen
KPCh	Kommunistische Partei Chinas
NATO	North Atlantic Treaty Organization
NGO	Non-Governmental Organization
NVK	Nationaler Volkskongress
NWP	Sowjetische Neue Wirtschaftspolitik
PKKCV	Politische Konsultativkonferenz des chinesischen Volkes
PLA	People's Liberation Army
ROC	Republik China
SASAC	State Asset Supervision and Administration Commission
SED	Sozialistische Einheitspartei Deutschlands
SOE	State-Owned Enterprise
SWZ	Sonderwirtschaftszonen
TVEs	Township and Village Enterprises
UN	United Nations
USA	United States of America
VFA	Volksfreiwilligenarmee
VBA	Volksbefreiungsarmee
VR	Volksrepublik China
WTO	Welthandelsorganisation
ZDKK	Zentrale Disziplin Kontrollkommission
ZPK	Zentrale Parteikomitees
ZK	Zentralkomitee

4.2 Zeittafel

1. Okt. 1949	Gründung der Volksrepublik China
1950 – 1952	Landreform, Kampagne zur Unterdrückung der Konterrevolutionäre
1950	Besetzung Tibets durch die Volksbefreiungsarmee
1950 – 1953	Korea-Krieg
1953 – 1958	Erster Fünfjahresplan; Verstaatlichung der Industrie und Beginn der Kollektivierung der Landwirtschaft
1957	„Hundert-Blumen-Bewegung"; Verfolgung Intellektueller in der Kampagne gegen „Rechtsabweichler"
1958 – 1960	„Großen Sprung nach vorn", Konsequenz ist eine Hungersnot mit ca. 30 Millionen Toten
1960	Niederschlagung eines Aufstandes in Tibet; Flucht des Dalai Lama nach Indien
1960	Bruch mit der Sowjetunion
1962	Chinesisch-indischer Krieg
1964	VR China testet erfolgreich einen atomaren Sprengkopf
1966	Ausbruch der Kulturrevolution
1968	Wiederherstellung der Ordnung durch die Armee
1971	Flucht und Tod von Lin Biao in einem Flugzeugabsturz
1971	Geheimbesuch von Henry Kissinger in Beijing
1972	Treffen von Richard Nixon und Mao Zedong in Beijing
1975	NVK beschließt die „Vier Modernisierungen"
1976	Jan. Tod Zhou Enlais; Sept. Tod Mao Zedongs und Verhaftung der „Viererbande"
1978	Das Dritte Plenum des ZK beschließt die Politik von Reform und Öffnung in China
1979	Einrichtung von SWZ
1980	Zhao Ziyang wird neuer Premierminister
1984	Beginn der Reformpolitik in den Städten
1989	Gewaltsame Niederschlagung der Demonstrationen auf dem Platz des Himmlischen Friedens und damit Ende der Demokratiebewegung; Hausarrest von Zhao Ziyang
1992	Deng Xiaopings Reise in den Süden zur Fortführung der Reformpolitik
1993	Jiang Zemin wird Staatspräsident
1997	Tod Deng Xiaopings; Rückgabe Hongkongs
1998	Zhu Rongji wird Premierminister
1999	Rückgabe von Macao
2001	Beitritt Chinas zur Welthandelsorganisation (WTO); Freundschaftsvertrag mit Russland
2002	Übernahme des Parteivorsitzes durch Hu Jintao
2008	Austragung der Olympischen Spiele in Beijing
2010	China wird zweitgrößte Volkswirtschaft der Welt
2010	Nominierung des inhaftierten Systemkritikers Liu Xiaobo für den Friedensnobelpreis

2010	Expo in Shanghai
2011	Inhaftierung des Künstlers und Aktivisten Ai Weiwei
2012	Xi Jinping wird Generalsekretär der KPCh
2013	Xi Jinping wird Staatspräsident
2015	Barack Obama und Xi Jinping unterzeichnen das Klimaabkommen von Paris
2016	Xi Jinping hält auf dem Weltwirtschaftsforum in Davos ein Plädoyer für den freien Handel

Autorenregister

Ahl, Björn 235
Akira, Iriye 250
Alden, Chris 254, 256
Andreas, Joel 200
Armony, Ariel C. 255
Aston, Basil 195
Athwal, Amardeep 252

Bachman, David 194
Banister, Judith 232
Baum, Richard 200, 203
Becker, Jasper 193
Béja, Jean-Philippe 216
Bellacqua, James A. 250
Bell, Daniel A. 212
Benson, Linda 169
Bhattasali, Deepak 211
Bian Yanjie 227, 172
Biddulph, Sarah 236, 237
Bouma, Jill 226
Bovingdon, Gradner 229
Bramall, Chris 206
Brandt, Loren 206
Bray, David 187, 188
BrØdsgaard, Kjeld E. 218
Brown, Jeremy 174, 189
Brown, Kerry 176
Brugger, Bill 212
Bush, Richard C. 244
Busse, Sarah 228
Bu Weihua 197

Cai Yong 235
Calhoun, Craig J. 216
Cao Shuji 196
Chan, Alfred L. 194
Chan, Anita 186
Chan, Kam W. 224
Chang, Gordon H. 245
Chang, Leslie 224
Cheek, Timothy 181, 192
Chen Fong-Ching 214
Chen Jian 241, 247
Chen Shaohua 221

Chen Shuo 195
Chen Xiaomei 202
Ch'ing- K'an Yang 186
Chow, Gregory C. 182, 205
Clark, Paul 202
Cohen, Warren I. 244
Copper, John F. 243
Croizier, Ralph C. 202
Croll, Elisabeth 225
Cunningham, Philip J. 215

Dali L. Yang 167
Davies, Gloria 238
Davin, Dan 223
Davin, Delia 173
Davis, Deborah 220, 235
Day, Kristen A. 231
Debin Ma 206
Diamond, Larry J. 213
Dickson, Bruce 213
Dikötter, Frank 164, 174, 193, 196, 197, 202
Dillon, Nara 188
Dittmer, Lowell 200
Donald, Stephanie 202
Duke, Michael S. 212
Dutton, Michael 190

Eaton, Sarah 209
Eckstein, Alexander 182, 183
Economy, Elizabeth 230, 231
Edmonds, Richard L. 173
Eisenman, Joshua 254
Ellis, Robert E. 256
Entwisle, Barbara 225, 226
Esherick, Joseph W. 197, 240
Evans, Harriet 202

Fairbank, John K. 170, 171
Faison, Seth 216
Fan, Cindy C. 223
Fan, Joseph P. H. 207
Fang Cai 206
Feege, Anja 246

Feng Wang 235
Feuchtwang, Stephan 196
Fewsmith, Joseph 170
Field, Robert M. 183
Fokkema, Douwe W. 191
Foot, Rosemary 237
Fornés, Gastón 255
Frank Pieke 170
Fravel, M. Taylor 240
French, Howard W. 254, 255

Gaetano, Arianne M. 226
Gallagher, Kevin P. 255
Gao Hua 171
Gao, James Z. 189
Gao Wenqian 177, 178
Garnaut, Anthony 196
Garnaut, Ross 206
Garver, John W. 239, 251, 252
Gewirtz, Julian B. 204
Gladney, Dru C. 229
Göbel, Christian 209
Goh, Esther C. L. 234
Goldman, Merle 190, 191, 192, 218
Goldstein, Melvyn C. 229
Goldstein, Steven M. 181
Gold, Thomas B. 220
Goodman, David S. G. 179
Greenhalgh, Susan 232, 233
Gries, Peter H. 219
Gu Baochang 235
Guillermaz, Jacques 176
Gunn, Edward M. 172

Halliday, Jon 164, 178
Hamrin, Caro L. 192
Han Dongping 202
Han Gang 171
Hannum, Emily 225
Harding, Harry 167, 171, 172, 203
Hartford, Kathleen 181
Heberer, Thomas 218, 228, 246
Heilmann, Sebastian 168, 170, 246
Henderson, Gail 225, 226
Hershatter, Gail 226, 227
Hill, Kenneth 195
Hinton, William 186

Holmes, James R. 241
Honig, Emily 226
Ho, Samuel P. S. 209
Huang Yasheng 207, 210
Huang Yiping 206
Hua-Yu Li 183
Huenemann, Ralph W. 173
Hunt, Michael H. 239
Hurst, William 218

Jacka, Tamara 224
James Kai-sing Kung 195
Jiang Binbin 211
Jian Guo 198
Jin Guantao 214
Johnson, Kay A. 234
John Wong 186
Joseph, William A. 170
June T. Dreyer 228
Jung Chang 164, 178

Kang Chao 182
Kang, David C. 240
Kaplan, Robert D. 241
Kaple, Deborah A. 248
Katja Levy 246
Kelly, David 212
Kemburi, Kalyan M. 241
Kent, Ann 237
Khan, Azizur R. 221
King, Richard 202
Kirby, William C. 166
Knight, John 221
Kraus, Richard C. 197
K'ung-Chia Yeh 184

Landsberger, Stefan R. 203
Larçon, Jean-Paul 211
Lardy, Nicholas R. 185, 186, 208
Lee Ching Kwan 225, 226, 228
Lee, James Z. 233
Leese, Daniel 203
Leng Rong 179
Leutner, Mechthild 245
Levine, Steven I. 178, 179
Li Cheng 217
Li Choh-ming 182

Li Mingjiang 241
Li Shantong 211
Li Shi 221, 222
Li Xiaobing 4, 241
Lieberthal, Kenneth 170, 173, 176
Lin Chun 165
Lin, Justin Y. 195, 206, 208, 211
Link, Eugene P. 212
Link, Perry 212, 215, 238
Lin Yunhuis 193
Liu Binyan 212
Liu Jieyu 227
Liu Ta-Chung 184
Liu Xuecheng 252
Liu Zheng 232
Lo, Bobo 249
Logan, John R. 227
Loh, Charis 234
Lubman, Stanley B. 235, 236
Lüthi, Lorenz M. 200, 248
Lynch, David 214

MacFarquhar, Roderick 170, 176, 191, 197, 199
Macheras, Colin 228
Madsen, Fichard P. 238
Madsen, Richard P. 212, 238
Mahan, Alfred T. 241
Malik, Mohan 253
Mark, Chi-kwan Mark 239
Marks, Robert 231
Martin, William J. 211
Matthews, Ethan 226
Matthews, Rebecca 226
McDougall, Bonnie S. 191, 192
McGregor, Richard 218
Mei Fong 234
Meisner, Maurice J. 178, 203
Meissner, Werner 169, 246
Mertha, Andrew 231
Millet, Allan R. 242
Millward, James A. 229
Mittler, Barbara 203
Mohan, C. Raja 252, 253
Moody, Peter J. 191
Morck, Randall 207
Morris L. Bian 184

Mühlhahn, Klaus 236
Mullaney, Thomas S. 188, 229
Müller-Hofstede, Christoph 169
Murphy, Rachel 223
Myers, James T. 198
Myers, Ramon 182

Nathan, Andrew J. 213, 215, 217, 240
Naughton, Barry J. 167, 182, 183, 205, 209
Nee, Victor 207, 226
Neil J. Diamant 188
Nolan, Peter 208

Ogden, Suzanne 216
Ogunsanwo, Alaba 254
Oksenberg, Michel 180
Opper, Sonja 207
Osnos, Evan 238

Pantsov, Alexander V. 178, 179
Parish, William L. 186, 226, 228
Paz, Guadalupe 255
Pearson, Margaret M. 220
Peerenboom, Randall P. 235
Pei Minxin 167, 218
Peng Xizhe 195
Perkins, Dwight H. 173, 182, 185, 205
Perry, Elizabeth J. 165, 168, 172, 216, 217
Philip, Alan B. 255
Piazza, Alan 195
Pickowicz, Paul G. 174, 212, 238
Plattner, Marc F. 213
Pomfret, John 244
Porzecanski, Roberto 255
Putterman, Louis G. 186
Pye, Lucian W. 180

Radchenko, Sergey 200
Ravallion, Martin 221
Rawski, Thomas G. 172, 182, 183, 206
Remick, Elizabeth J. 234
Rigger, Shelley 243
Riskin, Carl 182, 221
Roett, Riordan 255

Rose, Caroline 173
Rosen, Stanley 201
Ross, Terrill 178
Rubinstein, Murray A. 243
Ruf, Gregory A. 186

Saavedra, Martha 254
Saich, Tony 170, 199, 215, 216
Sato Hiroshi 222
Scharping, Thomas 173, 232
Schoenhals, Michael 197, 198, 201
Schram, Stuart R. 180, 199
Schubert, Gunter 218, 243
Schurmann, Franz 175
Schwartz, Benjamin 164, 180
Scobell, Andrew 240
Senz, Anja 246
Seymour, James D. 231
Shahid J. Burki 186
Shahid Yusuf 185
Shambaugh, David L. 167, 171, 175, 214, 217, 218, 253
Shapiro, Judith 230
Sheng Tian Zheng 202
Shen Zhihua 171, 242, 247
Shih, Victor C. 207
Shi Li 221
Shinn, David H. 254
Shirk, Susan L. 204, 253
Short, Philip 178
Short, Susan E. 226
Shu Xiaoling 227
Sicular, Terry 222
Sigurdson, Jon 184
Smil, Vaclav 230
Smith, Jeff M. 251
Smith, Warren W. 229
Snow, Philip 254
Snyder, Scott 242
Söderberg, Marie 251
Solinger, Dorothy J. 220, 223
Solomon, Richard H. 180
Song Jian 232
Song Yongyi 194, 198
Stacy, Judith 225
Starr, John B. 180, 199
Starr, S. Frederick 229

Strauss, Julia C. 189, 254, 255
Stueck, William 242
Sun Dajin 198
Sun, Warren 195
Sutton, Donald S. 201
Su Yang 201
Suyin Han 166
Swaine, Michael D. 245

Tan Hecheng 202
Tan-Mullins, May 173
Teets, Jessica C. 218
Teiwes, Frederick 175, 189, 195
Tong, Sarah Y. 210
Tong Yanqi 213
Trampedach, Tim 245
Tsai, Kellee S. 207
Tu Wei-Ming 213

Unger, Jonathan 201, 215
U, Eddy 192

Vogel, Ezra F. 179

Wachmann, Alan 244
Wagner, Rudolf G. 192, 211
Walder, Andrew G. 169, 201, 202
Walker, Richard L. 173
Wang Ban 172
Wang Fei-Ling 173, 187, 224
Wang Feng 222, 233
Wang Hui 216
Wang Nianyi 197
Wang Zheng 240
Wang Zuoling 179
Wan Ming 251
Wasserstrom, Jeffrey N. 216
Watson, Scott 202
Wedeman, Andrew H. 200
Weigelin-Schwiedrzik, Susanne 189
Wemheuer, Felix 173, 194, 196
Westad, Odd A. 248
White, Lynn T. 192, 201
Whiting, Allen S. 251
Whiting, Susan H. 210
Whyte, Martin K. 219, 220, 225, 227
Wiens, Thomas 186

Williams, James H. 212
Winckler, Edwin A. 232
Wittfogel, Karl A. 164
Wolf, Margery 225
Wong Loong 223
Wright, Teresa 219
Wu, Eugene W. 198
Wu Jinglian 184, 206, 208, 209
Wu Yiching 173, 200

Xiao Donglian 171
Xia Yafeng 247
Xie Yu 225
Xu, Ben 237
Xu Chenggang 206

Yahuda, Michael B. 251
Yang, Dennis T. 195
Yang Jisheng 193
Yang Kuisong 171, 190, 200
Yang Lu 253
Yan Hairong 224
Yan Xuetong 240
Yan Yunxiang 188
Yeung, Bernard 207

Yi Kyŏng-t'ae 211
Yong Cai 235
Yŏn'guwŏn Taeoe K. C. 211
Yoshihara Toshi 241
Yu Bin 242

Zeitz, Robin 195
Zhai Fengying 226
Zhang Haihui 172
Zhang Li 224
Zhang Liang 215
Zhang Xiaojun 186
Zhang Xudong 211, 237
Zhao Dingxin 216
Zhao Renwei 221
Zhao Suisheng 219
Zhao Wei 172
Zhao Ziyang 167, 215
Zheng Shiping 167, 175
Zheng Yongnian 167, 170, 218
Zhou Li 206
Zhou Xueguang 172
Zhou Xun 194
Zhou Yongming 190
Zhou Yuan 198

Ortsregister

Afghanistan 84
Afrika 67, 83, 84, 137, 138, 139, 140, 141, 173, 239, 253, 254, 255
Ägypten 77
Angola 83, 139
Anhui 60, 193, 208, 232
Äquatorialguinea 139
Äthiopien 138
Äußere Mongolei 10
Australien 241

Beihai 98
Beijing 12, 16, 29, 30, 47, 53, 71, 77, 78, 80, 85, 91, 106, 107, 109, 110, 119, 126, 134, 137, 139, 147, 154, 159, 162, 198, 215, 224, 228, 243, 246, 249, 250, 256
Bhutan 252
Brasilien 139, 256
Burma 252

Chengdu 134
Chile 256

Dalian 98
DDR 47, 246
Deutschland
– Bundesrepublik 139, 246
Dharamsala 66

Europa 32, 112, 129, 139, 140, 253

Frankreich 63, 90
Fujian 98

Gansu 60, 158
Großbritannien 58, 67, 139
Guangdong 98, 194

Hainan 98
Hangzhou 23
Hebei 49
Henan 49, 60, 193
Hong Kong 85, 86, 98, 124, 134, 136

Indien 66, 136, 137, 251, 252, 253
Indonesien 119
Innere Mongolei 5, 136
Iran 84

Japan 3, 9, 85, 86, 90, 91, 123, 132, 134, 136, 141, 190, 241, 250, 251, 252
Jinmen 51

Kasachstan 137
Kirgisistan 137
Kongo, Republik 139
Korea 12, 13, 24, 123

Laos 44
Lateinamerika 84, 137, 138, 139, 141, 239, 253, 255, 256

Macao 124, 134, 136
Mandschurei 10, 53
Mexiko 255, 256
Moskau 10, 12, 39, 46, 51, 68, 76, 137, 139, 180, 246, 249, 250
Mozambique 83
Myanmar 44

Naher Osten 119, 138, 140
Neu-Delhi 66
Nicaragua 84
Nigeria 139
Nordkorea 12, 13, 68, 141

Ostberlin 48
Ostblock 11, 46, 49, 85, 217
Osteuropa 10, 47, 48, 49, 55, 56, 84, 85, 112, 115, 119, 172, 213

Pakistan 187, 251
Panama 84
Pilsen 48
Platz des Himmlischen Friedens (Tiananmen) 1, 109, 110, 112, 118, 130, 203
Polen 47, 48, 84

Qinghai 60

Rhodesien 84
Russland 84, 90, 112, 137, 139, 141, 180, 248, 249, 250

Saudi Arabien 119
Serbien 138
Shandong 49
Shanghai 18, 19, 28, 29, 30, 40, 70, 71, 74, 78, 89, 98, 105, 137, 145, 147, 153, 154, 191, 232
Shantou 98
Shanxi 185
Shenzhen 98, 113
Sichuan 60, 150, 232
Singapur 119
Sowjetunion 3, 9, 10, 11, 27, 35, 36, 40, 46, 47, 50, 51, 57, 67, 68, 76, 77, 78, 84, 85, 86, 91, 119, 173, 178, 180, 182, 183, 191, 196, 217, 239, 240, 245, 246, 247, 248, 250
Südafrika 119
Sudan 139

Tadschikistan 137
Taiwan 3, 12, 13, 50, 85, 90, 119, 123, 124, 134, 136, 141, 213, 242, 243, 244, 245
Thailand 44
Tianjin 30, 147
Tibet 5, 66, 136, 150, 151, 229
Tschechoslowakei 47, 76

Ungarn 47, 48, 213

Venezuela 139, 256
Vereinigte Staaten/ USA 9, 12, 13, 14, 37, 50, 51, 67, 68, 77, 78, 85, 86, 90, 119, 121, 124, 129, 132, 133, 134, 138, 139, 140, 141, 152, 172, 173, 214, 235, 244, 245, 247, 248, 249, 256
Vietnam 44, 69, 78, 84, 85, 118, 141, 241
Volksrepublik China
– VR China 1, 2, 3, 4, 9, 12, 13, 16, 17, 21, 28, 39, 52, 68, 78, 90, 109, 134, 149, 155, 158, 163, 164, 169, 170, 171, 172, 173, 177, 184, 186, 197, 203, 213, 229, 239, 242, 243, 244, 246, 253

Wenzhou 158
Wuhan 40

Xiamen 98
Xinjiang 10, 74, 76, 136, 150, 151, 229

Yasukuni-Schrein 251
Yunnan 44, 150, 229

Zentralasien 74, 137, 138
Zhuhai 98
Zimbabwe 84, 217

Personenregister

Bai Hua 103
Bao Zunxin 105
Bei Dao 104
Bourdieu, Pierre 237
Bo Xilai 118
Bucharin, Nikolai I. 39

Chen Boda 70, 77
Chen Yun 89, 92
Chiang Ching-kuo 242
Chruschtschow, Nikita 46, 47, 48, 50, 51, 55, 65, 69
Clinton, Bill 119

Dalai Lama 66, 251
Deng Tuo 191, 192
Deng Xiaoping 46, 56, 57, 63, 79, 80, 82, 87, 89, 90, 91, 92, 93, 94, 98, 102, 107, 110, 111, 113, 114, 131, 165, 170, 173, 176, 179, 203, 217, 242
Deng Yingchao 92
Derrida, Jacques 237

Eisenhower, Dwight D. 51

Fang Lizhi 108, 212
Foucault, Michel 187, 237

Gan Yang 105
Gao Gang 52, 53
Gu Cheng 104
Guo Boxiong 118

Hua Guofeng 87, 89
Hu Jintao 115, 116, 118, 127, 131, 137, 149, 159, 222
Huntington, Samuel 136, 214
Hu Yaobang 91, 92, 106, 109, 167

Jiang Qing 69, 70, 77, 79, 80, 87
Jiang Zemin 114, 115, 118, 119, 131, 155, 217
Jin Guantao 105, 214

Kang Sheng 70
Kim Il Sung 12
Kissinger, Henry 78, 247
Kossygin, Alexei 77

Lenin, Wladimir I. 10, 31, 39
Li Keqiang 117
Li Xiannian 92
Li Zhonghua 105
Lin Biao 66, 67, 70, 76, 77, 78, 79
Lin Liguo 78
Liu Binyan 108, 212
Liu Shaoqi 17, 38, 45, 63, 70, 94, 176, 199
Liu Xiaobo 134
Liu Xiaofeng 105
Lu Dingyi 28, 71

Mang Ke 104
Mao Zedong 1, 2, 3, 5, 9, 12, 15, 16, 17, 30, 38, 39, 45, 48, 49, 52, 61, 64, 66, 67, 82, 94, 159, 168, 183, 188, 193, 199, 239, 247

Nakasone Yasuhiro 251
Nixon, Richard 247
Nixon, Richard M. 78, 85

Peng Dehuai 13, 61, 70
Peng Zhen 71

Rákosi, Mátyás 47
Rao Shushi 53
Reza Pahlavi 84

Shen Congwen 103
Shi Zhecun 103
Shu Ting 104
Stalin, Josef W. 3, 10, 12, 13, 43, 46, 47, 48, 173, 196, 242, 247, 248

Tang Yijie 105
Thatcher, Margaret 84

Ulbricht, Walter 47

Wang Shucang 105
Wang Xizhe 134
Wang Zhen 92, 240
Wei Jingsheng 106, 107
Wen Jiabao 115, 116, 137, 222
Wu Han 191

Xi Jinping 117, 118, 159, 219

Yang Lian 104

Zhang Ailing 103
Zhang Wentian 39, 93, 272
Zhao Ziyang 92, 106, 110, 111, 167, 215
Zhou Enlai 17, 45, 63, 67, 70, 77, 78, 79, 80, 91, 177, 178, 247
Zhou Yang 71
Zhou Yongkang 118
Zhou Zuoren 29, 103
Zhu Rongji 114, 115, 123

Sachregister

Akademiker 26, 31, 72, 73, 74, 75, 81, 102, 103, 104, 105, 106, 107, 108, 109, 110,
Aktivismus 154, 155, 214, 215
Allchinesischer Frauenverband 26
All-Chinesischer Gewerkschaftsbund 8
Alltagskultur 238
Anti-Rechts-Kampagne 56, 57, 63
Arbeiter 3, 8, 25, 48, 49, 58, 97, 128, 146, 148, 174, 188, 225
Arbeiterklasse 8, 29, 41
Arbeitsbrigaden 6, 58
Arbeitsmigranten 111, 121
Armut 62, 121, 127, 220, 222
ASEAN (Association of Southeast Asian Nations) 137
Asiatisch-Pazifische Wirtschaftsgemeinschaft 137
Asset Supervision and Administration Commission (SASAC) 209, 125, 126
Atommacht 68
Aufstände 26, 47, 49, 150,
Auslandsdirektinvestitionen (ADI) 98, 121, 124
Außenhandel 38, 210
Außenpolitik 9, 11, 24, 69, 80, 114, 135, 136, 137, 166, 167, 239, 240, 246, 248, 249, 250, 254, 256
Autoritarismus 112, 165, 219

Bank of China 37
Barfußdoktoren 75
Bauern 15, 27, 32, 33, 34, 35, 36, 37, 41, 42, 45, 49, 53, 54, 55, 59, 60, 64, 74, 75, 95, 96, 111, 127, 128, 144, 165, 193, 196, 208, 209
Befreiung 5, 6, 174
Bevölkerung 55, 58, 60, 61, 62, 64, 223, 232, 233, 235
Bevölkerungswachstum 52, 143, 232, 234

Bildung 2, 11, 23, 27, 30, 53, 54, 65, 70, 71, 75, 81, 93, 102, 147, 159, 171, 186, 187, 195, 202, 211, 216, 222, 225, 236, 239, 245, 246
Bildungsmanagementkomitees 27
Bildungsministerium 30
Binnenmigration 19, 222, 223
Bourgeoisie 15, 18, 65
Breschnew-Doktrin 76
Buddhismus 42
Bürgerkrieg 2, 5, 9, 19, 34, 35, 37, 174, 242

Charta 08 160
Chinabild 245
China-Modell 112
China Puzzle 83
Chinas Renaissance 131
Chinawissenschaft 172, 176, 239
Chinesische Volksbank 38
CIA 68

danwei (Arbeitseinheiten) 24, 25, 26, 110, 148, 149, 187
Daoismus 42
Dekollektivierung 100, 204
Dekolonisierung 83
Demographie 173, 205, 231
Demokratie 2, 8, 15, 38, 49, 56, 105, 106, 107, 108, 109, 112, 160, 165, 213, 243
– Demokratiebewegung 83, 106, 109, 118, 214, 215, 216, 274
Demokratische Diktatur 15, 21
Dissidenten 83, 134, 191, 212
Dorfunternehmen 96, 122, 225
Drei-Anti-Kampagne 22
Drei Rote Banner 58
Drei Vertretungen (san ge daibiao) 115
Dritte Front 183
Drittes Plenum 92
Drogen 6, 236

Drogenhändler 6
duales Preis-System 99

Ehe 2
Ehegesetz 41
Ehepartner 144, 228
Eigentum 2, 100, 122, 125, 128, 155, 207, 210
Eigentumsrechte 83, 100, 125, 128, 155, 156, 168, 210, 214
einheitliches Ankaufs- und Verkaufs-System (tongou tongxiao) 54
Einheitsfront 2
Ein-Kind-Politik 143, 144, 145, 146, 232, 233, 234, 235
Ein-Parteien-Herrschaft 108, 109, 163
Einwohnerkomitees (jumin weiyuanhui) 23, 24, 25
eiserne Reisschüssel 75, 76, 148
Entwicklung 9, 37, 39, 57, 58, 61, 66, 68, 82, 83, 85, 89, 92, 93, 96, 114, 116, 120, 124, 137, 147, 168, 170, 171, 182, 184, 185, 210, 222, 233, 236, 237, 238, 239, 240, 241, 243, 245, 246, 248, 250, 253
Europäische Union, EU 139
Exiltibeter 66, 68

Fabriken 8, 11, 17, 23, 40, 81, 89, 97, 152, 154, 208, 227
Falun Gong 161, 162
Film 91
Firmen 27, 37, 86, 95, 97, 98, 99, 122, 124, 126, 130
Flüchtlinge 5, 19, 20, 26, 60, 185
Frauen 41, 42, 144, 151, 223, 226, 228
Fünf-Anti-Kampagne 23, 24
Fünf Prinzipien der friedlichen Koexistenz 137
Fünfte Modernisierung 107

Gao Gang-Affäre 52
Gedankenreform-Kampagne 30

Gedankenreform (sixiang gaizao) 18, 30, 31, 36
Gemeinde- und Dorfunternehmen (Township and Village Enterprises/ TVEs) 96, 111, 120, 184, 209, 225
Gemeinsames Programm 16
Gender 221, 223, 224
Gesundheitswesen 25, 75
Gewerkschaften 8
Gleichberechtigung 84, 137, 151
Globalisierung 113, 167, 237, 238, 239, 255
Glücksspiel 6, 190
Greater China 124, 136
Großer Sprung nach Außen 89
Großer Sprung nach Vorn 51, 57, 58, 169, 180, 193, 196
Großgrundbesitzer 32, 33, 34, 35
guochi (nationale Erniedrigung) 132
Guomindang (GMD) 2, 5, 7, 9, 18, 23, 27, 29, 37, 39, 42, 165, 175, 213

harmonische Gesellschaft (hexie shehui) 116
Haushaltsverantwortungssystem 64, 95, 100, 208
Hukou-System 19, 20, 49, 64, 121, 127, 147, 148, 173, 187, 223, 224
Hundert-Blumen-Bewegung 55, 56, 169, 191
Hungersnot 55, 60, 62, 67, 70, 164, 184, 193, 194

Imperialismus 9, 11, 18, 50, 51, 65
Indochina-Konflikt 68, 247
Industrialisierung 10, 20, 24, 30, 39, 51, 57, 58, 61, 69, 152, 183, 184
– Stahlproduktion 58, 59
Industrie 38, 39, 45, 53, 57, 64, 85, 93, 97, 99, 152, 183, 184, 194, 204, 205, 208
– Industriepolitik 183, 208
Inflation 3, 38, 63, 97, 101
Infrastruktur 3, 97, 101, 120, 139, 140, 162, 172, 254
Innenpolitik 67, 171, 239, 248

Institutionen 1, 3, 4, 7, 8, 16, 129, 139, 163, 167, 175, 182, 184, 206
Intellektuelle 3, 26, 30, 31, 45, 55, 56, 57, 88, 91, 102, 104, 106, 107, 117, 133, 170, 171, 190, 191, 192, 211, 212, 213, 214, 216
Internet 113, 155, 157, 162
Investitionsquote 41, 123
Islam 42, 112, 229

Jugendorganisationen 26
Justiz 235

Kaderschulen des 7. Mai 74
Kalter Krieg 9, 14, 46, 78, 173, 200, 239, 242, 245, 247, 248, 249, 250, 251
Kampagne zum Widerstand gegen Amerika und zur Hilfe für Korea 24
Kapitalismus 11, 22, 50, 132, 183
Katholizismus 42
Kinderehe 41
Klassenkampf 14, 22, 32, 34, 47, 50, 65, 68, 69, 93, 199
Koalitionsregierung 3
Kollektivierung 2, 10, 36, 48, 51, 52, 53, 54, 62, 64, 65, 169, 183, 186, 194
Kommandowirtschaft 85, 88, 95, 182
Kommission zur Kontrolle und Verwaltung von Staatsvermögen (State Asset Supervision and Administration Commission, SASAC) 125, 126, 209
Kommunalwahlen 116, 161
Kommunismus 3, 46, 47, 48, 58, 65, 76, 78, 108, 130, 163, 164, 165, 169, 173, 175, 180, 181, 193, 199
Kommunistische Partei China KPCh 1, 2, 3, 4, 5, 6, 7, 8, 9, 11, 12, 14, 16, 17, 18, 19, 20, 26, 27, 29, 34, 40, 42, 43, 46, 47, 49, 55, 56, 62, 70, 71, 74, 81, 91, 93, 101, 104, 106, 107, 108, 115, 116, 131, 132, 135, 155, 158, 165, 170, 173, 174, 175, 176, 177, 181, 187, 194, 207, 217, 219, 239, 247
– Funktionäre 56, 65, 79, 92, 102, 108, 154, 217
Konfuzianismus 212, 213
Konkubinat 41
Konterrevolutionäre 14, 15, 21, 22, 23, 24, 45, 71, 189
Kooperativen 35, 49, 53, 54, 97
Koreakrieg 12, 13, 14, 24, 33, 239, 242, 247
Korruption 22, 24, 81, 82, 99, 108, 109, 116, 117, 118, 121, 158, 159, 160, 161, 190
Kriegsrecht 5, 77
Kriminalität 6, 23, 147
Kriminaljustiz 236
Kuba-Krise 67
Kultur 15, 27, 28, 31, 37, 44, 71, 73, 76, 90, 105, 113, 131, 132, 133, 151, 172, 190, 203, 211, 214, 238
Kulturfieber (wenhua re) 105
Kulturministerium 28, 29
Kulturrevolution 2, 51, 63, 69, 70, 71, 72, 74, 75, 76, 80, 81, 82, 88, 89, 91, 103, 106, 131, 171, 173, 174, 176, 179, 197, 198, 199, 200, 201, 203, 212, 216, 228, 254
Künstler 27, 31, 29, 191, 214

Landreform 2, 4, 14, 32, 34, 35, 36, 52, 185, 186
Landverschickung 81
Landwirtschaft 32, 35, 39, 41, 51, 52, 58, 64, 95, 96, 152, 185, 186, 208
Lebensstandard 41, 93, 101, 111, 150, 220, 221, 233
Legitimität 3, 31, 46, 62, 81, 87, 130, 134, 170, 218
Liberalismus 27, 106, 203
Literatur 28, 29, 103, 104, 164, 171, 172, 180, 191, 195, 196, 199, 201, 212, 215
Lushan-Konferenz 61

Machtwechsel 2, 8, 166
Mao-Zedong-Gedanke 94
Marine 132, 140, 241
Marktwirtschaft 83, 89, 94, 97, 99, 100, 101, 113, 148, 170, 203, 226
Marxismus 108, 166, 173
Marxismus-Leninismus 51, 94, 108, 130, 173, 240
Massenkampagnen 18, 23, 26, 31, 67, 181, 189
Massenmobilisierung 24, 110, 134
Massenorganisation 11, 18, 26, 202
Mauer der Demokratie 106, 107
Menschenrechte 146, 155, 160, 170, 237
Militär 5, 48, 58, 60, 67, 76, 77, 91, 110, 118, 140, 141, 218, 241, 253
Militärische Kontrollkomitees (junguan hui) 5
Milizen 22
Minderheiten 44, 142, 149, 150, 151, 155, 228
– Hui 229
Missernten 59
Modernisierung 58, 61, 63, 80, 91, 92, 102, 107, 108, 164, 168, 241

Nachhaltigkeit 114, 116, 230, 231
Narbenliteratur 212
Nationaler Volkskongress (NVK) 17
Nationalismus 2, 3, 119, 130, 131, 132, 133, 134, 135, 219, 229, 240
Natur 23
Neue Aufklärung (xin qimeng) 104
Neue Demokratie 2, 15, 38
Neue Gesellschaft 18, 26, 41
Neue Ökonomische Politik 10
Neues China 1, 2, 29
Neue Wirtschaftspolitik 38, 52

Opium 6, 190
Opposition 22, 191, 231
Ostasien 85

Patriotische Erziehungskampagne 131
Patriotismus 54, 131, 132, 133

Personenkult 46, 56, 67, 118, 159, 203
Planwirtschaft 1, 37, 39, 40, 41, 89, 96, 99, 181, 182
Politbüro 13, 16, 17, 92, 110, 246
Polizei 5, 6, 11, 12, 19, 24, 176, 236
Postmoderne 237
Printmedien 7, 27, 29
Privaktsektor 115, 154, 207, 208
Privateigentum 2, 155, 169, 219
Privatisierung 99, 100, 125, 168
Privatunternehmen 27, 28, 47, 125, 127
Propaganda 8, 10, 28, 31, 67, 71, 118, 144, 159, 160, 163, 188, 202, 203, 240, 253
Prostitution 6, 18, 26, 190, 236
Protestantismus 42
Proteste 48, 54, 55, 88, 99, 107, 109, 112, 113, 134, 135, 150, 155, 156, 157, 159, 160, 162, 170, 209, 215, 216, 229, 231, 251

Rationierung 55
Rebellion 55, 70, 72, 82, 200
Recht 15, 25, 42, 117, 124, 147, 148, 155, 156, 235, 236
Rechtssystem 98, 124, 235
Reformpolitik 113, 120, 122, 146, 166, 169, 170, 205, 206, 214
Reform- und Öffnungspolitik 82, 83, 86, 93, 94, 99, 101, 102, 106, 167, 170, 171, 179, 203, 211, 214, 250
Religion 42, 43, 161, 162, 169
religiöse Sekten 7, 43
Renminbi 38, 120, 210
Republik China 15, 19, 68, 174, 184, 242
Revisionismus 65, 66, 71, 199
Revolution 15, 20, 32, 49, 50, 51, 68, 69, 176, 180, 181, 199, 247
Revolutionskomitees 73
Rote Garden 72, 73, 74, 82, 198, 199, 200, 201, 202
rote Klassen 45

schlechte Elemente (huai fenzi) 6, 45
Schriftsteller 26, 28, 29, 30, 31, 70, 103, 108, 191, 215
Schule 7, 33, 66, 71, 72, 74, 75, 81
schwarze Klassen 45
Schwerindustrie 39, 40, 41, 57, 61, 89, 123, 183, 194, 225
Shanghai Communiqué 78
Sicherheitspolitik 240, 241
Sieg-Anleihen 37
sino-sowjetische Spaltung 248
Soldaten 3, 13, 29, 45, 67, 72, 110, 140, 175
Sonderwirtschaftszonen (SWZ) 98, 210
Sowjetberater 3, 11, 51, 249
soziale Ungleichheit 127, 200, 220, 221, 225
Sozialismus 3, 9, 15, 39, 46, 48, 49, 50, 51, 57, 76, 86, 93, 94, 106, 107, 115, 125, 130, 155, 174, 183, 192, 200, 213, 217, 222
Sozialismus mit chinesischen Eigenschaften 93, 115, 126, 207
Sozialistische Erziehungsbewegung 65, 69, 200
Staatskapitalismus 126, 209
Staatsrat 17, 28, 39
Staatsunternehmen 37, 38, 97, 99, 100, 121, 122, 125, 148, 184, 209, 211, 217, 218
Stadtplanung 11
Stalinismus 10, 169
Steuern 36, 37, 127, 144, 156
Steuerreformen 121
strategische Dreieck 86
Studenten 3, 30, 39, 70, 71, 72, 73, 74, 75, 79, 81, 102, 106, 107, 108, 109, 110, 129, 131, 160, 190, 215
Sufan-Kampagne 23
System des einheitlichen An- und Verkaufs 96

Theater 27, 70
Totalitarismus 163, 164, 172
Tributsystem 240

Umwelt 173, 205, 230
– Umweltkatastrophen 20, 59
– Umweltpolitik 136, 230, 231, 246
– Umweltschutz 152, 153, 154, 155, 159, 160
– Umweltverschmutzung 113, 152, 153, 160, 205, 280
Ungleichheit 35, 41, 65, 83, 101, 113, 127, 147, 148, 151, 156, 160, 220, 221, 225, 226, 227
Universitäten 10, 11, 27, 30, 31, 72, 73, 81, 88, 102, 108, 109, 111, 129, 159
UN, Vereinte Nationen 12
– UN-Sicherheitsrat 136
Urbanisierung 10, 61, 147, 148

Verfassung 16, 17, 44, 155, 235
Verlagswesen 7, 27, 28, 29
Verstaatlichung 10, 28, 37, 38, 52
Viererbande 79, 81, 87, 88, 91
Vier Modernisierungen 63, 80, 91, 92
Vier-Plagen-Kampagne 23
Viet Minh 14
Vietnamkrieg 78, 172, 248
Volksbefreiungsarmee (VBA) 11, 51, 66, 67, 68, 73
Volkserhebung (fanshen) 5
Volksfreiwilligenarmee (VFA) 13
Volkskommunen 57, 58, 64, 95, 96, 186, 187, 195
Volkstribunale (renmin fating) 21

Wanderarbeiter 142, 147, 148, 223, 151, 225
Wandzeitungen (Da zi bao) 71, 106, 107
Warschauer Pakt 48
Wertevakuum 161
Widerstand 62
Wirtschaft 5, 10, 48, 40, 41, 62, 63, 82, 86, 90, 94, 99, 111, 113, 117, 167, 171, 172, 173, 181, 182, 184, 187, 204, 206, 207, 220, 283
– Außenhandel 38, 195, 205, 210, 211
– Unternehmen 211
– Wirtschaftsplanung 94, 194

– Wirtschaftspolitik 38, 64
– Wirtschaftsreformen 95, 111, 117, 118, 132, 167, 184, 204, 205, 207, 222,
– Wirtschaftswachstum 37, 40, 41, 86, 113, 114, 120, 127, 129, 130, 165, 168, 170, 209, 220, 248, 255
Wissenschaft 2, 63, 80, 108, 109, 139, 163, 189, 203, 234, 253, 255
Wohlfahrtsstaat 58, 188
WTO, Welthandelsorganisation 122, 123, 204, 206, 211

xungen-Literatur 104

Zensur 29, 30, 108, 159, 214
Zentrale Gruppe Kulturrevolution 70, 71
Zentrale Propaganda-Behörde 28
Zentralisierung 14, 115
Zentralkomitee (ZK) 14, 16, 33, 53, 65, 69, 74, 92, 116, 217
Zivilgesellschaft 160, 214, 230
Zweiter Weltkrieg 2, 132, 250

Oldenbourg Grundriss der Geschichte

Herausgegeben von Lothar Gall, Karl-Joachim Hölkeskamp und Steffen Patzold

Band 1a:
Wolfgang Schuller
Griechische Geschichte
6., akt. Aufl. 2008. 275 S., 4 Karten
ISBN 978-3-486-58715-9

Band 1b:
Hans-Joachim Gehrke
Geschichte des Hellenismus
4. durchges. Aufl. 2008. 328 S.
ISBN 978-3-486-58785-2

Band 2:
Jochen Bleicken
Geschichte der Römischen Republik
6. Aufl. 2004. 342 S.
ISBN 978-3-486-49666-6

Band 3:
Werner Dahlheim
Geschichte der Römischen Kaiserzeit
3., überarb. und erw. Aufl. 2003. 452 S., 3 Karten
ISBN 978-3-486-49673-4

Band 4:
Jochen Martin
Spätantike und Völkerwanderung
4. Aufl. 2001. 336 S.
ISBN 978-3-486-49684-0

Band 5:
Reinhard Schneider
Das Frankenreich
4., überarb. und erw. Aufl. 2001. 224 S., 2 Karten
ISBN 978-3-486-49694-9

Band 6:
Johannes Fried
Die Formierung Europas 840–1046
3., überarb. Aufl. 2008. 359 S.
ISBN 978-3-486-49703-8

Band 7:
Hermann Jakobs
Kirchenreform und Hochmittelalter 1046–1215
4. Aufl. 1999. 380 S.
ISBN 978-3-486-49714-4

Band 8:
Ulf Dirlmeier/Gerhard Fouquet/Bernd Fuhrmann
Europa im Spätmittelalter 1215–1378
2. Aufl. 2009. 390 S.
ISBN 978-3-486-58796-8

Band 9:
Erich Meuthen
Das 15. Jahrhundert
4. Aufl., überarb. v. Claudia Märtl 2006. 343 S.
ISBN 978-3-486-49734-2

Band 10:
Heinrich Lutz
Reformation und Gegenreformation
5. Aufl., durchges. und erg. v. Alfred Kohler 2002. 283 S.
ISBN 978-3-486-48585-2

Band 11:
Heinz Duchhardt/Matthias Schnettger
Barock und Aufklärung
5., überarb. u. akt.. Aufl. des Bandes „Das Zeitalter des Absolutismus" 2015. 302 S.
ISBN 978-3-486-76730-8

Band 12:
Elisabeth Fehrenbach
Vom Ancien Régime zum Wiener Kongreß
5. Aufl. 2008. 323 S., 1 Karte
ISBN 978-3-486-58587-2

Band 13:
Dieter Langewiesche
Europa zwischen Restauration und
Revolution 1815–1849
5. Aufl. 2007. 261 S., 4 Karten.
ISBN 978-3-486-49734-2

Band 14:
Lothar Gall
Europa auf dem Weg in die Moderne
1850–1890
5. Aufl. 2009. 332 S., 4 Karten
ISBN 978-3-486-58718-0

Band 15:
Gregor Schöllgen/Friedrich Kießling
Das Zeitalter des Imperialismus
5., überarb. u. erw. Aufl. 2009. 326 S.
ISBN 978-3-486-58868-2

Band 16:
Eberhard Kolb/Dirk Schumann
Die Weimarer Republik
8., aktualis. u. erw. Aufl. 2012. 349 S.,
1 Karte
ISBN 978-3-486-71267-4

Band 17:
Klaus Hildebrand
Das Dritte Reich
7., durchges. Aufl. 2009. 474 S., 1 Karte
ISBN 978-3-486-59200-9

Band 18:
Jost Dülffer
Europa im Ost-West-Konflikt
1945–1991
2004. 304 S., 2 Karten
ISBN 978-3-486-49105-0

Band 19:
Rudolf Morsey
Die Bundesrepublik Deutschland
Entstehung und Entw
icklung bis 1969
5., durchges. Aufl. 2007. 343 S.
ISBN 978-3-486-58319-9

Band 19a:
Andreas Rödder
Die Bundesrepublik Deutschland
1969–1990
2003. 330 S., 2 Karten
ISBN 978-3-486-56697-0

Band 20:
Hermann Weber
Die DDR 1945–1990
5., aktual. Aufl. 2011. 384 S.
ISBN 978-3-486-70440-2

Band 21:
Horst Möller
Europa zwischen den Weltkriegen
1998. 278 S.
ISBN 978-3-486-52321-8

Band 22:
Peter Schreiner
Byzanz
4., aktual. Aufl. 2011. 340 S., 2 Karten
ISBN 978-3-486-70271-2

Band 23:
Hanns J. Prem
Geschichte Altamerikas
2., völlig überarb. Aufl. 2008. 386 S.,
5 Karten
ISBN 978-3-486-53032-2

Band 24:
Tilman Nagel
Die islamische Welt bis 1500
1998. 312 S.
ISBN 978-3-486-53011-7

Band 25:
Hans J. Nissen
Geschichte Alt-Vorderasiens
2., überarb. u. erw. Aufl. 2012. 309 S.,
4 Karten
ISBN 978-3-486-59223-8

Band 26:
Helwig Schmidt-Glintzer
Geschichte Chinas bis zur mongolischen Eroberung 250 v. Chr.–1279 n. Chr.
1999. 235 S., 7 Karten
ISBN 978-3-486-56402-0

Band 27:
Leonhard Harding
Geschichte Afrikas im 19. und 20. Jahrhundert
2., durchges. Aufl. 2006. 272 S., 4 Karten
ISBN 978-3-486-57746-4

Band 28:
Willi Paul Adams
Die USA vor 1900
2. Aufl. 2009. 294 S.
ISBN 978-3-486-58940-5

Band 29:
Willi Paul Adams
Die USA im 20. Jahrhundert
2. Aufl., aktual. u. erg. v. Manfred Berg
2008. 302 S.
ISBN 978-3-486-56466-0

Band 30:
Klaus Kreiser
Der Osmanische Staat 1300–1922
2., aktual. Aufl. 2008. 262 S., 4 Karten
ISBN 978-3-486-58588-9

Band 31:
Manfred Hildermeier
Die Sowjetunion 1917–1991
3. überarb. und akt. Aufl. 2016. 255 S.
ISBN 978-3-486-71848-5

Band 32:
Peter Wende
Großbritannien 1500–2000
2001. 234 S., 1 Karte
ISBN 978-3-486-56180-7

Band 33:
Christoph Schmidt
Russische Geschichte 1547–1917
2. Aufl. 2009. 261 S., 1 Karte
ISBN 978-3-486-58721-0

Band 34:
Hermann Kulke
Indische Geschichte bis 1750
2005. 275 S., 12 Karten
ISBN 978-3-486-55741-1

Band 35:
Sabine Dabringhaus
Geschichte Chinas 1279–1949
3. akt. und überarb. Aufl. 2015. 323 S.
ISBN 978-3-486-78112-0

Band 36:
Gerhard Krebs
Das moderne Japan 1868–1952
2009. 249 S.
ISBN 978-3-486-55894-4

Band 37:
Manfred Clauss
Geschichte des alten Israel
2009. 259 S., 6 Karten
ISBN 978-3-486-55927-9

Band 38:
Joachim von Puttkamer
Ostmitteleuropa im 19. und 20. Jahrhundert
2010. 353 S., 4 Karten
ISBN 978-3-486-58169-0

Band 39:
Alfred Kohler
Von der Reformation zum Westfälischen Frieden
2011. 253 S.
ISBN 978-3-486-59803-2

Band 40:
Jürgen Lütt
Das moderne Indien 1498 bis 2004
2012. 272 S., 3 Karten
ISBN 978-3-486-58161-4

Band 41:
Andreas Fahrmeir
Europa zwischen Restauration, Reform
und Revolution 1815–1850
2012. 228 S.
ISBN 978-3-486-70939-1

Band 42:
Manfred Berg
Geschichte der USA
2013. 233 S.
ISBN 978-3-486-70482-2

Band 43
Ian Wood
Europe in Late Antiquity
2018, ca. 288 S.
ISBN 978-3-11-035264-1

Band 44
Klaus Mühlhahn
Die Volksrepublik China
2017, 324 S.
ISBN 978-3-11-035530-7

www.ingramcontent.com/pod-product-compliance
Lightning Source LLC
Chambersburg PA
CBHW030607230426
43661CB00053B/1880